史學年報

(六)

史學年報

第三卷 第一期

民國二十八年十二月
燕京大學歷史學會出版

史學年報第二卷第四五期目錄

第四期（總數九期）

向達文如先生辭（三海列朝后妃傳校記）…………………………張爾田
與李浴沂先生書（並李義山燕臺風波詩）…………………………張爾田
先師章式之先生傳………………………………………………………張爾田
神廟留中奏疏彙要序……………………………………………………鄧之誠
神廟留中奏疏彙要跋……………………………………………………張瑛伯
春秋經傳引得序…………………………………………………………洪　業
前劍鳳城考………………………………………………………………王伊同
明憲宗賜朱永敕卷考……………………………………………………趙宗復
李自成飯亂史略…………………………………………………………齊思和
美國史料目錄要…………………………………………………………周一良
許誦棻英譯魏斐老志……………………………………………………張天澤
跋拉兒兄大澤者中葡通的研究…………………………………………鄧文如教授遺詩
談「軍機處」……………………………………………………………王毓銓遺詩

清代東三省移民與開墾…………………………………………………劉選民
顧亭林之經濟思想………………………………………………………熊德元
戰國宰相表………………………………………………………………齊思和
滿三通之研究……………………………………………………………王毓銓
近代湖南人中之蠻族血統………………………………………………項士元
官制沿革備論 論余以役無真宰相上…………………………………鄧之誠
英法聯軍佔據廣州始末…………………………………………………陳欽燁
西力東漸與日本開國經過………………………………………………蕭正誼
英國奧門戶開放政策之起源……………………………………………何炳棣
房守餘日記………………………………………………………………張爾田
張孟劬先生題堪書題……………………………………………………王伊同
中國地方志綜錄補編……………………………………………………朱士嘉
燕京大學圖書館善本方志題記…………………………………………朱士嘉
讀漢金文小記……………………………………………………………顧廷龍
經籍與目答問……………………………………………………………容　媛
德氏剛漢合譯註訂正……………………………………………………王伊同
尚史稿繁簡之經過………………………………………………………張爾田遺稿繼經

第五期（總數十期）

第十週年紀念特刊

閻貞忘先生遺稿五種……………………………………………………洪　業
宋代制度考略……………………………………………………………聶崇岐
七祭考釋…………………………………………………………………曹詩成
卜辭所見之殷代家族制度………………………………………………胡啟揚

齊諧燈條陳鐵路奏疏後…………………………………………………趙豐田
蒙兀元代社會階級制度…………………………………………………杜　洽
買蓋中國佛教學……………………………………………………………朱士嘉
包蓋歐洲最近擴軍問題…………………………………………………劉子健
歷史學會十年來職員名錄
史學年報十年來之回顧…………………………………………………齊思和
本刊第一至十期綜合引得

史學年報第三卷第一期（總號十一）總目

唐代府兵考	杜 洽	一——二七
清代東三省疆理志	譚其驤	二九——四七
補魏志何晏傳	王伊同	四九——六二
贛州楊氏遺聞六記	聶崇岐	六三——七〇
文史通義版本考	張述祖	七一——九八
明史列傳稿斠錄	侯仁之	九九——一一三
清故學部左丞柯君墓誌銘	張爾田	一一五——一一六
清故朝議大夫湖南優貢知縣汪君墓誌銘	張爾田	一一七——一一八

書 評

中國原始社會之探究（曾松友著）	曹詩政	一一九——一二七
中國古代氏姓制度研究（袁業裕著）	曹詩政	一二七——一二八
李斯傳（Derk Bodde 著）	王伊同	一二八——一五六
蒙古史（C. d'Ohsson 著，馮承鈞譯）	杜 洽	一五六——一五七

帖木兒帝國（L. Bouvat 著，馮承鈞譯）……………………………………杜 洽………一五七—一五八

經學源流考（甘鵬鵾著）…………………………………………………………齊思和………一五八—一八〇

中國醫學史專櫃（王吉民、伍連德著，陳邦賢著）…………………………羅秀貞………一八〇—一八一

中國地理學史（王庸著）…………………………………………………………葛啓揚………一八一—一八三

中國歷史商業地圖（Abert Herrmaun 著）……………………………………葛啓揚………一八三—一六八

中國水利史（鄭肇經著）…………………………………………………………侯仁之………一六八—一七〇

中國河渠水利工程書目（茅乃文編）……………………………………………張琨琪………一七一—一七二

齊元祕史後…………………………………………………………………………沈會慎遺稿…一七二—一七三

史學消息……………………………………………………………………………王鎖翰輯

（一）「歷代地理通釋」行將脫稿……………………………………………………………一七五—一七八

（二）下花園北魏石佛寺之發掘……………………………………………………………一七八—一七九

（三）禱都古蹟古物調查……………………………………………………………………一七九—一九八

（四）本系歷屆畢業論文題目表……………………………………………………………一九八—二〇七

（五）近五年來中國史地新書簡目…………………………………………………………二〇七—二二四

唐代府兵考

杜 洽

前代之府兵制度

新唐書兵志云：「府兵之制，起自西魏後周，而備於隋，唐興因之」。此蓋指蘇綽所定之制而言。考之魏書所載，道武帝（377—408）時代之軍府制度，似已與後來之府兵制相類。當時軍府規制如何，文獻無徵，已不可考。是否即為後來府兵之濫觴，自不容吾人臆斷。今考府兵制之創立，明見於史籍記載者，常以西魏文帝大統八年（542）建置之六軍為最早。北史文帝紀：「大統八年春三月，初置六軍」。先是文帝以宇文泰建中興之業，乃於三年（537）拜泰為柱國大將軍，位在丞相之上。八年泰與度支尚書蘇綽定謀，比附周典，建置六軍。十六年（550）更籍民之才力者為府兵。此後府兵遂為國家之主要兵力。而承繼東魏帝統之北齊，史不言立府兵之事，建置大致無甚變更。北周承西魏之統，於北齊亦未論及。今由出土唐人墓誌所勒，知齊亦曾設有軍府。惟文獻不足，詳細沿革，無從明瞭。隋及唐初，府兵亦為國家兵力之主體。迄乎唐之天寶，其制始廢而不行。按斯制創於西魏大統，廢於有唐天寶，前後凡二百年之久。其間沿革存廢，變易損益，蓋亦夥矣。而唐志乃謂「唐興因之」，後之考史者，亦多忽略時代之先後，遂認西魏北周之府兵制度，盡同於隋唐；復用唐代材料，推說魏周之事實，實失之矣。蓋魏周府兵制度，比於隋唐，其精神迥乎不同，性質亦復大異。雖史文缺略，不易考究，然幸而尚存有片斷之記載，猶有痕迹可尋，不難窺其梗概。此點在府兵制度之源流上甚為重要，故不可不先為辨明者也。

關於唐前府兵制度，記述者甚少，今唯存北史卷六十傳論及鄴侯家傳等所述之片段記載而已。其編纂統率情形尚可略見；其性質如何，史文缺略太甚，不易考究。據現存史料所記，西魏後周之府兵制度，似與晚唐者不同。資治通鑑梁

簡文帝大寶元年即西魏文帝大統十六年紀府兵之緣起云：

「初魏敬宗以關朱榮為柱國大將軍，位在丞相上。榮敗，此官遂廢。大統三年，文帝復以承相泰為之。北後功業佐命，望實俱顯者，亦居此官。凡八人：曰安定公宇文泰，廣陵王欣，趙郡公李弼，隴西公李虎，河內公獨孤信，南陽公趙貴，常山公于謹，彭城公侯莫陳崇，謂之八柱國。泰始籍民之才力者為府兵，身租庸調一切蠲之。以農隙講閱戰陳，馬畜輯備，六家供之，合為百府，每府一郎將主之，分團二十四。泰任總百揆，督中外諸軍。欣以宗室宿望，從容禁闥而已。欲以六人各柱二大將軍。凡十二大將軍，每大將軍開府能同三司儀府各領一軍。是後功臣位至柱國大將軍開府能同三司者甚衆，率爲散官，無所統御。雖有繼賞其事者，閾望皆出諸公之下云」。

按通鑑根據之材料，其出處不難推知。蓋得之於北史及周書傳論後附之府衛制度並後魏齊及鄴侯家傳之記載，温公約略綜合上述諸書之文，以叙西魏之府兵。竊謂温公之意，乃視西魏北周府兵同於隋唐，其敘軍似亦未諦。以兵農合一之制度，與一般朱儒之見解相同。實則皆爲因襲鄴侯家傳「郡守以農隙教試閱」之說，所以致

誤。李傳所云，似爲唐代府兵之情形，與西魏之府兵，則絕不類也。按府兵之制，蓋因宇文泰當魏末動亂之際，一方欲籠絡部下統屬之漢族，一方又須與輔助東魏之高歡抗衡，勢非採用舊游離柱之兵制，則不克貫其野心，此理甚明，無待贅論。蘇綽盧辯故於所立規制，即以此時勢之需要爲依輔。當時所立府兵，總屬於六柱國家，即兵仗衣馱牛馱及糧糒，六家共備，無發調導，有如子弟，顯然有鮮卑部落意味。疑是時府兵，必多爲貴族階級，或者與六柱國家有關者，此點史無明言，未敢定論。然觀乎周齊文帝紀大統九年（543）下之記載，上述軍實亦甚爲可能。周書文帝紀：

大統九年……太剛以中山之戰，諸將失律，上表請自貶。魏帝報曰：……於是廣募關隴豪右，以增軍旅。冬十月，大閱於櫟陽。遂市華州。」

時許仲武領年西代，西魏選戰失利。宇文泰遂有增牧編氓之舉。然所增募亦止限於豪富之家，普通農民則不能泰伯。當時府兵與農民迥然不同，在國中實爲一特殊階級。觀乎北史所記，其事尤顯。北史：

「……是爲十二大將軍。每大將軍督二開府，凡爲二十四員，分團統領，是二十四軍。每一團儀同二人，自

相督率,不編戶貫,都十二大將軍。十五日上,則門欄陛戟、警畫巡夜,十五日下,則教旗習戰,無他賦役,每兵唯辦弓刀一具,月簡閱之,甲槊戈弩,並資官給」。

北史此段記載,似為大統十六年以前之制,當時府兵,自相統率,不編戶貫,故不能與編戶之民同視;兵農界限,劃分甚清,實無絲毫寫兵於農之意,故亦無須郡守農隙教武閱也。豈兵農合一之制,猶在大統十六年之後耶?王栴引後魏書[16]:

「西魏大統八年,宇文泰倣周典置六軍,合為百府……十六年,籍民之有材力者為府兵」。

鄭俠家傳所謂:「初立府兵,皆於六戶中等以上家有三丁者選材力一人,免其身租庸調」[17],即指大統十六年之事也。家傳所指明云「初立府兵」,然決非十六年之後事可知也。陳寅恪先生以為與傳文之「六家」不同,蓋指之「六戶」,陳寅恪先生以為與傳文之「六家」不同,蓋指戶即自中下至上上凡六等之戶而言[18],其說頗是。此府兵制與編戶之民發生關係之始。然則府兵制變為兵農合一從此年始耶!然細考之,亦有未然。周書[19]孝閔帝紀載元年(557)八月詔曰:

「令二十四軍宜舉賢良堪治民者,軍列九人」。

又續書食貨志:

「(周武帝)保定元年(561)改八丁兵為十二丁兵,率歲一月役。建德二年(573)改軍士為侍官,募百姓充之,除其縣籍,是後夏人半為兵矣」。

又同書文帝紀載開皇十年(590)詔亦有「凡是軍人,可悉屬州縣,墾田籍帳,一與民同」之語,皆足證前代府兵,兵農分離,不編戶貫,故武帝募百姓充兵,除其縣籍,而開皇十年,尚下軍人編入州縣之詔,人謂前代府兵兵農不分,實未能深考也。宋人葉適駁兵農合一之說云[22]:

「未立府兵之前,兵農未嘗相離,何待為也。唯好戰不息,民失耕作,無以轉餉,則國貧而兵弱。宇文蘇綽患其然也,始令兵農各籍,不相承絕,既隸府類,征伐莫返,而居者委然不知,緣此國富兵強。隋文因之,平一宇內,徒以兵農判為二故也。豈必高祖太宗所以能乃遵舊法行之耳」。

水心所論可謂得西魏府兵之實矣。唯云唐沿魏之舊,則又有未盡然者,常於下節論之。

1 歐陽修等新唐書(二十四史本)50/1b。
2 魏徵魏書(二十四史本)58/6b-7a。韓擒虎云:「自太祖平中山,多置軍府,以相威攝。凡有八軍,各配兵五千;食祿主帥各四十六。自中

原稍定，八軍之兵，漸割南戍，一軍兵統千餘，然主帥如故，費猶不少。條炎熙四軍，減其帥百八十四人」)。按道武帝不中山，在盈始二年(379)，距蘇綽立府兵，已有百餘年。若中山軍府即如後之府兵，則府兵成立年代，至少要推前一百四十餘年。當時軍府規制如何，已不可考。就軍府成立論，端而論，則頗爲相近，此點即值吾人之注意也。

3 李延壽北史（二十四史本）5/12a。

4 按玉海所引較詳，且較正確，今從之。

5 谷霽光唐折衝府考校補（二十五史補編第六册民國二十六年上海開明書店館印本）頁4引石刻童榮墓誌，祖榮爲北齊長春府統軍。又頁8引石刻榮師泉誌。兼萬在北齊爲開方府憲揚郎將。按杜佑通典（上海商務印書館1901排印本）29/4b 職官十一，隋開皇中罷驃騎將軍府，每府留驃騎車騎二將軍。大業三年，改驃騎府爲鷹揚府，改驃騎將軍爲鷹揚郎將，改車騎將軍爲鷹揚副郎將。五年，又以鷹揚副郎將爲鷹擊郎將。至統軍之稱則父晚在唐高祖武德七年，始見改稱。而石刻中宜北齊時已有鷹揚郎將及統軍之官，恐非是。疑唐人撰文以隋唐軍府官稱，加之於齊府耳。

6 鄧侯家傳，李泌之子繁撰，原書失傳，今見玉海（卷138）引。

7 北史 60/17b-19a。

8 司馬光資治通鑑（民六商務印書館鉛印本）163/16b-17a。

9 令狐德棻周書（二十四史本）16/8b-10a。趙貴，寫孤信，侯莫陳崇傳附。

10 見王應麟玉海（嘉慶十一年1806列本）卷138引。

11 玉海138/19a引。李傅即鄧侯家傳，鄧侯者李泌也，故簡稱李傳。下倣此。

12 陳寅恪府兵制前期史料試釋（歷史語言研究所集刋第七本第三分民國二十六年）頁275-286。

13 鄧侯家傳，玉海 138/19a引。

14 周書 2/5b。通鑑 158/17b 梁武帝大同九年同。

15 北史 60/18b-19a。

16 見注 9。

17 玉海 138/19a 引。

18 陳寅恪（前引文）頁 280。

19 3/3b。

20 民孫無忌隋書（二十四史本）24/7b。按周書（5/15a）武帝本紀作總管。

21 葉適習學記言（敬鄉樓叢書第一輯民十七 1928 永嘉黃氏鉛印本）39/10a,b 唐書義志條。

22 全上 2/4b。

三年。

今從玉海。

二　府兵制變爲兵農合一時代之推測

前已反覆辯明西魏後周府兵爲兵農分離之制度矣。唐代府兵制爲兵農合一，似無可疑者。兵志云：「惟唐立府兵之制，頗有足稱焉。蓋古者兵法起於井田，自周衰王制壞而不復。至於府兵，始一寓之於農。其居處教養蓄材，待事而動

作休息：皆有節目。雖不能盡合古法，蓋得其大意焉」。章俊卿云：「常唐曉時，天下戶口八百餘萬，而府兵四十萬，皆自食其力，不賦於民」。陳傅良亦云：「魏周齊之世，已行租調之法，而府兵之制，由是而始甚。加以宇文泰之賢，專意法古，當時兵制增損尤詳；然亦未易遽成也。以此知先王之制，始於周齊，而其效則漸見於隋，彰灼於唐。僅據宋代諸人所論，不難明矣。至文公謂兵農之分，自唐府兵始，兵之必以漸」，殊為有識。今考府兵制之轉變，據現存史料所載，似乎始於周齊之世已開其端。隋書食貨志：

「至（齊武帝）河清三年（564）定令，男子十八以上六十五以下為丁，十六已上十七已下為中，六十六已上為老，十八已下為小。率以十八受田，輸租調，二十充兵，六十免力役，六十六退田，免租調」。

此實為受田與兵役發生關係之始，而兵農合一之兵制，亦以此年始見諸記載。北齊雖有規定受田與兵役之令，而實行如何，尚成問題。北齊兵制，史籍不詳，唐人慕誌中雖見北齊

軍府官稱，其統率情形究屬如何？北齊是否亦採用蘇綽所定之府兵制？皆不可知。如據隋齊所載齊令為斷，是承認府兵制於河清三年已經兵農合一，則難免臆斷。然據胡三省通鑑注所云：已後周府兵制變為兵農合一前於齊制三年已完成矣。通鑑陳世祖文皇帝天嘉二年三月即周武帝保定元年（561）已為兵農合一之制，是又後周府兵制變為兵農合一，似已承認府兵制於周武帝保定元年已為兵耳。隋齊食貨志記載保定元年令下，接敍建德二年（573）改軍士為侍官事，猶云「募百姓充之，除其縣籍」。而建德三年詔中，尚有軍民並聚之事，詔云：

「自今以後，男年十五，女年十三已上，爰及鰥寡，所在軍民，以時嫁娶。惟從節儉，勿為財幣稽留」。

是皆為軍民各籍之證。可知武帝雖為伐齊擴大軍隊，打破豪之家充兵籍習，猶本宇文蘇綽兵農各籍之意行之。兵不籍農之主張，尚未能廢棄也。按建德二年，在保定元年後十二

年。如府兵制於保定間已為兵農合一，則不應在十二年後猶有除兵丁縣籍之舉。是胡注實有未安也。綜上所述，北齊河清三年之令文，與北齊兵制關係如何？不得而知。與周府兵，似無關係，則可言也。

今據現存史料所攷，周武帝建德二年改軍士為侍官事，實為府兵成立以來第一次之改革。常時充府兵之百姓，猶除民籍，隸屬於軍。可知武帝之改革，僅使府兵制較前擴大而已，於府兵制本身，實亦無大變更。建德改制，時距隋文代周僅八年，此八年中史籍無改革事，疑後周府兵制至周亡仍存兵民各籍之制也。然則兵農合一之府兵制，其興猶在隋世耶？

隋代兵制，史籍不甚詳，亦頗雜考，就各書記載觀之，府兵制蛻變為兵農合一發軔於隋，似甚可能。隋書食貨志：

「及受禪，又遷都，發山東丁毀造宮室，仍依周制，役丁為十二番，匠則六番。及頒新令，……男女三歲已下為黃，十歲已下為小，十七歲已下為中，十八已上為丁，丁從課役，六十為老，乃免。……丑丁男中男永業露田皆遵後齊之制」。

又：

「開皇三年（583）正月，帝入新宮，初令軍人，以二

十一成丁，減十二番每歲為二十日役，減調絹一匹為二丈」。

隋受周禪，在周靜帝大象三年（581）時周滅齊統一北方有四年矣。故隋代制度，大都沿於後周，而亦頗採北齊之遺制。上述二段記載，其規定受田與兵役之制，顯然為合齊周二朝之制而成。明乎此，則前述北齊河清三年之令，雖不用於周，然影響隋代制度，則顯見也。

今按隋書所記令文，隋於開皇三年，受田與兵役之規定，似已完備。如是則兵農不分之府兵制，亦可謂從茲而始。唯據上述記載為斷，似難確定，尚有待他種記載以為左證。否則，假設尚難成立。隋書食貨志：

「開皇三年……又遣倉部侍郎韋瓚，向蒲陝以東募人，能於洛陽運米四十石，經砥柱之險達於常平者，免其征戍」。

此段記事中，「免其征戍」一語，殊堪吾人注意。疑當時兵與民已不分矣。若當時尚存民兵各籍之制，則所募之人，身無兵役，何云「免其征戍」耶？既云免其征戍，而所募者乃民又非為兵。可知開皇三年，百姓似已有服兵役之義務也。此點論證，乃出於推測，尚不能據為定論。且開皇五年時，軍人與百姓似仍各自為籍。隋書食貨志：

「開皇五年五月,工部侍郎蘇孝慈陽縣公長孫平奏曰：……於是奏令諸州百姓及軍人勸課,當社共立義倉,收穫之日,隨其所得,勸課出粟及麥,於當社造倉窖貯之」。

役軍歲動,未遑休息,兵士軍人,權置坊府,南征北伐,居處無定,家無完堵,地罕包桑,恆為流寓之人,竟無鄉里之號,朕甚愍之。可悉屬州縣,墾田籍帳,一同編戶,軍府統領,宜依舊式,罷山東河南及北方緣邊之地新置軍府」。

陳寅恪先生以詔齊中有「墾田籍帳悉與民同」之語,疑為周武帝改革後之詔狀,余以為未然。按武帝改革後,府兵制依前存兵民各籍之制,前已言之,無待贅述。今詔中有「凡是軍人悉屬州縣,墾田籍帳,一同編戶」之語,與武帝時「除其縣籍」之情形不類。隋書食貨志中所云,蓋為隋文之改革,自此以後,府兵遂一反西魏後周「不編戶貫」之制矣。今觀隋書食貨志記被開皇十年與十二年兩令,頗可相證。隋書食貨志：

「開皇十年……又以宇內無事,益寬徭賦,百姓年五十者,輸庸停防」。

又：

「開皇十二年(592)有司上言庫藏皆滿……下詔曰：『既富而教,方知廉恥,寧積於人,無藏府庫。河北河東今年田租三分減一,兵減半功,功全免』」。

「開皇十年「百姓年五十者輸庸停防」之令,北史繫之於本年

是奏令諸州百姓及軍人勸課,當社共立義倉,收穫之日,隨其所得,勸課出粟及麥,於常社造倉窖貯之」。

時,恐獮未成也。然奏中令軍人勸課,殊堪注意。此蓋軍人務農之始,故長孫平之奏,於府兵制度,似非無關。按長孫民之建議如何,於本文無關,暫置勿論。而影響於以後兵制之改革,則甚斯然。開皇九年詔曰：

「……兵可立威,不可不戢；刑可助化,不可專行。禁衛九軍之餘,鎮守四方之外,戎旅軍器,皆宜停罷。伐路既夷,群方無事。武力之子,俱可學文。人間甲仗,悉皆除毀」[14]。

陳文於受禪之後,以宇內未一,陳帝伺跋江左,遂擴大軍隊,以資武力。及平陳已後,兵無所用,乃能戎旅軍器,朝廷唯留禁衛之兵及邊兵。而人間甲仗,亦皆毀除。此詔所云,可視為隋兵制進一步之整理。今再觀開皇十年之詔,詔中所云又為隋兵制初步之改革。軍人編入州縣與百姓同等之情形,亦已見諸明文記載,常可據也。北史[15]：

「開皇十年夏五月乙未詔曰：魏末散亂,寓縣瓜分,

六月下,云「免役折庸」,與此微異。如以二文相比,令文之意甚顯,不待詳論。十二年詔中「兵減半功」一語,余意即指兵役而言,觀其前言租後敍調而中遽兵可知。按開皇三年隋文曾有軍人減十二番每歲二十日之令,北史記其令文[20]曰:「始令人以二十一成丁,減役功不過二十日,不役者收庸」。胡三省通鑑注釋[21]云:「後周之制,……每歲十二番,則三十日役也。今滅爲二十日役。」又詔中之「兵」字,余所見隋青均然,當非誤字。是兵農合一之府兵制起於隋代明矣。陳寅恪先生斷爲每歲十日役。是兵農合一之府兵制中之「兵」字,則所謂兵減半功者,又減爲每歲十日役。是兵農合一之府兵制起於隋代明矣。陳寅恪先生斷其始在開皇三年[22],似尚不足信,而開皇十年以後,則已成合一之制。豈開皇十年之詔即府兵改變之關鍵歟!

1 新唐書 50/1a 兵志.

2 章如愚山堂考索(明正德十三年 1518 慎獨齋齋刊本) 續集 43/4a 兵制門,府兵條.

3 陳傳良歷代兵制(墨海金壺本 1919) 5/6a,b.

4 參郡俠家傳(玉海 138 引)、杜牧原十六衛(樊川文集四部叢刊本)卷 5 兵部・唐府兵情形見於唐新唐書兵志,及唐六典(廣雅書局刊本)、張鷟張司業樂府集(唐人五十家小集本)業 4s 別離曲人歌詠者頗多,云:「行人結束出門去,馬階幾時更然門,憶昔君初納綵時,不言身屬邊隅戍,早知今日當別離,成君家計良爲難,男兒生身自有役,那得誤我少年時,不宜還看征戰死,誰能迢者空閨裏」。又白居易白氏長慶集(四部叢刊本)3/10a,b 新豐折臂翁云:「……無何天寶大徵兵,戶有三丁點一丁。點得驅將何處去,五月萬里雲南行,……是時翁年二十四,兵部牒中有名字」。是唐代男丁身當在役者。

5 章如愚(前引者)別集 21/4b 引.

6 24/5b.

7 168/14a.

8 王欽若冊府元龜(嘉慶甲戌 1814 刋本)63/5b 帝王部,褒號令條.

9 隋書 24/7b-8a 食貨志.

10 全上 24/8b.

11 全上 24/10a.

12 上 24/10b-11a.

13 全上 24/3b.

14 11/15a 隋本紀上。按「墾田籍帳,一同編戶」,隋書(2/4a)文事紀作「一與民同」.

15 陳寅恪(前引文)頁 284.

16 24/9b.

17 24/9a.

18 11/15b.

19 11/10a 隋本紀.

20 11/10a 隋本紀.

21 資治通鑑 175/19a 陳後主至德元年三月朔三省注.

三 唐府兵建置之始

前人論唐府兵，每多異辭，於唐府兵制之建置，始於武德？抑始於貞觀？亦未能確定。蓋以府兵制雖完成於隋世，然以煬帝不綱，軍府廢弛，府兵耗散，其法又壞。李唐代隋而起，立國之初，府兵之法，似亦未能遽成，此其一。司馬溫公資治通鑑記武德置軍謂：「初置十二軍，分關內諸府以隸焉，以車騎府統之」，其制與西魏北周府兵所以隸寶軌傳敘高祖語寶軌有「我隋種軍騎尚不足給公」之語，頗合部落意味，此其二。陸贄論關中事宜狀謂太宗列置府兵，分隸禁衛；杜牧原十六衛則謂始自貞觀，史者，又徒見太宗府兵之盛，不察其始，相因互襲，遂亦斷自太宗；至明王船山更謂貞觀十年，定府兵之制，及高祖一辭，此其三。余初見太宗府兵之盛，及後詳為考察，疑寶軌兵志記事有不實，前二者出於一己之揣測，不足致辯。陸贄杜牧諸人之說，似亦未爲定論。

竊意陸贄杜牧所云，似指太宗貞觀十年改革之事而言，觀乎杜牧「始自貞觀中」一語，其意已明。如云貞觀中府衛之

按府兵之制，自隋文改革後，兵農合一之制始立。其說已見上論，無待煩言。其統率情形，亦變視周初制；外關諸府，而內統于十二衛及太子諸率府。唐府衛之法，亦沿隋舊，大略相同。考其創建，亦非始於太宗。舊唐書職官志：

「武德七年定令，……左右衛，左右驍衛，左右武侯，左右監門，左右屯，左右領，為十四府」。

新唐書百官志注亦載武德元年。
條，則更斷其始於武德元年。可知其制之始，早在武德之時。又舊唐書記貞觀十一年改令，其十二衛並從舊定，更改，是仍存武德定制。而杜牧謂十六衛始於貞觀一節，無何誠難足信。今參以紀傳所錄，不得據唐志諸書，以斷其非。杜牧唐人，記事於前，其制已然。

「武德元年，拜右翊衛大將軍」。祭紹傳：「武德元年，果遷左翊衛大將軍」。又太宗紀：「武德五年十月，加太宗十二衛大將軍」。則亦可證杜牧說之非矣。至府兵分隸禁衛一事，似亦非起於貞觀十年。唐會要：

「武德三年七月十一日，下詔曰：……於是置十二衛將軍」，取

威名素重者爲之，分關內諸府隸焉」。是武德三年衞府統率已行。但據志通鑑及册府元龜引武德詔皆云十二軍[15]，與會要十二衞之將軍之說異。則所置之十二軍是否即十二衞之統率，似仍難確定。然考之石刻，貞觀初年已有軍府統於諸衞之記載。且諸衞亦不僅統關內之府矣。昭陵許洛仁碑[16]：「貞觀二年，除右衞原城府統軍」。李洎墓志[17]：「貞觀二年，授右武衞九嵕府別將」。羅願新安志[18]：「新安注華，正[貞]觀二年，授左衞白渠府統軍事，參掌禁兵」。據此則府統於諸衞，亦不待貞觀十年，而業已實行矣。

今再以民丁服役之始爲證，諸人之說，亦有不足信者。府兵之制，計戶充兵，丁中之規定，實爲至要，通典[19]載玄宗先天二年敕云：

「往者衞士，計戶取充，使二十一入募，六十出軍」。

今考唐制，丁中之規定，亦業已早定於武德七年。通典[20]：

「武德七年定令，男女始生爲黃，四歲爲小，十六爲中，二十一爲丁，六十爲老」。

以武德七年令與玄宗先天敕相證，不謀而合。通典記事，誠可據。故云唐府兵始於此時，亦未嘗不可。且後乎此年，關乎貞觀十年，其間唐人於兵制性質之討論，亦不乏記載。假唐書[21]崔善爲傳：

「貞觀初，邠陝州刺史。時朝廷立議戶殷之處，得徙寬鄉。善爲上表稱：『幾內之地，是爲戶殷，丁壯之人，悉入軍府。若聽移轉，便出關外。此則虛近實遠，非經通之謀』。其事乃止」。

但戴胄諫太宗表中所云，則其範圍又遠及河外矣。假唐書[22]戴胄傳：

「（貞觀）五年，太宗將修洛陽宮，胄上表諫曰：『……比見關中河外，盡置軍團，富室強丁，並從軍旅，……而爾戶口單弱，一人就役，擧家便廢。入軍者督其戎仗，從役者責其糇糧，盡室經營，多不能濟』」。

崔善爲議戶殷事，會要謂在貞觀元年，關外各地，又未能普及。唯善爲表中所稱，似僅指關中一隅。而戴胄諫表中所云，則其範圍又遠及河外矣。假唐書[23]崔善爲傳：

「（貞觀）五年，太宗將修洛陽宮，胄上表諫曰：『……比見關中河外，盡置軍團，富室強丁，並從軍旅，……而爾戶口單弱，一人就役，擧家便廢。入軍者督其戎仗，從役者責其糇糧，盡室經營，多不能濟』」。

間所云情形，與後來府兵相同。而所述乃當時之事實，當可憑信。即此二端，可證唐府兵建置，實始於武德也。

唐立府兵事，兵志記之已詳，唐會要亦有記載。於京城諸軍條謂武德三年，置十二衞將軍，分統關內諸府以隸，且繁其事於貞觀十年之後[25]。於十二衞條又調置武德元年諸衞因隨瘡[26]。矛盾差異，莫過於此。於諸衞之置，在要，叙事顚倒錯雜，疑非原書。於府兵諸軍條謂武德三年分置十二衞將軍，分統關內諸府以隸，且繁其事於貞觀十年[24]。於府兵條又調置武德七年令與玄宗先天敕相證，不謀而合。通典記事，誠可憑信。即此二端，可證唐府兵建置，實始於武德也。

而所云又與府兵制同。假唐書崔善爲傳：

武德元年,其說甚誦。而唐初置十二軍分統諸府事,諸史所載皆在武德初,諸衞統府,亦無異說。故不得謂其事在貞觀十年。而貞觀之時,諸衞統府,亦不限於關中,又已見上論。會要之誤,豈非顯然?王海引會要與今本所載異,常是原本,誠爲可信。而今本會要,脫誤殘闕前人已言及之[27],記事矛盾,誠未足深怪也。

今據兵志及諸書所述,唐立軍府,始於武德[28];以驃騎車騎兩將軍府領之。時當隋末大亂之後,群雄割據,故其設置,似僅限關中一隅。二年五月以車騎將軍府隸驃騎府[29],以天下未定,資武力,將舉關中之衆以臨四方,更置十二軍,分統關內諸府兵。每軍置將軍一人,副一人,取威名素重者爲之。怪以耕戰之務,以車騎府統之。自是士馬精強,所向無敵矣。六年以天下既定,將偃武事,遂廢十二軍,改驃騎曰統軍,車騎曰別將。始定丁中之制。至是府兵之法,遂粗備焉。及後突厥寇邊,十二軍復,而軍置將一人。軍有坊,置主一人,以檢察戶口,勸課農桑。然其制似不常。史雖未詳其廢,蓋亦如前之置。而國家兵力,則仍籍府兵也。

綜上所述,唐府兵之建置,實始於高祖。徒以立國之始,其法未備。故有待於太宗之完成焉。

1 資治通鑑 187/15b,唐紀三,武德二年秋七月。
2 舊唐書(五洲同文石印本)003) 61/8a。
3 陸贄陸宣公奏議(十萬卷樓叢書影印元刊本)1/2a,b。
4 杜牧樊川文集(四部叢刊本)5/5a。
5 王夫之讀通鑑論(同治四年 1865 湘鄉曾氏金陵刊本)20/4/a。
6 舊隋書 28/21a,b。百官志下。通典 28/1b。
7 舊唐書 42/2b。職官一。
8 新唐書 49a/1a。百官志上。
9 王溥唐會要(武英殿聚珍版叢書,光緒甲午 1894 增刊本) 71/28a。
10 舊唐書 42/2b。職官二。
11 舊唐書 60/2b。新唐書 78/1a 木傳失載。
12 全上 58/10a。
13 全上 2/9b。新唐書 2/3a 同。
14 王海 138/13a,b。引。文舊唐書 1/9b 高頒紀。
15 全上(前引書)124/17b 帝王部。征武備帝。
16 羅振玉昭陵碑錄(民三 1914 刊本)頁 21,原城府屬河南府,是諸衞所統軍府,已不限於關內矣。
17 勞經原唐折衝府考頁 36 引。
18 羅顧新攷志(光緒十三年 1887 重刊本)1/24b。
19 通典 28/2a 職官十。
20 全上 7/4b 食貨七。

21 舊唐書 191/2b 唐善識傳.
22 唐會要 84/18a 折衝條.
23 舊唐書 70/8a, 新唐書 59/6b 本傳繫貞觀四年下, 按舊唐書 (75/13b) 張玄素傳: 「太宗修洛陽宮, 在貞觀四年」, 當以新書為是.
24 唐會要 72/la.
25 72/11a.
26 見註 9.
27 新唐書 (1.5b) 高祖紀: 「武德元年九月乙巳」, 始置軍府.
28 卷四中全書總目提要 (民國十九年 1930 上海大東書局鉛印本) 81/1b-2a.
29 玉海 138/10b 注.

四 折衝府之始稱

唐立府兵, 雖定制於高祖; 然建置之初, 應事草創, 且廢置不常, 似無定制可言。至稱折衝府之後, 府兵編制及統率情形, 始較前完備, 其法遂亦為唐代定制。終及府兵之廢, 無大更改。故折衝府之始稱, 必當先為考之。此點非僅為空名之改易, 實為府兵系統完成之關鍵也。

軍府之有名稱, 始自隋代, 西魏設府, 僅有府名, 而未冠以特殊稱號[1]。至隋開皇中, 乃有驃騎府, 改為鷹揚府, 庲置鷹揚郎將等官[2]。唐改曰折衝府, 置折衝都尉果毅都尉以領府兵。意取折衝樽俎之間旅師袵席之上也[3]。

唐以折衝名府起於何時, 其說不一, 據諸家之記載, 皆斷自太宗貞觀十年 (636)。通典[4]:

「大唐武德初, 猶有驃騎府及驃騎車騎將軍之制。武德七年 (624), 乃改驃騎為統軍, 車騎為別將。貞觀十年, 復採隋折衝果毅郎將之名, 改統軍為折衝都尉, 別將為果毅都尉」。

新唐書兵志、資治通鑑、唐會要[7], 俱同此說, 然據舊唐書之記載, 似又以折衝府起於武德中。舊唐書職官志諸府折衝都尉下原注云:

「武德中, 採隋折衝果毅郎將之名, 改統軍為折衝都尉。別將為果毅都尉」[8]。

劉昫之說, 與上述諸家皆不同, 如其說為然, 則府兵系統之完成, 已早在高祖之世, 不待太宗貞觀十年 (636) 之改革也。今考兩唐書列傳及唐人文集中之記載, 亦有貞觀初即見折衝都尉及果毅都尉之官稱。舊唐書蘇定方傳:

「蘇定方, 冀州武邑人也。…貞觀初, 為匡道府折衝。隨李靖襲突厥頡利於磧石, 靖使定方率二百騎為前鋒。…遂悉降之。軍還, 授左武侯中郎將」[9]。

又張九齡故安南副都護裴公墓誌銘[10]:

「曾祖琰, 貞觀初, 并州白馬府右果毅都尉右衛郎將果毅都尉以領府兵。

將」。可知劉昫之說，亦非毫無根據，常必有所本也。

余初於劉昫之說，頗以為未然。後仔細分析，疑竇頓解，前日所感，今得其實，竊唐智之記載，實不足據，其證有四：諸家皆言折衝果毅為統軍別將，則應先知後者究起於何時？考之諸史所載，供言在武德七年。偽唐書職官志：

「武德七年，改諸軍驃騎將軍為統軍，其秦王齊王下領三衛及庫直驅咤直車騎並準此，諸軍車騎將軍為別將」。

新唐書百官志亦云：

「（武德）七年（624），改驃騎將軍府為統軍府，車騎將軍為別將」。

通典記載亦同，武德七年改統軍之說為然，則亦無大問題。如以偽唐書所云武德中改統軍為折衝，業已無大誤，高祖武德年號凡九年，是年八月，即詔傳位於太宗，或在其年之後。次年改元貞觀。武德七年之事自可稱為武德之中。

然武德時既已改統軍為折衝，貞觀時即不應再有統軍別

將之稱。然考之史籍記載，亦不盡然。新唐書羅藝傳：

「太宗即位，進開府儀同三司。藝內懼，乃圖反。……慈皓與統軍楊岌，謀誅藝……」。

羅藝謀反事，新偽唐書本紀皆不載，資治通鑑繫其事於貞觀元年（627）正月。是貞觀元年，猶存統軍之名也。新唐書辭萬徹傳：

「辭萬徹，……從李靖討突厥頡利，以功授統軍，進爵郡公」。

按突厥頡利可汗寇邊事，在貞觀三年（629），太宗命李靖率兵討之。四年二月，靖擊頡利可汗於陰山，大破之，滅其國。三月，大同道行軍副總管張寶相，生擒頡利，獻俘京師。辭萬徹於是時獲受統軍之職，是貞觀四年仍未改統軍官稱。蘇定方亦於四年從李靖討頡利，而傳云定方已為匡道府折衝，似未然也。統軍既改折衝，則不能再以統軍授人，而兩名亦無並存之理。以上二說，當必有一誤。豈萬徹所受者，非軍府之官歟？

有唐一代，設統軍官者有三：諸軍府有統軍，秦王齊王府下設統軍，羽林龍武等六軍有統軍，六軍統軍與元年（748）始設，事已至唐末，萬徹所居之官，必非六軍統軍明

其。至秦王齊王府統軍，武德七年亦已改為護軍。佐唐書[22]職官志：

「武德七年，改秦王齊王下統軍為護軍，副統軍為副護軍」。

萬徹亦不能任貞觀四年，仍授薛王府統軍、必為諸軍府者、定方傳所記，蓋誤統軍為副統軍，必為諸軍府者、定方傳所記，蓋誤統軍為折衝，逐有定方於貞觀四年已為折衝都尉之說。史家修史，失於檢點，遂自陷於矛盾矣。

折衝既為統軍之改稱，既改之於武德中，貞觀時，諸軍府之官，必皆為折衝都尉及果毅都尉。今於搜檢之下，得稱統軍者十五則[23]，稱別將者二則；或出於諸書，或出於石刻。雖大部已難定其年代，明著年代者尚有五條。今錄之於後：

（一）昭陵許洛仁碑[24]

武德九年授大明府別將，詩轉本府統軍。貞觀二年，除右衛原城府統軍。

（二）羅頔新安志[25]

新安汪華，正〔貞〕觀二年，授左衛白渠府統軍事，變掌燕兵。

（三）資治通鑑[26]

貞觀七年十二月，嘉陵州獠反，命邢江府統軍牛進達擊破之。

（四）石刻李汪墓誌[27]

貞觀二年授右武衛九嶷府別將。

（五）乙迷狐神慶碑[28]

貞觀十年，復授游擊將軍守左領軍衛長春府□別將。

唐立軍府凡數百，而記載中稱統軍者，今僅得十餘條。知稱統軍府與貞觀十年之間。

武德七年與貞觀十年之間。

國家設官，皆定其品。依唐書[29]職官志：貞觀八年（634）九月，以統軍正四品下，別將正五品上。是貞觀八年統軍猶未改稱折衝，故仍定其品次。考之蓋再記載，十年以後，無稱統軍別將者，而多言折衝果毅之名。查資治通鑑[30]：

唐改折衝府，實始於貞觀十年，通典之說是矣。劉昀再於一書中自異其說，其不足信也明矣。

志載：貞觀八年（634）九月，以統軍正四品下，別將正五品上。

新唐書劉仁軌傳：

「貞觀十四年（640）陳倉折衝都尉將事，坐事繫獄」[31]。

新唐書劉仁軌傳：

「劉仁軌……轉陳倉尉，部人折衝都尉魯寧者，豪縱犯法，縣莫敢屈，仁軌約不再犯，寧暴橫自如。仁軌榜殺之，州以聞。太宗曰：『尉而殺吾折衝可乎』？召詰讓。仁軌對曰：『寧辱臣，臣故殺之』。帝以為剛正，更擢咸陽丞。貞觀十四年，校驗同州……」。

稽古錄[23]：

「貞觀十三年（639），突厥突利弟結社率作亂，夜襲御營，入四重幕；折衝孫武開擊斬之」。

賜周貞觀十一年（637）從帝幸洛陽，上疏曰：

「今朝廷獨軍內官，縣令刺史，頗輕其選，刺史多是武夫勳人，或京官不稱職，方始出外。而折衝果毅之內，身材彊者，先入為中郎將；其次始補州任⋯」[33]。

又舊唐書屈突通傳：

「太宗幸洛陽宮，思通忠節，拜其少子詮果毅都尉，賜束帛以卹其家焉」[34]。

下至貞觀十四年，而上推至貞觀十一年二月，皆見折衝果毅之稱；知統軍府改為折衝府，確在貞觀十年。且當時亦必有折衝果毅出補州任事，故周能言之疏中也，又此說亦與乙速孤慶神慶碑所載，不相衝突。碑中雖未言神慶授別將在貞觀十年之何月，意者其必作未改稱折衝之前。而改革之事，亦可發生於任授官之後不久。今觀通鑑繫改稱事於十年之末，月日已失考，故但云是歲。豈改稱事在十年之末歟！

1. 參谷霽光西魏北周和隋唐間的府兵（中國社會經濟史集刊第五卷第一期），民國二十六年）頁90。
2. 隋書，28/21a，百官志下。又通典，29/4b，職官十一。

[3] 語見鄭侯家傳。玉海，138/21a，引。
[4] 29/4b，職官十一。
[5] 50/2a。
[6] 194/20b，唐紀十。
[7] 王溥唐會要，72/11a，府兵錄。又別將行台皆作副統軍。
[8] 44/42a，職官志三。
[9] 83/5a，新唐書本傳同。
[10] 張九齡曲江文集（四部叢刊）18/8b。
[11] 42/2b。
[12] 49/6b，百官志注。
[13] 見注4所繫。
[14] 舊唐書，1/15b，高祖本紀。
[15] 92自。新唐書本傳同。
[16] 資治通鑑（192/8b）作李勣，按儀武德三年李勣歸附，詔封為王，賜姓李氏，懼宗正屬籍，見舊唐書56/17a，本傳。
[17] 192/8b。
[18] 94/5a。
[19] 參舊唐書，2/17b；3/1b，太宗本紀。又舊唐書67/7a，李靖傳。
[20] 見注9所繫。
[21] 薛唐書，44/42a，職官志三六軍統軍條注云：「興元元年正月二十九日勅：左右羽林，左右龍武，左右神武，各置統軍一人，秩從二品」。
[22] 仝上，142/2a。

23 登升勞經原唐折衝府考，羅振玉唐折衝府考補（二十五史補編第六冊），及谷齋光唐折衝府考校補引，文略不錄。
24 羅振玉昭陵碑錄中/22b。
25 羅鞠新安志1/24b。
26 羅振玉昭陵碑錄下/19b。
27 42/2b。
28 195/18b。
29 勞經原唐折衝府考頁36引。
30 108/1a。焉唐書(84/1a, b)本傳同。
31 司馬光稽古錄（四部叢刊本）15/40b。
32 僞唐書74/13a 馬周傳，又濟仁宗勅編全唐文（嘉慶二十三年1818重
33 經官刻本）155/18b。
34 59/4a, b。按太宗爭洛陽宮在貞觀十一年二月，見戴唐書(3/8a)太宗
本紀，知詮授果毅都尉在此年。
35 見注32所擧。
36 194/20b。

五 折衝府數之商榷

甲 諸書記載府數各異

研究唐代兵制，最不可解者，厥爲折衝府數問題。前人所記，數已不同，後人考史，抑揚異致，取捨又異。數百年來，尚難定其是非，迄至於今，仍留爲一疑案。考之唐人記載，其數已然。惜乎前人多未之察也。至宋王應麟始發其異，囷學紀聞云

「兵志云，十道置府六百三十四，而關內二百六一。百官志。杜牧云，凡六百三十三。陸贄云，府兵八百所，而關中五百。杜牧云，折衝果毅府五百七十四。僞志，六典云，天下之府五百九十四。會要云，關內置府二百六十一，又置折衝府二百八十，通計儀府六百三十二。鄴侯家傳云，諸道折衝府共六百三十。理道要訣云，五百七十四。鄴侯家傳云，諸道共有府五百六十六，關內二百七十三，餘九道三百九十三。神宗問何處言府兵最備，對曰，李鄴侯傳言之詳備，然府數與諸書亦不同」。

伯厚雖覺其異，然亦未能定其是非。蓋因唐人記載府數相差太甚，多者二百餘，少者亦至四十。當代諸人，已不能詳，宜乎後世史家，莫所適從矣。

今就諸人記載，其府數之差異，的可分爲三種：陸贄八百餘所者，此其一，鄴侯家傳新唐書兵志及唐會要等六百三十左右者，此其二。杜牧通典五百七十四至五百九

十四之間者，此其三，新唐書地理志五百六十七之說，亦可歸入第三類。前者自成一說，第二類之差僅一府。舊志六典亦只一府之差。綜斯三者，試詳論之。

子　陸贄八百府之說

陸贄論關中事宜狀：

「太宗文皇帝既定大業，萬方底乂，猶務戒備，不忘危慮，列置府兵，分隸禁衛。大凡諸府八百餘所，而在關中者殆五百焉。舉天下不敵關中，則居重馭輕之意明矣」。

陸贄云太宗時置府八百餘所，語焉不詳，不知所本。章俊卿謂贄約貞觀末年大數而言，亦似出於揣測，殊難為憑。今以太宗時戶口數為斷，恐實上實有不可能者焉。兵志云：

「往者分建府衛，計戶充兵，裁足周事。二十一入募，六十一出軍，……」。

兵志所述，乃取於玄宗先天二年（713）之詔。而詔中所謂往者一詞，蓋云是年前之情形。今據兵志之言，可知貞觀中，戶猶不滿三百萬。以三百萬之戶，而欲設八百餘軍府，措置

不易。再據兵志所記，為府兵者，須自備器用，輸於官以待征發。則貞觀之時，必人虛為兵，戶為之敝器矣。史猶稱貞觀之治何哉！

元人朱禮以陸贄言府兵八百餘所，乃合軍鎮守捉計之。

漢唐事箋：

「贄云關中五百，迺其十道之大凡，似太相遠。登其意併所謂軍鎮守捉之類，而統以府計耶！抑其始欲戒慮宗以居重馭輕之意，不區區於其數之合耶」！

其說亦疑有未安。據會要：「天下軍凡四十，府有六百三十四，鎮有四百五，戍五百九十，守捉有三十五」。合而計之，共有千七百餘。陸贄既欲戒德宗以居重馭輕之語，仍不得解，登許以安兩之府，亦隸屬於關內耶？而又以高宗時所設之府，統計為太宗時所置耶？按此謂不多言之，反云八百餘者，或兼高宗朝元年（661），安西都護府新置軍府所湖，故云八百餘所。陸贄所云，尚可存事贄常知之甚悉，絕無誤屬可能，總之陸贄之說，疑，不必如章朱二氏之曲為附會也。

丑　河北道設府問題

陸贄之說，既已難定其是非，其他諸說，尚須求一解

決。諸家之記載，或云六百餘，或云五百餘，亦多至四十。據近人谷霽光先生之見解[10]，以各家數目不同，其結論所在，則爲河北道設府一問題。按此亦不足信。蘇冕唐會要[11]：

「關內設府二百六十一，精兵士二十六萬。通給[計]舊府之衆，以隋四方。」又云折衝府二百八十，通給[計]舊府六百三十三。河東道領亞於關中，河北之地，人多壯勇，故不設府。其諸道亦設」。

蘇冕之說，殊爲瞹眛，所謂新設軍府，是何時所設耶？而二百八十府之數，一次建置耶？抑逐漸設立耶？其河北道不設軍府之說，尤不可解。又鄴侯家傳云[21]：

「玄宗時，奚契丹兩蕃強盛，數寇河北。諸州不設府兵番上，以備兩蕃，諸道共六百三十府」。

鄴侯家傳之作者，亦以河北道不設軍府，然其說亦多不可解，既云河北諸州不設府兵，又何言番上以備兩蕃耶？是二家之說，猶須吾人之復校焉。

今取新唐書地理志所載府名，參以諸家增補，河北一道十四州內設府，得四十八府。懷州有丹水等八府，趙州有大陸一府，相州有鄴城等二府，洺州有肥鄉一府，恆州有恆山

一府，邢州有龍騰一府，易州有新安等九府，幽州有良鄉等十七府，平州有盧龍一府，媯州有密雲一府，薊州有漁陽等二府，媯州有姿城一府，貝州有姿城、邢州之龍驤、魏州、相州之鄴府、四十八府中，冀州之姿城、邢州之龍驤，不待而知。即除此三府外，尚有四十五府。質不可謂不設也。豈蘇冕所記，乃貞觀時之軍府，而當時河北尚未設府耶？

今河北道四十五府，雖不能考其確實建置之年月，由各府折衝果毅授官之年月，亦可推知其設立之時代。如幽州有潞城府，若貞觀時已有該府之折衝都尉或果毅都尉者，則此府必設於貞觀之前矣。此種情形，或在其授官或果毅都尉之月；曰，有之。今所靜河北道四十五府，雖多數不易知其年月；可定者亦存半數。今列表於下：

府名	所隸州	建置年代
丹水	懷州	開元十七年前[18]
南陽	同上	同上
景福	同上	同上
武德	同上	麟德元年前[19]
吳澤	同上	麟德元年前[20]
翊善	同上	天授元年前[21]

河內	同上	開元初巳前[22]
石亭	易州	太極元年前[23]
安義	同上	龍朔元年前[24]
遂城	同上	景龍二年前[25]
渭城	幽州	貞觀十一年前[26]
開福	同上	神龍元年前[27]
政和	同上	貞元二十一年前[28]
良杜	同上	開元初年巳前[29]
咸寧	同上	同政和府
英榮	同上	同上
盧龍	平州	同上
密雲	檀州	同政和府[30]
臨渠	薊州	開元十八年前[31]
大陸	趙州	麟德元年前

城上表統計，河北道於開元前巳增置軍府，且於貞觀初業巳設置，會要河北不設軍府之說，實無根據。按河北道諸府在開元之前，會要作者蘇冕不應不知，不知何以云然。而蘇氏記載，又似非指貞觀初之府兵情形。會要明云諸府共六百三十三府，似為唐代府兵最盛時期之數目。如貞觀時，河北尚不設府，而巳有六百三十三府，則河北設府之後，府兵

總數，必多於昔日，其數必將近七百，不得仍實六百餘矣。
是蘇氏亦不免自相矛盾也。

宋人王溥續蘇冕會要，於府兵記載與蘇冕不同，唐會要[32]：

「通計諸府六百三十三，河東道府額亞於關中，河北之地，人逐漸逃散，年月漸久，逃死者不補，三輔漸募弱，宿衞之數不給」。

蓋王溥知蘇冕河北不設府兵說之不可通，遂改其說，而以六百三十三，為十道軍府總數，其說頗謬。然毛溥於府兵之數，亦自異其說。會要州郡條[33]云有府六百三十四，與此相差一府。豈自異其說。會要州郡條存蘇冕之舊，於州郡則別有所本歟？抑王溥於府兵條存蘇冕之舊歟，是蘇冕亦巳自異其說矣。惜蘇冕書久已不存，無法定其是非矣。

河北道設府之關鍵既明，郭侯家傳不設府兵之說，亦可以隨之解決矣。意者以王海所引郭侯家傳，恐有誤字，不設府兵，如改為又設府兵[34]，則文意可通，與河北設府之事實，亦不扞格矣。假唐書玄宗紀[35]：

「開元十四年(726)四月辛丑，於定恆莫易瀛等五州置軍，以偏笑歟」。

上來所引，雖與奚契丹南蕃遠邊無關，可知河北諸州兵力實

形薄弱。當時於河北增設軍府,實屬可能,然所設軍府,究有若干?設在何地域,又為何州?家傳語焉不詳,無從明瞭。然河北道不設軍府一說,似難於為辯矣。

六典記載府兵數云「天下之府五百九十四」[36],似取開元時之數,劉昫修唐書同此說,通典郡縣理道要訣云五百九十三,與六典相差一府。此根據多不可知。谷霽光以六典成書較早,開元中河北道新設軍府,未及計入,遂以六典五百九十四之數,謂與兵志等所實相近,實為失之。六典成書較早,及計開元中新設軍府,殊為可能。然今所得河北道四十餘府,已知十六府設於開元十八年(730)之前,此必為六典撰者所當知,不能不計入軍府總數中。所餘之二十六府,倘未知其設設年月,即或皆於開元中防備兩蕃時所設,合之六典之數,亦僅六百十餘。是於兵志等六百三十四之說,仍不合也。六典敘諸衛云,左右衛領武安武成等四十九府,左右驍衛領永固等四十九府,左右武衛領鳳亭等四十九府,左右威衛領軍衛領為敵萬年等六十府,左右領軍衛領宜陽等五十府,左右領軍衛領郊城等三府,金吾衛領同執寶圖等五十府。太子左右衛率府領廣濟等五府,左右司禦率府領郊城等三府,左右清道率府領絳邑等三府。合而計之,共得府六百三十八。知六典所敘,實非不計

寅 地理志所記闕漏

新唐書地理志官志兵志,三處言府兵數,亦有不同。官志與兵志相差一府,而地理志所載府名,僅得五百六十七。

「三輔及近畿州都督府皆領府,凡六百三十三」[45]。

今檢地理志,其都督府下缺府兵者頗多,如河南道之兗州上都督府也,河北道之陝州大都督府也,山南道之利州下都督府也,隴右道之西州中都督府也。新唐書地理志皆缺府名,其他諸道都督府下,亦多不載。如原未設府,則與官志所遺有漏也。且西州魏州兗州設府皆見唐石刻,可證地志記載實有遺漏也[49]。又武后天授中都洛陽,以鄭許陜衛等州為王畿,新設軍府,鄭邢許三州置府八,衛州置府五[51]。而地志皆失載。此又可證地志記載實不完備。地志於京兆府下亦云:「有府百三十一,僅存十一府,餘皆逸」。豈歐陽修修史時,所據

材料，業已殘闕，故所記府數較少於兵志耶？

乙　折衝府數不同之理由

諸書記載府數已如上述，史料缺乏，欲求解決，實不易也。軍府之數，何以言人人殊，按其原因，似因根據材料不同所致，按府兵之設，本無定制，全恃國家之需要，而有置有廢。有唐之世，各朝軍府之數，不盡同也。甚至一帝之時，其數亦異。府數各異，遂有互異之處。加之調查不實，遂有遺漏。府數各異，後人追記，不足怪矣。

唐代設府，始於高祖初帝，大抵沿隋之舊。然以常時群雄未平，河北河南之地，猶未能盡入唐之版圖，故常時設府，多在關中，而漸及河東與其他各地，太宗英武勇為，克平天下，掃滅群雄，始於各道設府，其設置之年月，定，知於貞觀五年(631)已前，已盡設軍府。貞觀五年，太宗將修復洛陽宮，戴冑上疏諫曰：

「比見關中河外，盡置軍團，富室強丁，並從戎旅，重以九成作役，餘丁向盡，去京二千里內，先配司農將作，假有餘勢，何足紀亂離。市闠戶口單弱，一人就役，舉家便廢，入軍者怡其戎使；從役者賣其糠麧；盡室經營，多不能濟」[53]。

是貞觀五年以前，所設軍府，已頗可觀，其領數雖不可知，要亦必在數百之上。當時戶口單弱，服役所累，故有一人就役，而舉家便廢為服役所累，故有一人就役，而舉家便廢為度置府，唐初軍府，亦不盡為五年以前所置城中朱雀街東第四街宣平坊有義陽府，原註云：長安志載唐京度置府。按貞觀之世即數。

又元和郡縣志[55]載：

「安西府，在臨洮縣東四十里，…(貞觀)十三年設此置安西府」。

可知貞觀中，又數度設置軍府，此僅就見於載籍中之可考見者。其不見於載籍，或失載者，又不知凡幾？故不能盡其絕無也。及至高宗時，西域歇寒，復有增設。舊唐書地理志：

「龍朔元年，西域吐火羅款塞。乃於于闐已西，波斯以東十六國皆置都督。州八十，縣一百二十六，皆隸安西都護府。仍立碑於吐火羅軍府一」。

又新唐書地理志[57]：

「儀鳳中，吐谷渾部落自涼州內附，置二府於金門西境，曰光部落，曰開門」。

是高宗時，又兩次置府，則天即位，遷都洛陽，慶薩州，鄭邢許汝等州為王畿，又增置軍府。高宗武皇后以為非王畿等州，為王畿制[58]：

「可以洛、東鄭亳許亳、南汝亳許亳、西陝亳號亳、北懷亳澤亳滿州、東北衞州、西北蒲州、內鄭州許州滿州可設八府，汝州可設二府，衞州可設五府，別置一千五百人。所同諸依格式，明為條例」。

是武后大授時，又增設軍府也。至玄宗時，契丹蕃彊盛，河北道又增設軍府，見鄴侯家傳記載。綜上所述，唐代軍府，各朝皆曾有增設，故知並無一定數目，定著於令。宜乎各家記載，有所不同也。

今以勞經原羅振玉諸人所補軍府，合之地志所載府名，共得六百餘府，其分佈狀況有如下表：[60]

道名	唐志府數[61]	今得府數	所隸府州數
關內道	273	213	21
關東道	142	167	17
河南道	62	75	7
河北道	30	47	13
隴右道	29	41	14
山南道	10	17	12
淮南道	6	10	4
江南道	2	6	6
劍南道	10	11	7
嶺南道		3	5
不詳所隸		51	

新唐書選舉志載：

「方其盛時，著於令者，…諸折衝府之錄邢府史一千七百八十二人，校尉三千五百六十四人，執乘每府三十二人，親邵仗內萬人」。

按折衝府，每府有校尉六人或五人不等，遠舉志所開畫時，蓋指開元之時，當時著於令之校尉額有三千餘人之多。今以每府校尉數約之，亦得六百餘所，可證唐代最盛期，軍府實有六百餘所。兵志諸說，登或得其實數歟！

諸道共得府，五百九十三，令之求知所隸諸府，有略水等十二府，尚得府六百二十一，未詳四十四。其中兼見者，十二府，有略水等十一，共得府六百三十三府。大抵有唐一代，府數最多時，蓋以六百餘府為準。由唐會要之記載，最初為三百五十三，而關內二百六十一。貞觀時增設以後，關內遂有二百七十三。至開元盛時，遂有六百三十餘府。

關內道則又未能搜羅完備。今略此諸府不計，尚得府六百三十餘。由唐會要之記載，最初為三百五十三，而關內二百六十一。貞觀時增設以後，關內遂有二百七十三。至開元盛時，遂有六百三十餘府。

1 王鳴盛困學紀聞（巳部叢列本）14/1a,b.
2 陸賁隨宜公奏議 1/2a,b.
3 章如愚（前引者）續集 43/6a.

25. 開元年，從總管契苾萬將遼東道……檢校果毅同正府。是此府置於龍朔元年尚也。

26. 石刻龍德觀道德經（王昶金石萃編〔播葉山房石印本1921〕6/7a有述成府。按石刻立於於龍二年，此府設於是年前可知。

27. 石刻鵝德臺誌（燕京大學圖書館藏拓本），貞觀十一年授游擊將軍守幽州諸城府果毅，是此府設貞觀初。

28. 集古錄鼓唐清邊軍過當楊乾紺碑（羅撰玉考補頁6），公官至宜威將軍右玉鈐衛鶥州開陽府折衝都尉。按職官志，光宅元年改左右制軍衛衝為左右玉鈐衛，則此府最晚當立於神龍元年之削。

29. 樊衡為幽州長薛楚玉破契丹露布（曾經原府卷頁28引文死英華）。按唐表（1998/11b）契丹傳：「盧承慶傳云：『虛濟解，開元初爲幽州判史，時裝守珪謀反，是此府立於其年之前。

30. 黃厝告77/3b 韋侍價傳，永徽中，左迴盧龍府果毅。是此府立於永徽之前。

31. 石刺士如建康誌（谷與光府折衝府考校補頁11），授幽州臨渠府別將。據新唐告（39/3b）地理志，開元十八年析幽州留幽州，則此府會於十八年以前，故仍云幽州。

32. 72/12b.

33. 參谷興光唐折衝府考校補頁1-2。

34. 8/24a.

35. 見注8所擧，又玉海（18/15a，及18/27a-b）地理引啓合爰，數與此同。

36. 唐六典 43/20a 兵部曹雲條：「凡天下之府五百九十有四，有上中下三府」

37. 舊唐書（唐精告周列本1895）5/5a.

38. 172/2a

39. 玉海（138/6b）注引。

40. 葦谷齊光唐折衝府考校補頁2。

41. 唐六典（24，25，28）注引。

42. 29/4b 云：「其府多因其地，各自爲名，無擇其之號，府」。

43. 杜牧（尚引者）5/5a 原十六衛云：「外國折衡果毅府名，以備兵伍」。朱體以地理志所存府名爲準，過爾此牧之說可據，參唐享傳7/4a。

44. 按新唐番地理志，缺漏太多，今不能。參谷與光唐折衝府考頁12引）曰：「十二衞者天下兵，在外者有五百七十五府」。

45. 軸經原唐折衝府考校補頁50/2a 吳志。

46. 50/2a 吳志。

47. 五百六十七府 49a/6b 百官志注。

48 仝上 38,39,40 地理志.
49 勞經原諸人所補軍府.
50 見注 58 所聚.
51 新唐書 37/2b.
52 谷霽光唐折衝府考校補，及濱口重國府兵制度與新兵制（史學雜誌四十一編第十一號）頁 1-41.
53 新唐書 70/8a 戴胄傳.
54 宋敏求長安志（乾隆五十二年 1787 刊本）8/12a.
55 李吉甫元和郡縣志（武英殿聚珍版叢書 光緒二十一年 1895 福建本）39/23a,b.
56 40/(9)b.
57 37/7a 延州下注.
58 全唐文 95/2b.
59 見注 12 所聚.
60 此表據勞經原羅振玉谷霽光諸人所補軍府，合之新唐書地理志所存府數編成，數目與谷波（見唐折衝府考校補）微有不同.
61 新唐書地理志延州下儀鳳中新設二府未計入.
62 鄜水、夏台、崇樂、磧番、白澗、永安、安遠、安城、古亭、甘泉，曾軍見、減水瀕水疑爲一府，唐志入秦州，勞經原據長安志改正，讓原光府（勞考頁14）、支仁義原見也。唐志入秦州，勞經原據長安志改鄜仁府（全唐文 35/2a
63 玄宗時改鄜水府爲餉仁府（全唐文 35/2a 正，譲原光府（勞考頁14），是猶仁又原見也。
64 玄宗改鄜水爲餉水動，邢州之龍騰、冀州之郝城、鄂州之安城、安州之寶城、京兆之杜城、潤州之金山、兗州之龍洞、相州之郝城、寫州之盛城，約據府軍府補，參勞經原等折衝府考、及注 15.
65 新唐書 50/2a 兵志云：「每府有校尉六人」，又全書 49a/6a 百官志云：「每府校尉五人」，故每府校尉數不同.

六 折衝府之等級及兵數

折衝府之數，雖已略考於前，而府兵之額數，則似仍難核定，蓋以歷來國家武卒，常賞於一二幸臣之手，秘而不宜，兵數多寡，難以得知。而唐折衝府有等級之區分，所管府兵額數不等。史籍所傳兵數，業已互異，通典會要皆謂：「天下衛士向六十萬人」。杜牧則謂四十萬人，柳氏家學錄則又謂定五十六萬人。記數，已言人人殊，後之考史者，似亦難定其確數矣。

今考唐折衝府之等級，每府領衛士千二百人者爲上府，千人爲中府，八百人爲下府。此區別之外，凡府在京縣者亦爲上府，在畿縣者爲幾府。故南京城內之府，不滿千二百人亦同上府，南幾及岐同華懷陝五州之府，不滿千人亦同中府。以上之制，兵志通典皆紀其事於貞觀十年之下，後人遂多誤爲太宗所定，但

亦未能深考也。今按兵志所述，乃武后垂拱中改定之制，唐六典所記甚明，無煩再證。然以唐代軍防令中規定，兵府是否分等，史無明文，未敢斷言。然以唐代軍防令中規定，則又似垂拱以前，業已有三等之分，唐律疏議云：

「依軍防令，每一旅帥管二隊正，每一校尉管二旅帥…果毅折衝隨所管校尉校尉管多少，通計爲罪，每府管五校尉之處，亦有管四校尉三校尉者」。

唐律疏議成於永徽四年（653），其中所引之軍防令，蓋爲當時之規定，或爲貞觀時之情形。依令中所述，其管五校尉之府，實有兵千人，疑爲當時兵額最高之軍府。以此而論，其管四校尉之府，有兵八百人。而管三校尉之府，有兵六百人。每府統兵，數有多寡，亦可爲折衝府分等之明證。

折衝府分等，始定於貞觀，改定於垂拱，已如上述，無待煩言，徒以劉昫所述，多有異辭，是尚有略論之必要。按唐書職官志云：

唐書職官志云：

「武德令，統軍正四品下，後改爲折衝都尉。垂拱令，始分爲上中下府，改定官品」。

按此說多有未諦者，假唐書於府兵制度之記載，多以唐六典爲據，此條似亦本於六典。唐六典云：

「垂拱中，以千二百人爲上府，千人爲中府，八百人爲下府，亦縣爲畿府」。

然觀乎六典敍事，蓋指垂拱中折衝府始有上中下府之稱。貞觀分等之事，又不見明文記載，似亦劉昫徒以六典有上中下府之分明甚。六典作者去唐初未遠，記事常爲可據。而劉昫徒以六典有上中下府之分明甚，遂斷其始有於垂拱，可謂昧於史實矣。又觀假唐齊之意，似亦關垂拱以前，折衝都尉官品皆爲正四品下也。其說亦非是。唐制凡九品以上職事官皆帶散位謂之本品。有行守之制而論，亦可推知職事官品之高卑也。據假唐齊職官志序敍：「貞觀令，以職事高者爲守，職事卑者爲行，仍各帶散位」。故以行守之制而論，亦可推知職事官品之高卑也。王朝廣州寶莊嚴寺舍利塔碑敍：「明威將軍行番禺府折衝都尉李公」。按番禺府即番禺府，傳寫時誤脫一番字，新唐書地理志廣州下有番禺府可證。據假唐書明威將軍從四品下階，碑中謂行番禺府折衝都尉，則知折衝都尉正第五品下階，與通典新志記載同。是李公所居位十餘年，此又可證垂拱以前折衝府分等之一說，而垂拱以前，折衝都尉亦不盡爲正四品下矣。竊以劉昫昧於垂拱以前，折衝都尉亦不盡爲正四品下矣。竊以劉昫昧於垂拱以前

折衝府分等一事，故視是時折衝都尉官品皆為正四品下，其所以誤，固有由矣。綜上所論，折衝府分等之事，常以六典所記為準，垂拱以前以千人為上府；八百人為中府，六百人為下府。而垂拱以後，折衝都尉之官品，以正四品下為最高。垂拱以後，每府兵數增加，長官官品亦改定為正四品上，從四品下，正五品下三級。而又有亦幾府之規定。

折衝府之等級既明，唐代衛士之數亦約略可言，據上節所得軍府之數凡六百餘：若分定上下，實不可能。今取其約數，垂拱以前，每府平均有衛士八百人，可有兵四十餘萬。垂拱中府兵增加，每府平均有千人之數，故府兵有六十餘萬。故孫樵[20]云：

「開元中，籍府兵，三時務農，一時講武，寶甲總六十萬」。

通典[會]要及鄭侯家傳所傳兵數，蓋亦為垂拱以後之數，而杜牧所聞府兵四十萬，豈約垂拱以前兵數而言耶？

1 29/5a 職官十一。
2 72/11a 府兵。
3 鄭侯家傳，玉海 138/21a 引。
4 杜牧樊川文集 5/5b.
5 柳氏家學錄（玉海 138/46a 引）云：「…唐以折衝府畫諸軍，五十六

6 萬，玄宗召絲邊諸道兵，六十萬）。
7 新唐書 50/2a 兵志。
8 見注 12 所繫。
9 長孫無忌等故唐律疏議（四部叢刊）16/9b 擅興律，征人冒名相代條。
10 新唐書 50/2a 兵志。
11 42/10b.
12 25/13b 諸府折衝都尉條注。
13 42/3b.
14 王勃王子安集（四部叢刊）16/8b.
15 43/1a.
16 42/11b 職官志。
17 42/12a.
18 40/1b 職官二十二。
19 49a/6a 諸府折衝都尉。
20 孫樵孫樵集（四部叢刊影印天啟吳栻刊本）2/3b 大明宮賦原注。

燕京大學引得編纂處出版書目 (一)

總代售處：北平隆福寺街文奎堂（外埠購者，酌加郵費）

說苑引得　引得第一號　定價八角
白虎通引得　引得第二號　定價八角
考古質疑引得　引得第三號　定價六角
歷代同姓名錄引得　引得第四號　定價九角
崔東壁遺書引得　引得第五號　定價四角
儀禮引得附鄭注引書及賈疏引書引得　引得第六號　定價二元
四庫全書總目及未收書目引得　引得第七號　定價四元
全上古三代秦漢三國六朝文作者引得　引得第八號　定價五元
三十三種清代傳記綜合引得　引得第九號　定價二十元
藝文志二十種綜合引得　引得第十號　定價四十元
佛藏子目引得　引得第十一號　定價十二元
世說新語引得附劉注引書引得　引得第十二號
蘇氏演義引得　引得第十三號　定價二元
容齋隨筆五集綜合引得　引得第十四號　定價二元
太平廣記引得　引得第十五號　定價三元
新唐書宰相世系表引得　引得第十六號　定價三元
水經注引得　引得第十七號　定價十元　二厚冊定價十元
唐詩紀事著者引得　引得第十八號　定價五元

宋詩紀事作者引得　引得第十九號　定價三元五角
元詩紀事著者引得　引得第二十號　定價大洋五角
清代書畫家字號引得　引得第二十一號　定價三元
刊誤引得　引得第二十二號　每冊定價五角
太平御覽引得　引得第二十三號　定價九元
八十九種明代傳記綜合引得　引得第二十四號　定價二十元
道藏子目引得　引得第二十五號　定價六元
文選注引書引得　引得第二十六號　定價貳元伍角
禮記引得　引得第二十七號　定價國產道林紙本伍元
藏書紀事詩引得　引得第二十八號　報紙本三元五角
春秋經傳注引書引得　引得第二十九號　報紙本一元
禮記注疏引書引得　引得第三十號　定價宜紙本七角
毛詩注疏引書引得　引得第三十一號　報紙本四角
食貨志十五種綜合引得　引得第三十二號　定價道林紙本五元五角
三國志及裴注綜合引得　引得第三十三號　定價道林紙本六元　報紙本四元
四十七種宋代傳記綜合引得　引得第三十四號　定價道林紙本三元　報紙本一元五角

清代東三省疆理志

譚其驤

有清職理封略，內地率因明舊，更易者尠；惟邊陲為前代版圖所不及，經營恢拓，自列置軍府以迄創建郡縣，其設治之沿革，境域之損益，多有足述者。白山黑水間為國族發祥之地，初年厲行封禁，自柳邊以外，但列旗屯，渺無民居。中葉以後，法令漸弛。光緒初葉，始以開拓為務。於是鴨綠以西，接瞹開原、伊通之東，至於五常敦化，設官置吏，皆為州里。其後迭遭甲午庚子甲辰之難，益銳意於移民實邊，下迨丁未建省，宣統改元，而所闢十旗，多成井邑，長白千里，遍置守令，北極呼倫現琿，東盡撓力綏棱，聚歷古屯成莫及之地而悉郡縣之；誠國家之弘猷，民族之偉業也。辨厥疆理，尤治史者當務之急。大清一統志從京通志乃乾隆舊籍，吉林通志亦光緒中葉之作，雖叙述頗稱典核，惜未盡一代之制。近時清史稿地理志及黑龍江志稿奉天通志相繼行世，胥草率成編，脫略刺謬，不一而足，識者病之。今參稽羣籍，薈萃泰說，首述經制沿革，次志境界所至，並及城治、戶口、郵驛、卡倫、界牌、郭博、鐵道、屯墾、電報、鑛局、商埠、凡關政令之設施，歷所或遺。徵信闕疑，力求詳而不誣，簡而不漏，庶幾堪備一代之掌焉。

二十九年一月下澣

奉天 未脫稿

吉林

吉林 明置福餘衛所百餘，領於奴兒干都司。後為扈倫之輝發烏拉葉赫三部，兼有哈達部北境，東海之瓦爾喀、渥集、呼爾哈諸部，長白山之訥殷部，先後歸降。順治十年設昻邦章京於寧古塔，康熙元年改稱鎮守寧古塔等處將軍。十五年移駐吉林烏拉，仍舊稱。乾隆二十二年改稱鎮守吉林烏拉等處將軍。乾嘉之際及光緒中，內蒙古哲里木盟之郭爾羅斯前旗等，陸續開墾，置郡縣來隸。光緒三十二年建行

省，裁將軍，設巡撫。宣統三年定制分道四，轄府十一，直隸廳一，廳四，直隸州一，州二，縣十八。

疆域 東循烏蘇里江松阿察河，踰興凱湖，循白稜河至河源，又循椶稜河與凱湖間分水嶺，至橫山分處，直南至大瑚佈阿河口，又循大瑚沛阿河至河源，循琿春河及海中間之分水嶺，至圖們江口土字界牌，與俄羅斯東海道省界。南自紅旗河口起，以圖們江口與朝鮮咸鏡北道斯後旗界；自嫩江折東處起，以嫩江松花江與黑龍江屬郭羅界。北自嫩江折東處起，以松花江與黑龍江界。自紅旗河口西循紅旗河外鹿馬溝，折西而西循頭道江湯河，又西折北循斐古洞河二道江，折南而西循亮子河大星頂伊通河至小黑頂子東，折西南絕新開赫爾蘇葉赫諸河源至威遠堡門東，接柳邊，折西北循柳邊，與奉天爲界；邊、至布爾圖庫邊門南，與奉天屬科爾沁左翼後旗界；至伊通邊門西，折東北至月海屯，與中旗界；王泡，與右翼前旗界，折北至三荒界東至嫩江東流處，與黑龍江屬扎賚特旗界。以西，起分水嶺北泛外興安嶺，凡水之東注南注者，皆

屬吉省。惟楊北烏底河流域爲額脫地，中俄雙方均不得占住。庫頁島自乾隆中已爲俄日分占。咸豐八年定璦琿之約，黑龍江混同江以北之地入於俄。十年定北京之約，次年勘界，豎立那字、赤字、喀字、拉字、倭字、帕字、土字八界牌，復失混同江、烏蘇里江、阿察河、湖布圖河、阿們江以東之地。其倭字界牌立於阿察河口大綏芬河北岸山坡高處，土字牌立於距海四十五里處，並與條約不符。光緒十二年重勘，土字界牌立於阿們江口距海三十里處，啦字薩字二牌於華對湖布圖河口那字牌於那字二牌之間，移倭字牌於烏蘇里江口西又補立瑪芬河北岸山坡高處，土字牌距海二十里處。其耶字牌據原約應立於帕字土字二牌之間，旋以地勢低窪，立牌恐役水衝，議定立於烏蘇里口逾上三里許高阜處。三姓副都統距岸較遠，仍於莫勒密地方，旋以俄人明占暗侵，遂移立於通江子入烏蘇里江處，東距原址約九十里，面黑龍江、烏蘇里江、通江子三水間所成之三角地面，竟喪失於無形。

薩界南包長白山，以圖們江源鴨綠江與朝鮮界西南至於帽兒山伊爾哈雅範山與奉天界。光緒初年以來，奉省東向開邊，先後設臨江、長白、安圖、撫松諸府縣於長

白山區，宣統中兩省會議，改定今界。庫勒嶺迤南廓盤山一帶，舊屬奉天，光緒初改隸吉省。

又乾隆二十七年於松花江北岸借地設站五，東起卜雅密河，西迄湯旺河，北以封堆爲界。光緒三十四年還隸黑省。

吉林府 繁疲難，要缺。巡撫兼副都統、民政、交涉、提學、提法、度支司、勸業道駐。隸西南路道。治所曰吉林烏拉，一作幾林烏喇，一作吉臨烏喇，一作烏拉雞林，又名船廠。康熙十二年建城。明烏拉伊罕河、齊努溫河、伊努山、阿濟、訥穆河、佛爾們河、伊拉齊河、宮寶、雞雞、奇塔穆河、庫咯訥河、塔克提音、伊勒門河、鄂山、伊寶、雞雞、奇塔穆河、薩爾連、庫咯訥河、塔克提音、伊勒門河、鄂山、綏哈河、訥敏河地面，後屬烏拉部。太祖癸丑年滅之。康熙十年移治古塔副都統來鎮。十五年吉林副都統與寧古塔將軍互相移駐，吉林添設副都統，三十一年移駐伯都訥，雍正三年復設。光緒二十三年裁。吉州，周奉天府。乾隆二年添設前古塔理事通判，並棣將軍。光緒七年定爲吉林直隸廳，二十八年裁通判，光緒七年定爲吉林直隸廳，二十八年裁通判，光緒七年定爲吉林直隸廳，二十八年升爲府。初領伯都訥雙城二廳，伊通一州，敦化幹石

二縣，後陸續罷領。北七十里打牲烏拉城，滿語布特哈烏拉，俗屬烏拉，本烏拉國都。順治十四年設總管，局內務府（乾隆十三年後歸於烏拉將軍），乾隆五年增設協領，奧總管同城分理，屬吉林副都統。

光緒八年設吉林分巡道，駐府，統轄全省府廳州縣，三十四年裁。

疆域 東以老爺嶺、海青嶺，界額穆，南以岔路河驛馬河樺甸，西南以大青嶺岔路河界幹石。據原文，實則岔路河驛馬河東之地，歸吉長雙陽。北以柳邊界德惠，東北界舒蘭，其北段循松花江老河身。

長春府 繁疲難，要缺。近邊、西南路道駐。治資城子，曰治四年建城。明三萬衛福餘衛地，後屬內蒙古郭爾羅斯前旗。乾隆五十六年始招民私墾。嘉慶五年奏准設郭爾羅斯理事通判廳於長春堡，招民墾，旋改稱長春。道光五年徒治光緒八年改撫民，定稱長春。十五年升府，領長安縣。宣統元年定爲西南路兵備道，駐府。光緒三十四年設西南路兵備道轄領銜。道光五年設長春堡巡檢，光緒八年裁。分防顧廟蕃駐農安，光緒十五年移農山屯，十六年又移東北九十里朱家爐子。郭羅羅斯前旗天聰七年降，札薩克輔國公府在農安縣北松花江西岸。

伊通直隸州 衝繁難，寰缺，近邊，隸西南路道。地名伊通河，又作伊通、伊圖、伊屯，一禿，易也，一統。光緒十四年建城。明塔山、達爾楞擊、雅哈河、烏爾堅山、伊屯河、勒克山、烏蘇、呼魯河、康隆、穆蘇等衛。天命四年平之。嘉慶十九年設分防伊通河巡檢，屬吉林理事同知。光緒八年改州同，隸吉林副都統。二十八年設防。隸將軍。布爾圖庫蘇巴爾漢邊門，又名半拉山門，並於康熙二十年設防禦，隸西南路道，治流江口。明阿魯河，恰庫河，尼瑪瑚山、雅奇山、札哈、賽音、乞忽等衛，鄂爾渾山所，後屬吉林城駐防。光緒三十三年

蒙江州 隸西南路道，治流江口。明阿魯河、恰庫河、尼瑪瑚山、雅奇山、札哈、賽音、乞忽等衛，鄂爾渾山所，後

城，東北界德惠，其南端循驛馬河，東南以柳邊界雙陽、伊通，西南界奉天懷德，西北界長嶺，又界農安，其東段循伊通河。郭爾羅斯前旗察郡居府縣外，餘填東以松花江界新城，南界農安長嶺，西界奉天開通，北界奉天安廣，黑龍江大賚，懷州。

樺甸縣 隸西南路道，治樺樹林子。明愛陳、布爾塔、穆勤等衛，清初為封禁地，三十四

農安縣 殘疲，中缺，隸西南路道，治農河，光緒十六年建城。城，東南以頭道江過河界奉天懷德，西南以鞍德里山嶺，西北界郭爾羅斯前旗，東北以松花江界新城。十五年建縣，隸長春府，宣統元年屬隸。

長嶺縣 隸西南路道，地名長嶺子。光緒三十三年以新放蒙荒劃農安縣西境農家、農齊、奧圖三社。設縣，不屬府。分防主簿駐新安社，光緒十五年設，宣統元年立時改隸。

城，東界伊通河界德惠、長春，南界長嶺，西北界郭爾羅斯前旗，東北以松花江界新城。

屬訥殷部。太祖初下之。後為封禁地，屬吉林城駐防。光緒三十三年設州，不屬府。

城，東南以頤道江過河界奉天懷德，西南以鞍德里山嶺，西北界郭爾羅斯前旗，東北以松花江界樺甸。

年勘界割磐石敦化二縣地益之，移治，不屬府。

疆域，東以新開嶺、富爾嶺、牡丹嶺、荒溝嶺界敦化，東南以哈爾巴嶺界延吉，南以古洞河二道江界奉天岡撫松，西南以松花江那爾轟嶺界濛江，西界磐石，北界吉林額穆。

磐石縣 繁疲難、要缺、沿邊、隸西南路道、隸西南路道，治磨盤山。

光緒八年設分防磨盤山巡檢屬伊通州，但有南境；十四年改州同，二十八年改縣，兼得北境，屬吉林府，宣統元年廢隸。

疆域，東界樺甸，中段循柳樹河頭道荒溝，嶺界濛江，西南界奉天輝南平，自輝發河以北循亮子河，西界伊通，北界雙陽，東北界吉林。

舒蘭縣 隸西南路道，治朝陽川。

屬吉林府北境。宣統元年置縣於舒蘭站，兼得五常廳南境，二年徙治。西北巴彥鄂佛囉邊門，舊名法特哈，康熙中更名，二十年設防禦，隸將軍。

疆域，東以老黑頂子、玲瓏嶺、滾馬嶺、蘭陵嶺，南以呼蘭嶺東西土山太平嶺筆草頂子界額穆，西南界吉林，西以老河身松花江界吉林，北界愉樹，東北界

德惠縣 隸西南路道，治大房身。

併為郭爾羅斯前旗地置。宣統二年析長春府東境，並附以夾荒地置。

疆域，東以松花江界新城、愉樹，南以伊通河界慶安。

雙陽縣 隸西南路道，治蘇斡連勃。 明蘇完河、伊爾們河、薩喇等衛，後屬烏拉部。宣統二年析吉林府西界置縣。

疆域，東以驛馬河沿路界吉林，南界磐石，西界伊通，中間一段循伊通河界吉林，北以伊通河界長春。

濱江廳 要缺、西北路道駐，地名哈爾濱。本雙城府治江灘地。

光緒三十二年設濱江分防同知廳，轄傅家甸四家子二處，宣統元年改為雙城府分防同知。二年劃雙城東北境益之，旋又改分防為撫民。光緒三十二年設哈爾濱江關道駐廳，轄松花江兩岸依蘭呼蘭等處，兼隸黑省。宣統元年定為西北路分巡兵備道彙辦領銜，轄境限於江南，專屬吉省。

新城府 繁疲難、要缺、沿邊、隸西北路道。地名伯都訥，又名新城

潭，一作郭拉洪。義城在今城東二十五里，康熙三十二年移建，因號新城。

明三姓河衛，後為科爾沁蒙古所錫伯人侵佔，清初撫定蒙人，畫江為境。順治中設伯都訥協領，康熙三十一年移吉林副都統來鎮，宣統元年裁。雍正五年設長寧縣，屬奉天府，乾隆二年裁，改設分防伯都訥州同。十二年改州同為巡檢，屬吉林理事同知，二十六年裁。別設辦理蒙古郭爾羅斯委署上事駐守，屬理瀋院，嘉慶十六年裁，改設伯都訥理事同知廳。光緒三年移治孤榆樹屯，新城留駐分防巡檢，三十一年升為新城府，退治。

領城 東界榆樹，其北段循灰塘溝，南以松花江界德惠農安，西以松花江界郭爾羅斯前旗，北以松花江界黑龍江肇州，東北以拉林河界雙城。

賓州府

衝繁難，要缺，隸西北路道，治葦子溝，光緒七年建城。

明費克圖河衛，舊屬阿勒楚喀駐防。光緒七年設賓州撫民同知廳，二十八年升直隸，領五常、一廳，長壽敦化二縣。宣統元年升府，能領。分防巡檢原駐憶鍋甸子，二十八年移駐一面坡。

領城 東界阿城賓州長壽，東南界五常，南以拉林河界榆樹，西以拉林河界新城，北以松花江界呼蘭，東北界濱江，其西段循葦塘溝。

五常府

繁疲難，要缺，隸西北路道，治歡喜嶺，光緒七年建城。

明費克圖河衛，舊屬吉林城駐防。同治八年置五常堡，廳東三十五里。協領隸焉。光緒七年設五常撫民同知廳，同治末年隸賓州直隸廳，宣統元年升府。分防經歷駐南六十里山河屯，巡檢駐西九十里彩橋，並與廳同時設。

領城 東以芙老矛山老爺嶺界諭安，南以大沙河蘭陵河界額穆，西南界舒蘭，其東段循蘭陵河，西界榆樹，循蘭陵河，北以背陰河，到鰲嶺、索多和山、哨螺界雙城，大紅頂、雞爪頂子、馬廠、窩集界長壽。

雙城府

衝繁難，要缺，近邊，隸西北路道，治雙城堡，一名雙城子，舊有土城二，故名。嘉慶中修築合為一。明拉林河衛，初屬吉林城駐防。嘉慶十七年移駐京旗墾荒，十九年設雙城堡，隸阿勒楚喀副都統。二十三年改實任，咸豐二年裁，改設副都統銜總管。光緒八年裁雙城撫民通判廳，後隸吉林府，宣統元年升為府。

東一百里拉林城，一作蘭陵城。雍正三年設駐防協領，乾隆九年添設器統，三十四年裁副都統，以協領隸阿勒楚喀副都統。拉林分防巡檢奧廳同年設。

榆樹直隸廳 繁疲難，要缺，沿邊，隸西北路道，治孤榆樹屯。

明喀琳衛，後屬伯都訥城駐防。嘉慶十六年設分防孤榆樹屯巡檢，隸伯都訥廳。光緒三年移伯都訥理事同知來治，仍舊名。八年改撫民，後隸吉林府，三十一年升府，還治新城。另設榆樹縣，屬新城府。宣統元年升直隸撫民同知廳。

新城府 繁疲難，要缺，沿邊，隸西北路道，治孤榆樹河，北以松花江界黑龍江呼蘭。

疆域東界五常，北北段循蘭棱河，南界舒蘭，西南以松花江界德惠、西界新城，北北段循伏塔溝，北以拉林河界雙城。

長壽縣 疲難，中缺，近邊，隸西北路道，地名蟒蜒河，一名朱家旬子。明嗚嗎延山衛，後屬阿勒楚喀城駐防。二十八年設縣。光緒七年設分防嗎蜒河巡檢，屬賓州廳，宣統元年能隸。

疆域東北以柳樹河、蟒蜒河、大黃泥河、老嶺、龍爪溝山界方正，東南以舉展、窩集、東嗎蜒窩集界舒安，南界五常，西以存秋嶺筆架山界雙城，西北界賓州。

阿城縣 隸西北路道，治阿勒楚喀城。雍正七年徙建舊城。移駐今城於舊城西。後作按出虎，俗稱阿什河。

雅正四年設阿勒楚喀協領，屬吉林城，乾隆九年改屬拉林城。二十二年添設副都統，宣統元年裁。光緒初地屬賓

州廳，宣統二年設縣。

延吉府 繁疲難，要缺，沿邊，東南路道駐，地名南岡，又名煙集岡。

明布爾哈圖河、赫圖河、錫綿、吉朗吉海蘭、愛丹等衛，後屬窩集部之雅蘭長圖寅坲年取之。等路。國初爲南岡荒圍場，後屬琿春駐防。光緒八年設南岡分防撫民通判廳，康得前古塔南城，十一年裁，還隸琿春。二十八年設延吉撫民同知廳，廣得前古塔南城，宣統元年升府，治所曰局子街。

疆域東以轉角樓山、嗚雅河、廣天嶺、牡丹嶺、吉清嶺、嗚雅河界汪清，東南以岡們江界朝鮮，南界和龍，西南以窩集東界奉天安圖，哈爾巴嶺界敦旬，西北以哈爾巴嶺義松嶺界敦化，北以養松嶺老松嶺界寧安。

寧安府 衡繁疲難，要缺，沿邊，雜東南路道，治寧古塔城。康熙五年移駐今城於舊城東南五十里。明堅河、沙蘭、綬陳、薩爾滸、沃楞、多林山、海蘭城、綏湖哔河、錫磷、佛訥赫、呼勒哈河、呼爾哈河、富勒堅、額哔河、札林、祐寶哈哩、錫綿、呼濟河、布拉等衛，德里沃赫、岡、優宮阿山、克普河、呼濟河、布拉等衛，

窩集堅河、索爾和、綽爾河等所，後屬窩集部之前古塔、呼爾哈、索琿等路。太祖庚戌年降。錫琿等路。順治十年設寧古塔左右翼梅勒章京，康熙元年改稱副都統，十年移一員駐吉林烏拉，十五年還治，裁一員。宜統元年盡裁。雍正五年置泰甯縣，屬奉天府，七年廢。設分防寧古塔巡檢屬吉林理事同知，乾隆二十一年改屬副都統。光緒八年裁。三十三年自三姓口移綏芬廳來治，宜統元年升府，二年更名。

疆域，東以卡倫山、卡倫山、黑王嶺界穆稜，關老婆嶺界東甯，西南以老松嶺界汪清延吉，南以大黑背界敦化，西南界穆稜，其北段循老爺，西界五常，西北界長壽，北界方正依蘭。

東甯廳 緯東南路道，治三岔口。 明率賓江、額赫密河、塞珠倫等衞，綏芬河地面，後屬瓦爾喀部。舊綏芬河以北屬寧古塔城。光緒二十八年設綏芬撫民同知廳，三十三年自三岔口移廳來治。宜統元年設東甯分防通判移廳治於前古城。以巡檢留駐。

疆域，東以那字、倭字界牌，大琬布爾河帕字界俄羅斯東海濱省，南以通肯山土門嶺界琿春，西南以七十二伯子、十八頂子、母豬磧子、老松嶺界汪清，西界

琿春廳 緯東南路道，光緒七年設築要城。 明穆稜河、烏爾琿山、通肯山、密拉、阿布達哩、瑚葉等所，後屬瓦爾喀部、窩集部之瑚葉路。太祖庚戌年降。庫爾喀部。天聰二年降。初為南荒圍場。康熙五十三年賞加副都統銜，隸寧古塔城。同治九年賞地屬延吉廳。光緒末地屬延吉廳，宜統元年裁。光緒七年設琿春副都統以東之地置琿春撫民同知廳。

疆域，東南以帕字、啦字、薩字、土字界牌界俄羅斯東海濱省，西以圖門江界朝鮮，西北以磋子嶺、荒溝嶺、所松嶺界汪清，北以土門嶺、通肯山界東甯。

敦化縣 緯雛、中峨，緯東南路道，治阿克敦城，俗呼奧東，一作敖東。光緒七年建新城於舊址西二里許。 明轄通額河、奧額勒、赫什赫河、布達等衞，後為窩集部之特席赫路。太祖初取之。十八年改隸賓州直隸廳，宜統元年罷隸。

疆域，東界延吉，西南以荒溝嶺、牡丹嶺、富爾嶺、新開嶺界樺甸，北界額穆，其西段循慶嶺崴虎嶺，東段循大黑背，又以大黑背界甯安。

穆稜縣 綏東南路道，地名穆稜河、明穆稜河、富倫河、薩爾布等衛，後屬窩集部之穆稜路。太祖辛亥年取之。綏經芬廳，古塔駐防。光緒二十八年設分防穆稜河知事，屬綏芬廳，宣統元年置縣。

疆域 東南界東甯，西南界寧安，北以龍爪溝嶺界依蘭，東北界密山，北東段循青溝嶺。

額穆縣 綏東南路道，地名額穆。赫朱羅一作鄂謨和索羅，譯音直稱額穆索，明幹朱里、額伊湖、推屯河、塔拉、托窊河等衛，佛多和站。太祖初取之。後屬窩集部之鄂謨和蘇嚕，及訥殷部。乾隆三年設額穆赫索羅佐領，屬吉林副都統。宣統元年析敦化縣北界，吉林府東界、綏芬府西界、五常府東南界置縣。

疆域 東界甯安，南以大黑河、通溝嶺、牡丹崗、馬吧嶺、慶嶺界敦化，西南界樺甸，其江東一段循漂河嶺，曲以海青嶺、老爺嶺界吉林，西北界舒蘭，北以大沙河、蘭稜河界五常。

汪清縣 綏東南路道，治百草沟，明舒蘭哈、阿布達哩衛，後屬呼爾喀部。清初地屬寧古塔琿春城。宣統元年析延吉廳北境綏芬府南境置縣，治汪清河南岸之哈順站，旋徙治。

和龍縣 綏東南路道，治和龍峪，又名大砬子。明廣金河、哈爾等衛，後屬瓦爾喀部。衛屬琿春城駐防。光緒二十八年設分防和龍峪經歷，屬延吉廳，宣統元年置縣。

疆域 東南以嗣們江界朝鮮，西南界奉天安圖。其東段循外馬鹿滿紅溪河，西北以英額嶺大頂子界奉天安圖。其西段循嶺爲東嶺，東改循羊目頂子、鶯哥納北界延吉。其西段循爲東嶺，東改循羊目頂子、鶯哥納子、鴉鶻砬子、風都嶺、煖龍嶺。

依蘭府 綏哈爾濱江道。明和屯衛，後屬呼爾喀部人居之。康熙五十三年繁後雜，婁獻、沿邊，東北路道對，治三姓城，滿路俟闌哈拉，崇德時前陸被貼降。清初赫哲喇嘛人居之。康熙五十三年設三姓協領，雍正十年深設副都統，宣統元年改府。光緒三十二年大通湯原劃歸甲省，七涌湯原二縣。綏哈爾濱江道。光緒三十二年析松花江北岸借地設府，治大通河一帶舊子河，四古折科西之古木蘇城。光緒三十三年改依蘭府火通縣志原廳。宣統元年奏准設分東境設勃利縣，治七河一帶子河，十四年劃斐州地。

疆域 東以對面砬子杉松泊子，東南以哈達密察州縣與

臨江府 隸東北路道。地名鮮螢山，治所曰高艷縣。明興凱衛，後屬呼爾哈部。舊分閻三姓城寧古塔部。

東以二吉力河小白山界綏遠，孤山子小水界饒河，南以擾力河界饒河密山，西南以葛蘭林子山界密山，西界樺川、富錦，北以松花江界黑龍江湯原、興東道，以混同江界俄羅斯阿穆爾省。

疆域，喜樺林城，後屬呼爾哈部。清初赫哲喀喇人居之，後屬富克錦。光緒三十三年置臨江州，隸依蘭府，宣統元年升府。（宣統元年奏准擬分南境設資州·兼得密山北境，治寶清河岸望山坡。）

滴道嶺界稜山，南以龍爪滿流界稜稜密安，西以牡丹江界安方正，以業河珠班河界方正，西北以松花江界黑龍江大通湯原，東北界樺川。中間一段循蘇木河。

密山府 隸東北路道，地名蜂螢山，治所曰高艷縣。明興凱衛，舊分閻三姓城寧古塔部。

後屬窩集部之穆稜路，瓦爾喀部。

城。光緒三十三年析依蘭南境綏芬北境置府。（宣統元年奏准擬分東南境設虎林縣於興凱湖北岸能土匪。）

疆城，東界綏力，又界虎林，其東段循小黑河，南以松阿察河亦字界牌、興凱湖咯字界牌白稜河、拉字、瑪字、界牌界俄羅斯東海濱省，西南以黃窩集山界東宿，南濱

虎林廳 隸東北路道，治曰呢嗎口。明尼滿河衛，後屬苑爾咯部，窩集部之錫拉忻路。天命元年招降。清初奇勒爾蚌人居之。宣統元年析臨江州東境

疆域，東以烏蘇里江松阿察河界俄羅斯阿東海濱省，南以小黑河界密山，西北以城達山鄒丹城達拉嶺，北以奶七里岸河界饒河。

綏遠州 隸東北路道。明穆勒哏山、和爾邁、蒐里等衛，後屬呼爾哈部，奇雅喀剌部之錫拉忻路。清初奇勒爾赫哲人居之。宣統元年析蘭江州東境

疆域，東以耶字界牌瑪蘇里江界俄羅斯東海濱省，南以周米小河太平山界饒河，西界臨江，北以混同江界俄羅斯阿穆爾省。

方正縣 隸東北路道，治方正泡。呼爾哈部。清初地屬三姓城。光緒三十三年置大通縣，轄地跨松花江兩岸，治江北崇古爾庫站。三十四年割江北地歸黑省。宣統元年移治更名，割賓州長壽東境益之。

疆城，東以珠淇河業河牡丹江界依蘭，南界稜安，其東

樺川縣 隸東北路道，治悅來氣，又名蘇蘇屯。明和囉噶衛，後屬奇雅喀喇部之晉達琿路。宜統元年置縣，治佳木斯，二年移治。初擬治於樺皮川，縣以樺名。

疆域 東以倭肯河界臨江、密山，西南界依蘭，北以松花江界黑龍江湯原。

段循三道河，又以龍爪溝山、東老溢河、大柳樹河、桃兒山界長壽，西踰桶子河源界賓州，北以松花江界黑龍江大通。

富錦縣 隸東北路道，地名富克錦。明額勒河、斡賚城、弗思木等衛，後屬呼爾哈部。清初爲赫哲喀喇人本部，地圖三姓城。光緒七年設赫哲富新協領隸焉。八年更名富克錦，宜統元年裁。光緒三十三年設分防富克錦巡檢隸臨江州，宜統元年置縣。

疆域 東界臨江，南以七里星河界樺川，西界樺川，北以松花江界黑龍江湯原。

饒河縣 隸東北路道，地名饒力河，治小加級河。烏蘇里河等衛，後屬瓦爾喀部，窩集部之爲爾固辰。明寶爾固辰，太祖辛亥年取之。清初赫哲人居之，地屬三姓城，後屬富克錦。宜統元年析密山府東北境置縣。

疆域 東以烏蘇里江界俄羅斯東海濱省，芒界，踰大索倫河界密山，西北以撓力河、孤山子、小水界臨踰奇倫河界，北以太平山圍米小河界綏遠。

黑龍江

黑龍江 明盈禰廠衛所數十，領於奴兒干都司。清初爲索倫、達呼爾、俄倫、春巴喇爾、巴爾虎、鄂勒特諸部，天聰以來次第征服。順治初全境底定，統於寧古塔副都統薩布素征羅利，即授爲鎭守黑龍江等處將軍，駐黑龍江城。今璦東北千之地愛琿。二十二年以寧古塔副都統薩布素征羅利，即授爲鎭守黑龍江等處將軍，駐黑龍江城。今璦東北十里之舊愛琿。二十二年以寧古塔副都統薩布素征羅利，即授爲鎭守黑龍江等處將軍，駐黑龍江城。二十三年建行省，裁將軍，設巡撫。宜統三年定制轄道三，府七，直隸廳三，州一，縣七，總管一，協領二。

疆域 西自海拉爾河口對岸之阿巴海圖鄂博起，循額爾右納河與俄羅斯薩拜喀勒省界。北及東自額爾古納河口起，循黑龍江與俄羅斯阿穆爾省界。南自嫩江折東蔥起，以嫩江與吉林屬郭爾羅斯前旗界，松花江與吉林界。自阿巴海圖西至塔爾巴幹達呼鄂博，北與俄羅斯薩

拜喀勒名界。自塔爾巴幹達呼南至阿齊布拉克，折東穿貝爾池，東南至索岳爾濟山頂，與外蒙古東臣汗部，內蒙古烏珠穆沁部界。自索岳爾濟山東循洮兒河至嫩海河口，與奉天闊之內蒙古科爾沁右翼前旗界；折東南至大拜屯東，與後旗界；折東接嫩江折東處，南與吉林闊之內蒙古郭爾羅斯前旗界。

佑界西至尼布楚。自康熙二十八年與俄定界約，秉尼布楚，西以額爾古納河安巴格爾必齊河為界。東界吉林，自興古河以上，西江黑龍江省，悉腸黑者。咸豐八年定璦琿之約，起額爾古納河口，沿黑龍江，盡失安巴格爾必齊河以東，外興安嶺以南之地。北西界：光緒六年封堆起布底，起布底昔河，抵伯勒格爾沁河。光緒九年重勘，起布底昔河，橫截伯勒格爾河，沿博爾莫勒津屯對岸，原住滿洲旗戶之地，仍歸中國。

松花江黑龍江匯流處，中俄分江為界，蓋失安巴格爾必齊河以東，外興安嶺以南，江左惟璦琿城對岸，北自精奇里河，南至猶爾莫勒津屯對岸，原住滿洲旗戶之地，仍歸中國。

龍江府

衝繁雜，要缺，巡撫兼副都統，民政提學提法司駐，治所曰卜奎，一作卜耳，一作布克依。康熙三十年建城，格城西南十五里。明拜苫、兀剌齊齊哈爾站於城，因稱齊齊哈爾城。一作奇啟哈哩。

凡六十四屯。庚子之亂，俄乘勢侵佔，迄未歸還。

忽，阮里河，蒿稱所等衛。廳熙二十三年設火器營參領，水師營總管駐守。三十年授打牲總管副都統衛銜。三十四年額設齊齊哈爾城守尉。三十七年移墨爾根副都統來鎮，裁城守尉。光緒三十一年裁副都統。乾隆二年設黑龍江理事通判，三十年裁。光緒三十一年設黑水廳民同知廳，宣統元年升為龍江府。

（民同知廳，治西南嫩江西富拉爾基。）

光緒三十一年設黑龍江按察使衛分巡道兼按察使衛，管轄黑水大賚二廳刑名驛傳道，旋改分巡道兼按察使衛，管轄黑龍江刑名驛傳廳。

訥河

東界拜泉，東南界安達，西南以巴綠河嫩江界大賚，西北界西布特哈，東北界嫩江。

明初地屬朵顏衛，後屬兀良哈木郎等衛。光緒五年，改設副都統，呼蘭廳及後設綏化廳並歸節制。（其時呼蘭城，此為中路。）雍正十二年設呼蘭城守尉。光緒十一年設呼蘭廳自巴彥蘇蘇移治，升為府，領州一縣二。

呼蘭府

衝繁雜，要缺，即呼蘭城，一作滸闊，又作胡闊。

五年裁。三十一年呼蘭廳自巴彥蘇蘇移治經歷，周呼蘭廳，十一縣二。

綏化

東以漂河綽羅河界巴彥，南以松花江界吉林阿城

巴彥州 繁難，要缺，治巴彥蘇蘇。明卜顏，亦馬剌等衛。同治元年設呼蘭理事同知廳，初借治呼蘭城，三年工就移治。與城守尉書劃而治，直隸將軍。同治八年設巴彥蘇蘇委協領，光緒五年歸呼蘭副都統。呼蘭二路此為南路。二十一年移廳於呼蘭城，改設巴彥州子，另設協領，隸呼蘭副都統，三十二年移駐東興鎮。郭殷分防經歷駐西北趙胡窩堡，光緒三十四年改為興隆鎮，分防州判。鱉設分防巡檢駐羅卜廠，旋腿。

濱江雙城，西界肇州，西北界蘭西，北以海河界蘭西綏化。東北以大荒溝界肇州，自大荒溝源南接漂河源。河，三十四年卜雅密河以東地段，自吉林三姓來隸，宣統元年移治。宣統元年巡檢移駐西乞木蘭廠。

綏化府 衝繁難，要缺，治北團林子。明哈郎、克音河、阿者迷、可吉河等衛，那門河地面，豁爾呼蘭城駐防。光緒五年移巴彥蘇蘇委協領來駐，隸呼蘭副都統。呼蘭三路，此為北一段循二道河。光緒十一年析呼蘭廳北境設綏化理事通判廳，三十一年改縣。領縣一。三十二年移駐鐵山包。

颁城 東以二道河界大通，南以松花江界吉林方正州，西界巴彥，南段循小石頭河，東北界松花江界東興鎮，中間一段循二道河。

蘭西縣 衝繁難，要缺，治雙廟子。光緒三十一年設，因呼蘭廳三十一年改縣，領縣一。

颁城，東界綏化，東南以滕河界呼蘭，南界呼蘭，北以海河界綏安達肇州，北界青岡海倫。西以漂河大荒溝綽羅河界呼蘭貧州，林

餘慶縣 繁難，要缺，治餘慶街。明納剌吉河衛。光緒十一年設分防餘慶街經歷，屬綏化廳，三十一年實縣。

颁城 東以大伊吉密河呼蘭河鐵山包河界鐵山包，南產呼蘭，西界蘭西，西北以克音河呼蘭河界海倫，東北界興東道。

木蘭縣 接郛、中缺，地名大小木蘭達，治卜雅密河東岸冀會弘口。明木蘭河衛。光緒三十一年析巴彥州東境置縣，治小石頭黑山滋滋河界東興鎮巴彥，西界綏化，西北以尼爾吉河明木蘭河衛。

呼蘭河界綏化，東北界興東道。

海倫府 繁疲難，要缺，治呼蘭城。明曹寬山衛，舊屬齊齊哈爾城駐防。光緒二十五年設通肯城副都統，三十一年裁，以協領留駐。光緒三十四年奏准擬設通北縣，治通肯河北，胡裕爾河南，九道誥西，雅爾訥河口。

青岡縣 發難、中缺，治柞樹岡。舊爲依克明安公旗地。光緒二十四年出放荒地，旋屬通肯城駐防，三十一年置縣。

拜泉縣 要離，要缺，治巴拜泉。舊爲依克明安公旗地。光緒二十四年出放荒地，旋屬通肯城駐防，三十二年置縣。

默城 東界興東道，東南以克音河界綏化，西以七道溝子通肯河界訥河拜泉青岡，北界訥河，北東段循胡爾河。

默城 東以通肯河界海倫，呼蘭河界蘭西，南界蘭西，西南界安達蘭西，北界拜泉。

默城 東界興東道，東南以克音河界綏化，南以呼蘭河界訥河拜泉青岡，北界訥河。

默城 東以七道溝子通肯河界海倫，南界街岡，西界蘭江安達，北界訥河，中間一段循印克河胡南爾河至敦化河口。

嫩江府 治墨爾根城，康熙二十五年築。明木里吉、亦力克、兀答里衛。康熙二十三年設墨爾根協領，二十五年設城守尉，三十二年移黑龍江副都統來鎮，裁城守尉。四十九年復設副都統移鎮齊齊哈爾，以協領留駐。宜統元年裁府，裁副都統齊齊哈爾，以副都統衙門安城總管以專轄。同治十年公飲於內興安嶺內外，分箝五路。光緒八年於墨爾根境內設副都統衙門安城總管以專轄之。初暫治興安嶺西路物塔爾奇站（四站），十年建城於逸東十八里之大平崗，還居之。以地處卜奎、墨爾根爾不可居，遂還寓四站。二十年裁裁官，改設協領四員，辦理墨爾根事宜，分箝各城，以阿爾多布庫爾爾路合設爲一員，駐多布庫爾河下游北岸（阿里路佐領航阿里河源北岸）。

訥河直隸廳 治布特哈城，地名博爾多。明布爾哈、兀的河所。舊屬布特哈城駐防。雍正十年設博爾多副總管隸之。光緒二十四年出放荒地，旋屬通肯城駐防，三十二年置縣。

默城 北及東循伊勒呼里山小興安嶺柞界理道黑河理珲，南界訥河，西南循博里克山什河嫩江界西布特哈河、阿真同真、兀答里等衛，別兒奧站。舊屬布特哈城駐防。光緒二十

年改布特哈總管為副都統，自依倭齊遷駐。三十一年裁副都統，改設總管二員，分駐東西布特哈。宣統元年裁東路總管，改設訥河直隸撫民同知廳。

駐城，東循小興安嶺脊界興東道，南界海倫拜泉龍江，西以嫩江界西布特哈，北界璦琿。

璦琿直隸廳

璦琿道駐，治薩哈連烏拉，即黑龍江城，俗稱愛呼，一作艾虎，一作艾滸。明考郎兀、忽里吉山、速溫河、巴忽禿、答甲山等衛，真河、撥河等所，速溫河地面，忽里平寨。康熙二十二年設水師管總管駐守。二十三年設黑龍江城副都統二員，一與將軍同駐江東務璦琿，一駐今城。三十二年移駐城一員於黑爾根。光緒三十年改稱璦琿副都統。宣統元年設璦琿直隸撫民同知廳，又設分巡璦琿等處兵備道加參領銜駐廳，裁副都統，以華拉爾路鄂倫春佐領為特哈城，設協領一員，旋撥隸黑龍江城。三十二年改歸興東道管理。三十四年仍設特哈退謔，宣統元年建署於遜河口河臨流處。

駐城，東以黑龍江界俄羅斯阿穆爾省，南以遜河界興東道，西循興安嶺脊界嫩江，北循額克爾山烏克薩河界黑河。

黑河府

設慶璦道，治大河屯，一作大黑河屯。明撒秃河衛。

駐黑龍江城駐防。宣統元年設府。光緒三十年以卜奎瑪爾路郡倫春居黑龍江城，設協領一員，三十二年裁撤於上游歲爾沁地方。

駐城，東以黑龍江界俄羅斯阿穆爾省，南循額勒克爾山烏克薩力河界璦琿，西循伊勒呼里山小興安嶺脊界璦琿嫩江，西北以倭勒克爾河界璦琿。

璦琿道直轄

明辟列河、哈喇察、卜猙丹、木河、塔哈、忽兒海、亦速里等衛。設闕黑龍江城駐防。宣統元年改隸。光緒三十四年分准奏設呼瑪直隸撫民同知廳於西爾根卡倫，後河直隸撫民同知廳於漠河口東岸。宣統二年呼瑪廳移於呼瑪爾河口北岸，河南劃歸黑河府。

呼倫直隸廳

呼倫道駐，治呼貝爾城，一作呼倫布雨爾，谷興海。明只兒蠻、亦速河、阿答必河、失郎山、割貢、罕麻、伊木河等衛，海朝兒所。雍正十年定由京簡派內大臣或侍郎一員為呼倫貝爾統領，三年一更。乾隆八年罷。額設副都統銜總管，歸將軍管轄，光緒七年改為副都統。宣統元年設呼倫直隸撫民同知廳，又設分巡呼倫等處兵備道加參領銜，駐廳，裁副都統。境內有索倫巴爾虎鄂倫特三部善

牧，雍正十年各設總管，索倫卅兩黃旗游牧場在治東烏蘇約斯山北，索倫特爾黃旗在治東南西尼兒河南，索倫正紅兩旗游牧場在治南綽爾河南，再南駕索倫鑲紅鑲藍兩旗駐治鎮海河南，索倫廂虎鑲白鑲藍兩旗，新巴爾廂虎鑲黃正白二旗在治西南烏爾順河東，西的鑲紅鑲白廂虎兩旗駕止巴爾廂虎兩旗駛正黃正藍兩旗，新巴爾廂虎鑲黃正白二旗在治西南烏爾順河東，西的鑲紅鑲白廂虎兩旗駕止巴爾廂虎兩旗駛正黃正紅兩旗在治東南西拉爾河東，陳巴爾廂虎鑲白止黃正藍兩旗，新巴爾廂虎鑲黃光緒三十年以托河路郭倫在忠呼倫貝城，設協領一員，駐興安嶺西麓拉爾河北。光緒三十四年公准擬設針都直隸撫民通判廳於大興安嶺西麓拉爾河北。

免設河東站。

轄城 東循大興安嶺界橙江西布特哈，南界喀爾喀車臣汗部，內蒙古烏珠穆沁右翼旗，西界臚濱，其南段循烏爾順河，西北以額爾古納河界俄羅斯薩拜喀爾省，北以根河界呼倫道。

臚濱府 轄呼倫道，治滿洲里。 明阿兒溫，亦兒古里等衛。

俯臚呼倫貝爾城駐防。光緒三十三年設邊塞分局。總局在呼倫貝爾。三十四年初擬設滿珠府，旋改府。 新巴爾

虎厢白旗游牧場在治東興安拉爾河南，師和厢藍爾旗在治西南阿魯布拉克北，正黃正紅兩旗在治西南呼倫連西。

呼倫道直轄 明古貢河、安河、木塔里等衛。 光緒三十三年委員設治於吉拉林金貝爾城駐防。宣統元年改縣。

興東道直轄 治托蘿山北。 明鴈河、弗河、忽河、哈里分、也速河、割里、速溫河等衛、五音所、黑龍江、撒哈連地面。俯自內興安嶺東北麓黑龍江城駐防，西南麓呼蘭城駐防。光緒三十二年自綏化城移綏蘭海道來對領地，改為分守興東倫道。三十四年定治所，劃彊界。光緒三十四年公准擬設廳北直隸撫民同知廳附近治，佛山府治岳陵河北設音所，烏斯直隸撫民通判廳治鳥雲河口南，車陸直隸撫民通判廳治伊存河南岸，蘿岡卡倉，嘉蔭黑龍江岸，春蔭直隸撫民通判廳治河南岸，地岡縣治嶴立河西立岡。 宣統中擬移治蘿岡縣於南原縣東境。

大通縣 近邊。興東道，治茂林河口東北。 明薩黑，以阿哈阿等衛，凡的罕所，凡魯溫、施伯兒河地面。

轄城 東北以黑龍江界俄羅斯阿穆爾省，東塞以松花江界吉林臨江，南界潟原大通，西循小興安嶺分包布倫山界嫩江、訥河、海倫、綏化、餘慶、鐵山包、東興鎮，北以遜河界璦琿。

駐防。乾隆二十七年擬借吉林，安設台站，周三姓城駐防。光緒三十二年置縣，治崇吉爾庫站。墾地跨松花江兩岸，屬吉林依蘭府。租賦青江二省各半分繳。三十四年吉江分疆地。設設治局。三十四年委准擬設宗章直隸撫民同知廳於局治。

江為界、以江北地段仍設原縣改隸，宣統三年徙治。疆城　東界湯原，其南段循小呀洞河，南以松花江界木蘭，北界東興林、依蘭、方正、賓州、西以二道河界木蘭，北界東興鎮興東道。

湯原縣　近邊、綏服、東道、治湯旺河口東北。明屯河、悉河、脫倫兀等衛，几者屯河所。假國呼蘭城駐防。乾隆二十七年以湯旺河以西地段撥借吉省。光緒三十二年並借渾江東地設縣。墒地跨松花江兩岸，屬吉林依蘭府。租賦解屬江省。三十四年古江分江為界，以江北地段仍設原縣改隸，宣統中延移巡檢駐十二代河東高家屯，宣統二年駐防。擬設之通河縣，宣統中延擬設。治於高家屯東。

綏州廳　窜難、變欲、近邊、治元靠州放城、明撒察河、古偉等衛。假國內蒙古郭爾羅斯後旗地。光緒二十七年出放荒地、光緒三十四年設綏州撫民同知廳。東北實東分防歷治昌五城、光緒三十四年設。西茂興站，光緒八年設字路驛防察、屬齊齊哈爾駐防。北全多爾凡五站，約為所轄、二十四年裁。郭爾羅斯後旗，天命九年降。鎮同公所在茂興站西、輔國公扎薩克府在布拉克。（九新九）秩事例鎮國公批廉兌、別以、等台吉實扎薩克管輔國公御，俗摘笑公、丁孫辦州繼務職。）

大賣廳　兩發離、變欲、近邊、治美勒虹同子。明塔兒河、九討溫河、阮里河等衛，卓兒河地面。假為內蒙右扎賽特旗地。光緒三十五年出放荒地，三十年設大賣撫民通判廳。分防經歷二、駐塔子城，三十四年設。扎賞特旗，天命九年降。扎薩克多羅貝勒府在發軍蛇四周爾周子。疆城　東以嫩江界龍江、安達、賓州，南界吉林郭爾羅斯前旗，西界奉天安廣鎮東及科爾沁右翼後旗北界內，布特哈，東北以鴨綠河界龍江。（按此係旗界、瑣地零星散在界內。）

安達廳　衝突路、變欲、近邊、治糜達連。特旗地。光緒三十年出放荒地，三十二年設安達撫民通判廳。光緒三十四年委員設治委員治、嫩江東岸多爾治、旋又奏准擬設武興直隸撫民同知改政治所，又擬設林甸縣治西北大林家屯、擬龍江府、社圖伯。借旗，天命九年降，扎薩克固山貝子府在多耐蘇東南。疆城　東界拜泉、省岡，湖西，南界賣州，西以嫩江界大賣，北界龍江，中間一段循九道溝。（按此係鎮界，管屯大賣、散在界內。）

西布特哈 布依僞件。明塔番、窜廠、養克、阿倫等衛。清初諸打牲部落雜居之，總稱布特哈。康熙二十二年分設索倫達呼爾副總管，三十年設滿洲總管以統之。同治十一年加滿洲總管副都統銜。光緒八年以所屬鄂倫春牲丁改隸興安城駐防，二十年升滿洲總管爲副都統，移駐嫩爾多。三十一年裁，改設總管二員，此爲西路。光緒三十四年奏准擬設布西直隸廳擽民同知屬於總管治，諾敏縣於西北諸敦河東岸，嫩江府。

東興鎮 假袋巴產蘇蘇協領之山林地方。光緒二十一年安俗旗屯。三十二年移巴產蘇蘇協領於東興鎮，與州縣分劃而治。

鐵山包 舊屬北嘲林子轄地。光緒二十一、二年安置旗丁。三十二年移北嘲林子委協領於鐵山包，旋改授正協領，與州縣分劃而治。選隸將軍。光緒三十四年奏准擬設鐵嶺縣於僞領治，嫩海倫府。

訥城 東以甘河嫩江界嫩江訥河，南界龍江大賚，西循大興安嶺荏界科爾沁右翼後旗，以洮兒河界前旗，西循大興安嶺荏界呼倫，北循博里克山界嫩江。

訥城 東興東道，其南段循沙河子，南界大通，西南界木蘭，西北以少陵河界巴產，北界鐵山包餘慶。

訥城 東界興東道，南界興東道東興鎮，西以呼蘭河鐵縣分僞領治，龍海倫府。

山包河界餘慶，北以大依吉密河界餘慶。

附注 此編初擬規模頗備，旋以涉於事役，匆匆整發南行，致未及將全文殺青。茲所刊布者，僅限於吉江二省之沿革與城州部分，與序文所述內容，廣狹逈不相侔。維閱者諒之。

參攷書目：

乾隆一統志
嘉慶一統志
皇朝通典贓官、兵、州郡。
皇朝文獻通考職官、兵、輿地。
光緒大清會典事例戶部疆理、吏部官制、兵制、官制。
盛京通志乾隆四十四年。
黑龍江志稿民國二十一年。
東三省政略徐世昌宣統元年。
東三省沿革表及廷變宣統元年。
吉林外紀英勳道光六年。
吉林地志附雞林僞聞錄魏聲蘇民國二年。
吉林紀事詩附洪兆豐宣統三年。

吉林調查局文報初編宣統二年。

吉林輿地略光緒二十四年。

黑龍江外紀西清嘉慶十五年。

黑龍江述略徐宗亮光緒十七年。

黑龍江輿圖說屠寄光緒二十五年。

龍沙紀略方式濟。

卜魁紀略英和。

柳邊紀略楊賓康熙三十九年。

南方塔紀略陳振臣康熙六十年。

東三省輿地圖說曹廷杰光緒十三年。

東北邊防輯要曹廷杰光緒十二年。

清史稿地理志

大清職官遷除錄乾隆三十九年。

大清搢紳全書，府秩全覽，大清最新百官錄，大清同治十年，十三年，光緒五年，八年，十二年，二十年，二十二年，二十四年至宣統二年。

清季分省輿圖光緒末年石印。

清一統輿分省地輿全圖咸豐以前翻刻。

滿洲新地圖日本明治三十九年，光緒末年，宣統二年地理研究會。

黑龍江輿圖屠寄光緒二十年。

黑龍江全省輿圖宣統二年。

吉林省地圖經學會民國元年。

燕京大學引得編纂處出版書目 （二）

讀史年表附引得　引得特刊第一號　定價三元

諸史然疑校訂附引得　引得特刊第二號　定價四角

明代勅撰書考附引得　引得特刊第三號　定價一元五角

勺園圖錄考　引得特刊第四號　定價四角

引得說　引得特刊第五號　定價三元五角

日本期刊三十八種中東方學論文篇目附引得　引得特刊第六號

封氏聞見記校證　定價西洋宣紙本五元五角報紙本四元　引得特刊第七號　定價五元

清遺傳輯佚二種　引得特刊第八號　定價一元

毛詩引得　引得特刊第九號　定價三元

周易引得　引得特刊第十號　定價二元五角

春秋經傳引得　引得特刊第十一號　定價道林紙本二十五元　報紙本十五元

琬琰集刪存　引得特刊第十二號　定價三元五角

燕京大學引得編纂處出版書目（三）

四十七種宋代傳記綜合引得

引得第三十四號

民國二十八年二月出版

定價：道林紙本拾圓，報紙本柒圓伍角。

本書所收者，有二十六種為宋人著作，餘為元明以來學人之撰述；自正史以及同年登科諸錄，凡屬於宋人傳記者，大致無多遺漏。書分字號引得及姓名引得二部，都二百二十四頁，被錄者共九千二百零四人，關心天水一朝人物者，手此一編，其有莫大裨益不待言也。

一百七十五種日本期刊中東方學論文篇目附引得

引得特刊第十二號

民國二十九年二月出版　一厚冊五百四十頁

定價國幣：道林紙本十二元，報紙本五元。

本書為平岡武夫先生及劉選民君所編，復由引得編纂處校補，始行問世。全書共分四部：（一）分類篇目，大致依照中華圖書館協會國學論文索引方法。（二）篇目引得，（三）著者引得，皆依中國字庋擷法排列。（四）著者音譯引得，依日本讀法，用西文拼綴，按字母順序排列。民國二十二年九月，引得編纂處付印行日本期刊三十八種中東方學論文篇目附引得。今此書蓋續前編，僅所收期刊大加增益耳。

補魏志何晏傳

王伊同

何晏，字平叔，南陽宛人，漢大將軍進孫也[1]。母尹氏、為太祖夫人；晏長於宮省[2]。美姿儀[3]，年七歲，明惠若神；太祖奇愛之。及長，尚主，賜爵為列侯[5]；以才辯顯於貴戚之間[6]。時南陽鄧颺、李勝、沛國丁謐、東平畢軌，咸有聲名[7]。沛人夏侯玄，以貴臣子、少流美譽[8]；司馬景王亦預焉。晏嘗曰：「唯深也，故能通天下之志，夏侯泰初是也。唯幾也，故能成天下之務，司馬子元是也。唯神也，不疾而速，不行而至；吾聞其語，未見其人。」蓋以神自況也[10]。沛人曹爽[11]、文欽[12]、琅邪諸葛誕、馮翊李豐[14]、人曹爽、文欽、琅邪諸葛誕、馮翊李豐[14]、馳名譽，其相題表，有四窗八達之名[15]。始晏以異姓子，居省禁，文帝弗悅也[16]；故黃初中，無所事[17]。明帝初，頗任冗職[18]。時事者以為晏浮誕、颺、勝等修浮華，合虛譽[19]，皆免官。

司馬宜王、德業日隆，帝疾久漸，不能辨，令與武衛將軍曹爽夾輔同主[20]。爽秉政，晏以才能為散騎侍郎[21]。遷侍中，尚書[22]，主

吏部[23]，改舊制[24]。說爽權重，不宜委諸人[25]。爽又用謐策，徒宜王為太傅，外示尊崇，而令尚書奏事先由己，得制其輕重[26]。司徒衛臻、侍中左光祿大夫劉放、右光祿大夫孫資、尚書僕射盧毓、黃門侍郎傅嘏[29]，咸免有差[30]。太僕王觀、領軍將軍蔣濟、幷州刺史振威將軍陳泰[33]、安邑太守討寇將軍王經[34]；以宜王左右孫禮[35]、征南將軍、假節、都督荊豫請軍事王昶[36]，得不能[37]、臻[38]、毓[39]、嘏[40]、基[41]、觀照[42]、何甘[43]、袁亮[44]、岐[45]、因毀晏等[46]。勝颺欲令爽立威名於天下，從駱谷入；無功而還[47]。晏曰：『宜王稱疾避爽[48]。晏嘗聞政理之要，治身為本。晏曰：『善為國者，必先治其身。治其身者，慎其所習。所習正，則其身正；其身正，則不令而行。所習不正，則其身不正；其身不正，則雖令不從。是故為人君者，所與遊，必擇正人；所觀覽，必察正象。放鄭聲而弗聽，遠佞人而弗近；然後邪心不生，而正道可弘也。』季末闇主，不知損益，斥遠君子，引近小

太尉司馬宜王。帝大漸，不能辨，令與武衛將軍曹爽夾輔同主[20]。爽秉政，晏以才能為散騎侍郎[21]。遷侍中，尚書[22]，主

人；忠良疏遠，便辟褻狎。亂生近暱，覽之社稷。考其昏明，所積以然。故聖賢諄諄，以為至慮。周公戒成王曰：「其朋，其朋！」言慎所與也。

游云：「一人有慶，兆民賴之。」可自今以後，御幸式乾殿，及游豫後園，皆大臣侍從。因從容戲姿，兼省文書，詢謀政事，講論經養，為萬世法。」初，宜王既遊位，陰備宜等；爽之徒屬，亦頗疑之。[50] 會河南尹李勝將蒞荊州，往詣爽王，爽稱疾篤，示以嬴形。勝不能覺，謂為信然，[51] 爽等不復設備。[52] 嘉平元年，春，正月，甲午，天子謁高平陵，大將軍爽，與弟中領軍義、武衛將軍訓、散騎常侍彥皆從。宜王乃於永寧太后令，廢爽、義、訓兄弟游豫不能從。於是宜王以懷假師、行大將軍事、據爽營。召司徒高柔、假節、行大將軍事、據爽營。護軍將軍司馬景王、將兵屯司馬門，戒備非常。[53] 大司農桓範、爽邑人也。宜王起兵，欲使行中領軍、範不應。疾出昌平門，南奔爽，說爽舉車駕，幸許昌，據別庫，發四方兵以自輔。爽兄弟游豫不能從。永寧太后詔、廢爽、義、訓、令能兵，各以本官歸第。[55] 有司希旨，勸黃門張當付廷尉，考實其辭，爽與謀不軌，乃收爽、義、訓、彥、晏、謐、勝、範、常等爽三族。[56] 初，晏能清言，善談易老。[57] 山陽王弼，字輔嗣，好論儒道；辭才逸

辯。[58] 晏為吏部，甚奇之。歎之曰：「仲尼稱後生可畏。若斯人者，可與論天人之際矣！」值黃門侍郎缺，遂以補爽郎。[59] 爽嘗謂聖人無喜怒哀樂，其論甚精，鍾會等述之；弼與不同。以為「聖人茂於人者、神明也；同於人者、五情也。神明茂、故能體沖和以通無，五情同、故不能無哀樂以應物。然則聖人之情，應物而無累於物者也。今以其無累，便謂不復應物，失之多矣。」[60] 世謂晏自然出拔不及弼，而論道約美多之。[61] 及卒，有老子道德論，[62] 音長解、易經注、官族傳、明帝諡議、樂縣議、及諸文賦著述凡數十篇。[64]

許曰：何晏有文學，能清言、與夏侯玄、鄧颺之徒，負天下重望。姿貌嫋娥，委心輔爽，陳危不懼。其心非不忠，然而不免於死；身死而所忠非也。宜王傳、蓋乘天威，雖有憤膺，寡敵於敵。晏不戮力，懷忠憤發，以陷其宗；悲夫！

1 宋劉義慶世說新語，四部叢刊本、卷上之上、言語 23b. 晉陳壽魏志 9/19b.
2 魏志曹爽傳 9/19b. 世說新語、卷下之上、規箴 46b.
3 世說新語、容止：「何平叔美姿儀，面至白；魏明帝疑其傅粉。正夏月，與熱湯餅。既敢，大汗出，以朱衣自拭，色轉皎然。」

補三國志何晏傳　第三卷一第　51

1a-b. 魏志曹爽傳注引魏略：「晏性自喜動靜，粉白不去手，行步顧影。」9/19b. 唐太宗敕撰晉書，四部備要本，五行志上：「尚書何晏，好服婦人之服。」傅玄曰：「此妖服也。失衣裳之制，所以定上下，殊內外也。……者內外不殊，王制失敘，服妖既作，身隨之亡。……何晏服婦人之服，亦亡其家。」

上之上，曹爽 23b. 又注引桓范相嘉食散論 23b.

世說新語，卷中之下，夙惠 4下，引何晏別傳曰：「晏七八歲，慧心大悟，眾無愚智，莫不貴異之。魏武帝讀兵書，有所未解，試以問晏。晏分散所疑，無不冰釋。」355/3b-4a. 又人事部二十四，注引何晏別傳曰：「晏小時，武帝奇之，欲以為子。每挾將遊觀，命晏諸子長幼相次。晏徹然，於是坐則專席，止則獨立。或問其故，答曰：異族不相貫坐位。」393/3b.

5　魏志曹爽傳 9/19b. 注引魏略 48b.

6　同上曹爽傳 9/19b. 傅嘏傳注引傅子 21/18b. 世說新語，卷中之上，夙惠 36b.

7　養豐，注引傅子 36b.

8　同上曹爽傳 9/13b.

9　同上傅嘏傳，注引傅子 21/18b.

10　同上「夏侯惇……字元讓，沛國譙人。」9/1a. 按夏侯玄父尚，潁從子。「淵，惇族弟也。（潁本傳，9/3a.）玄為沛人。

11　魏志曹爽傳，注引魏氏春秋 9/12b. 毋丘儉傳：「揚州刺史前將軍文欽，曹爽之邑人也。……亦處鷹挾忌無寵。」28/9b.

12　同上毋丘儉傳：「揚州刺史前將軍文欽，曹爽之邑人也。」28/9b. 按欽，譙人。浪，魏武族子也（浪本傳 9/12b.）傳曰，武，沛國譙人。（武紀 1/1a.）故文欽亦沛人。

13　同上諸葛誕傳 28/9b.

14　同上杜恕傳，注引杜氏新書 16/7b. 夏侯儒傳：「中書令李豐，與智及大將軍司馬宣王所親待，然私心常在」（夏侯）玄……遂與內通謀計，為公主。」又與（太絃大夫我）一相擅朝政，子諸葛誕傳 22/17b. 諸葛誕傳，注引世語（續晉書注之。）9/7a. 世語：「散騎常侍夏侯玄，尚書諸葛誕、鄧颺之徒，共相題表，以玄四人為四聰，諸八人為八達……中書監劉放子熙，孫資子密，夫相題表，于川三人，咸不及比，以父居勢位，容之為三豫。凡十五人。李以權勢浮華，皆免官禁錮。」28/9b.

16　同上曹爽傳，注引魏略：「其時表宜應兒四人，奉職警察在公孫，並見黜退，如公子。爽，即朗也。晏性惡弱，而晏延所善友，故爽幕親愛之。每不呼其姓字，曾屬之為假子。」9/19b. 又見世說新語卷上之上，賞譽 23b.

17　魏志曹爽傳，注引魏略 9/19b. 又見世說新語卷上之上，識鑒，注引魏略 23b.

18　魏志曹爽傳，注引魏略 9/19b.

19　夏侯玄以見惡曹爽，左遷為羽林監：「見本傳。（9/21b.）一見魏略諸列朝皇，不調。」見明紀。（3/7a.）

大人胡淖居裴職等叛，宣王遣將軍胡遵等追討，破降之。(明紀3/1b。)三同上〈明紀〉：「〔太和〕四年，春二月，壬午，詔曰：「...其浮華不務道
年，夏四月，鮮卑乞伏步頹谷，宣王擊諸軍拒之。(全上3/9b。)三年，春正月，本者，皆罷退之。」3/5a-b。　曹爽傳：「明帝以其浮華，皆抑黜之。」
以宣王為太尉，鄧芝為車騎將軍，十二月，司空陳群9/13b。又注引魏略：「初爽與李勝等為浮華友，及在中書，浮華事發，
薨。」(全上3/12b-13a。)(景初元年，六月，以衛將軍司徒，司空陳群被斥出，遞不復用。」9/17a。又云：「勝少游京師，雅有才智，與曹
僕射衞臻為司空。(全上3/13b。)最初元年，四年，六月，以司徒董昭爽等數人為四窟八達，各有主名，用是被斥。以
諡為〈明紀3/14a。)二年，春正月，帝崩。武衞將軍曹爽與其所引者多。明帝蔡浮華，合違禁，故得原，禁錮歡歲。」9/18。董昭傳：
尉夫韓曁為司空(全上3/13b)。夏四月，宣王破公孫淵，除荊京師。二月，以「百事者以
月，錄討淵功，宣王以下增邑封爵各有差。十二月，帝崩、武衞將軍曹引世語：「帝於是發切詔，斥免諸葛誕鄧颺等。」9/18。
與宣王受遺詔輔政。(孫貸傳14/28。)自黃初以來，宣王待公孫淵不合。據按：
劉放諸軍，最居勢位。夏侯玄、何晏等，欲魏文帝以黃初七年崩，中軍大將軍
深州結納，宣王忌之，蓋福宜慶顥。然則浮華云者，懲創末流之弊。(文紀2/20a。)詔按：
首用丁謐策，總宣王太傅，外示崇勤，而陸奪其輔，此，則浮華之幣。(文紀云：)帝
知明帝世，見與傳。9/13a。。散為太尉，輔嗣王，司空王朝為司徒。宜
魏志明紀3/16b。注引漢晉春秋，魏略 3/16b-17b。　劉放傳注引魏書王為驃騎大將軍，傳其首。(全上 3/1b-2a。)太和二年，春正月，宣王破新城，斬
14/28a-b。(魏志明紀3/6a-b。)六月，詔賞太和三年，真為大司馬，宣王為大將
全上曹爽傳注引魏略9/19b。 杜恕傳注引魏略：「是時改勝，皆以高術軍，加大都督，假黄鉞，都督雍涼二州諸軍事。董昭行司徒。(全上
英偽充其選。」16/13b。時與弟義為中領軍，調為武衞將軍，遲為散騎3/4a。)四年，二月，詔罷浮華。(全上3/5a-b。)是歲，大將軍曹休，司徒王朗為
見曹爽傳注引魏略9/19a。常侍。見與傳。9/13b。孟達，傳其首。(全上 3/1b-2a。)太和二年，春正月，宣王破新城，斬
徽漢新語，卷上之上，曹詔，注引魏略之。又全上3/6b。五年，春三月，真薨。宜王遣事伐蜀之任。十
爲之也。(全上3/6b。)董昭傳14/14b。)五年，春三月，真薨。宣王遣事伐蜀之任。十
為之也。(全上3/6b。)董昭傳14b-15a。　清龍元年，九月，安定保塞匈奴二月，太尉華歆歿。〈魏志華歆傳14/14b。)昭為司徒。〈明紀3/6a-b。〉六年，春二月，詔改諸郡之稱諡，昭

中之下、規箴、注引管輅別傳：「冀州刺史裴徽，舉秀才，辟〔輅〕曰：『何鄧二尚書，有經國才略，於物理無不精也。』何尚書神明清徹，殆破秋豪，君當慎之。」」39a. 晉書傅咸傳：「正始中，任何晏以選舉，內外之眾職，各得其才，粲然之美，於斯可觀。」如此非徒御之以限法之所致，乃委任之由也。」47/7a. 乃以劉陶為選部郎。(劉曄傳注引傅子14/206.) 鄧颺為秘書郎，中書侍郎，李勝為洛陽令。(全上續會傳9/18a. 及以鄧艾為大司農，丁謐為度支尚書。(全上諸葛誕傳23/13b. 趙儼為監雍涼諸軍事，鄧艾出為征西將軍，遷南安太守。(全上鄧艾傳28/14b. 諸葛誕為御史中丞大將軍司馬，又還征南將軍，又還征南將軍。(全上毋丘儉傳25/4b.) 辛毗為左將軍，假節，歐豫州諸軍事，加昭武將軍，督豫州刺史，轉鎮南將軍，遷車騎將軍，儀同三司。(全上王凌傳28/1b.) 及按淮南諸軍兵，皆收其用。

王凌傳注引漢晉春秋：「［魏正始八年］實爽用何晏鄧颺丁謐郡鈞之謀，……變改制度。」28/1b.
魏志齊王紀：「［正始八年］夏爽用何晏鄧颺等，變改法度。」14/25a.
24
25
26
今上齊紀：「［景初三年、十二月］丁丑詔曰：『太尉體道正直，盡忠三世。南繚孟達、西破蜀虜、東滅公孫淵，功蓋海內。昔周成建保傳之官，近漢顯宗崇親賢之任，所以優隆儁乂，必有籍也。其以太尉為太傅，持節統兵都督諸軍事事如故。』」4/1b-2a. 管輅官紀：「［景初二年……（按魏

27 魏志齊紀 4/5b.
28 全上傅嘏傳 22/18a.
29 全上齊紀：「［正始］九年，春二月，衛將軍中書令孫資，驃騎將軍中書令孫資，驃騎將軍中書令孫資，……」4/5b.
30 全上齊紀：「正始初，除為吉郎，遷黃門侍郎。……以免領官。」21/19b-20a.
31 魏志王觀傳：「太尉司馬宣王請觀為從事中郎，大將軍曹爽，使材官張達斫家屋材及諸私用之故。遷尹，徙少府。大將軍曹爽，以觀守法，乃徙為太僕。」24/14a-b.
32 全上齊紀 24/25a-b.
33 全上齊紀：「傳嘏罷作議去春，同馬文王率六軍軍丘圍，

㉔ 全上，〈烏丸鮮卑東夷傳〉與夵親友。」22/9b.

㉕ 全上，〈王基傳〉27/10b-11a.

㉖ 全上，〈孫資傳〉：「明帝於臨崩之時，以曹爽為大將軍，宜得良佐，於朕下發遺詔，拜體大將軍長史，加散騎常侍。爽直不挽，爽弟便也，以為揚州刺史。加伏波將軍，賜爵關內侯……徵拜少府，為荊州刺史，進漢州牧。」24/12a-b.

㉗ 全上，〈王觀傳〉見注 33-38.

㉘ 全上，〈王基傳〉：「青龍四年……太尉司馬宣王以觀應選。」27/8a.

㉙ 魏志〈盧毓傳〉：「齊王輔政，便夏侯玄等聘名譽，有四窗八達之誚，帝疾之。時舉中書郎，詔曰：『得其人與否，在盧生耳。選舉莫取有名』及為弟求婚，肯不許。」22/15b.

㉚ 全上〈盧毓傳〉〈鄧颺等聘名譽〉下注引傅子：「何晏鄧颺等欲今欲令，不知畫地作餅，不可啖也。」22/17b.

㉛ 世說新語，〈言語〉：「諸人乃因有謁貸。合則對戚，不合則致讓。二賢若穢，能含虛之休。」此兩相加如所以下康哉也。」傅曰：「夏侯太初、夏侯玄並求傅嘏交，嘏心於子，而卿意怨不可交。諧嘏曰：『何愛鄧颺？』何晏夷鄧颺等有憂天下之志。以吾觀之，此三賢者，皆敗德之徒耳！一遠之猶恐催禍，況可親邪？』」36a-b. 晉書杜有道妻嚴氏傳：「爭者，竹敗德之人耳。多首而紆前，斷前無親。以吾親之，此三賢者竟同悉與，多首而紆前，斷前無親。以吾親之，此三內無關落，貴同惡與，多首而紆前，斷前無親。以吾親之，此三賢者，竹敗德之人耳！一遠之猶恐催禍，況可親邪？』」眼傳：「嬰諸爽樂，宜免為庶人鄧颺等，宜剃致廟矣。」22/19b-20a. 晉書杜有道妻必免忠子兄弟。仁人將道，面剃致廟矣。」

㊶ 全上，〈黨錮傳〉：「〔太和〕六年……昭上疏陳末流之弊曰：『……臣見當今年少，不復以學問為本，而更以交遊為業。國士不以孝悌清修為首，乃以趨勢遊利為先。合黨連群，互相褒歎，以毀訾為罰戮，用黨譽為爵賞；附己者歎之盈言，不附己者作瑕釁。至乃相謂：「今世何憂不度邪？但求人道不動，雖之不傳耳！」又何患其不知已矣。但當吞之以樂而柔勁耳。』」14/14b-15a.

㊷ 魏志〈王基傳〉：「時曹爽專柄，風化陵遲。基著時要論，以切時政。見注 3.」27/10b.

㊸ 晉書〈何曾傳〉：「時青爽專權，尚化陵遲。基於是黨切詔，斥免諸葛誕鄧颺等，曾亦薦病。爽誅，乃起視事。」

氏。玄本傳云：「郭上計吏，再歎孝廉、太尉掾，不就。州舉秀才，除散騎侍郎、擼中。與東海王肅太守。常侍、及景初五年進散入著作。選擇魏書。」47/1a. 玄如繼承川鳥氏……」送與玄為親」川馬太博義獻耳。晉愈鄧籠雙騫銜，行自有在。」宣帝紀珠：「〈醫母杜氏〉」17/4a. 玄如終亦川馬氏見 諒室，憲護許之。時玄與何晏鄧颺不穆，受等每欲害之。時人義肯共聯，及達沖玄，內外頭為登。或曰：『何鄧執事，必為玄害，亦由排山壓卵。顯曰：『鄧知共，』不知其他。杰何鄧雙愛轉聞修，以得交韓耳。」注與玄為親。宣帝紀珠」96/2a. 按鄧盛成云：『醫母杜氏。』」17/4a，遣玄弟，的姊妹杜氏。玄本傳云：「鄧上計吏，再歎孝廉、太尉掾……撰魏書。」47/1a.

㊵ 魏志〈玄本傳〉云：「郭上計吏，再歎孝廉、太尉掾，不就。州舉秀才，擼中。與東海王肅太守。常侍、及景初五年進散入著作。選擇魏書。」47/1a.

補魏志何晏傳　第三卷第一期　55

43/5b。

44　魏志賈逵傳：「而［宜］毒子亮、［何］關子曾，與倪復辨察友善。」究貢
周有學行，疾何晏鄧颺等，著論以譏切之。」11/3b。

45　全上司馬芝傳：「是時大將軍與事權，尚書何晏鄧颺等，為之輔翼，南
陽李勝、許允賈作指、老聃延尉，鄧颺獄，將致泰宣刑，〔芝子〕岐數啟
諫，「夫樞機大臣，王室之佐。既不能輔化成德，齊美古人；而乃肆其
忿怒，枉論無辜。使百姓危心，誰此將在？」興於是慚怒而退。岐餘怒
日　　　　　　　　　　　　　使疾去官。」12/17b-18a。

46　全上齊爽傳注引魏略：「敕何晏選舉不得人，顧由爽之不公忠，遂同其
罪。」9/17b。

47　魏志齊爽傳。文注引魏略：「駱谷之役，謀從勝出，由是同馬宜王不
悅。」9/18a。 蜀志後主紀3/4b。 按宜王久專陝西之任，與之倦蜀，
用為中書，主選舉，宿衷多耕評拔。」2b。 又卷中之上，實唾，注引魏略
魏略：「鄧颺：「正始中遷作中領事。為人好貨，賊爽以父妾與颺，得顧
官。京師為之諺曰：「以官易富鄧玄茂。」何晏選舉不得人，顧由颺。

48　全上齊爽傳：「初爽以宜王年德董高，恆父事之。及晏等進
用，咸共推戴，說爽以權貿不宜委之於人。……宜王遂稱疾違爽。
9/14a-b。 魯志宣紀：「〔正始〕八年……五月，帝懍疾，不與政承。時人
欽爽北權耳，出諸葛誕等守淮南，亦同一作用。

49　魏志許紀4/5a-b。 清發大斬諸衙堂文像，何鄧豔列本，何傳論云：

50　晉書宣紀1/8b。

51　魏志齊爽傳9/16a。 晉書宣紀1/9b。

52　魏志齊爽傳9/17a。 晉書宣紀1/9b。

53　魏志許紀4/9a-10a。 晉書宣紀9/15b-16a。

54　全上齊爽傳9/16a。 晉書宣紀9/18b-19a。

55　魏志齊爽傳9/17a。 晉書宣紀1/9b。

56　魏志許紀4/6a。 曹爽傳9/17a。 使賤答書，卷下
之下，尤甚：「王塵還信侵見明帝，曹爽懼益將天下之局。遇泰
奏，頌，王曰：「遂嗟年少奉語，曰為陛下陳之。」王塵具後宜王劉氏
之譯，誅爽名族，窟樹同己，及支王之表，高廣懷公事。」41c-b。 晉書宣紀云：「繚
國書陳曰：「若無公言，諸安得昏。」」41c-d。 晉書宣紀云：「繚
爽之黨，支黨伐支及三族，男女無少長其結婚緣女子之國人者，皆誅
之。」1/10b-11a。 御覽，後魏二十一、傳，引續爽德云：「何晏宣王殺
9/14a-b。 魯志宣紀：「何鄧丁，亂京城。」1/8b。

誅青芝，呼何晏作令曰：「宜上君名。」晏失色於地。」605/3a。民國、吳士鑑劉承幹晉書斠注，民國十七年北京刊本，宣紀云：「阮公同時諸人書略名曰：「魏氏春秋云：宣王使獄治爽獄，別治黨與，實以獲爽。通鑑胡註據異云：「宣王方治爽黨，安肯使爽治獄，就令有之，爽豈不爽憾，以過胡知之耳。」5/26b。魏志爽傳注引魏末傳：「晏等供引諸人書略曰：「司馬宣王為丞相，太后居永寧宮，非從也。」父云：「李豐當阮公同時諸主…有一男，年五六歲，宣王特取不殺。」3/5a。曹魏梁孝王公形貌：「形以汝陰王計東弘書為中大夫。」爽棄無行日本名雄。晉諸臣欲增解音樂，為爽敦使。諸父往來何所，悉淫佚窓，徒河間，乃變名，自結於形為有司所參糾劾免一縣。」按爽等罪，考爽矣，魏帝主，蓋見爽本傳。(9/14b)諸臣謀增爽罪，不免於誣。解宣王爲丞相，加九錫，固讓。王凌爲太尉，都督揚州諸軍事，與毋丘南，不辭其黨。嘉平三年，春正月，起兵，未作而覺。凌計無所出，乃面縛水次，宜其執凌歸京師，道出項，飮藥死。宣王至京師，自立爲相國，建王公，從之卻。命有司監視，不得交關。王凌之卻，參買途剛，敗其遠也。」至項，飮藥死。宣王錄其族，悉誅之。安平郡公。六月疾疾，見列五朝小說本，不注引鄴略，晉紀，29/2b-3b。(魏志王凌傳28/2b-3a。
青禾。(魏志齊紀4/7a。)正元元年，中書令李豐、分卷。15a-b。姑書亶海，1/10a-b。)來推司馬原王爲揜軍大將軍，總領賣事。(魏志齊紀4/7a。)五年，夏，四月，文王自進爲相國，曹公，加九錫。書

愈不下，名作中主沈，尚書注經，散騎常侍王業詔曰：「司馬昭之心，路人所知也，昇不能坐受廢辱，今日當與卿自出討之。」經以為不可。帝出懷中黃素詔投地曰：「行之決矣！」沈業奔走告文王，呼經與俱，不應。帝遂拔劍升輦，率殿中宿衛蒼頭官奴，鼓譟而出。文王弟屯騎校尉伷，遇之東止車門，左右何之。伷眾奔涉，中護軍賈充自外入，與帝戰於南闕下。來欲退，騎督成倅弟太子舍人濟問充曰：「事急矣，當云何？」充曰：「司馬公畜養汝等，正謂今日。今日之事，無所問也！」濟即抽戈前刺帝，陷於車下。文王聞之，以太后令，誅立常道鄉公奐。（魏志高貴鄉公紀、典其族，以弒逆軍騎之濟，殺之。真立常道鄉公奐。公紀4/20b。 注引漢晉春秋4/20b-21a。世語晉紀4/21a-b。
4/23a-b. 陳泰傳注引晉紀22/10a. 夏侯玄傳9/28b-29a. 魏氏春秋
9/29a. 虞預元年. 文王自進爲相國. 明年八月, 斃. 子炎為相國. 十二
月，追受禪代魏矣。文王聞留王奐紀4/25b-29b.)

全上注引何勁傳28/30a.

魏志鍾會傳28/30a.

世說新語，卷上之下，文學，注引魏氏春秋10b.

世說新語，卷上之下，文學，注引文章敘錄魏氏春秋11a.

57 魏志鍾會傳28/30a.

58 世說新語，卷上之下，文學，注引文章敘錄魏氏春秋11a.

59 魏志鍾會傳28/30a.

60 全上注引何勁傳28/30b.

61 世說新語，卷上之下，文學，注引魏氏春秋10b.

62 唐書係無戀等隨唐，四部備要本，經籍志：「讀有老子道德論二卷，何晏撰。」34/2a.

世說新語，卷中之下，規箴注引管輅別傳：「冀州刺史裴徽舉秀才，

輅[格]曰：「何鄧二尚書，有經國才略，於物理無不綜也。何尚書神明精徹，殆破秋毫，君當慎之。若不解易中九事，不足勞思。若陰陽相同，比至洛，寘譯[格]曰：「若九事拄至義，不是夢思。若陰陽晚如，轉之久無夢也。」格至洛陽，果與何尚書共論九事，皆明。何曰：「君論陰陽，此真無雙矣。」」39a. 按何晏周易說見此。

魏志曹爽傳9/19b. 世說新語，卷上之下，文學：「何平叔敘注老子始成，詣王弼，見王弼納奇，迓神伏曰：「若斯人，可與論天人之際矣！」因作道德論。」12a. 又云：「何晏為吏部尚書，有位望，時談客盈坐，王弼未冠，往見之。晏聞弼名，因條向者勝理語弼曰：「此理僕以為極，可得復難否？」弼便作難，一坐人便以為屈。於是弼自為客主數番，皆一坐所不及。」11a. 全上注引文章敘錄：「自儒者論以老子非聖人，絕禮棄學，弼與不同，著論行於世也。」12a. 宋歐陽修教育書，四部備要本，崇文總目敘釋：「論者謂自以老子始成，詣王弼，見[老子]注，又疏四卷，又道德論二卷。」59/2b. 魏志：「何晏注老子未畢，見王弼自說注老子旨，何意多所短，不復得作聲，但應諾諾，遂不復注，因作道德論。」12a.

世說新語，卷上之下，文學，注引王弼老子注：「蓋者，可以以語天人之際矣！」2/14a-b.

戰國策定列子，四部備要本，仲尼篇注引晏命曰：「為民所養矣，無譽為本。無名也。若夫聖人，名無名，譽無譽，謂無為道，無譽為大，則夫無名者也，可以貴有名矣。然與夫可貴可名者，豈同用哉？此比於無所有，故能有所有矣。周

於有所有之中，當與無所有相從，而與夫有所有者不同。同類無遠而相
從，異類無近而不相遠。譬如陰中之陽，陽中之陰，各以物類，自相求
從。夏日爲陽而夕夜遠，與冬日共爲陰。冬日爲陰而朝晝遠，與夏日同
爲陽。皆異於近而同於遠也。詳此異同，而後無名之論可知矣。凡所以
至於此者，何哉？夫道者，惟無所有者也。自天地已來，皆有所有矣。
然猶謂之道者，以其能復用無所有也。故雖處有名之域，而沒其無名
之象，由以在陽之遠類也。故老氏曰：「天地以
自然運，聖人以自然用。」自然者，道也。道本無名。故莊氏敦放玄虛而不周乎時變。」
爲之名，取世所知而稱耳。豈有名而更云無爲者耶？夫唯無名，故可得
遍以天下之名名之。然豈其名也哉？惟此是喻，而終莫悟，是觀泰山崇
崛而謂元氣不掩盂者也。」4/5a-6a.

晉書王坦之傳廢莊論云：「何晏云：『爲能無名爲名，
名之名。」仲尼稱堯：「蕩蕩無能名焉」。下云：「巍巍成功」，則彊爲之
名，而朝元氣不掩盂者也。」4/5a-6a.

75/4a.

隋書經籍志：「集解論語十卷 何晏集。」32/15b.　晉書鄭沖傳：「初，
沖與孫邕、曹羲、荀顗、何晏共集論語諸家訓註之善者，記其姓名，因
從其義，有不安者，輒更易之，名曰論語集解。咸、奏之魏朝，于今傳
焉。」33/4b.

唐書本論語，卷首載晏集解序曰：「漢中壘校尉劉向言：魯論語二
十篇，皆孔子弟子記諸善言也。太子太傅夏侯勝，前將軍蕭望之，丞相
韋賢及子玄成等傳之。齊論語二十二篇，其二十篇中，章句頗多於魯
論。琅琊王卿、及膠東庸生昌邑中尉王吉，皆以教之。故有魯論，有

齊論。魯恭王時，嘗欲以孔子宅爲宮，壞，得古文論語。齊論有問王、
知道，多於魯論二篇，古論亦無此二篇，分堯曰下章子張問以爲一篇，
有兩子張，凡二十一篇，篇次不與齊魯論同。安昌侯張禹，本受魯論，
兼講齊說，善者從之。號曰張侯論，爲世所貴。苞氏周氏章句出焉。古
論唯博士孔安國爲之訓解，而世不傳。至順帝時，南郡太守馬融亦爲之
訓說。漢末大司農鄭玄，就魯論篇章，考之齊古，以爲之註。近故司空
陳羣、太常王肅、博士周生烈，皆爲義說。前世傳授師說，雖有異同，不爲
訓解。中間爲之訓解，至于今多矣。所見不同，互有得失，今集諸家之
善說，記其姓名，有不安者，頗爲改易，名曰論語集解。」（殿本三十二
卷，宋表刊集解，多引晏說。大統續自論語。與集解具異。乾隆五十二
年武英殿刊本。）

（文選李注十引晏論語註，併從略。）

隋書經籍志：「作道德論及諸文賦著述凡數十篇。」9/19b.

舊唐書經籍志：「孝經一卷⋯⋯梁有晏⋯⋯注孝經⋯⋯一卷，
亡。」32/14ba.

新唐書藝文志：「宜族傳十四卷，何晏撰。」33/7a-b.　又云：「毉會
杏何晏集十一卷，梁十卷錄一卷。」33/8a.

全上：「何晏集十三卷，何晏撰。」33/8a.

全上：「何晏魏明帝諡議二卷。」58/12b.　按優素吉入晉，注顏
淵。唐書藝文志：

書，四部備要本，經籍志上：「魏明帝謚議二卷，何晏撰。」46/27b.

南齊經籍志：「樂懸一卷，何必等撰議。」

唐杜佑通典十通本，卷五十二，嫂叔服議卷論曰：「夫嫂叔宜服，誠自有形。然以小功章婦嫂爲嫂叔文，則恐未是也，豈其文互體，恐未有及此義。今取「弟於姒婦」之句，以爲夫之昆弟，雖省文互體，恐未有及此者也。凡男女之相服也，有骨肉之親，則有尊卑之敬，受重之報。今嫂叔同班並列，無父子之降，則非所謂尊卑也。他族之女，受重之敬，肉也。是以古人謂之無名者，蓋謂其叔嫂之字，或無與爲體也。夫有其名者，皆謚與至親爲體，而交與正名同接也。有其交，有其體，故以其名之？故服「叔」可也。荀無斯義，其服將依？夫嫂叔之交，有男女之別，彼無脣齒之至敬，蔡其通問，家人之中，男女宜別，未有若嫂叔之至者也。故紀共親授，蓋於宮及百寺之門，故交接不可不疏。彼無骨肉之不殊，故交疏而無服也。名卑之至敬，故交接不可不疏。彼無骨肉之不殊，故交疏而無服也。情亦敬矣！」92/500.

諜沈約宋書，四部備要本，禮志：「（魏）明帝大修饗殿，故何晏禮祭，據雞牲，供饗饗之邪。饗饗宜起於魏也。」14/5b.

「歲旦常設葦桃梗，饗饗於宮及百寺之門，以饗惡氣。拔漢儀則仲長設之，有桃印，無饗雞。」及魏明帝大饗饗殿，故何晏饗祭議：「雞特牲，供饗饗之事。」饗雞宜起於魏。通典約十五，新饗，歎晏祀五郊六宗及佛饗議云：「月令季春饗撓大儺，非所以祀皇天也。夫天道不諂，不貳其命，若之何撓之？國有大故，可新於南郊。平於新饗，自宜止於山川百物而已。」55/318.

隋慶俟南北堂書鈔，清孔廣陶校註，光緒十四年南海孔氏三十有三萬卷堂原刊本，卷三十九，引鄧鵰明帝謚議云：「朱門外鬱蒼蒼，宜曰明。餘所執議，各有不同。書曰：「三人占，則從二人之言。」傳曰：「爭鈞從衆」，今郡明者，可聽從也。」94/2a.

唐盧世南北堂書鈔引：光緒八年古書齋袖珍本，卷部阿北道第五卷凡九州論云：「冀州，天下之上國也。」魏書阿平叔、鄧玄篤魏徐幹羅德州卷論：「魏處號冀州，上自以來，無能仁賢之儔，莫徐幹羅德州。」朝其上產無珍，人生質朴。」8/18a-b. 御覽布帛部饗引：「瀋河德，房綃。」818/4a. 善友嶺發萬部上，饗引：「安平好柰，中山好栗，臨鬱好香，河內好紹，眞定好梨。」86/14b. 饗引：「中山好栗。」87/6b. 全上饒物部二，饗引：「安平好柰，眞定好梨。」969/4a.

御覽人事部八十八，品德下，敘人冀州曰：「欺言：「春秋以來，可與海內比面較也。」祭匯有韵，莫聆乎鍾鼓。仁德忠義，莫聆乎蘭蕙。服義，莫聆乎韓起。決危定難，莫聆乎頡頏。男誼親族，莫聆乎邴氏。連體共主，莫聆乎郤姜。明智達物，莫聆乎明雲武，清直萬義，莫聆乎叔向。聰明高華，莫聆乎樂毅平舒，見利思義，莫聆乎中行穆子。愛國抒君，莫聆乎先軫。不讓，莫聆乎童瓠。分謗稍素，莫聆乎義先卻。援款徽顏，莫聆乎寗喻。而聲，劫略不動，莫聆乎白季。莫聆乎辭鷗，莫聆乎東仲舒。體善萬敬，莫聆乎霞峰。儒雅博通，莫聆乎甯仲伸。體善萬敬，莫聆乎石奮。賢乎驪曜。儒雅博通，莫聆乎甯仲伸。」

武，千金不入私門，莫賢乎竇嬰。」明君顯賢，莫賢乎伯叔，體主知分，莫賢乎貫高。忠義正直，莫賢乎鮑子都。寧諫忠諫，莫賢乎王宏。」447/5b-6a.

史記白起傳，集解引桑白起論云：「白起之降趙卒，詐而阬其四十萬，豈徒酷暴之謂乎？後亦推以雖得志矣，向使秦人肯懷知降之必死，則策揭猶可畏也。況於四十萬被堅執銳哉！天下見降秦之將，顱麷俱出；歸秦之眾，髋積成丘，則後日之戰，何來肯服，何城肯下乎？是爲雖能裁四十萬人之命，適足以頓天下之戰，非旦暮計。何者？設使趙卒復合，馬服更生，則後日之戰，必非前日之對也。況今皆使夫下爲彼日之計，而乃使堅諸侯之守。故兵連而自困其勢，軍勝而還喪其原之輔祖。愚諸侯之接主也，徒譎之而不宣耳。若不悟而不諱，則毋所以遠智也。可謂善戰而拙勝。長平之事，秦民之十五以上者，皆荷戟而向趙矣。秦主义親自臨民附於河內，夫以秦獨之十五以上，死傷過半者，此爲破趙之功小，又何以爲奇哉！若使之役戍，不懷其降者，則秦衆多矣。降者可扶也。必不可殺者，不能戰殺離離，降殺離寫，然降殺之爲害讎，大於剉戰也。受降許出。」73/5a-b. 梁昭明太子文選，四部叢刊本，書上，司馬子長報任少卿書，廣李善注引桑白起故事：「白起誰阬趙卒，向使預知必死，則前推，納可畏也。況三十萬被堅執銳乎！」41/7b.

御覽兵部四，將帥（273/6a-b.）及唐歐陽詢等藝文類聚，光緒四年寧關宏達堂重刊本，武帝將帥（51/7a.）均載桑韓白論。類聚云：「此二者，殊盛无之敵對，（御覽無「對」有「益」）開所希有也，何者勝！（御覽作「何者爲勝也？」）湯曰：「白起功多。（前史以爲出奇無窮，欲擬（御覽「窺」）滄海，白起爲勝。若夫韓信，斯輔以圖軍，拔筏以搏血，其以取勝，非後人力也。所期可奇於不奇之間矣，安得比其奇之又奇者哉！」白起之命，（御覽「諭」）道，取勝之命，（御覽「籌」）作「頒」）皆此類也。所期可奇於不奇之間矣，安得比其奇之又奇者哉！」北堂書鈔武部四引桑韓白論云：「白起爲條將，攻城略地，不可得數，所向無前，欲圖湾海。」115/7a.

類聚軍器部刀裁桑新造短刀銘（按新當作所）云：「徒問不吳，作戒庶士，用造斯器，蜩獸是剡。制爲尤良，昏明夏時，永寧致後，國民之咎。」60/13a. 初學記武都刀第四載桑斷虎刃銘云：「刑造斯器，蜩虎是斬。」22/10a.

類聚祥瑞部上，祥瑞，載桑瑞頌云：「若稽古帝，純武哲欽」明文思蹇，民生之使。德懿前烈之颙休，先天而天弗違，后天奉天時。率遜明命，懷啓皇基。夫居高臨卑，乾之紀也。陳德不聞。坤之理也。故章符儀象，榮瑞仍徵，通政辰位，玉衡告祥。紀星煬光。靈龜遊於深藻，彩雲依於園囿，靈鳥頫於制領，鳳皇之雯翬，藏棄其色，雌之朝雌，凰鳥鳴於高岡，亦白其服。交交黃鳥，信我中晉。脫儲盆高，吐霞飛獻太濟。常長火劍羅，臺舉一具并。世若樂五潮，從波唯浮萍。寧顔中慎，何帶休惕驚。」39b.

世說新語，卷中之下，規蒉，注引名士傳載桑詩云：「波韜比實遨。

〈文選〉〈賦宮殿類景福殿賦〉云：「大哉惟魏，世有哲聖。武創元基，文集大命。括囊大作制，順時立政。至於帝皇，遂重熙而累盛。陰陽之自然，近則本人物之至情，上則儀禮古之弘道，下則闢良生之善經。庶老既康，天秩孔明，故載戢二三，而國富刑清。歲三月，東巡狩，至於許昌，望祠山川，考時度方，存問高年，奉民耕桑。編六月既望，林鐘紀律，大火昏正，桑梓繁廡，大雨時行。三事九司，宏儁碩生，感乎海嶽之伊鬱，而慮性命之所不。惟饜越之不靜，寢徵行之未寧。乃八月曰：昔在蕭公，殷於孫婦，皆先識博覽，明允篤誠。不以為不賢，不飾不薰，不足以訓後而永厥成。故當時享其功利，後世賴其英聲。且許昌者，乃大運之攸氏，圖讖之所旌。苟德義其如斯，夫何宮室之勿營。帝曰：俞哉。玄輅既駕，輕裘斯御，乃命有司，禮儀是具。審其日力，詳度費務。鳩探始之眾民，居皇於豊屢屬之肷肷，建高基之堂堂。疏柱之泪泪，鷹垤郛之制度。飛閣實之軒翥，反字櫱以高驤。流羽毛之詭義：蔓環斑之琳瑯。…」

（後略）

受兆徵。楅䋲邦城，鈎錯短成，栘類睫蛇，拂似邊英，如蚳之場，如鮮之浮。玄衤交發，光滌昭明。賜威承天，鼎實仁彩，彰天瑞之休顯，昭邁戎之來歷。陞堂承北，方軒九戶，有个高冱，西東其宇，遂以永寧，安昌遐綱，逆及百子，後宮攸處。處之新何？宜爾子孫。克明克哲，克聰克敏，納賢用能，詢道求中。講肆敷音，章來多姑。於昀伊何？其祜伊何？永光則殿，賦政之堂。寫窕淑女，思齊敷音，兆民賴止。於祜伊何？宜爾子孫。後宮攸處。處之新何？二街，鸞陶國鳳，遵行雨施，品物咸腓，其西則頒有不，六村陳，殿獲相棠。蓋蓺水使，御脫水便，察解百姓，綮諸改利，將以行令，啟惟燃情。鋼以崇盛，塞曰永始。其西則左頒有不，沼。清岑淇滇，綠水浩湯，樹以嘉木，息。沈浮閒想，樂我猛道。若咸。

注，溝澷交流，隆設殿館，水方輕舟，窗梃映碧，湖戲鱗鱗，騣作淮海，富販山邱，彀巫委懋，將可觀。發綖應雲，旌鬼恃居，飛閣干雲，浮增乘虛。處晛三市，孰有執無？夫何足以比擬。於是碣以高昌墨觀，袤以陵城岐寰，思無逕之所歎？感物素而思深，因房高而思危。恧恨？觀農人之耘籽，察傑櫓之銀離，榮遷年之糵世俗之雖知？觀恐棣之良窟，察俗化之㥵䕍，竇，悟政刑之

亮陂。赤所以省風助敬，世惺鐵縶而淡儀側。屯功列署，三十有二，越居宿陣，絢錯鉤比。辛五發甲，為之名秩，因資界均，靈廛如一。商起入彼，欲反忘術，惟工匠之多端，因風遲之不割。物無礙而不知，乃奧造化甲比陵。囿天地以朗墓，並列窪而作制，制無細而不偏，於規架，雜木如林，疊遂遠延，各有攸注。公憐竟其複矩，紫比梭分，離肯別趣，駸床腎附，縱橫陰延，各有攸注。公憐竟其複矩，匠石不知其所斷；低弱巧於規拳，何彩歎之朱輝。海以溺升，朝日耀面，點以銀黃，櫻以瑰玕。光明煙喟，文彩以朱娥，爾乃文以朱綵，貼以墳玕。光明煙喟，文彩以朱娥，爾乃文以朱綵，增郁。徽陽之頹宮，將何以平作附。觀邸底匯乎天地，事猶又顯乎四時。是以六合元宇，九有頫照，家便克真之功，人法應波之風，真不能游以自得，故淡泊而感所思。腰列騂而動武，每今日之毛巾，稅吳陽之河波。忠正之士，因可魏足而待之。然而謇上纳改化雁武，細忠止之士，閣公直之路，想周公之首戒，鉅出舔之太業，名生革之故；絕波遏之采伍，反民情於太素。故能穆陂場之鸚鳳，納戚氏之自疆，㠀龍嵢於陸舒，鑪睿出于河湔，囤。遵神愛之既祐，出葏夏之至歟：方四三皇而六五者，曹阿閬覺之屬曹。]11/14a-22b.

麟州楊氏遺聞六記

聶崇岐

宋楊家將故事，以小說戲曲之宣傳，大河南北，幾於婦孺皆知。稗官野史、里巷之談，固不足信；而宋史楊業傳所述、又嫌略簡，難盡窺事實之曲折。年來涉獵貲史，遇關楊業祖孫父子之事，輒逢錄之，爲日既久，粗有所獲。今稍加連綴，以充少年報償幅。偶爾塗鴉，不足云撰著也。

一 記北宋前之楊業

楊業，麟州新秦人也。

宋史（光緒二十九年五洲同文書局石印）卷二百七十一及王偁東都事略（光緒九年淮南書局刊）卷三十四業傳，皆云業爲太原人；曾鞏（？）隆平集（康熙十四年七葉堂刊）卷十七及江少虞皇朝類苑（民國五年繙芬室叢刊本）卷五十七，所述互異。考歐陽修文忠全集（四部備要本）卷二十九業姪孫琪墓誌云：「君諱琪……姓楊氏，麟州新秦人也。新秦近胡，以戰射爲俗，而

楊氏世以武力雄其一方……」又資治通鑑（四部備要本）卷二百九十一審業父弘信事，謂之爲「麟州土豪」。夫楊氏之於麟、既曰「世」，曰「土」，則業之本貫應爲麟州明矣。宋史及東都事略謂之太原人者，蓋從初化之國而言也。又按：新秦，麟州附郭縣，今陝西神木縣地。

父弘信，後周廣順初糾合徒衆，據州自爲刺史。

弘信，宋史、東都事略及資治通鑑皆作「信」，唯歐陽文忠全集楊琪墓誌稱爲弘信。攷宋實錄諱弘殷，故宋人多避「弘」字；弘信之所以被省爲「信」，諒以避家諱故也。

業初名重貴，弱冠事北漢世祖，又事睿宗，賜姓劉氏，名繼業。

按北漢世祖劉崇爲後漢高祖知遠之弟。歐陽修五代史（五洲同文書局石印）卷一百三十五崇傳，謂「高祖鎮」，與卷九漢高祖紀，謂高祖於晉天福六年「七月授北京留守，十九爲河東節度軍都指揮使。逾年，授麟州刺史。」又

河東節度使」。則崇之刺麟州,約在天福七八年間;業之事劉氏,當始於此時。又容宗子姪輩皆以「繼」字聯名,其改賜重貴為劉繼業,蓋亦子視之也。

按建雄軍期晉州,不屬北漢。繼業乃以侍衛都虞候,領建雄軍節度使。

續資治通鑑長編卷二十:「初劉繼業捍太原城,其驍勇,在繼元俾,號業一…苦戰。繼元遺所親信往,繼業乃北面再拜,大慟,釋甲來見。上喜慰,撫之甚厚,復姓楊氏,只名業。特授左領軍衛大將軍,鄭州防禦使。」

旋命知代州,兼三交駐泊兵馬部署。翌年以功進雲州觀察使。此後事具宋史本傳。業以善戰名,人稱為「無敵」。又長於軍略,在北漢時所佈置之偽寨,多北漢名將楊業所度者。」

續資治通鑑長編卷一百五十二:「皇祐中,韓琦經略河東,案保寨置處,多北漢名將楊業所度者。」

二 記楊業戰死以後

宋太宗雍熙三年五月,楊業戰死朔州陳家谷。

按:業辛時年歲,諸書無述及之者。今依第一記所言,假定業於晉大福八年始事劉氏,其年為二十歲(弱冠),則雍熙三年應為六十三歲,其生約在後唐同光二年(924-986.A.D.)。又按:朔州,今山西朔縣。

事聞,削帥潘美三官,監軍王侁等除名編管,贈業太尉大同軍節度使,賜其家布帛千匹,粟千石。

按:業生前官至觀察使,品為第四,而太尉品第一。

宋開寶二年,太祖親征北漢,繼業守團柏谷,以衆寡不敵退保太原。

泊太原陷閣,繼業出犯。宋旋以善疫罷兵。

李燾續資治通鑑長編(光緒七年浙江書局刊)卷十,開寶二年正月「乙卯…命曹彬等各領兵先起太原。戊午,詔親征。…北漢侍衛都虞候劉繼業…屯於團柏谷。…知衆寡不敵。…奔還晉陽。北漢主怒,罷其兵柄。…三月…上次太原,命為四寨以過之。…劉繼業以突騎數百犯東寨、党進挺身逐之,…繼業緣縋入城。…」

開寶八年,繼業皆攻宋晉州,敗於洪洞。

續資治通鑑長編卷十六,開寶八年正月,「北漢主命劉繼業…攻晉州,武守琦敗之洪洞。」

太平興國四年五月,太宗滅北漢。國主巳降,繼業猶負隅苦戰。迨本劉繼元命,始解甲來見。太宗得之,甚喜,詔復本姓,祇名業。授左領軍衛大將軍,特改鄭州防禦使。

以四品官而督至一品，可稱超贈。（此據《宋史業傳》）第宋會要稿（北平圖書館影印）第二百七十五册八之七下，僅謂「優贈業大同軍節度使」，不言太尉。則恐所贈爲檢校太尉，非與太尉也。

後累贈至太師中書令。

歐陽文忠公集楊琪墓誌云，「君之伯祖繼業，太宗時爲雲州觀察使，與契丹戰歿，贈太師中書令。」按：業初贈官爲太尉大同軍節度使，後諒以子延昭貴，遇大禮恩，累贈至太師中書令者。中書令例得稱「令公」，此或爲近世小說戲曲稱業爲令公之所本乎？

子七人：延玉從業戰死。餘子以業歿於王事，延浦延訓自殿直遷供奉官，延環延貴延彬並錄爲殿直。妻折氏，或云爲折德扆之女。折家世有府州，毗連，兩州土豪結婚，固事理之所許也。

山西通志卷五十六古蹟攷七云，保德州有「折太君墓，在州南四十里折窩村，相傳即楊業妻，折德扆女也。」又道光神木縣志卷三古蹟篇云，「黃羊城，…俗傳楊繼業妻折氏居此。」又同書卷五人物上業傳謂業死事，「妻折氏赴闕訟夫冤」。方志所載古蹟，多不足據，云折太君墓，折氏甘居黃羊城，皆屬影響之談。惟業妻

之爲折氏，似無可疑；至其是否爲德扆女，則不敢必也。按宋制，四品官母妻皆封郡君，人稱業妻爲折太君，豈無因哉！

三 記契丹之重楊業

宋史述楊業之勇，謂契丹畏之，見其旌旗則引去。辭近誇誕。惟遼史於禽其他宋將，僅一書或再書，獨於楊業之死，則既見於紀，復見於蕭撻凛與陳家谷諸將之傳，且大書特書，不厭其煩。此何故歟？豈非以素日畏之之甚，而喜其一旦成禽乎？

按：遼史卷十一聖宗紀，統和四年「秋七月丙子，樞密使斜軫遣侍御湘里底幹勒哥奏復朔州，擒宋將楊繼業。…辛卯，斜軫奏：大軍入寰州，殺守城吏卒千餘人。宋將楊繼業初以驍勇自負，號楊無敵。北據寰朔數州，至是引兵南出朝州，至狼牙村，惡其名，不進。左右固請，乃行。遇斜軫，伏四起，中流矢，墮馬被擒。瘡發，不食，三日，死。遂函其首以獻。詔詳穩斜軫傳」。明日，繼業至，斜軫責曰，「汝與我國角勝三十餘年，今日何面目相見？」繼業惟叩頭請死。斜軫怒，不與之食，三日而死。又卷八十三耶律斜軫傳，「斜軫聞楊繼業出兵雲應，令蕭撻凛隱伏兵於路。明日，伏兵發，斜軫遇

攻，繼業敗走至狼牙村。衆軍皆潰，繼業爲流矢所中，被擒。斜軫責之曰：『汝與我國角勝三十餘年（按：此有語病。業自太平興國四年降宋，至雍熙三年，僅八年耳。在未降宋以前，爲北漢將二十餘載，固無與契丹角勝之事也）今日何面目相見！』繼業但稱『死罪』而已。」又同卷耶律奚底傳，「宋將楊繼業陷山西郡縣，奚底從樞密使耶律斜軫討之。凡戰必以身先，矢與虜發。繼業敗於朔州之南，匿深林中，奚底望袍影而射，繼業墮馬。先是，軍令須生擒繼業。以故不能爲功」。又卷八十五耶律凜傳，「統和四年，宋將楊繼業率兵由代州來侵，攻陷城邑，譴凜以諸軍副部署從樞密使耶律斜軫擊之。」又同卷耶律題子傳，「當斜軫擒繼業於朔州，題子功爲多。」又同卷耶律諧理傳，「宋將楊繼業來攻山西，諧理從耶律斜軫擊之，常居先鋒，偵候有功。」

惟其畏之厚之也，於是更有爲業立祠於古北口之事。

古北口一名虎北口，今屬河北省密雲縣。宋仁宗至和二年，劉敞奉命賀契丹太后生辰，有過古北口楊無敵廟詩曰：「西流不返日滔滔，陋上猶歌七尺刀。慟哭應知賈誼意，世人生死兩鴻毛。」（詩見武英殿聚珍本叢書公是集卷二十八）

宋神宗熙寧十年，蘇頌奉命賀契丹主生辰，有和仲選過

古北口楊無敵廟詩曰，「漢家飛將領熊羆，死戰燕山護我師，威信仇方名不滅，至今遺俗奉遺祠。」（詩見光緒王寅徐氏刊蘇魏公文集卷十三）宋哲宗元祐四年，蘇轍奉命賀契丹主生辰，有過古北口楊無敵廟詩曰：「行祠寂寞寄關門，野草猶知避血痕。一戰可憐非戰罪，太剛嗟獨畏人言。馳驅本爲中原用，常享能分異域尊。我欲比君周子隱，誅彤聊足慰忠魂。」（詩見四部叢刋本欒城集卷十六）

其祠無邃金元明清以迄民國，倘巍然存於古北口城北門外。萬曆刋大明一統志卷一詞廟，「楊令公祠在密雲縣古北口，祀宋楊業。」民國密雲縣志卷二之五，「楊令公祠在古北口，祀宋楊業。」前清顧日遺歐鑑事張字中，古北口副將軍邱城重修、總兵綠元項修。」顧炎武日知錄（坊刻巾箱本）卷三十大明一統志條：「一統志，『楊令公祠在密雲縣古北口，祀宋楊業。』按：業生平未嘗至燕，况古北口又在燕京東北二百餘里，地屬契丹久矣，業安得而至此！密雲縣志：『威靈廟在古北口北門外一里，祀宋贈太尉大同軍節度使楊公。』」……並承「一統志而誤。」其役雖其詳。然由劉敞等詩，知古北口業祠立於契丹時，非明人所創建，

顧氏誤矣。

昔匈奴殺李廣利而終祀為貴神。契丹之立業祠，得無亦類是乎？

四 記楊延昭

延昭本名延朗，後以避宋聖祖諱改焉。

按大中祥符五年十月戊午，真宗夢聖祖降，十一月始殖諱，一時人地多改名者。聖祖諱玄朗，故朗州改鼎州，玄武門改拱辰門。延朗之改延昭，當亦在此時也。

皇朝類苑卷五十六，「虜犯澶淵。……當是時，魏能守安肅軍，楊延朗守廣信軍，乃世所謂梁門遂城者也。二軍最切虜境，而攻圍百戰不能下，以至賊退出軍，而延朗追躡轉戰未嘗敗。故時人目二軍為銅梁門鐵遂城。」

東都事略卷三十五繼若水傳，「若水從真宗幸大名，上書曰：「比者傳潽擁重兵頓中山，延昭屢前登兵不許，開關縱寇，坐常從業征討，曉勇有父風。真宗咸平二年，契丹南侵，延昭守遂城，契丹屢攻不能破，時有「鐵遂城」之稱。

君醜膚殘忍虐生民，不正典刑，島德其後 — 惕延朗靈勇於赴敵，獨不顧身，授任尚輕，業功未大。臣願陛下誅敗將以徇衆，搜有功以勸能。」時延昭官不過刺史耳，其

大中祥符七年正月卒，年五十七。

按：由大中祥符七年上推五十七，延昭之生當在後周世宗顯德五年（958-1014 A.D.）。當業發時，延昭年已二十九矣。

宋史等僅書文廣一人，惟隆平集全載其三子之名。

計聞，命中使護喪歸，官其三子傳永德政文廣，常從門客亦試鴉頸叙。

延昭半生在河北。歷知景州，莫州，保州，敦為緣邊都巡檢使，稍官至高陽關副部署英州防禦使。守邊二十年，契丹畏之，呼為楊六郎。

按：業子七人，延昭於兄弟中為第幾，不得而知。其為六郎，未始不並從父昆弟而言，非必為同父兄弟中之行次也。

五 記楊文廣

文廣字仲容，用父蔭為班行。

宋制，三班借職及三班奉職通稱班行，武官中最低之職位也。

仁宗慶曆中，以討張海功，管殿直。皇祐初，儂智高反，從宣撫使狄青南征，摧西京左藏庫使，繼拜供備庫使充廣南西路兵馬鈐轄。

沈遘西谿文集卷五西京左藏庫副使楊文廣可供備庫使制（浙江書局刻沈氏三先生集本）：「敕，……前日南夷負恩為亂，以攘壞我郡邑，至於用師而後定。雖朕不德，不能懷服方外，而亦將吏不戒不習之罪也。故深察往失，而推探所逭益不敢輕。以爾文廣，材武忠勇，更事有芬，故令以爾總一道之兵，戍於邕管。又陞爾於諸使之正，以重其行。爾其祗聽朕命，戒颺事，智軍計，使南徼無譁，而朕為知人，則時乃之功矣。其行，欽哉！」

名為左藏庫使階御器械。英宗治平中，遷戒州團練使龍神衞四廂都指揮使，秦鳳路副總管。歷知涇州，鎮戎軍，鄆州。

續資治通鑑長編卷二百一十八，熙寧三年十二月丁卯，「宣撫司言：知鄜州崇儀副使孟德基……已差……知鎮戎軍，替楊文廣；文廣權知鄜州。」

熙寧七年十月卒。官至定州路副總管步軍都虞候興州防禦使。贈同州觀察使。

續資治通鑑長編卷二百五十八，熙寧七年十月「丁內，定州路副總管步軍都虞候楊文廣卒，贈同州觀察使。」宋會要稿第五十一冊十二之十八，「步軍都虞候興州防禦使楊文廣，熙寧八年閏四月贈同州觀察使。」按延昭卒於大中祥符七年，文廣卒於熙寧七年，相距共已近七十歲矣。(1014–1074 A.D.)。則文廣喪父時年尚幼，其卒蓋已近七十歲矣。

六　記楊重勛及其子孫

業有弟曰重訓，後周時，以避恭帝諱改名重勛。

道光神木縣志卷五人物上，謂重訓為弘信長子，業為弘信次子。按業姓孫琪即重勛之孫，歐陽文忠全集琪之墓誌，謂業為琪之伯祖，而續資治通鑑長編卷九亦謂業為重勛之兄：則業為長子，重勛乃次子。神木縣志所言誤矣。

弘信為滕州刺史不久而卒。重勛繼父職，初附北漢，繼又歸周，晉本州防禦使。

資治通鑑卷二百九十一廣順二年末：「初，麟州土豪楊信自為刺史，受命於周。信卒，子重訓嗣，以州降北漢。至是為羣寇所圍復歸款。」又卷二百九十三，顯德

四年十月癸亥，「北漢麟州刺史楊重訓舉城降，以為麟州防禦使。」

宋建隆二年，北漢寇麟州，重勳拒却之。

續資治通鑑長編卷二，建隆二年三月「辛亥，北漢寇麟州，防禦使楊重勳擊走之。」

乾德五年，宋置建寧軍於麟州，以重勳為留後。

續資治通鑑長編卷八，乾德五年十二月「己巳，置建寧軍於麟州。庚午，以防禦使楊重勳為留後。」按：依武官港轉次第，自刺史一轉為團練使，再轉為防禦使，自防禦使一轉為觀察使，再轉方為留後，皆為兩轉；蓋對邊將為牢籠計，不能拘常格也。重勳兩次遷官

開寶二年，太祖征北漢，重勳朝於行在。

續資治通鑑長編卷十，開寶二年五月「癸卯，……建寧軍留後楊重勳……不俟詔來詣行在。上善其意……加厚賜遣還。」

開寶五年，徙保靜軍留後。

續資治通鑑長編卷十三，開寶五年八月「癸卯，建寧軍留後楊重勳為……留後。」按重勳靜軍於宿州，徙建寧留後楊重勳為保靜軍於宿州，周時叛附不常，而兄時又仕北漢，宋之所以內調之者，蓋懼其復通敵國耳。

旋晉節度使。開寶八年卒，贈侍中。

宋會要稿第五十一冊十一之十九，「保靜軍節度使楊重勳，八年七月……贈侍中。」歐陽文忠全集琪墓誌：「……祖諱重勳，……為宿州刺史保靜軍節度使，卒贈侍中。」

子光扆，以西頭供奉官監麟州兵馬，卒於官。

歐陽文忠全集琪墓誌：「父諱光扆，以西頭供奉官監麟州兵馬。卒於官。」道光神木縣志卷五人物上，光扆誤作「光」。

昭任為三班奉職。皇祐二年六月卒，年七十一。

歐陽文忠全集琪墓誌：「君諱琪，字寶臣。……生於將家，世以武顯，而獨好儒學，讀書史。為人材敏，謹謹沈厚，意恬如也。初以父卒於邊補殿侍，繼用從父延昭任，為三班奉職，階銀青光祿大夫，爵原武伯。李溥為發運使以竣法繩下吏，凡溥所按行，吏皆先戒以備；而溥至多不免。其廢黜者數百人。……君時年最少，為寒職，監大通攝，去溥治所尤

近。薄晝夜兼程舟猝至，按其文簿，視其職事，如素戒以備者。薄稱其才。……慮七、二百餘人。……其後同提點河東京西淮南三路刑獄公事。……君嘗曰：『古人拔士十或得五，而吾所薦者多矣，其失者一而已。』君少喪父，事母韓夫人以孝聞。初娶慕容氏，又娶李氏。……君以皇祐二年六月壬戌，卒于淮南，年七十有一。皇祐二年十月甲申，……合葬容氏之喪，葬於河南洛陽杜澤原。」按由皇祐二年上推七十一年，琪之生當在太平興國五年（980-1050 A.D.）。誌云琪年少喪父，則光展約卒於至道年間。

琪子曰畋，具文武材，官至龍圖閣直學士吏部員外郎直諫院。嘉祐末卒，贈諫議大夫。

按：宋史卷三百有畋傳。

楊氏自弘信至光展，三世官麟州，人因呼州城為楊家城云。道光神木縣志卷三建置上：「麟州城建於唐。歷五代至宋，以州刺史楊弘信家世守麟州，俗又稱為楊家城。」

經濟學會學報創刊號目錄預告

專載

經濟學系十年來之回顧 ……… 陳其田

論著

「亞當斯密以前的經濟思想」序 ……… 袁賢能
先秦農家學說考略 ……… 齊思和
海上大船事業之演變 ……… 胡鐵珹
中國合作運動史初稿 ……… 鄭林莊
北平生活費及天津外匯指數之編製 ……… 李德馨
張香濤之經濟建設 ……… 謝恩暉
論 Usury ……… 言穆淵
國際貿易理論之新發展——歐林及哈伯勒
天津之買辦制度 ……… 楊皆武
瑞士銀行制度與金融市場 ……… 陳金森
農業經濟研究之範圍及其方法 ……… 吳李齡
今日世界之農業合作 ……… 孫念敏
悼寒利晏教授

翻譯

貨幣概論 ……… 鄭　鑒譯
不完全戰爭的經濟學 ……… 張式熊譯
價格與生產 ……… 張延謨譯

書評

許柯爾彭「貨幣概論」 ……… 吳李齡
許勞賓遜「不完全戰爭的經濟學」 ……… 關淑莊
許漢約克「價格與生產」 ……… 黃　燕
「晚清五十年經濟思想史」述評 ……… 秦佩珩
許韓爾「社會主義國家的經濟制度」 ……… 李　濂
編後記 ……… 編者

出版期　二十九年四月
出版者　燕京大學經濟學會

文史通義版本考

張述祖

章實齋先生以畢生精力著文史通義一書[1]，而卒未竟其功。嘉慶六年辛酉（一八〇一）[2]，先生彌留之際，王宗炎復齋，問曰「禮教篇已著成否」[3]，並謂：「春秋為先生學術所從出，尤思早成而快覩之也」[3]，今禮教篇載於吳興刻本，而春秋教則不聞，豈未成耶？易簀前，先生以全稿付王宗炎，乞為校定，王氏復齋又云：

牽到大著，至於編次之例，擬分為內外二篇，內篇又別為子目者四，曰文史通義，凡論文之作附焉；曰方志略例，凡論志之作附焉；曰校讎通義，曰史籍攷錄，其餘銘誌敘記之文，擇其有關係者，錄為外篇，而以湖北通志傳稿附之，此區區論錄之大概也。

牽到時正危殆，未能作答，旋即棄世。宗炎乃就已寫，擬定全書總目，然迄未付梓。道光十二年壬辰（一八三二），先生次子華紱始刻於河南，即大梁本，實為後來諸本之所自出也。章氏生前，文史通義曾刊有選本，其書久不傳，且

非全豹，故世言文史通義者，仍以大梁本為始爾焉。
大梁本刊行後，繙刻甚多；文字之間，各隨意更改，舛謬時見。民國以來，世人競重章氏之學，翻印日夥，同時鈔本大出，篇第卷次，復逈異刻本，讀者惑焉。爰就所知各版之源流異同，筆之於後，以便研究先生之學者之參考焉。

壹　諸本述略

一　選刻本　先生與汪龍莊書云[4]：

拙撰文史通義，中間議論開闢，實有不得已而發揮，為千古史學闢其榛蕪，然恐駭世駭俗，為不知己者詬厲，姑擇其近情而可聽者，稍刊一二，以為就正同志之質，亦尚不欲徧示於人也。

又上朱中堂世叔箋云[5]：

近刻數篇呈誨，題似說經，而實論史。

以上二書，俱為嘉慶元年丙辰（一七九六）所作[6]，幾名達

君因斷定選本，亦嘗刻於是年，今按報黃大俞先生，有「拙刻書教篇中」一語，而此書本屬甲乙賸稿，乃先生乾隆五十九年甲寅（一七九四）與六十年乙卯（一七九五）二年內，在會稽所作，彼時已提及刻本，則其事至晚當在乾隆六十年（一七九五）前明矣，姚君之說非是。

據上朱中堂世叔書，「大抵即易教三篇，書教三篇，詩教二篇」，更引內廷藏鈔本遺書目於此八篇下皆注「已刻」二字證之。今按報黃大俞先生中，既已明言刻書教篇，姚氏之說，頗近情理。然浙江圖書館排印本亦注「已刻」者十七篇，燕京大學藏鈔本注「已刻」者五篇，則知此本所收，尚不止八篇也。

二　大梁本

此書之刊，本為就正同志，尚不欲徧示於人，故所印無幾，今已不可見，前人亦罕道及，不能詳考矣。

先生次子華紱刻於開封，道光十二年壬辰（一八三二）冬開雕，十三年癸巳（一八三三）春畢事，凡文史通義八卷，校讎通義三卷，首有華紱道光十二年十月序。

按華紱字授史，又字縴邊，道光丁亥（一八二七）戊子（一八二八）前後，在河南巡撫幕府。其序云：

文史通義一書……道光丙戌（一八二六），長兄抒思（即

貽選）自南中寄出原草，併穀塍先生訂定目錄一卷……先錄成副本十六冊：庚寅（一八三〇）辛卯（一八三一），得交洪洞劉子敬（師陸），華亭姚春木（椿）二先生，將副本乞為覆勘，今勘定文史通義內篇五卷，外篇三卷，校讎通義三卷，先為付梓。

貽選有上朱石君先生書[15]，內稱：

先君著述，丁亥年（一八二七）春，二舍弟俱索寄河南，鈔錄未竟，四舍館鄧州者（即華褄），言其居停易良儁，相為刊刻，誼寄鄧州，乃其居停竟無待刻之意，四舍直視以為田時貨物，各得主人之所有以為利。今大梁書院山長劉子敬，與二弟商議，欲為刊行，惜二舍弟竟無全本，而四舍弟與二弟，同在河南，兩較未通音問，又無從向索。

華紱本欲刊行遺書全部，故大梁本文史通義書口，即標曰「章氏遺書」，後以華紱護走原稿，未能如願，貽選所謂「竟無全本」，即指此而言，非謂文史校讎二通義為寄不全也。

據。其言曰[16]：

穀塍先生訂定目錄一卷，查閱所遺尚多，亦有與先人

原編篇次互異者，自應更正，以復舊觀。

今以王目與華紱所編之大梁本相較，其文史通義內篇，除排列次序有異外，大要不殊。惟王目為六卷，大梁本五卷，王目多出禮教，朱陸篇書後（附朱陸篇後）所見、士習、書坊刻詩話後、同居、感賦、雜說等八篇，而少婦學篇書後一篇。其外篇則雖皆為三卷，而內容全異。校讎通義同，惟王目多出外篇一卷。

華紱所稱之「先人原編篇次」，不知為何？王宗炎復章實齋書謂：「稿本叢萃，而又半無目錄」，既無目錄，何有篇次？今細考之，知章氏生前，文史通義實有編定，其與殷冬友侍讀書云：「會錄內篇三首……乞就觀之」，詩教下自注云：「詳見外篇較讎略著錄先明大道論」，詩教上自注：「詳見外篇較讎略漢志詩賦論」，釋通篇自注：「亳州志議」，則知其書原有內篇外篇之分。答大兒貽選問：「可自呈詩教篇」，注云：「上篇第五章」，又知當時每篇，尚分數章，今本皆不見。凡此皆為章氏原有編次之證。其後王宗炎校定遺稿，重加區劃，而華紱刻大梁本時，復棄王目，又就已裁。

華紱改易王目，今人多譏為妄作，錢君萬博云：[19]

華紱……不知章氏當日本不以原編之次為定，故以屬稿

於王氏。而託詞「更正」，亂其篇從，可謂無知妄作，不善繼志者矣！

又云：

遺書本（按即嘉業堂刻本，依王目者。）文史通義外篇校讎通義外篇所錄，皆取駁議序跋書說諸文之與內篇意相發明者，是誠……與章氏平日持論：「內外分篇，互有經緯」之指相合也，而華紱妄為更張，亂其篇從，斯亦過矣！

推錢氏之說，則王宗炎所編者，深得章氏之旨，而華紱終身事業，凡隻辭片語足以入著述之林者，無不包舉於此，而後之人欲究章氏之學者，亦不必他求。故其與殷冬友侍讀書云：[20]

為校讎之學，上探班劉，溯源官禮，下該龔龍史通，類別名實，品深流別，為文史通義一書。

又與陳鑑亭論學云：[21]

文史通義，專為著作之林，校讎得失。

是先生本以校讎通義，就於文史通義之中矣。

論文上貴山向？？

康氏武功之志……邱撰文史通義，均有專篇討論

所謂專篇，當期今之齊武功志後，則知文史通義中，本亦包括論方志之文矣。不特此也，又與永清論文云[23]：

近日撰亳州志：又較永清爲遠勝矣⋯⋯義例之精，則又文史通義中之最上乘也。

是章氏所修諸志，亦將收入文史通義之中矣。

遺稿丙辰山中草中，共十二篇，有與胡雒君論校讎威樂二箋，史姓韻篇序，與王龍莊書，與胡雒君論文，答某友請碑志書，及佛山分祠碑等，多序銘跋之屬，華紱刻大梁本時，擯於文史通義之外，然實齋自序[24]則稱：

⋯⋯他日錄歸文史通義，當去其芒角，而存其英華。

是先生本意，仍以其爲文史通義之一部也。綜上所述，足證章氏原意，本欲將其所有著述彙集於一書。而王宗炎昧於此旨，編定遺稿之時，乃分出校讎通義、史籍考敍錄等，別爲一書，與文史通義並行，斯失已甚矣！而又由文史通義中，提出論方志之文，編爲方志略例。不知章氏史論騂精，卒未能見之行事，後人所藉以略窺涯涘者，惟特諸志。

今王氏擯北序跋義例於文史通義之外，將何說乎？華紱蓋有見於此，故授梓之際，又刪序銘齊跋之屬，遂使章氏宏旨，初非無識。惜願此失彼，故曰王氏章子，各有得失，錢氏抑揚其間，何紛紛耶？顯。

大梁刻本，經劉姚二氏復勘，但以別無定本，可供參校，故譏僞之處，亦復不少。王秉恩跋貴陽本朝：「校讎通義中，引澳志原刻，脫誤尤夥，致信原本是非，不能悉定也」[25]。

章華紱後攜其板赴越。咸豐初，先生孫啟崑（字同甫），幕遊梁宋間，以索是者衆，乃命其子季眞印數十册齎往，分送友好。咸豐十一年辛酉（一八六一），太平軍下紹興，板遂亡失，或疑已毁。其後同治十二年癸酉（一八七三），訪得於會稽周氏，已嗣佚矣。

今其許罕見，余所知者，儘江蘇省立國學圖書館有藏本，其他所謂原刻本者，實多補刻本也。

三 文史辨俗通議本

條下：附「文史辨俗通議□卷，國朝章學誠撰，阮氏刻本」。邵懿辰四庫簡明目錄標注史通其實不見他處著錄，刊時卷第篇目，亦無考。惟章貽選上朱石君先生書有云[26]：

聞阮雲臺先生官廣粹時，做通志堂經解，刻皇朝經解一千卷，文史通義中易教諸篇，亦俱採入。

據此，阮元似甘注意此書，然今皇清經解、刻皇朝經解解篇。貽選所稱，或係得之傳聞。蓋阮氏刻經解，并無易教諸篇，題似說經，或在被徵之列，迨書查結果，未多，易教諸篇，題似說經，或在被徵之列，迨書查結果，未

為採用，貽選催開被徵之信，實未見經解之書，是以誤也。經解刊行之後，阮氏或其子孫，遂巡題曰「文史辨俗通議」，稿本授梓，以其中多砭俗之論，似亦可能。然阮氏文中，引文史通議者，尚有數處，而文史辨俗通議，竟未一見，此外亦未見他書徵引著錄，此事之可疑者也。

四　杜氏本　章季真跋貴陽本云：

文史通義八卷，校讎通義三卷……伯祖耘漊刊之大梁，山陰杜氏曾為繕本。

杜氏名不可考，何時繙刻，亦無由知。范氏年目舍問補正以為在道光間，不知何據？其板向存越中，咸豐十一年辛酉（一八六一）太平軍下紹興，乃與大梁版俱亡失，今無傳本。

五　粵雅堂叢書本　咸豐元年辛亥（一八五一），伍崇曜刻於廣州，凡文史通義八卷，校讎通義三卷。首有章華紱道光壬辰序，後有伍崇曜跋。跋云：

是書刻於道光間……特重梓之，俾廣為流佈。

則知此許亦繙自大梁本，篇目全同，惟字句之間，略有更動，王秉恩貴陽本跋云：

粵雅堂所刻，即大梁本，校未精窍，然有脫誤而無增

為誤改原書者。惟校讎通義中，引漢志原刻，脫誤尤夥，則據志正之。

其誤改原書者，如易教上「王氏中說」，誠為中其弊矣」，今改中說為中論，實教上「王者之迹息而詩亡」，今改息為熄；其舉正原書之謬者，如書教上「殆爾家之慰文獻」，今改慰為衍。

此板已毀，然印本尚多有之。

六　補刻本　大梁版同治十二年癸酉（一八七三），為謀獻訪得，購歸浙江書局，所有殘闕，即由浙江書局補刻之。

譚氏復堂日記云：

癸酉春正月下旬一日，槃被渡江……此行蓋欲訪章實齋遺書，邵二雲兩郡事略。

又云：

得陶子珍書，訪得章氏遺書文史通義校讎通義版刻在周氏，同年介乎名翮清之族人也。

李慈銘越縵堂日記亦敘此事，謂……

仲修（即譚獻）……以章氏遺書一部為贈……道光壬辰，其子華紱所刻，不知何時版歸於郡紳周以為，其子某及從子翮清謀讎去章氏之文，更刻以為所著制藝，仲修子穗等知之，力向翮清絕少。近年以為死後，其子某及從子翮清謀讎去章氏

阻止，遂以開常事，購諸浙江書局，為之補刻印行，此亦實齋之厚幸也。

又復堂日記[32]：

章氏遺書板，至殘佚五十四葉，取予廠本上木，翻刻補完，此書終以予故，得再行於世矣。

此書與大梁本全同，惟於補刻葉之齊口，標明「浙江書局補刻」六字，以示區別。今將所補各葉，表列於左：

書名	卷數	篇次	篇數
文史通義	一 内	目錄	1
	二 内	3 9 12 19 20 22 24 31 36	10 25
	三 内	1 8 13 19 20 21 26 29	
	四 内	4 7 21	
	五 内	11 17 21 23 27 28 29 30	9 23 35
	六 外	1	
	七 外	11 15 18 25 28 31	4 11
	八 外	13 14 18 19 20 22 26	
校讎通義	一		1
	三		2 5 6

此表所記，共五十三葉，與譚氏所云五十四之數不合，亦反覆審之，皆如此，豈知誤在譚氏。

此書俗稱浙刻本，尚不僅見。

七 貴陽本 實齋曾刻於貴陽，光緒二年丁丑(一八七七)二月付雕，四年戊寅(一八七八)七月蕆事。凡文史通義八卷，校讎通義三卷，首為章華紱道光壬辰序，次周爾塘咸豐八年(一八五八)序，次華陽王秉恩序，次章實齋自序，次焦循贊，楊守敬補書，後有徐樹蘭光緒十九年(一八九三)跋。

季真字小同，光緒乙亥(一八七五)間[33]，遊幕貴州按察使署，乃與按察使王秉恩謀而刻之。其序云：

辛酉(一八六一)，吾郡失陷，兩板皆毀(大梁杜氏二板)。惟先君(諱鏞)行篋，尚存一冊，因校正譌僞，付剞劂之，曰：「臺所關甚有是刻者，今并此而遺矣，爾其力圖重梓，勿使湮沒，貽羞不肖子」。捐館，真竄筆奔走，恆皇皇奉是書自隨。無何、先君子在楚兩水厲幕，罹蛟患，是書幸得之泥沙中，無缺略，至是謀刻登梓。光緒乙丑(當是乙亥)，真遊幕黔泉，得交貴筑駱聲崖，西蜀王雪澄兩君，因襄重刻，兩君慨為校讎。

此書篇第卷數，皆同大梁本，文句間則頗有刪削。王秉恩序云：

……會小同將授梓，屬爲校勘，苦無他本可讎。書中間有先生孫同卿（啟鑾）筆正者……會將北上，攜鈔本（秉恩鈔大梁本者）之京，思假通人校本是正……比歸，書適刊成。枞窗爲言，曾以粵雅本斟勘數四，其原篋舉正者依改外，原本之譌者，亦間改一二，而是非迄有不能遽定者，復授秉恩校竟，仍以粵雅本細勘……雖經屢勘，而舛多未正者，併識之以俟補訂云。

今檢其書，如易教上「衍文缺」，今從大梁本誤作「愆文」，則知羅王所校者，疏漏亦復不少。

爲「中論二」，書教上「王氏中說」，今從粵雅堂本改爲「會稽徐

其版後輾轉流落，至光緒十九年（一八九三），爲俞稽徐樹蘭所得。跋云：

大荒壯月，有以是本相鬻者，樹蘭以鄉先遺著，不欲淪於方外，遂得而庋之。

此版述竟，尚須討論者，即周爾墉序也，今錄其文如下：

實齋先生文史通義內外篇，凡八卷，刻於道光壬辰，而先生生平所著古文辭不與焉。敝篋中尚存實齋文略一

互册，皆先生手鈔，以遺先大父，冀彼此互藏，以爲傳世之計。顧六七十年來，兩州北焉，先世手澤，特以仕官簿書，不免殘蝕；視此書刻成，爲之心快。咸豐四年八月世晚後學周爾墉謹識。

此序惟貴陽本有之，貴陽本刻於光緒三年（一八七七），此序成於咸豐四年（一八五四），相去二十三年之久，周氏不常於二十三年前，先序貴陽本也。然其序果何自來？姚名達君章實齋遺書敍目，以爲咸豐四年，周爾墉嘗有刻本，與原刊同。今按貴陽刻本所據者，乃同卿魔藏之大梁本，與原氏刻本，使周氏果刻是書，其序不常列於貴陽本首，而周氏刻本，即使嘗刻，亦不當無一提。且始議授梓之時，王秉恩乘入京之便，思假通人校本是正，亦未聞有周氏刻本之作跋，亦不常云云。今周爾墉皆有刻本，與原刊同耶？足見姚君之說，似近臆斷，今存疑以待賢者。

八　補編本

光緒二十三年丁酉（一八九七）春，元和江標刻靈鶼閣叢書本（第二十五冊），惟文史通義補編一卷，無序跋。

先是盧江何氏（名不可考）藏鈔本文史通義一部，不分卷，與刻本異，江氏乃取其爲刻本所無者，彙而刻之，都爲一卷，題曰文史通義補編。後附鈔本及刊本所有鈔本所無二

目，钞本目见后及，凡异于刊本者，一望可知；其如说林补入八条，诗话补入九条等，则是二本皆有此篇，惟钞本之文，名於钞本，江氏即於每条之下，注明接刻本某条，要必由彼本而来。

九 宝翰斋丛书本 光绪二十三年丁酉（一八九七）冬十月，豐城余廷诰刻。凡文史通义八卷，补编一卷，首有章华绂道光壬辰序。其文史校雠二通义篇次，与大梁本同，补编篇次与灵鹣阁丛书本同，虽未明注所据，要必由彼本而来。

十 菁华阁本 光绪间，湖南（？）菁华阁主人翻刻原本。新宁赵天锡光绪十九年癸巳（一八九三）序云：

今菁华阁主人，议刻是书，同志以校字许之，因就原刻覆閲一过，纳有讹字，所据既塙，随即更正。此书未见。

十一 三味堂本 光绪中，湖南新化三味堂刻，凡文史通义八卷，校雠通义三卷。湖南省立中山图书馆有之，余未见。

十二 宝庆本 光绪二十八年壬寅（一九〇二），湖南宝庆仁记书局校栞，凡文史通义八卷，校雠通义三卷。湖南省立中山图书馆有之，余未见。

十三 勤学书舍本 题光绪二十八年壬寅（一九〇二）八月，湖南勤学舍余校刊，凡文史通义八卷，校雠通义三卷。首被新宁赵天锡绂道光十二年序。

文史通义卷一末，题「新化三味斋校刊」，卷二末题「新宁赵天锡校字」，卷七末同，校雠通义首题「光绪壬寅宝庆仁记书局校刊」，卷一、二末题「新宁赵天锡校字」，乃知此斋汇演各版而成，非彼自刻；又以其版式全同，故疑上述四本，俱有相袭之迹。

斋中篇次，同大梁本。

十四 浙江图书馆校印章氏遗书本 民国九年（一九二〇），浙江图书馆排印，凡文史通义内篇一卷，外篇三卷，校雠通义外篇一卷。遗书后附刻章公传，与印书事无涉；末写正误表，有序云：

章氏遗书，既据会稽徐氏铸学斋写本校印，印成复阅，舛误尤多。

则知此斋所据，即徐桢立铸学斋旧钞本，共二十四卷；然民国二十二年（一九三三），浙江省立图书馆三十周年纪念册，则解：

其间，曾以铅字排印章实斋之章氏遗书，后义自会稽

35

徐氏得鈔本二十四卷，謀付刻，以絀於費而輟。又以排印者，倘非徐氏鈔本，實屬大誤，特於此正之。

十五、嘉業堂刻遺書本 民國十一年（一九二二）秋，與興劉承幹刻，凡文史通義九卷，校讎通義四卷。遺書首有錢塘張爾田序，次元和孫德謙序，次劉承幹序。劉序云：

前歲始見王毅膝原編於沈子培尚書許，亟錄而覆刊之，又益以已刊未刊諸書，都爲一集，以備先生一家之言。

沈子培名曾植，所藏鈔本，頗有淵源，蕭穆記章氏遺書云：

光緒十七年辛卯冬，晤章氏族裔章小雅處士善慶於上海寓所。小雅好古，藏書頗多。十二月朔日，同諸暨孫問清太史廷翰，往訪小雅，觀所藏各古書本中，有留鈔章實齋先生遺書三十四冊，約有四萬言，云爲其鄉人沈沒西家藏本。沈氏藏書數萬卷，後其人亡家落，多散之揚州等處。此遺書乃留落紹興本城某書坊，百元得之⋯⋯小雅無妻子，身後許物，均歸其兄石卿大介請康⋯⋯石卿云：「小雅常時在紹城某書坊，購得此書，買舟回故居，中途遭大風，升幾覆，幸獲天佑，將此書實於醉六堂，被而免」。又敷年，石卿以缺用，將此書實於醉六堂，被

臨居失火，將所存古今書本，悉化煙灰，此書幸另貯一洋鐵箱，火稍熄，即用水潑之，全部遂爲水所浸，後來透乾，逐葉仍可揭開，可以使覽。吾以此書在吳申甫處，終非久計，與石卿相商，乃於四月二十日，晤老友周萊仙相商，以百元付石卿，交申甫贖出，暫歸萊仙。今閱兩年，石卿遠客楚北，力不能贖。幸伊於小雅沒後，將原書寄楚北，託人另錄副本，後亦賣於申甫。今申甫欲將石卿前賣諸書，便爲出售，余以章氏此書，已遺一水一火，幸而僅存，不設法早爲付梓，恐仍就湮滅，乃與申甫相商，將鈔本見假，仍向萊仙假假本，將亥第全校，募資速刊。

按沈酉西名俊聲，乾隆四十四年（一七七九）生，道光三十年（一八五〇）卒，少實啓四十二歲。此本由沈氏而小雅面石卿，幾經滄桑，其副本始歸劉氏。蕭氏有志刊行，未達身死，副本乃轉歸嘉興沈增植矣。陳衍蕭穆傳云：

子不能有其書（藏書），遞鬻於嘉興沈氏，實池劉氏。

又姚永樸蕭敬孚先生傳云：

所著曰敬孚類稿，嘉興沈子培提學合肥，劉函卿觀察爲鳩貲刊行，凡十六卷。

二傳所言沈氏，當為一人，則章氏遺書副鈔本，必轉歸增植矣。

沈氏有其書，未能付刊，劉承幹見而刊之，凡五十卷。

其文史校讎二通義之篇目卷次，依王宗炎所編，略加刪定，凡王目有而鈔本無者，仍存其目，下注「原缺」二字，以示區分；鈔本有而王目無者，亦擬情補入。今持此新編之書，較舊刻本，其篇卷迥乎不同，詳見後表。文句之間，逢異亦復不尠，先是章氏在時，每成一篇，友朋爭相傳鈔，鈔本既多，歧誤互出，遂不知孰是孰非。寶齋自跋其酉冬戌春志餘草云：

較讎通義……其第四卷竟不可得。索還諸家所存之前卷，則互有異同，難以懸斷，余亦自忘真稿果何如矣，遂仍訛戡舛，一併鈔之。戊申在歸德書院，別自較正一番，又以意為更定，則與諸家所存，又大異矣。然則今存文字諸家所鈔，寧保與此稿本必盡一耶？嗟呼！書有異同，不待著書之人身後。

章氏生前，鈔本已互異如此，及至於今，復歷百有餘年，輾轉相鈔，不知幾十百次，其文字之歧異，當更有不可思議者焉。劉氏此書，既多從鈔本，則與舊刻諸本，自難望其相合。今略舉數例，以見一般。

篇 名	偽刊本（大梁、貴陽）。
原道上	蓋必有所需，而後從而給之，有所饜而後從而宜之，有所厭而後從而救之。
申鄭	……不善作雕龍家劉耶？夫史遷絕學……
橫通	……則亦足以相處矣。（全篇完）

（按以上所舉，皆不在鴛鴛關補編之內。）

	蓋必有所需，而後從而給之，有所饜而後從而宜之，有所厭而後從而救之。
	……不善作雕龍家劉耶？援擴不可常，考求不可謂不精，叙例之中，為鄭氏功臣可也。此狗寶通家之治是書也，不善作雕龍家劉耶？某君之治是書也，援擴不可常，考求不可謂不精，叙例之中，為鄭氏功臣可也。攻擊作者不遺餘力，則未悉古人著述之義，而不能不牽於習俗狠瑣之見者也。夫史遷絕學……（按尚有「辛亥修麻城志」一段）

此本搜羅，最稱豐富，如浙江圖書館印之徐氏鈔本，馬氏轉鈔之山陰何氏鈔本（即補編本），會稽董氏鈔本，雙藤花館周氏鈔本，鷺嶼關還刻之廬江何氏鈔本，以及族譜稿存，墓誌章學之總滙也。然如「為畢制府擬進湖北三書序」、載補誠章學之總滙也。然如「為畢制府擬進湖北三書序」、載補編本，「與史餘村」，載馬氏鈔本，而皆不見於此，則知疏漏

十六 志古堂本 民國十四年，(一九二五)，成都志

古堂刊，較范氏書目會問補正，未見其書。

貳 各本篇目異同表

各本篇目不同，次第亦異，已如上述。今以王目，大梁，浙江圖書館，嘉業堂及廬江何氏諸本為代表（未見鈔本不計），表列於後，王目據燕大圖書館藏鈔本，大梁據補刻本，廬江何氏據靈鶼閣補編本。

書名\版本	王宗炎編目	浙江書局補刻本	浙江圖排印遺書本	劉氏嘉業堂刻遺書本	廬江何氏鈔本（不分篇卷）
文史通義	一 內篇 一	一 內篇 一	一 內篇 一	一 內篇 一	一 內篇 一
	易教上	易教上		易教上	易教上
	易教中	易教中		易教中	易教中
	易教下	易教下		易教下	易教下
	書教上	書教上		書教上	書教上
	書教中	書教中		書教中	書教中
	書教下	書教下		書教下	書教下
	詩教上	詩教上		詩教上	詩教上
	詩教下	詩教下		詩教下	詩教下
	禮教	禮教		禮教	
	經解上	經解上		經解上	言公上
	經解中	經解中		經解中	言公中
	經解下	經解下		經解下	言公下
			書朱陸篇後		詩話
			博雜		
			書坊刻詩話後（附）鳳岡圖詩話		
			同居		
			感賦		
			雜說		

二 內篇 二	二 內篇 二	二 外篇 一	二 知難
原道上	原道上	立言有本	誡名
原道中	原道中	述學駁文	貶異
原道下	原道下	淮南子洪保辨	文德
原學上	原學上	論文辨偽	文理
原學中	原學中	史學例議上	釋通（無）
原學下	原學下	史學例議下	答客問上（釋通序一）
博約上	博約上	史篇別錄例議	答客問中（釋通序二）
博約中	博約中		答客問下（釋通序三）
博約下	博約下		答客問
朱陸	言公上		橫通
浙東學術	言公中		浙東學術
朱陸（附）朱陸篇書後	言公下		朱陸（附）朱陸篇書後
文德			文德
文理			文理
公式			史釋
右文十弊			史注
三 內篇 三	**三 內篇 三**	**三 外篇 二**	傳記
辨似	史釋	三史同姓名錄序	習固
繁稱	史德	史姓韻編序	古文公式
匡謬	史注	難毒國書目序	古文十弊
			匡謬
			貶俗
			庚題（列本朝實性）
			砭俗

性情		為謝司馬撰楚辭章句序	質性
點陋		唐書糾謬書後	點陋
俗嫌		皇甫持正文集書後	俗嫌
鍼名		劉蛻集書後	鍼名
砭異		李義山文集書後	砭異
砭俗		韓柳二先生年譜書後	砭俗
	文德	書貫道堂文集後	
	文理	牛孫淵如觀察原性篇後	
	文集	書郘通議墓誌後	
	篇卷	朱先生墓誌書後	
	天喩	鄭學齋記書後	
	師說	讀史通	
	假年	駁係何碑解	
	感遇	駁張符驤論文	
	辨似	許沈梅村古文	詩話
		墓銘辨例	婦學
		通說爲邱君題南樂	假年
		官舍	感遇
四 內篇四	外篇三 內篇四		師說
所見	說林 所見		篇卷
貢公上	知難 貢公上		答問
	報黃大兪先生		文集
	報謝文學		繁稱
			雜說
			雜說下
			雜說中
			雜說上
			古文十弊
			天喩
			續通志校讎略擬稿三篇
		方志立三書議	（附本題校讐通義易分一卷）
		州縣請立志科議	
		志隅	

言公中	釋通	論文上朱山伺書	紀第一 和州志
言公下	橫通	與吳竹石簡	皇言
說林	繁稱	爲畢制軍與錢辛楣	表第二
知難	匡謬	宮保論續鑑書	選舉
釋通	質性	答邵二雲論學	表第三
申鄭	點陋	與邵二雲	氏族
答客問上	俗嫌	與邵二雲論學	闕第一
答客問中	鍼名	與邵二雲論修宋史	與地
答客問下	砭異	書	答客問下
橫通	砭俗	與邵二雲論文書	田賦
		與邵二雲論學	齊第六
		橫通	藝文
		與史餘村簡	
		與胡雛君	政略第一
		與汪龍莊書	漢二人晉十人劉宋
		與胡雛君論文	八人
		與朱滄湄中翰論學	蕭齊二人梁四人
		書	字文周一人隋二人
		答沈楓墀論文	列傳第一
		與陳鑑亭論學	何蕃張籍杜默
		報孫淵如書	列傳第十二
		與周永清論文	馬如漱

又與永清論文
答周箚永清辨論文法
論文示貽選
答周箚谷論課蒙書
再答周箚谷論課蒙書
與喬遷安明府論初學課蒙(三術)
論課蒙學文法
與林秀才
與劉箚七家弟論家傳傳
答某友請碑誌書
又與正甫論文
與族孫守一論史表
答大兒貽選問
家書一
家書二
家書三
家書四
家書五
家書六
家書七

戴本孝弟格學子墨晟
戴移孝子昆
列傳第二十二
前志
大名縣志序為張河間作
舉制府擬進湖北三書序
與陳觀民工部論湖北通志
跋湖北通志檢存稿
亳州人物表例議上
亳州人物表例議中
亳州人物表例議下
永清縣志諸圖序例
永清縣志六書議例
永清縣志政略序例
永清縣志列傳序例
永清縣志列女列傳敘例
永清縣志前志列傳
亳州掌故例議上
亳州掌故例議中
亳州掌故例議下

五 內篇五

史德
史釋
史注
傳記
習固
七答
詩話
書房剩詩話後
婦學

雜說上
雜說中
雜說下
雜說甲
雜說乙
雜說丙

六 內篇六　外篇一

文集
方志立三書議

內篇五

史德
史釋
史注
傳記
習固
七答(王月有文缺)
詩話
婦學
(附)書坊剩詩話後、題隨園詩話
(附)婦學篇書後

和州文徵序錄
永清文徵序例
亳州志後
毫饒縣志後
毫姑蘇志後
毫武功志後
毫朝邑志後
毫濼志後
毫靈壽縣志後

內篇六

文集

答問
篇卷
天喻
師說
假年
同居
感遇
殿賦
雜說

州縣請立志科議
地志枕部
和州志皇言紀序例
和州志官師表序例
和州志選舉表序例
和州志氏族表序例上
和州志氏族表序例中
和州志氏族表序例下
和州志輿地圖序例
和州志田賦書序例
和州志藝文書序例
和州志政略序例
和州志列傳總論
和州志闕訪列傳序
和州志前志列傳序例上
和州志前志列傳序例中
和州志前志列傳序例下
和州文徵序例

七 外篇 一

立言有本

外篇 二

永清縣志皇言紀序例

答問
篇卷
天喻
師說
假年
博雜
同居
感遇
殿賦
雜說

立言有本

外篇 一

述學駁文	永清縣志恩澤紀序	述學駁文
淮南子洪保辨	永清縣志例	淮南子洪保辨
論文辨偽	永清縣志職官表序	論文辨偽
與孫淵如觀察論學	永清縣志選舉表序	與孫淵如觀察論學
十規	永清縣志七族表序	十規（王目有文辨）
史學例議上	永清縣志輿地圖序	史學例議上
史學例議下	永清縣志建置圖序	史學例議下
史學別錄例議	永清縣志水道圖序	史學別錄例議
	永清縣志六書例議	
	永清縣志政略序例	
	永清縣志列女傳	
	永清縣志列女傳序例	
	永清縣志闕訪列傳	
	永清縣志列傳序例	
	永清縣志前志列傳	
	永清縣志文徵序例	
	亳州志人物表例議上	
	亳州志人物表例議中	
	亳州志人物表例議下	
	亳州志掌故例議上	
	亳州志掌故例議中	
	亳州志掌故例議下	

外篇二

三史同姓名錄序
史姓韻編序
耤書閣書目序
為謝司馬撰楚辭章句序
唐書糾謬書後
皇甫持正文集書後
李義山文集書後
韓柳二先生年譜書後
書賈道堂文集書後
書孫淵如觀察原性篇後
覆崔荊州書
記與戴東原論修志
報廣濟黃大尹論修志書

外篇三

答甄秀才論修志第一書
答甄秀才論修志第二書
與甄秀才論文選義例書(三)
修志十議
天門縣志藝文考序
天門縣志五行考序
天門縣志學校考序
與石首王明府論志例
為畢秀帆制府撰常德府志序
為畢秀帆制府撰荊州府志序
為張吉甫司馬撰大名縣志序
朱先生墓誌書後
鄭學齋記書後
讀史通
駁孫何碑解
駁張符驤論文
許沈梅村古文
許周永清書其婦孫孺人事
墓銘辨例
書武功志後
書朝邑志後
書吳郡志後
書姑蘇志後

外篇二

三史同姓名錄序
史姓韻編序
耤書閣書目序
為謝司馬撰楚辭章句序
唐書糾謬書後
皇甫持正文集書後
李義山文集書後
韓柳二先生年譜書後
書賈道堂文集書後
書孫淵如觀察原性篇後
書郎通議墓誌書後
朱先生墓誌書後
說文字原課本書後
鄭學齋記書總後
讀史通
駁孫何碑解
駁張符驤論文
許沈梅村古文(王目有文獻)
許周永清書其婦孫孺人事(王目有文獻)

外篇 三	外篇 三
通說爲邱君題兩罍齋 書靈谿縣志後	墓銘辨例
說爲邱君題兩罍齋	通說爲邱君題兩罍齋
書靈谿縣志後	
報黃大兪先生	報黃大兪先生
報謝文學	報謝文學
論文上兪山甫書	論文上兪山甫書
與吳竹石簡	與吳竹石簡
爲畢制軍與錢辛楣宮贊論續鑑齊書	爲畢制軍與錢辛楣宮贊論續鑑齊書
答邵二雲	答邵二雲
與邵二雲論學	與邵二雲論學
與邵二雲論文書	與邵二雲
與邵二雲論修宋史	與邵二雲論文（王目有文獻）
與邵二雲論文	與邵二雲論修宋史
與邵二雲	與邵二雲論文書
與邵二雲論學	與邵二雲論學
與史餘村	與邵二雲書
又與史餘村	與史餘村
與史餘村論文	又與史餘村（王目有文獻）
與史餘村簡	與史餘村論文（王目有文獻）
	與史餘村簡

九

與汪龍莊書
與胡雉君
與胡雉君論文
與朱滄湄中翰論學
答沈楓墀論學
與陳鑑亭論學
報孫淵如書
與周永清論文
又與周永清論文
答周永清辨論文法
答周筤谷論課蒙書
再答周筤谷論課蒙書
與喬遷安明府論初學課蒙三簡
與林秀才
答劉寶七昆弟論家傳書
答某友請碑誌書
與正甫書
答大兒貽選問
家書一

與汪龍莊書
與胡雉君
與胡雉君論文
與朱滄湄中翰論學
答沈楓墀論學
與陳鑑亭論學
報孫淵如書
與周永清論文
又與周永清論文
答周永清辨論文法
答周筤谷論課蒙書
再答周筤谷論課蒙書
與喬遷安明府論初學課蒙三簡
與林秀才
答劉寶七昆弟論家傳書
答某友請碑誌書
與族孫守一論史裁
答大兒貽選問
家書一
家書二

校讐通義

	一	家書二
	內篇 一	家書三
	原道第一	家書四
	宗劉第二	家書五
	互著第三	家書六
	別裁第四	家書七
	辨嫌名第五	雜說上
二	補鄭第六	雜說中
內篇 二	校讎條理第七	雜說下
藏書第九	著錄殘逸第八	

	（不分篇）	
	原道第一	
	宗劉第二	
	互著第三	
	別裁第四	
	辨嫌名第五	
	補鄭第六	
	校讎條理第七	
	著錄殘逸第八	
	藏書第九	

	一	家書三
	內篇 一	家書四
	原道第一	家書五
	宗劉第二	家書六
	互著第三	家書七
	別裁第四	雜說上
	辨嫌疑第五	雜說中
二	補鄭第六	雜說下
內篇 二	校讎條理第七	
藏書第九	著錄殘逸第八	

三　内篇三

補校漢藝文志第十
鄭樵誤校漢志第十一
焦竑誤校漢志第十二
漢志六藝第十三
漢志諸子第十四
漢志詩賦第十五
漢志兵書第十六
漢志數術第十七
漢志方技第十八

四　外篇

吳澄野太史歷代詩鈔商語
擬續通典禮典目錄序
天王經解義序
陳東浦方伯詩序
元次山集書後
唐劉蛻集書後
王右丞集書後
朱崇沐校刊韓文考異書後
東雅堂校刊韓文書後

三　內篇三

補校漢藝文志第十
鄭樵誤校漢志第十一
焦竑誤校漢志第十二
漢志六藝第十三
漢志諸子第十四
漢志詩賦第十五
漢志兵書第十六
漢志數術第十七
漢志方技第十八

外篇（原書卷五）

吳澄野太史歷代詩鈔商語
擬續通典禮典目錄序
天王經解義序
陳東浦方伯詩序
元次山集書後
唐劉蛻集書後
王右丞集書後
朱崇沐校刊韓文考異書後
東雅堂校刊韓文書後
葛板韓文書後

叁 各本源流表

各本始末，已如上述，今更為清晰起見，將各本流傳關係，表列於左。凡所知近日坊間印本，未見於壹項者，亦載於本文也。

此表，至民國十四年成都志古堂刻本，其書未見，不知體何本，未便列入。其他有須加說明者，則注於下。鈔本為數太多，未能盡見盡聞，茲僅擇其為人所常道者附之，不必皆見。

葛板韓文考異後			朱子韓文考異本
朱子韓文考異原本			葛板韓文考異後
韓詩編年箋注書後			朱子韓文考異原本
韓文五百家注書後			韓詩編年箋注書後
讀道古堂文集			韓文五百家注書後
讀北史儒林傳隨劄			讀道古堂文集
論修史籍考要略			讀北史儒林傳隨劄
和州志藝文書例議			論修史籍考要略
與邵二雲書	與邵二雲書		
與胡雒君論校胡稺	與胡雒君論校胡稺		
威集二簡	威集二簡		
高郵沈氏家譜叙例	高郵沈氏家譜叙例		
與馮秋山論修譜書	與馮秋山論修譜書		
宜興陳氏宗譜書後	宜興陳氏宗譜書後		

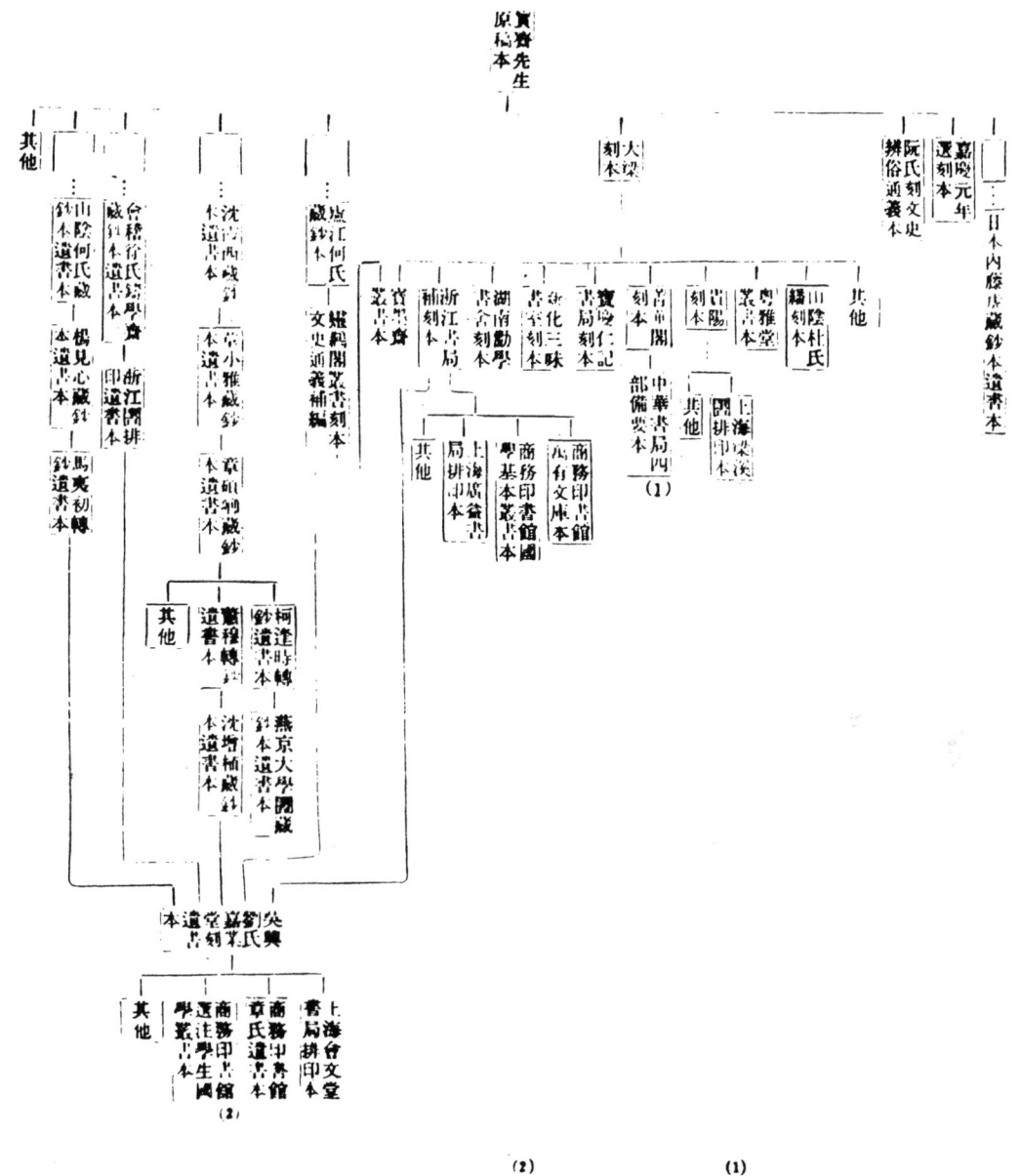

(1) 四部備要本，題曰「據原刻本」，然首載光緒十九年繆荃孫序，詞從吳興劉氏嘉業堂刻本翻雕而來，然其中有鈔補鋟閣本。故賣認其據得華閣本。

(2) 此本前有章錫琛序，謂從吳興劉氏「嘉業堂三橋堂」鈔，爲吳興本所無，不知何故。

肆 佚篇

乾隆四十六年辛丑（一七八一），先生遊河南歸，中途為途所扼，生平著述，於是盡失，後雖從故家存錄，借鈔一二，其不可復得者，依然甚夥，及章氏作古，遺稿往復謄徙，屢遭巨艱，雖免遺失，而鈔襲諸家，又皆此有彼無，為數不全，故佚篇頗多。今惟舉其見於文史校讎二通義者錄之，略示便架，他不暇及。（以下據嘉業堂本）

一 圓通篇[41] 文史通義卷一詩教下云：「至於創立新裁，疏別條目，較古今之述作，定一書之規模，別具圓通之篇」。又卷九與邵二雲論修宋史書云：「發凡起例，別具圓通之篇」。

二 諸子篇 文史通義卷一詩教上自注云：「……古人并無私自著書之事，皆是後人纘輯，詳諸子篇」。

三 俗忌篇 文史通義卷二古文十弊云：「又有文德文理質性點陋俗嫌俗忌諸篇，亦詳哉其言之矣」。

四 方志篇 文史通義卷四說林云：「州縣方志，與列國史記之義不明」，自注：「詳方志篇」。

五 家史篇 說林又云：「諸朦不受史官成法」，自注：「詳家史篇」。

六 列女篇 文史通義卷四釋通云：「而史有孝義而無列女」，自注：「詳列女篇」。

七 三變篇 文史通義卷五史注云：「自後史權既散」，自注：「詳三變篇」。

八 文選篇 文史通義卷四與胡雒背論校讎咸集云：「部彙文史通義，有……文選韓柳諸篇，專論編次文集目錄之事」。

九 韓柳篇 見上

十 較讎略 按文中常有「外篇較讎略」之稱，同時又有明引校讎通義者（見繁稱、婦學、遠學駁文等篇），故知較讎略自為文史通義外編之目，不可與校讎通義混為一談。

子著錄先明大道論 文史通義卷一詩教上云：「未有……以文字為一人之著述者也」，自注：「詳見外篇較讎略著錄先明大道論」。又見詩教下「先王的類之變也」句自注。

丑 漢志詩賦論 詩教下又云：「屈原陸賈旬卿定為三家之學也」，自注：「說詳外篇較讎略中漢志詩賦論」。

寅 漢志兵書論 詩教下又云：「孫武之書，蓋有八十二

十一　亳州志議

篇矣」，自注：「說詳外篇較讎略中澳志兵書論」。
文史通義卷四釋通云：「州郡志書，需辨外史」，自注：「詳外篇亳州志議」。

[注]

1. 包括先生一切著過，說見後。
2. 姚名達章實齋先生年譜（民國十八年商務印書館萬有文庫本）頁六十七，謂此書在嘉慶四年，然章華紱大梁本跋云：「易簀時」，參襍餘錄云：「歌月前」，則當在嘉慶六年。
3. 王宗炎晚聞居士遺集（杭州愛日軒仿宋精刻本卷五葉二十下）復章實齋書。
4. 章學誠章氏遺書（民國十一年嘉業堂刻本）卷九葉二十五上。
5. 同上卷二十八葉四十三上。
6. 姚名達（前引書）頁八十六。
7. 同上大事未引頁二。
8. 章學誠（前引書）卷九葉一上。
9. 姚名達（前引書）頁八十六。
10. 同上頁一百二十九。
11. 同上頁一百二十三。
12. 評沈梅村古文一，典郛二雜論文一，雜說一。
13. 昜秋三，春秋三，詩教一，雜說三。
14. 孫儒人事一，典郛二雜論文一，父典史敍付一，典史敍永清論文一，雜說；評沈梅村古文一，評周永清書其婦

15. 見補刻本，他本亦有。
16. 見嘉業堂遺書本附錄。
17. 見補刻本尊故道光壬辰序。
18. 章學誠（前引書）卷二十九葉六十四下。
19. 錢基博「文史通義解題及其讀法」（民十八年上海中山書局印行）頁五十八及六十一。
20. 見注 3.
21. 章學誠（前引書）卷二十九葉三十九下。
22. 同上葉四十二上。
23. 同上葉七十上。
24. 見燕京大學藏彭本遺存中丙民山申章。
25. 見賣陽本。
26. 見注 15.
27. 如南江札記（紹興先正遺書本）附錄邵氏鄰二雲先生傳。
28. 見賣陽本。
29. 同上
30. 顧歡復堂日記（光緒五年原刻復堂題簽本）卷三葉五上。
31. 李慈銘越慢堂日記（民九年商務印書館影印本）卷二十葉七十三下。
32. 見注 30.
33. 各本皆作「乙丑」，年譜同，今按光緒前四年內無「乙丑」，當是「乙

34 〔坿〕之誤。

35 今歲敎學類編（光緒三十二年刻本）。

36 遊學敎學類編（光緒三十二年刻本）卷九集二十四下。

37 同上集九下。

38 見國學月報彙刊第二集三期。

39 見燕京大學關藏抄本遺書中西冬戌作志餘草。

40 見姚名達（前引書）頁七十八。作者未見。

41 姚名達君謂此篇終始不曾做成（見章實齋先生年譜頁一百三），然乾隆五十七年，章氏與邵二雲論陸宋書內稱：「俟脫稿，便當繼上矣鄙頁也」，若彼時業已起草，則至嘉慶六年章氏發時，已歷十年，不當仍本脫稿，姚說似難證信。

燕京大學哈佛燕京學社北平辦公處出版書籍（北京隆福寺街文奎堂總代售）

古籀餘論 孫詒讓著 刻本二册 實價一元五角
尚齋騈枝 孫詒讓著 刻本一册 實價八角
張氏吉金貞石錄 張廷濟著 刻本二册 實價一元八角
馬叔平羅振玉游記第一册 張星烺譯 鉛字本一册 定價三元
歷代名人年譜補校考略 張惟驤著 鉛字本三册 實價四元
王荊公年譜考略附年譜推論熙豐知過錄 楊希閔 鉛字本六册 實價五元
碑傳集補 閔爾昌錄著 鉛字本二十四册 定價二十元
殷契卜辭附釋文及文編 容庚、瞿潤緡同著 珂羅版三册一函 定價每部十元
武英殿聚珍器圖錄 容庚、瞿潤緡著 二十二年二月出版 珂羅版二册一函 定價二十元
甲骨文編 孫海波著 二十三年十月出版 石印本五册一函 定價十四元
中國明器 鄭德坤、沈維鈞合著 二十五年五月出版 珂羅版三册一函 定價十二元
燕京學報現已出至二十六期（一至四期售缺）五至十二期每期定價五角 十三至二十六期每期八角
明代倭寇考略（燕京學報專號之一） 陳懋恆著 二十三年六月出版 鉛字本一册 定價二元八角
明史佛郎機呂宋和蘭意大里亞四傳注釋（燕京學報專號之二） 張維華著 二十三年六月出版 鉛字本一册 定價一元五角
三皇考（燕京學報專號之三） 顧頡剛、楊向奎合著 二十五年一月出版 鉛字本一册 定價四元
宋元南戲百一錄（燕京學報專號之四） 錢南揚著 二十五年三月出版 鉛字本一册 定價三元
吳敬齋先生年譜（燕京學報專號之五） 顧廷龍著 二十四年十二月出版 鉛字本一册 定價六元
國策勘研（燕京學報專號之六） 諸祖耿著 二十三年六月出版 鉛字本一册 定價一元 二十三年六月出版
中國參考書目解題（燕京學報專號之七）（英文本） 鄧嗣禹、畢乃德合著 二十五年十二月出版 鉛字本一册 定價二元
南戲拾遺（燕京學報專號之八） 陸侃如、馮沅君合著 二十五年十二月出版 鉛字本一册 定價一元
宋詩話輯佚（燕京學報專號之九） 郭紹虞編輯 二十六年六月出版 鉛字本二册 定價六元
中英法緬疆界問題（燕京學報專號之十） 尹明德著 二十六年四月出版 鉛字本一册 定價一元五角
元代社會階級制度（燕京學報專號之十一） 蒙思明著 鉛字本一册 定價一元五角
晚清五十年經濟思想史（燕京學報專號之十二） 趙豐田著 二十
明代暴修考（燕京學報專號之三） 李晉華著 二十二年十二月出版 鉛字本一册 定價二元
唐代長安與西域文明（燕京學報專號之四） 黎光明著 二十二年十二月出版 鉛字本一册 定價二元五角
中國明器（燕京學報專號之五） 馮家昇著 二十二年十一月出版 鉛字本一册 定價二元五角
遼史源流考與遼史初校（燕京學報專號之五） 馮家昇著 二十二

Yenching Journal of Chinese Studies (Supplement No. 1) Price one dollar

Aids to the study of Chinese philosophy, compiled by I. C. Porter Price one dollar

明史列傳稿斠錄

侯仁之

丁丑冬，得鄧文如師假明史列傳殘稿六冊而校之，信為初刻明史列傳稿之過渡稿本，因草成王鴻緒明史列傳殘稿考一文，載之燕京學報第二十五期，此不贅述。六冊之中，凡二百三十餘傳，以與刻稿相校，同者二十五，其餘大半皆有出入，或為文字之潤飾，或為事蹟之增刪。案釋數四，珍識昔賢用力勤勞。史法謹嚴，不容愛之好之，遂於課餘之暇，手自最錄。初有出入，即取原稿，用墨筆鈔寫，而以朱筆標識其異同。於是刻本與原稿間修刪取捨之迹，一目了然，共得一百數十篇。間有為刻稿已刪者，另紙錄之，又得二十餘篇，就中除昔柳一傳外，亦皆明史所無也。此二十餘篇，雖刪削出入，為定稿所不取，然於研討明史纂修問題者，或不無小補，且有足資考鏡者，故儘先披露於此。其沈鯉等六傳，雖刻稿與明史亦有專傳，但文皆簡略，今並以稿文，附於篇末，以資參考。餘與刻稿互校之一百數十篇，因篇幅所限，容後發表。

茲年本校歷史系畢業同學鄧嗣禹君，曾於平市書肆中，偶遇寫本明史稿，為本紀十九卷，列傳二百九十四卷，共三百十三卷，志表俱缺。其書旋為國立北平圖書館購去，珍為萬斯同原稿。嗣後哈佛燕京學社引得編纂處編輯八十九種明代傳記引得，亦散入之。今此稿已南還，不得復見。余校此稿，並取明代傳記引得所引萬稿同傳卷頁，附注目下，其為萬稿所無者，則

付闕如。若此所謂萬稿果是真本，則他日得其書與此殘稿互校，為王鴻緒之關係，當可立見。否則執此以校彼，彼稿之來源或亦可略加推斷乎。又前數年，柳詒徵氏嘗以教育部識萬氏明史稿列傳十二冊與王稿及明史合校，亦未能確定其真偽。據所發表之一部份校記，其中劉中敷通孫原貞朱永陸瑜獻諸人傳，亦均見此殘稿中，相校，則教育部稿又似此殘稿之底本，惜柳氏未能考定其刪改者究屬何人，送不知與此六冊殘稿同出一源否？達之，明史之纂修歷時既久，總其成者又非一人，其間諸稿之散佚，自在意中。明史成書迄今又二百年矣，所傳萬氏遺稿，顏多偽托，加之諸家傳鈔，稿而貿焉，草本炎氏蓋已言之。苟世之藏有寫本明史稿者，各校其所有，公之於世，參互考刊載如左。其原稿六冊，非原稿如此，前後本不相屬，姑按諸傳時代，擬知次第，列為第一第二諸冊。

1. 按原稿已經朱、紅、墨、淡墨、四色筆刪改，其名校取捨，但皆不定例，詳見拙著王鴻緒明史列傳殘稿考，此所錄為改後之稿。

2. 附段民傳，明史同。

3. 柳詒徵明史稿校錄（江蘇省立國學圖書館第四年刊，民國二十年十月）。

4. 按即此六冊殘稿中，亦有初改稿與體清稿並見者，如第五冊本卷試

遂聲等十三人傳於刪改之後，其體清稿復見于第六冊，又有小加刪訂者。

萬貞臺與黃雲眉書（金陵大學金陵學報一卷三期，民國二十年十一月，附黃著明史編纂考略後）曰「章太炎言明史稿沈傳顏柔，吾見數本，多寫官鈔者，略無修改，不得稱稿也」。

王讓 李敩（附黃宗載傳）萬稿卷二〇八

民國二十八年十月，南京。

讓字宗禮南昌人建文中由鄉舉授國子學錄母喪感墓致涌泉之應永樂十年成祖嘉其孝命侍皇太孫說書言行誠篤深為太孫所敬久之邊助教太孫升儲攉右贊善即位拜吏部右侍郎悼賦鍾江諸郡吏民懷其德致仕歸卒讓有儒者知度居官善自守人以長者稱之戰字居學泳人累官四川右布政使勤敏擊暴無所貸蜀人呼越面李正統六年召為吏部侍郎卒於任

李郁（附徐琦傳）

李郁者洛陽人永樂中以臨邛訓導超遷工科給事中言事切直論戍邊仁宗立復官特遷光□寶德五年簡廷臣為知府郁得長沙賜敕對給驛如祝鍾等故事居三年績最召行在兵部右侍郎巳寶授英宗初立楊士奇等以天子沖年而江西湖廣山東河南歲荒民困請遷文武大臣鎮撫都督陳儇侍郎王佐鎮河南都督武興都御史王翱鎮江西都督毛翔都御史賈諒鎮湖廣而郁與都督馮斌

按：明史卷二百九十二列傳龍門附李郁，係崇順時人，與此不同。

陳鼎 王質（附魏源傳）萬稿卷二〇八

賴之十二年卒年七十九
鈞山東轉持節使交阯還理部事調南京兵部臨事明決岡肅琦倚

當源為尚齊佐之者陳鼎而代源者王寶鼎字實榮新與人永樂十三年進士以僉義鷹除監察御史廉直有聲宜德五年用薦出知建昌府賜勅乘傳住荊壬承奉蒞韶護衛指揮文斌恬勢姦橫劾寶之法官校為欽跡境內姦然擢右副都御史與顧佐同振風紀正統元年拜刑部右侍郎與源同心務九明年卒寶字夢璊太和人由鄉舉為南陽訓導用鷹擢御史宣德末遷四川參政陳十事成切時警行部惟噉吉棠端八稱吉榮王押山東右布政使名聞寶升戶部右侍郎及源致仕詔前公廉老成可代者用廷推命寶往治道卒寶好古博學而下獄左遷戶部侍郎闕浙銀坑盜起命寶往治道卒寶好古博學而拙於文居身清約為時所置

陳璉 按原稿卷目錄附王士嘉傳 萬稿卷二〇七

陳璉字廷器東莞人洪武間領鄉薦入國學選桂林府教授邊助教永樂初用薦擢知許州改滁州帝北巡先遣使者察所過有否賢皆成言璉有異政遂名使屆龍州人恐其遷去詣闕乞留乃擢揚州知府仍泣滁州賜寶鈔襲衣命禮部宴而遣之九載超授四川按察使

蜀去京遣奸民不畏法壞悉捕抵罪實宗初礦明禮制一風俗修武備慎刑罰興義倉五事帝顧嘉納詩以壞有學行召爲南京通政使掌國子監事丁艱服闋調通政司事正統改元遷南京禮部右侍郎士嘉致仕之歲壤亦致仕久之卒壤篤行博學善屬文嶺南人師之

按：「士嘉致仕之歲壤亦致仕」句，原作「居六年致仕」，今改此、欲附以汪上嘉傳也。

張惠 [寰稿卷二三二]

張惠字迪吉德州人永樂中舉於鄉授都察院司務官德初擢陝西道御史出按雲南大理土官楊琳王賁跋扈爲民害惠行部至給令送至安寧飲之酒而縳之遂正其罪黑白五鹽井奸弊叢積更法禁入犬擰便改按浙江悉以農民易胥隷察吏斷獄公明不私進而京光祿少卿勷戊戌丞處正等四十四人用薦擢四川左布政使慶大旱民未葬者八百柩俱士民葬之景泰三年召拜南京禮部尚書英宗復位南京大臣悉罷惠亦罷踰年卒惠無嗜好自牽奕疏朝慕遺兵發屍暴屍驟惠身親斂盪掩之方冬披髮徒跣如初喪官祭過里不歸家寢食悉於墓廬親故欲見則就之席地與食士大夫高其行亦頗議其矯云

按：原稿紅筆眉批「此人不必立專傳也」。

范理 [寰稿卷二三〇]

范理字道濟天台人鄉試第一登宜德五年進士英宗初授江陵知縣慣民遺租不能償時將辛家犁田立戶號曰略審不共役理令出儲役米慣民遺租前七月善政大著以前令邊留之會操知府奏遷楚府護衞所餐民田歲再飛蝠邑省耕牧麃疾苦府中大治麃十四年擢福建右布政使遣喪嚴關起左貴州土官貧不能襲著悉令之獎吏無所漁利楚鄂餉貴州艱其理悼以銀代皆列其飛有司賢否請行勳陞爲吏科所勸論罪已得釋天順七年召爲南京工部右侍郎外郡轉濟南京次入倉石費三斗理令單數支三月餉歲省米十萬石因籍以備荒成化五年改吏部左侍郎理消勤優粟幹豫有文學滿九歲考績赴京道卒子綱進士歴兵部郎中坐邪出知濱州有惠政州人祀之築遼詞陳嘉猷字世用餘姚人父贄擧經明行修仕終太常少卿嘉猷登景泰二年進士授禮科給事中户部以鈔法不通議令南京塲房果園奏開及大小市廛月徵鈔人情洶洶羣臣市時遭近菁旱涝嘉猷率

按：原稿朱筆眉批「可刪」。

陳嘉猷 [寰稿卷二三〇]

同官言南京根本地不宜常凶歉之秋爲授民邠關劇及市廛小者得免徵大順三年以刑科使朝鮮還偕行人彭盛册封滿剌加鳳風舟破漂六日至海南衛幣物皆壞易之以行嘉歉却其附遺還據通政司左參議成化初進右通政父歿詔喪畢視事哀慕毀瘠未終喪而卒

按：原稿朱筆眉批曰「可刪」。父於嘉歉疏言南京閭市鴈免徵事，朱筆眉批曰「是以本末足爲嘉歉重也」。

邢簡 萬稿卷二三〇

邢簡字居敬陝西咸寧人景泰五年進士除刑部主事進員外郎擢眞定知府治績威化中賜誥旌異居七年遷浙江右參政召爲順天府丞改南京大理卿徵拜刑部右侍郎暴疾卒簡廉介彌明與人交無矯言飾行卒之日槖無餘眥

按：原稿朱筆眉批「無亦可刪」，又紅筆附批「或酌附」。

李顒 萬稿卷二三〇

李顒博澤人正統元年進士除戶部主事歷福建僉事右參政有威前田豪游釜綱恃中官勢橫鄉里長吏莫敢詰顒至立除之粵灕山東右布政使天順四年舉治卓異成化初由浙江左布政使名拜工部右侍郎錢塘江溢壞田廬命顒往治築堤五千餘丈謝病

歸卒

按：原稿朱筆眉批「□□或的附□□零爍」，父筆附批「勝拌亦可去」。檢王稿卷一四三序勉簡曰：「成化五年，其孫顒請改立如仲增夏忠文」（案七下）全傳及顒者，止此，引浼以爲有據，不安。父王稿李時勉焦安福人，此稿顒作博野人，待考。

以上見原稿第一冊

徐永達 萬稿卷二〇九

徐永達字志道歸德人洪武末以鄉舉入太學授同官教諭宣德初累官鴻臚卿副侍郎李琦使交阯却遺遷湖廣按察使正統初補山西劾貶巡按御史顔機都御史陳智怒陰令後御史廉永達得智欲罪後御史逵發智前所賜事帝詰智大慚永達名益振居山西七年日蔬食貴妻居於家紡績以供其衣卒之日貧無棺巡撫于謙金帶賻之常是時吏多以清廉著如斬義雙鍾王琦高舉尤安禮趙忠王善梁親皆見賞於世而永達爲最義字原禮淇人洪武中以鄉舉授監察御史永樂初按機輔科行墨剖疑獄日恒蔬食官寺尚若附舍皐太子守北京語左右日斬義眞御史賜魚米旌其廉邊湖廣副使勸按察使吳公悅都指揮王玉奸貪後入覲卒鏟字子諫南昌人由鄉舉建文時授兵科給事中成化擲雲南僉事陳時政闕失忤旨下詔獄罰俸作用薦起原官廣西久之調廣東宜德末擢四川按察使衡者三百餘人未變者倍之他繫囚尤多鏟請讞決疑者釋之永連者勿補薦請推行之天

英宗可之居七年獄無滯囚以老歸卒諡剛介直諒所至以廉名
歷建白咸切時弊歷官四十餘年家無累黍積琦字文進仁和人永
樂中舉人由御史出為山西僉事遷四川副使居官方深年未五十
致仕歸家無擔石儲命敝縕之以紙大雪僵連旬不能出杭守胡濙
愧之不受奏於朝詔賜之金琦北面再拜辭曰在官得祿猶狥濟
田里無功敢受金乎竟凍餓死舉字雲翰祥符人弱冠時父當戍邊
舉裹糧代行敕還舉永樂十六年進士選庶吉士授兵科給事中以
勁直能歸祐廬敷不蔽風日巡撫于謙數過其廬至里門屏騎從
而入□蔬食菜羹歠欣然不藏飽之談移榻乃去年九十而終安禮字文
度長洲人父羲元末樞密椽遭亂屏居二十年洪武中舉人才授湖
廣布政司經歷安禮少從父寓武昌與楊奇楊士奇善歸補邑諸生
同舉生議戍以幼女託後死戍所女病疾安禮為之以廣授崇
安教諭累遷貴州參議引疾歸士奇言之況鍾往訪居陋巷屋陋其
請割官地益之不可忠字行恕亦長洲人宣德五年進士以御史歷
按四川浙江滿廣東軍終雲南參議致仕歸傳族人無所栖友人
朱名仲推餘屋居之及卒名仲為之斂善字師俟官人永樂中進
士授刑部主事疑獄多所平反或譖善受賕帝命入朝檢其家惟
賜鈔半錠帝曰廉吏也擢郎中宣德中為雲南參議歲歉國帑乏
令出粟數萬以賑所活其衆致仕二十年九十三乃卒觀當塗人
永樂中由國子生擢吏科給事中遷四川僉事改廣東剛介廉能按

潮州有賊嘯山澤衛將勒之觀曰民食為盜兵隳之殺傷必多
乃檄諭以禍福賊畢散其沒也潮人為欲葬肯償祀之門繫祠

甯直 萬稿卷二二一

甯直滕人洪武中舉於鄉為舉官宣德初知宿遷縣邸張氏瓜苗一
夕被刈殆盡訴於甯直曰汝有怨家乎曰李榮者宿有怨甯召榮及
瓜田比降牧其鐮鉏命舐之獨榮鐮庭苦蠅罪張護妻朱失金
環欽鋦站撻之鰥魡其兄弟愬於直直召朱問曰是日入汝室者誰
也曰惟隣境楊氏兄弟五人爭產訟經年不決越境來訴直令喜下
外忽呼隸曰此賢金環者大杖杖之一婦惶遽欲足則小姑起帳
而伏隣境楊氏兄弟五人爭產訟經年不決越境來訴直令喜堂下
累日反覆開諭皆不復爭止元民訾失髮鈔五百貫
直曰諺其若弟眼一石獨無人也禽縛隍城陸祠中取石入祠
鞭之人爭櫸視乃索令敕吏伺察而作怒觀者人訛鈔一貫無者不
得出頃矣隸聞執之逐得盜其善理疑獄多類此正統元年卒於官邑人
償灸矣隸聞執之逐得盜其善理疑獄多類此正統元年卒於官邑人
號哭麻前相屬不絕有送喪至縣葬舉乃歸者

按：原稿傳首朱縈周批曰「查此等事載在何書」。

項麒 萬稿卷二三六

項獻字文祥仁和人發秦七年舉於鄉授南京禮部司務憲宗即位御史敵之外敵與爲已不果調成化改元詔御史出巡撫鎮軍職詔求直言註[當作疏]言李賢王翶常欲作亂不能斷身死義屈敢言軍職作奸者多必待奏請輕罪待自知如故事朝圉苟免廉恥謂何宜正利章用訓有位凡請察王振黨吉祥之禍報可頃之爲干謙謚冤乞復官遣祭從之出按河南刑襄盜起擾南膝圓正利章用訓有位凡請察王振黨吉祥之禍可頃之爲干謙謚冤乞復官遣祭從之出按河南刑襄盜起擾南收搜權倖內照裁除役毋使干政歷爲京刑部郎中久之謝病歸陽救販荒彈變治甚有聲帝從司禮監請遣中官遊紙浙江敢奏寄居於人巡按御史高其節爲榮室居之家食三十年無疾而終享此之改按江西値兩昌九江兩廉大機敵奏彈免歳納邊貸敢乞停清選史居鳳儀以獻及兪準王琦與唐䄄邃良同里裴其里曰忠淸而終享一年以所徵糧十九萬石留販民賴以濟江西俗奸邪有司敢嚴禁遂良廟先是廡僚以淸操著者有瑞安韓偉浙江太平李茂弘巴張之訐諉稍息秩滿常代民上章乞留詔就遷按察使專擦懲民敬養官河東鹽運使卒官茂弘正統時官考功員外郎以公廉稱淸寶德所部年穀巳豋豢強截服無事可理乞遷刪諸給事勸敢歐問照核中由進士歷官浙江布政使非客至不御酒肉人稱之曰甲英張山實始召還改浹山西陳刺獄六事竹允行敢有吏才然任情責行任汝言歸射射操井日鄉人號曰搭穀郎慶正統中進士授兵科給事中山西功名頗誠入覲中浮奇罷歸歷河南右布政使有令倘巨燭至夜取

余瓚 藁稿卷二二一

然後勿復爾其人愧自勁去子良正統間爲職方郎中著節自持恒粥燃後勿復爾其人愧自勁去子良正統間爲職方郎中著節自持恒粥余瓚字宗鎭武功中衡人成化二年進士授戶部主事陞員外郎出產以給嘗出一千戶於獄其人持三百金爲謝子良欲暴於秦務首爲眞定知府民苦舊役瓚定戶爲九則上者出庸銀一兩餘以次損之令縣必按籍取吏無所售奸又奏定馬政修格大要主恤民力每謝乃已
行州縣必進諸生問民疾苦士民咸愛信之

按：顧稿於衛首所引禮孩朱實眉批日「此一疏好」。及戚里奄官車縣接於進瓚與屬吏約公儀外不得私贈遺御史按
部無加訶剴御史闡其惠前入境瓚遣吏投謁未登封藉其小過舌

趙敔 藁稿卷二三六

之欲因以煉瓚適有王御史巡河東鹽過其堆荊興泛舟大陸澤飮趙敔字權成武進人奘秦五年進士授御史天順初石亨恣誅給事宴爲樂瓚移文諒之日事晉地育民寡比歲早蝗二公各率令有公

事池上酣伙淹雨彌句供張之具不能無損民幸更移他邑均其勞餉策之善者也帝下其議僉曰討之便於是兩淵騷動俟乃克之兩二人發覺相顧駭愕巡警者即馳傳去劾奏怖不能害也後御失亡多其冬以疾乞歸慰帝即位起吏部左侍郎特進尚書佐王直史柯忠至復與瓚構逮調知黃州道卒既而上官發幾郡備荒聚惟理部事東宮處加太保以銓還有私焉御史練綱等劾帝有填定獨多所審焉文外言於朝特進一階褒之之災異見給事中林聰等倡諸御史劾文淵再疏乞休

以上見原稿第二冊，第三冊無。

何文淵 萬稿卷二一三

何文淵字巨川江西廣昌人永樂十六年進士授御史歷按山東四川發奸聽貪境內肅然為姦奸民什伽私其知府妻懼誅告昭反詔發軍討文淵檄止所調軍而白其誣宣德五年用顧佐薦奉勑知溫州府蒞視田十畝以其三為陸田輸麥稅水田特軍文淵以請均之商稅務徵錢鈔洪武中許稅課司遠者易金銀有然而溫之商稅務徵錢鈔輸者大困文淵請復納鈔苦報告膏田禁徐戚不輸賦糧長䟽孟奉檄之率五百人毀戍樓掠其財成訴於宜三司欲兵之文淵名孟奉以鄶屬令還所掠事遂定統六年[]增俸賜鑒書以胡濙薦擢刑部右侍郎出惜兩淮鹽課正統三年兩議獄不常與尚書魏源下獄貴得釋文淵在朝多処白朝議左徵籖川疏諫口籲川徼外彈九地伍數百里人民不滿萬餘得其地不可居得其人不可使或者令雲兩守將屯金齒且耕且守而令三司官使使振之撫必畏威德稽首來王遠人獲更生而朝廷承調兵轉

陸瑜 萬稿卷二二八

陸瑜字廷玉鄞人宣德八年進士授刑部主事核內庫貨幣匆稽精密中官無所傳其歎正統九年以員外郎佐刑南發出軍四三百餘人減免輕罪千人景泰二年由郎中出為山東右參政佐徐有貞治水有功就遷左布政使天順二年用李賢薦名拜刑部尚書瑜當官法轉久刑名所素習每有闥疑獄吏以質瑜瑜曰某年某事頗此送園故牘無少差失弘慧衛卒告指揮李斌兄弟謀反下門遂凱鐐鍊反形具請付法司定罪瑜白其禪達濟瑜故縱其個人為違黨至數千慎置耳諸斌兄弟蓬速者盡釋曹瑜反執其個人獄欲都御史李賓曰歛倉伴起事個人安得預謀貸以為然個人得不

王竑 （萬稿卷二二八）

王竑字同節廬陵人正統七年進士授刑部主事歷郎中景泰初遷湖廣右參政調河南焉遇負氣習刑名每行部立决疑獄轉按察使時多繫囚訊鞫滿日獄爲之空天順初帝甚重封誥長吏不濫予惟竑與布政使胡本思待之朝覲入都校尉發其匿赃下詔逮繫王竑復任指揮李斌文致千戶陳安罪絞之獄中安家訴冤帝入朝帝問所過長吏賢否對曰臣道出河南百姓遮訴王廉使寃尊立命竑復任指揮李斌文致千戶陳安罪絞之獄中安家訴冤帝御史訊治斌原略石亨閻吉下獄會赦得釋起竑復言於御史薄斌罪非釋下詔獄會赦釋起右副都御史巡撫陝西關中洊飢將所司賑貸流移復業名爲大理卿居十年多所平反成化九年代陸瑜爲刑部尚書明年卒諡悲毅竑好汲引鯁然關復猜忌蕭彥莊之彈李秉或謂竑鼠草其

坐門達奏不事瑜盧宗圖位達下吏衆欲竄之死瑜語曰達誠有罪然視紀綱馬順則有間灸乃獲减死瑜端亮有容都御史寇深暴厲每會鞫深文詆瑜一言辨析深自詘惟祭酒陳鑑以竢會饋餞事下獄時頗下有隆三千之謠瑜疑鑑所爲不爲直論之死又嘗附會劾李秉時頗譏之成化九年致仕歸卒贈太子少保諡康僖從孫儞子銓鈐皆進士偁歷御史福建巡撫副使銅巡撫保定右副都御史銓廣東右布政使鈐以殿試第二人授编修張瓏用事出翰林爲外僚鈐得山東提學副使與兄銓並以文名

王復 王鼎 （附王來傳）（萬稿卷二二三）

邊刑部實將待之子臣成化五年進七歷春坊應予終廣兩參政
弟復宜德五年進士官刑部主事鼎正統中明經由訓導擢御史巡按山西縣令郭某嘗道交請托鼎入境某遠迎鼎曰此好吏也按其贓照罪立點之後爲廣東僉事出巡所發時有南王僉事一吳人素倉貪誤謂鼎是也興至案中一賊熱視曰此浙江王僉事因參政張瓚反之雍歡曰真廉吏也來子銓繫於鄉官御史鼎予途因參政張瓚反之雍歡曰真廉吏也來子銓繫於鄉官御史鼎予餕登進士官大理寺副

陳鵬 （附陣于王傳）

同時有陳鵬者官廣東參將技勇絕倫給事中方士亮知其才兩破力若□破格用爲摻江俾精練水卒帝已許之十五年連平猪賊作亂總悄沈狗龍令總兵施王政爲主將仵鵬等進勒鵬先登下馬篤巢斬首一千四百餘級焚其妻孥精聚賊宵盡餘賊奔山頓求撫鵬不顧乘勢再登賊殊死力戰鵬失利退至得勝寨後□悉奔鵬逸釋起右副都御史巡撫陝西關中洊飢將所司賑貸流移復業名爲大理卿居十年多所平反成化九年代陸瑜爲刑部尚書明年卒諡悲毅竑好汲引鯁然關復猜忌蕭彥莊之彈李秉或謂竑鼠草其身死王事宜于優恤從之

以上見原稿第四册
見原稿第五册

沙源（附寰普簿）萬稿卷四二

沙源者安南長官司人也性□順知兵敢戰萬曆二十八年擊賊有功得襲副長官舊職四十八年迷水州土酋刁春琪引交趾兵入犯攻破五邦等地源邀擊破之斬交趾勝智侯□文美等二人因盡殲以安南司地今捍禦交趾天啟二年安邦彥反源從參將袁善破賊千鍾於嵩明武定令為安南長官世襲未幾交岡賊犯沾草竜左哨源歸破走之又□設科擒北魁阿勒錄交趾功擢土守備仍宴安南司事與閣洪學議復守嵩益城安□良連安邦彥崇明以六年大萬泉閣荔益源力戰五萬小敵百戰土司今洪學上其功擢授宜慰使六年洪學青源用師本安南長官司龍住田七年朝前嵩明武定功進副總兵質銀幣黔國公沐昌祚為總兵官老疾前議用其孫啟元為副總兵計賊啟元狂悖撫□不與議所特惟諸土司兵而源最有功且識義理勤於奉上文更倚之若左右手崇禎三年永平失守兵部主事摩大亨言雲南土兵勁悍請命源及普名聲將之入援□以邊兵徵發多寡其議久之源卒子定海襲宜撫使阿迷州土酋普名聲作亂死其妻萬氏江西人狡而淫多權略令部下男子姣好者潛侍又與定海及其弟定洲通海為婿已毒殺之更嫁定洲其子普祚遠以為恥與母分案居祚遠病死定洲遂奪之

有阿迷安南之眾漸吞旁□兩至交岡弘光元年九月吾必本反陷武定禁雄黔國公沐天波徵諸土司會勦定洲獨後期及兵至必作已平遂留仰城有異志厚賄天波用□者于錫朋而監結縣粹徐廷珍錫朋給天波諫巡撫吳兆元及文武諸將大亂錫朋給天波出城殺諫者陣大經巡撫吳兆元走束手坐視賊入城與戰敗而走定洲遂據報司符兆元用已為都司復却兆元令七章諫天波叛連已發兵討平宜代鎮雲南且令撤郡縣受已節制兆元不從幽之別室奪其印以偽疏入告至金井庵勒追從天波行師府天波出已執陳妻焚走出府從者邊焦定洲即據仰城目行縱火燄屍舉幼女姐行諸女姐盡死火中陳開熄死嘆息亦自焚於朝陽庵天波乃自安寧迺人促其姑同死遂自經命縱火燄屍扮焚幼女從行諸女姐盡死在阿迷開亂駭曰吾家為此賊滅矣焚之以隨軍既至見定洲氣餒則寶大喜過望謀必殺天波據雲南地明年遣兵追於楚雄副使楊畏知固守定洲乃親往攻之而分兵陷大理燒化殺戮以萬計薄關天波走永昌□追襲慮畏知伏不能克東攻石屏為薄在田所拒博召明年張獻忠襲子孫可望李定國劉文秀艾能奇等由四川入貴州竊雲南開定洲亂非禮黔國夫人弟請兵復仇定洲往禦大戰革泥岡敗退入會城悉擒所遇

歸蜀迷士民乃執國用韻嘉廷珍士弘艦送楚雄伏誅可望等遂陷曲靖阿迷交水俱屠之初虜王待定洲低參遊中官孫與祠徵其兵可望與祠不如計半賊迎撫沐公共扶王軍糞坎為雲南全境可望有定洲乘機謂疾願抵昆明巡撫兆元不能有所為雲南全境可望有定洲乘機入老巢名俱革帶有九山絕險地外巢曰大莊部目黑老虎據之久不拔李定國攻陷戰口啣雙刀手舞大刀所向無前劉文秀攻之久不拔李定國攻陷安定洲部目李阿楚守甚力定國穴地道罩砲轟城始破阿楚陷死屠其城又屠寧國呈貢歸化死者數十萬人能奇破武定建昌亦如之定國乃徵兵攻大莊黑老虎揆首天波巳還會城執錫朋去其皮輒守昆陽呈貢歸化死者數十萬人能奇破武定建萬氏分險又借兵交趾自助圍久不能克一日夫煩怖被執械至昆明去其皮磔相持角又借兵交趾自助圍久不能克一日夫煩怖被執械至昆明去其皮磔國偵知卒兵掩襲賊圍至十月夫煩怖被執械至昆明去其皮磔於市天波具衣冠再拜可望等謝罪祖宗之恥潰人被其辱者亦雅以為快焉

楊建烈（附宋師襄傳）

時有楊建烈者韓城人原官通政使坐事除名李自成陷關中用為戶政府侍郎從陷京師有張國紳者首請自成僭大號襲作相以故太僕文翔鳳妻鄧氏能詩進之自成自雅實翔鳳名不寡寶之曰

顧所受 劉曙（附徐沂傳）

同思顧所受字性之年十一即為諸生受學於邑人黨志道友人許琰□北都陷死節所受字立傳慨不以身從及南都繼陷蘇州士大夫議迎降所受大憤作文辭先聖以五月二十八日投汴池死劉曙字公日崇禎末第進士欽浩通政南昌知驛未幾諠浩絕不辨而強項不肯為首其身為□者所獲捕曙對薄實諠諠之覺貢之辟九月十九日將列賦詩別骨乃歿刃出居二歲上海諸生欽浩通政南昌知驛未幾諠浩絕不辨而強項眯為首其身為□者所獲捕曙對薄

以上見原稿第六冊

吾紳（附浸濱傳）萬稿卷二〇七

吾紳字權縉開化人永樂二年進士由庶吉士授刑部主事久之遷郎中歷年超拜禮部右侍郎為呂震所擠出參政廣東宣德四年以故官改行部遭喪起復改南京刑部舉勒考察兩廣福建方面官勤能食軍周瑛蘧陳禮等籓臬結檻要自庇且紳故賽友也罷食軍周瑛蘧陳禮等籓臬結檻要自庇且紳故賽友也卒贈之正統中復改禮部公卿多往賀震蕭然無供具或貽之日拜官不肯悍之正統中復改禮部公卿多往賀震蕭然無供具或貽之日拜官不配先會客乎紳笑而已

按：原稿朱筆眉批「此傳無實事可紀」。又眉筆附批「附浸濱傳」。

今明史卷一百五十八有聯傳，亦附段民傳，惟文字與此略有出入，是王稿已刪，而明史復採入者。

沈固（附靈濟傳）廣稿卷二三〇

見原稿第一冊

沈固丹陽人永樂中舉於鄉授沂州同知或請開州西寶山社銀鑛下所司用周言遂寢歷戶部郞中山東參政仁宗嗣位命佐治大同總兵官機宜文字且理軍餉宣德七年侍郞柴車行邊請軍士私墾田每頃徵糧十石固訐邊地瘠薄太宗諭軍民墾荒者永不起科今復一斗視民租反重請輕之便帝從之正統間再被勸皆不罪加戶部右侍郞仍領餉凡十八載陛愛恪惰中官王振上疏頸內臣請如外臣例給賜勳爵沒被勸帝以無故事不許景泰改元加左都御史仍請邊餉歷以乾沒論總兵官郭登亦勸之召還致仕英宗復辟賻石亨萬之名爲戶部尙書享死乞休去

按：王稿及明史竹略。

秦民屏

見原稿第四冊

秦民屏忠州人女將良玉弟也萬曆時從良玉征播州及貴州苗賊並有功及遼事起詔良玉發石砫兵赴援乃令民屛及兄邦屛先以數千人行天子嘉之授邦屛都司僉書民屛守備天啓元年三月瀋陽被圍諸將陳策童仲揆等謀救之邦屛即率所部渡渾河諸軍繼進陣未定鐡騎四面聲對士殘死戰殺傷多自辰泛酉飢困不能支大敗邦屛死焉民屛負傷突圍出部卒死者千餘人八月良玉抵近畿疏陳邦屛□□□恤因實臣自徵討以來所建之功不□議紬□□□言浚忠誠勲表惟聖明詞察帝優詔獎之兵訖尙書發鶴鳴言渾河血戰首功敷千實存廷西陽二土司功邦屛既沒良玉即邊使入都製冬衣一千五百分給破卒而弁特卒三千抵楡關上急公家難不復門仇氣甚壯宜錄邦屛進民屛官以示隆興策等合詞民屛忠義之臣號長嘆乃賚錫世隆興策等合詞民屛進都司僉書邊提撥兵抵家口一日會樊龍反頭慶良玉倡義興師民屛即率邦屛子翼明自忠州赴之良玉先發兵四千爲前進鄙校度淪城簀南坪闖抱其歸路伏兵四百夜襲南河奪其船阻賊東下良玉親統殺手六千以民屛爲先鋒沿江上水陸火攻又分兵千餘忠州撤變州血防撒墻上下賊出戰果敗去良玉奏官狀命襯民屛參將挾明賞明肯守備已進解成都圍又從二郞兵時安邦彥産陽總忭張我續造民屛赴宿留濟州者閒民屛先登賊奔潰佛圖關諸將共攻克之遂復爾慶錄功進副總兵未至而閒已解從王三善進討邦産大敗賊乾溝破五大寨僉一洞□廣師敗民屛先遁爲三菩所勳帝命策勵俟驗其年冬從三菩戰大方屢捷明年正月退師賊來襲民屛力戰面死二子佐明祚明

得脫俱負傷良玉上言仇不共戴義難銜安乞憐血戰功慰忠魂且
大聲天威盡殲醜類太子嘉之晉都督同知賜祠賜祭官其二子翼
明本諸生以戎事應授守備加銜遊擊解成都圍克二郎佛岡過二關
進參將崇明迭永寧從良玉進擊敵有功擒僞官夏齊雲孔聞詩三
年六月良玉上言臣奉命征勳率姪翼明拱明提兵裹糧裴勇前進
先後紅崖墩觀音寺青山墩諸捷頗著微功乃行間諸將未睹賊面
櫻門諸張及乎對壘聞風先逃敗於賊者惟恐人之勝怯於賊者惟
恐人之強如總兵李維新渡河一戰敗覆歸營反咧門拒臣不容一
見以六尺鬚眉男子忌一巾幗婦人靜夜思之亦常愧死帝復詔
報之命行間交武臣以禮待不待疑忌翼明尋進副總兵鎮松潘崇
禎三年永平四城失守詔徵良玉及翼明兵比至四城已復命駐師
近畿明年大陂河築城翼明以萬人出護城成都議撤兵乃還鎮七
年流賊亂河南加總兵官晉督軍赴討明年以川兵三千人抵雄陽會
剿楚城兵變總兵鄧玘焚死以其所部卒羅人命受翼明節制遂移
駐鄖州湖廣總兵許成名擊以翼明代之副將賈一選等與賊連戰
豐陽關關後有徑通鄖西郎撫朱袺蘚遣遊擊周什鳳率兵守翼明
乘夜築絕堅人賊袋後山連破青崖河吳家峎森家坪三塞賊乃逃
十月總理盧象昇至汝州更易將帥勉翼明惟怯而稱其純護乃護
留是月縂兵將劉九思戰築陽縉部將採振武戰府縣鎮皆敗翼明

不以實聞復爲巡按余應桂所劾命去銜竹銜再貶二秩戴罪將賊
時賊多聚鄖陽以九年正月焚毀城牖保康犯均州翼明破之追
花嶺崗及鄖西燕子溝九條龍張胖子從南漳入敵城官山連保康
掠竹溪房山象外牽諸將追至殺城賊走均州翼明馳擊敗之
青石舖賊收殘千餘入山官軍逐之賊逼閶陽獲間場大郡下里然神罄山
死者無算連勝之界山三道河花園溝賊入其邦者二萬襄陽路絕張胖子
虎時苗昨土撫治鄖陽示城中欲見軍門計事昨土鑾所結遣通
狡堅五丈木江神廟大齊出示城中欲見軍門計事昨土鑾所結遣通
判視錫範等入其營賊倨受青出誠語昨土鑾開城門令兵市賊揚
揚出入宜城令欲弓矢砲石礮諸庫曰毋令賊疑翼明本怒欲從面
贊之賊沒無降意錫範自縊死兵部勳乍土聚動率張翼明進伍附
和俱宜能帝站留之已而賊犯襄陽翼明連敗之七里店土地嶺
乃於羅漢灘深處渡帝以賊久陷鄰襄陽邑殆盡責昨土及翼
明舉以人言能昨土命陳良謨代賊自縊漢灘渡以十二月陷鄰城
衆至二十萬害琴岐及斬黃諸州縣大擾翼明率嗣歸楊世恩乘
撥余應桂令赴京山畫獻陵賊至京山見有備遁去其陷鄰城者連
陷裂陽隨州十年正月元旦攻庭城□梅之煥因守不能下羅汝
才遁黃安翼明赴救逐之白塔河轉戰至陸胳翼伏兵敗之松林岡
賊過黃州翼明等至馬鞍山敗賊八大王於黃路嘔都司許名臣敗

王軍

按：王稿及明史俱以民屏事讀敘附姊良玉傳。

見房稿第五册

袁善

袁善字復虛雲南人精韜略□智夫文初為順蒙守備改領撫標中軍濟松潘參將能歸天啟初薔崇明安邦彥反東川土知府祿千鍾乘間為亂科烏撒安效良寇設科等共攻嵩明知州王育德固守官守偹武功與冕明坍壘遷至副總兵崇禎中雲南土酋普名聲作亂命忭兵協勦連戰挫賊名聲乃引交阯兵破副將劉理等營標下幸欲走拱明怒手刃之與賊格鬭死贈恒如制秦氏父子兄弟並死破群饒而渡江六衛復通五年三月安效良復遁窓金及炎方善賊盡起六衛再陳御史傅宗龍自潢赴黔洪學道存仁善送之繼道偕沙源力戰敗之效良復合崇明邦彥之衆及安南諸賊三十九營共攻嵩徒出兵麆戰五日復源及土官龍在田等夾攻賊大敗遁去吾必全堅守炎方善乘勝馳救□火攻復大敗之洪學上其功言善用兵四年屢奏□捷請加衘都忭可之無何賊復還焉為大帥破之旬破賊功大小一百三十三戰俘三百七十八斬四千六百餘級斬首二十餘級七年三月巡按御史朱泰楨捷上二年武定嵩□事告謝郊廟宜捷策勘從之于是魏忠賢壬體乾及內關兵部並進秩廕子賚賫隆轝善先已加都忭僉事再加都忭同知世修總衣指揮僉事實銀幣善為將勇而好謀撫他辛有恩故所至克捷威湛中諸將之冠而世以沐氏為總兵他將即有功位副將而此故善不得為大帥崇禎初辛於官賜恤如制

按：王稿及明史俱以寰善冢讀敘附葵復一傳。

林兆鼎　楊明楷

林兆鼎雲南曲靖貴陽中經普安安莊晉定平壩威清鎮雄等衛犯大夷衛莊政謝之貴州亂金劇雲南巡撫洪存仁善往因叙二人功存仁加布政使善副總兵自雲南曲靖抵貴州貴陽中經普安安莊晉定平壩威清諸衛名上六衛為東西孔道而地屬貴州邦彥初反土酋龍文治妻

林兆鼎福建人天敗中遇四川參將齊崇明父子作亂已而敗阿永
寧又逸龍場客仲墻倚其甥其地去永寧二百里所
居大方五十里斾墮捕天洞深菁無底海疫作洪水泛溢官軍不能
進守數月兆鼎從總兵李維新監軍副使李仙品僉事劉可調等攻
破客仲墻崇明父子竄深菁無底海疫作洪水泛溢官軍不能
木坪白水崖斬偽官二十六人生擒四人獲首級四百七十維新等
遂移駐右闌州崇符分五道龍抵場生擒崇明及其等
帥偽大學士蔡金貴偽左丞相張簡梅侄經略李偉偽總兵王承恩
斬首千餘級荊蠻略定王三善入大方總兵胡年表以兵二萬仟兆
命為前鋒涌道興節懌元又遣維新及僉事胡年表以兵二萬仟兆
鼎為前鋒夾攻中伏力戰而脫懌元等敘永寧破巢諸捷功兆鼎最
乃授副總兵六年維新改編貴州以疾不赴即擢兆鼎總兵官代
之時端中無事而安邦彥腰敗勢亦少衰不至崇禎二年崇明邦彥合
兵十餘萬謀犯永寧桃紅壩為帥餒良仟所破滅兆鼎乃引還錄
崇功加都督同知三年冬定番州苗賊王國棟楊正芳參將光
保光威等為亂兆元命兆鼎調兵討副將王國棟楊正芳參將光
連破十餘寨國棟授首副將商士杰參將范邦雄討光保光威相
持月餘光保亦授首餘賊悉半湖廣苗黑餉四年春兆鼎仟部
將陶弘勛等討之先後攻拔二百餘寨仟斬四千餘人錄功加左都
督其年冬召發贊南京右軍府兼提仟大教場七年卒賜恤如制轉

按：王輔及明史俱以林國所為崇元傳。

胡從儀

胡從儀字漢長山西人天啟間歷湖廣都司僉書遷貴州安莊連擊
時安莊等上六衞悉為賊破從儀至憴恫處有威建四年冬安
邦產大舉遙掙定總帥蔡復一命從儀與僉事貝的始赴援賊已為
監司尹仲等加卻奔援宅吉壹從儀乃會春欽等諸軍攻破之賊

河西奔諸軍奮追賊從後至從儀偕參將劉志敏遇擊復敗之明年春諸軍敗河干欽以下皆獲譴從儀亦戴死罪立功自贖夏從欽等破賊長田詔免戴罪黔地四面皆苗仲而勻哈最悍萬曆間從征不服邦彥叛將田詔深與相結邦彥鬨貴陽勻哈即與長田諸賊團龍里新添貴定都勻平越後邦彥歷敗而勻哈負固自如常事不能討自清平至新添皆警監軍御史傅宗龍議討之命平越抵府周鴻圖行分守新鎮道事監從儀及都司張雲鵬軍以六年春抵平越議首攻擺沙五寨復半從儀及鴻圖由麻哈高枧入雲鵬由西陽王都保入詰旦合攻賊先遁入山官軍乃大搜山斬馘數百會都勻人以西南鄖仲賊勻兩道進賊紮布長標大努競發從儀等衝鋒所向摧破俘定都沒報間雲鵬軍所部赴貴陽從儀獨以九百人據守小虎場讓欽敗沒報間邦彥勝間道趨龍場為助已而邦彥歷敗賊亦軍龍里為聲援賊閉邦彥勝間道趨龍場為助已而邦彥歷敗賊詰旦龍里為聲援賊閉邦彥勝間道趨龍場為助已而邦彥歷敗賊復返故巢而讓及他將兵亦漸至攻數月旋師破焚一百餘寨賊魁五十三人斬首千二百餘級俘賊屬五百八十餘人因糧於賊不費公家粟宗龍及巡撫王瑊上其功請授從儀副總兵著參將軍制可旣而邦彥令賊集李阿二合苗會老鑀漆犯白納土司白納兩近貴陽舊無防卒諸將陳謙等連挫之從儀疾馳與諸軍分道擊賊深敗遁賊向威清平場偵廣順興除有官軍逸去□白崖狗老鑀□軍大集威清諸將鄧玘王國禎等由旛浮柢逼賊歎張雲鵬車

文毅等由小寨橘總賊後賊潰歸官軍乘勝生擒賊魁阿瓜阿曉平守將蘇從順勝之楊家關伏塢安順守將范邦華勝之思蜡河老巖深亦為裨將班麟貴所殺一月間諸軍頻奏捷巡撫瑊以聞實授從儀副總兵分鎮新添偏橘諸盧崇禎三年苗賊汪狂抱角攻瓊鳳里總兵朱燮元遣從儀及謙討之三月而諸賊畫平從儀為將廉介勇而有謀賞罰明信貴陽迤西下六衞苗寨至邦彥亂勢徒猖狼鎮遠而上商旅不行從儀自天啟中來鎮撫假貿易遠歷諸苗洞得其山川險易出沒途經及諸苗叩塞之狀乃遣將賚地守撐高峰賓斥堠三里一樓柝相應每有病發傳砲諸路兵立集賊無得逸者從儀日往來巡警居無定著出無定向或肩輿單騎或潛行人莫測其所在五六年間道不拾遺中朝知其賢召為保定總兵官以久涖瘴鄉得危疾卒於京邸黔人為立真□軍碑七年八月錄桃紅場平賊功贈都督僉事

按：王瑊及明史俱以胡從儀附譲復一傳。

以上見原稿第六冊

燕京大學圖書館出版書目

萬曆三大征考	明茅瑞徵著	一册	粉連紙一元
宋程純公年譜一卷明薛文清公年譜一卷	清楊希閔編	一册	粉連紙一元
太平天國起義記（附孫中山文英文原著）簡又文譯		一册	粉連紙一元五角
春覺齋論畫	林紓著	一册	粉連紙一元
知非集	清裕謙著	一册	粉連紙一元二角
不是集	清浦起龍著	一册	粉連紙二元五角
佳夢軒叢著	清奕賡著	八册	粉連紙八元
中國地方志備徵目	朱士嘉編	一册	報紙四角
鄉土志叢編第一集 陝西省		一册	報紙四元
日本期刊三十八種東方學論文篇目引得	于式玉編	一册	報紙四元
燕京大學圖書館目錄初稿（類書之部）	鄧嗣禹編	十册	毛邊紙十元
神廟留中奏疏彙要 四十卷	明董其昌輯	十四册	江南粉連二十元
悔翁詩鈔十五卷補遺一卷	清汪士鐸著 上元焦氏重雕本館補刊本	四册	毛邊紙四元
悔翁筆記六卷	清汪士鐸著 上元焦氏重雕本館補刊本	二册	毛邊紙二元
悔翁詞鈔五卷	清汪士鐸著 上元焦氏重雕本館補刊本	二册	毛邊紙二元
章氏四當齋藏書目三卷附書名通檢一卷	顧廷龍撰 排印本	五册	毛邊紙十元
翁文恭公軍機處日記	翁同龢著	二册	粉連紙景印七元
許鄭學廬存稿	王紹蘭著	五册	粉連紙十元
恭陵堂文集	黃承吉著	四册	粉連紙六元
恭風堂詩存	輕蓋孫著	一册	毛邊紙二元
保覺齋文錄	趙坦著	一册	毛邊綠印三元四角
法國政府贈燕京大學書籍目錄		一册	非賣品
竹訂經史子答問分類輯	王伊同編	一册	報紙四角
燕京大學圖報（半月刊）已停刊	一三四期以上各期		六分

以有各書均以原價交換惟如欲定購請與北京南北京燕京大學圖書館接洽

清故學部左丞柯君墓誌銘

張爾田

大儒柯君既歿越明年卜以某月某日將葬於某原孤子昌泗既告期且以狀來請銘君素知余文者犧不可辭。按狀君諱劭忞字鳳蓀先世籍台州國初有諱某者避翁洲難始遷於萊之膠州遂家焉曾祖某官祖某官父某官三世皆以君貴贈如其階。妣李太夫人賢明嫻詩禮生子二君其次也君幼漸母氏訓七歲能韻語父老驚爲奇童乃徙自憤勵於學鄒魯聖人之邦號樸學藪比壯盡得其書而讀之於天文、歷算、輿地、聲韻、訓故靡不綜貫其學由博而精斷於有用然一以經爲歸無歧驚也舉同治庚午鄉試光緒內戌成進士歷官翰林院撰文侍講日講起居注官一提督湖南學政授貴州提學使調學部參議上行走補右參議遷左丞選爲資政院議員兼典禮院學士君既以文學當官數政之暇研誦不廢國朝儒者諸經皆有說獨穀梁無完書君以爲公羊閩微言穀梁章大義穀梁學也治之宜先宋氏三科與邵公異此穀梁家所特聞不先通此非常異義可怪之言作其罪至於誣聖成穀梁補箋若干卷春秋之誼大明君之詔承是也兩江督臣以魏默深元史上於朝書下學部察看朝廷有知君者故有是命時君治元史有年矣諸史惟元最疏亦惟元號難治洪文卿氏取拉施特書成證補與君同時屠敬山氏亦撰蒙兀兒史記皆未竟厥緒魏氏書先成雜蹐不足以示遠君乃下帷覃思因是創違徵外籍效大典博采佚存舊聞體三家而有之成新元史二百五十七卷復理董洪氏稿修輯未畢者爲譯史補而史識之見於考異者父若干卷其書

別行。論者謂却特史更兩朝五百年得君而告大備方君書之出也。一時翕然海外日本尤重君書。以博士贈爲博士者彼國學位至高不輕授君外人乃得之人以爲君篤然非君之儕也遜位詔下君慟哭解組去。會史館開館長趙公與有舊聘君總纂君自願儒臣國亡無所自盡修故國之史。即以恩故國其職也作館日成天文時憲志縱横推步數萬言時人爲之欽。又以其間訂閱紀傳趙公薨君遂總其事史稿卒賴以成始余與君同在館論史事相得歡其別八年。復見君於京邸。君年八十有二。雖爲老師猶能健談相與歡息世變日亟赭祠之不可免其言絕悲又二年而君卒實歲癸酉。蓋自君之卒海內老師宿儒亦盡矣。君於文師梅郎中疏朴古澹尤工於詩奄有漁洋竹垞之長晚年所刻夢闌集是也他所著尙有文選補注文獻通考注、爾雅補注諸書配吳淑人桐城古文大家吳摯甫先生之女相夫能莊翼子能勤實與君諧君始得以畢志於著述子三昌泗昌濟昌汾昌泗亦以文學克世其家銘曰。
學有大儒爲世楷模文喪義覘拯之坦塗陵墊大遷飾巾從好天之抗之俾昌歐道百世獻宗貞我瓊辭。
云黜食永宅於玆。
夢闌生平喜梅伯言文然伯言好參理論實非古法此文簡約處取之劉原父而不襲其貌或復勝之銘似熙甫孟劬自記

清故朝議大夫湖南知縣汪君墓誌銘

張爾田

君汪氏諱兆鏞。字伯序。號憬吾。其先出唐越國公。元末自發源遷山陰。明正德中有諱應軫者著青湖文集。是為君十二世祖。竹祖炘敕封文林郎祖雲輿人遂昌縣訓導父瑔自君之父慕游於粵始著籍為番禺人。君十歲能詩。弱冠補縣學生。光緒十一年以優行貢成均。朝考用知縣。父越四年舉於鄉。再應禮部試不售。遂南歸。為人佐治所主於赤溪於遂溪於順德皆有聲。既而撫粵者聞君名聘掌奏。得四品銜當以知縣分發湖南矣。而君不樂仕。國變後遂一切棄去。葺小樓澳門島居之。有逸以事名謝弗應也。嘗蒙福字之頒。顏所居曰賜福。已復返故鄉。一游越謁先隴。浪跡羅浮山中自稱覺道士。最後避亂復歸於澳上已耄矣。耳目聰明著書不輟。所著晉會要碑傳集數百卷所輯刻之書又數十種其曰元粵東遺民錄名則以自寓也。君雖陬筰一時縞紵皆聞人。有詩書以娛著齒於君不顧欿然若有所不自得者。余嘗論之自古滄海之際蟄龍蟄蟄蟻其人豈必沈冥而不返哉。亦特姑恨以寄焉而已。夫惟知其有所不寄斯為頑知君者也。君少及陳蘭甫先生之門。治經治史一以師說為歸。晚年猶舉以淑人。嘗痛時事之日非。慨然曰治國以禮教為本禮教亡矣。何以國為。又曰孔孟論治曰信曰利民不信人不利而徒襲外人禍其作蕭牆內乎。不三十年而君之言大驗。余初不識君。讀君之詩與詞。歎曰此遺民也。君得余文亦大喜自是通書往還。數年如一日。未歿前猶致余書論學術異同。其言溫然而沈悲。余衰病徙北久。忽忽意有所樂。方思一陟粵

籠之嶺。泛扶胥之口。相與話二十年積憤。徬徉吟眺於驚濤落日間庶幾有以慰君且以自慰者而君則旣卒矣。君生於咸豐辛西其卒也以己卯七月年七十有九配陳恭人先君卒側室二其二皆曰陳曰梁子祖澤、宗洙宗澧宗淮宗藻陳恭人出宗衍陳孺人出女三長瑑次適張樹蘭三適鍾祐慶係男十五人曾係一人君卒之某月君之子葬君於廣州三寳墟蜆岡之原陳恭人祔於是番禺張提刑學華爲君狀千餘言而余乃爲之銘曰。

猗歟汪君不仕而隱著書滿家名與古非遭世艱屯葆歟貞素孔思周情是茹是吐葱蘢越秀寶維佳城我銘載之白世其興。

無限感愴而以淡語出之按之事跡不溢案此法出歸熙甫而神則近史灘矣孟劬自記

書評

中國原始社會之探究

曹松友著，民國二十四年上海商務印書館出版定價國幣三角伍分。

曹詩成

本書共分九章：（一）緒論，（二）北京猿人是否為漢族直接祖先考，（三）漢族在原始時代遷移之階段，（四）原始社會發展之階段，（五）中國舊石器時代之討論，（六）中國新石器時代，（七）中國銅器時代，（八）中國原始藝術，（九）結論。

我國邇來因中外學者在考古學上之努力，地下實物，迭有發現，治古史者對史前社會之狀況，亦漸知注意，曾君之中國原始社會之探究一書，即綜合各家論說而成專題之研究者也。惟史料缺乏，創作非易，曾氏此著，每多牽強傅會，以遷已意，以充篇幅，其貽誤後學之處，與夫社會學家之通病，以逐己意，又喜掇拾西方學者之偏論，不可不辨。

曾氏于第二章論北京猿人非漢族之直接祖先，其主要理由，以遽已意，又喜掇拾西方學者之偏論，即漢族來自中亞，非中國土著。此說難于成立，當于下節漢族西來說中論之。吾人以為決定北京猿人是否為漢族之直接祖先，因材料缺乏，為時尚早。如欲暫時作一假設，則以北京猿人即漢族之直接祖先為近是。步達生德日進楊鍾健裴文中合著之中國原人史要云：

中國遠古文化，可分為三大段：

（1）黃土期下段——周口店文化。工作之人為北方性之中國猿人。

（2）黃土期中段——代表上舊石器時代，北方及西北方文化性甚著，其工作之人與現代人無大差別。

（3）黃土期後上段——為中石器及新石器，此時東西交通，其工作之人，則全為現代人。

依此比較，其遷嬗之跡，固可概見，若無其他證據，自難信其彼此無關。林惠祥中國民族史云：

中國人民主幹之華夏系不過蒙古利亞種中之一分支，其起源無需遠溯至舊石器時代。然如在舊石器時代中國

北部已有人類，自然不能即斷定以後之華夏系人必為外來而非由土著之舊石器人類演進而成。至於最近復於北京發現「北京種之中國猿人」或前稱「北京人」之遺骨，則因其形體極為原始，年代極為荒遠，不能斷定其與後來蒙古利亞種之關係，故更不能為推測華夏系起源之助，惟亦與上述舊石器時代人類同可推論中國居民亦有由土著發生之可能性也。

林氏又云：

蒙古利亞種之發祥地，若無特殊情形，似應在新疆至美洲之半途，即亞洲之東部。且北京人亦即發現此範圍內，故似有可能也。

林氏即甘氏書序文之作者，其反對漢族外來之說，或即對甘氏而發，林氏中國民族史一書，考證頗稱詳備。甘氏謂北京猿人必非漢族之祖先，實不如林氏之立論持中也。

甘氏對漢族之起源，主西來之說，其理論見于二、三兩章，荒謬小疵，寶難徵信。按漢族西來之說，初發于法人拉克伯里，蔣智由祖和之。今已成為陳腐不經之談。甘氏此說乃襲自安特生中國遠古文化西來之說，所謂新西來說也。然安氏只言文化之東漸，未云漢族之西來。以此論安氏者，實不知安氏者也。安氏于其甘肅考古記云：

著者此際之討論，係及文化之遷移，而人種之遷移則未敢過問。步賴克博士於其人種問題洞博之考訂此刻能為吾人告者將於本篇之末略述之。

今觀步氏報告云：

初步測驗這材料所得的印象，我相信這作俄所代表的歷史以前的甘肅居民大多數是原形支那派的，不是咖爾格林教授所擬的土耳其種。

步氏在其奉天沙鍋屯及河南仰韶村之古代人骨與近代華北人骨之比較，及甘肅河南晚石器時代及甘肅史前後期之人類胹骨與現代華北及其他人種之比較中亦謂奉天河南甘肅之史前居民為與今華北人相似之東方派人種。然則漢族為中國之土著，恐安氏亦不否認也。甘氏不此之顧，只以文化之遷徙而定民族之分佈，其于二章三節云：

要研究漢族的遷移及其分佈又不能不借助於文化的考古，因為文化之傳播擴大是依附於人類之移動的。因此以文化的分佈來作種族遷移的路線年代及區域之說明，是絕對的可能的。

此論實似是而非。文化之遷徙只可為種族遷徙之參考而不能為之根據。蓋文化之分佈，不盡由種族之遷徙。商賈之貿販，戰爭之掠奪，國際之貢獻，皆可使文化之產物不脛而

走。如腓尼基人之經商地中海也[10]，埃及巴比倫之文化因以傳至歐洲，吾人得以此而推測埃及巴比倫民族之遷移乎？孟子「毀其宗廟，遷其重器」[11]，禹貢序「禹別九州……任土作貢」[12]，吾人得以此等器物之遷徙而推知古代民族之遷徙乎？先史時代，情勢或異，然初步商業亦不敢謂其必無，戰爭土貢尤所常有，此安特生對種族之遷徙云「不敢過問」也。

至曾氏所謂文化之遷徙，亦多不能自圓其說。如以漢族分佈區域無始舊石器之發現，默證新石器末期之仰韶文化民族來自西方，其二章三節云[13]：

至於古代漢族分佈的區域及其屯積的地帶，如新疆、甘肅、青海、陝西、山西、遼寧、山東、河南及沿雲貴、江蘇邊境，則從來有始石器之發現，就連舊石器的遺址，亦屬渺茫，這使我人不能不感覺到中國地帶，是後於舊石（詩成按：原文佚石字）器中期的事。

按陝西山西河套及周口店皆有多數之舊石器發現，見前引中國原人史要及德日進桑志華諸人之報告中[14]，不知曾氏何以云然。而于第五章則云[15]：

我國對於舊石器之發現，據吾人所知道的有法國博物學者德日進、桑志華等在陝甘河套一帶，特別是寧夏南

之水東灘，採掘的數目特多。其次，中亞探險隊，在外蒙亦有大批的舊石器之發現。由此，我們可以正確的說，吾國北方已經有舊石器之遺留，這是無疑的事實。然而，在西北各地發現的石器是否為華人祖宗之遺留，是值得研究的問題。但從中國原始文化分析的結果，華族在舊石器時代是沒有遷到中國地帶來的。

然則曾氏又承認中國漢族分佈區域有舊石器之發現，特非漢族之文化耳。而前以無舊石器證漢族之外來，豈非自相矛盾乎？

復次，曾氏對中西原始文化，並未詳加分析，偽傳會安特生之說而武斷之耳。其于二章三節云[16]：

中國各地帶特別是河南甘肅南省所採掘之新石器時代底陶器及其裝飾藝術，和中亞細亞小亞細亞乃至東歐各地所發現的，其文化特質複體極為相似，關於這，安特生在其中華遠古文化甘肅考古記及阿爾納在其河南石器時代之着色陶器等書，有詳細之說明。在此地，我們可以否出，中國新石器時代之文化與中亞各地之文化發生一個極為密切之關係，這，毫無疑義地，是漢族遷入中國地帶時所傳播的文化，這則明是中國在始石器時代並未有漢族的存在！

今觀安氏等之著作，曾氏實誤解原意，毫釐千里矣。安氏於其中國遠古文化云：[17]

夫花紋樣式，固未必不能獨立制作，其圖形相似之點，既多且切，實令吾人不能不起同出一源之感想。然以河南與安諾之器相較，其圖形相似之點，既多且切，實令吾人不能不起同出一源之感想。

又在其甘肅考右記云：[18]

吾人於此似可假定，常石銅時代過渡期之開始，以導入新來優越文化為多也。

由此知安氏不過假設而已，曾氏據之則曰「毫無疑義」，譚之甚矣。安氏又云：[19]

陶器發源之中心即為中國孕育文明之所，亦即相傳山西陝西河南交界處之黃河河谷也。

新石器時代之民族，及類似蒙古之民族。其荇手模仿中國遠古幼稚之文化者，大部為漁獵民族。當時亦於適宜之區域，推行其石鋤之原始文化。

是中國本有其固有之文化與民族，新來之文化不過建築于固有文化之上，為土著民族所接受而已，漢族西來豈安氏之意乎？

曾氏似亦覺其以上所云不足証漢族西來之說，故于三章一節又述其尤離奇之論云：[20]

欲研究中國民族之由來及遷移，又不能不先探究人種起源的搖籃地。因為，如果我們承認人類起源是單一的話，則漢族自然也和其他民族發生過血統上的關係，所以，在未闡釋漢族在原始時代遷移之前，我們須先解決人種起原的聖地，然後始能簡括的說明漢族之移動及其移動的路線⋯⋯如果這些論斷是正確的，則我們可以假定人類起源的地帶為中央亞細亞，以後因為人口密度的增加及氣候漸漸改變的結果，人口始向外移殖：西南向小亞細亞而至非洲，西向歐洲，東北向西伯利亞外蒙邊境而至美洲，南向印度而至南洋群島一帶，東南向中國而至臺灣日本等處。其他民族大都由中亞散佈出去的，而漢族之由中亞遷入更是無疑。

人類是否發源于中亞，姑且不論。曾氏以人類起源而證漢族之起源，似不明民族二字之意義。蓋民族者，謂其血統文化皆與他族異也。其距人類發源之時，不知幾十萬年，距人類發源之地，不知數千百里，人類即或發源于中亞，安知漢族亦發源于中亞乎？如歐洲之亞利安民族，諾曼民族；亞洲之蘇米爾民族，塞姆民族；我國之苗夷戎狄，莫不有其發源之地，吾人得以人類起源中亞一語概之乎？曾氏據此不通之西來說，遂大談其漢族西來之階段及路線。謂漢族自為石器時

代即遷入新疆，以次而甘肅而河南。此等自無科學根據之推測，其荒謬自不待言。

第四章泛論原始社會發展之階段，皆考古學及社會學上之通套，溢出本題範圍之外，曾氏或恐讀者無此常識，故特為補入。實則此書本為一專門之題目，讀者自應有其閱讀之力，曾氏此舉，似有濫充篇幅之嫌，復于體例有乖。

第六章一、二、三節言中國新石器時代文化之遺址、區域、及與他族之關係，仍持其中亞中心之說，其謬與前同，茲不贅。其四、五、六節言新石器時代之經濟生活、社會制度、意識形態，亦多襲社會學者之普通論著，施之世界各民族亦無不可。第五節中，略引我國古籍以證其說，然亦未強雜明。如論圖騰聯邦制云[21]：

青經的舜典中有這樣的記載「帝曰：疇咨予上下草木鳥獸，僉曰：益哉。帝曰：俞，咨益，女作朕虞、益拜稽首。讓於朱虎熊羆。帝曰：女諧！」在這幾句短短的問答詞中，已經把圖騰聯邦的特徵，完全畢露出來了。

此種儒家之禪讓制度，不知與圖騰聯邦何關？曾氏又論圖騰，還舉云[22]：

青經上亦有類似的傳說。如：「堯曰：嗟，四嶽！朕在位七十載，汝能庸命踐朕位？嶽應曰：鄙德忝帝位？

堯曰：悉舉貴戚及疏遠隱匿者！眾皆言舜於堯曰：有矜在民間曰虞舜。」

按此段乃史記五帝本紀原文[23]，曾氏既云青經，似應引青經原文。「鄙德忝帝位」下加一問號，與曾氏原理想之禪讓政治，與圖騰選舉無關。堯在位七十載方讓位，孟子所謂「堯老而舜攝也」[24]，若係聯邦選舉，則堯之任期何者是之久乎？

第七章三節言銅器時代之文化接觸云[25]：

我國民族在中亞細亞時代，是與邊到小亞細亞近東各民族的文化互相發生過血統上的關係，這，在前一章中已經明白地指明出來了。後來因為人口密度的增加與氣候的改變，使中亞人口向各處移動，一處由中亞沿裏海一帶入於兩河流域，他一處則由伊犁河入於新疆，遷移過程中，兩處的文化應常是互相交通的，就是到新疆甘陝河南一帶以後，吾國文化仍與巴比倫亞還發生了交通。

又云[26]：

老實說，吾人只要把吾國商代殷代的文化特質加以分析，則吾國文化在銅器時代，仍是一個傳播的時代，吾國文化與中亞及小亞細亞的文化相近⋯⋯直到春秋戰國時代，

吾國維真正的入於一個偉大底創造的時代。

由此知曾氏不但持安特生之新西來說而傳會之，且萊拔克北里之假西來說為一談矣。曾氏述八卦與楔形文字之關係云:

你看「一」與「二」所形成的「☰」(父)和「☷」(水)(民女)「☵」(口舌)與巴比侖楔形文字的組織不很相同嗎?

曾氏之誤，在以八卦為文字，不知八卦乃一種占卜之符號，其意義可隨時變化。如「☵」可代「水」亦可代「險」、「陷」、「有孚」、「心亨」，在古者臨機而斷之耳。繫辭上傳云:

「聖人設卦，觀象繫辭焉而明吉凶，剛柔相推而生變化」，且八卦由一陰一陽相配為八，再變為六十四，其跡甚明，其自為系統亦甚明，若以八卦寫作書契以通吾人之意乎。復次，「一」「二」符號，其形極簡，以此斷其與巴比倫文字之關係，其謬也不至于開鐘為日者幾希。今殷代已有甲骨文字發現，曾氏何不于甲骨文中求其與巴比倫之關係乎?

曾氏又云:

同時，吾國殷代胼法是陰胼，這個陰胼完全和巴比倫一樣，非有文化交通的關係，其同質性決沒有這樣的程度。

此亦離于徵信，胼法根據天文，天文無二，胼法自無不同。今世界非陰胼即陽胼，豈得謂皆出一源或偕有二源乎?第七章第五節言偶器時代之社會制度，多引我國古籍。彼此矛盾，不可究詰，茲摘錄如下:

(1) 堯舜之傳說列入紫銅器時代，以證圖騰社會之組織，馮契之傳說列入新石器時代，以證氏族社會之組織。不知此同庭抗禮之人物，何待分屬二期?

(2) 以夏商為女氏族，殷為男氏族，禹姒姓為女氏族，契子姓為男氏族。禹契同時，以姓證殷制，其誤同前。以子為男，說亦無據。史記殷本紀云:

契長而佐禹治水有功，帝舜乃命契曰：百姓不親……封子於商，賜姓子氏。

姓出于賜，其義不可考矣。

(3) 以禹為姒姓，其後分封，啟為夏后氏族，啟非禹之親子云:

「禹為姒姓，其後分封，用國為姓。故有夏后氏族，與啟的夏后氏族不同，明明啟這明明是說禹為姒氏族，不是禹的親子。

不知禹本為夏后氏。史記五帝本紀云:

帝禹為夏后氏而別姓姒氏。

烏知啟非禹之親子乎？

（4）以商初爲女氏族時代，引商初專祭先公先王先妣，不祭先祖先考爲證。然先公先王非男性乎？葛啟揚先生卜辭所見之殷代家族制度云33：

商代的家族是一個父系的組織：商人傳位皆以男系爲中心。史記殷本紀及三代世表所列商代的君主，共有三十個，都是男的。其他古書，如詩書春秋左傳世本論語等，也沒提到商代的女主。

曾氏之誤可知。

（5）以商末殷初爲斬時偶婚制，引易屯、損、困、三卦爲證；殷爲一夫多妻制，引易遯、蒙、鼎三卦爲證。不知曾氏何所據而云然。今觀前三卦言娶妻，後三卦言娶妾，妻妾本可並存，又何必強爲分期乎？

第八章言中國之原始藝術，僅論及河南甘肅之彩陶及銅器上回紋與龍之關係。其他如骨、角、牙、玉之彫琢，鐘、鼎、瓷器之制作，以及山東之黑陶文化，皆未敍及，一何略耶！

總觀甘氏此作，其最大錯誤即在過信澳族西來之說，以我國自舊石器時代至春秋戰國皆爲中亞文化之傳播時期。故凡事皆欲溯源西方，而對我國固有之史料反不克深意索求，

群爲審訂，所謂皮傳之學而僅爲人作僞者也。無名氏中國民族西來辯云34：

我國立國以來，有至遠之歷史，至著之事蹟。其進化之序，由神話時代入於繁雜時代，由自然時代入於人爲時代，由卑簡時代入於事實時代。一稽上古記載，凡諸事實，無一一與我中華地域互有根據，互有關聯，始終一貫，歷歷可指⋯逼尋我國古書，曾無片辭隻語認我族由城外遷入。一聞他人之有是說，嗟乎若喪，彼本無稽附會之語，我復不惜搜集斷簡殘字，凡可以依附其無稽者，靡不張之皇之，若遠在西方小亞細亞，近在西域子闐之間，確有我民族發源之迹也者⋯呼，可異矣。

李濟西陰村史前的遺存云35：

見於外國類似這一類帶彩的陶器——如安特生及阿恩所引——自然值得我們極細緻的研究與比較。現在我們要認清的路頭是：考較現在我們所有的材料。我們還沒有待若十分可靠的證據，使我們在中國找的帶彩陶器確發源於西方。

李氏又在其城子崖序文中云36：

外國人研究中國事體，入手的立場總是用比較法⋯比

較法的應用，也有他自然的限制。用得好，可以貫串一大堆似乎不相干的事實，把他們喚醒了，成一組活的歷史⋯用得澀，就免不了犯生吞活剝的毛病，撿拾一鱗半爪，強為溝通，造出種種奇怪的學說：早期的西洋人研究中國學者，好多都在這個風氣內煮陶出來。他們在中國文字的古音古形古義尚沒研究一個道理出來的時候，就有廚子把他與楔形文字亂比起來。對於中國古史傳說的真偽沒看清楚就敢討論中國文化的來源。這些人雖說掛了一塊學者的招牌，事實上只是發揮某一種偏見，一時。

傅斯年城子崖序文中亦云：

即以考古學而論，在中國遍求與中央及西方亞細亞采色陶器有親屬關係之中國采色陶器之分佈，誠然是一件絕重大的考古工作，然中國史前及史原時代之考古，不只是這麼一個重大問題，若以這個問題為第一重心，則勞駕付先條二三千年間中土文化之步步進展，只是西方亞洲文化之波浪所及，此土自身並非一個分子，我們現在所有的知識，已使我們堅信事實並不是如此⋯總而言之，西洋人作中國考古學，猶之乎他們作中國史學之一般，總是多注重在外緣的關聯每忽略于內層的綱領，

這也是環境與憑藉使然。觀三氏之文，請我國文化西源與民族西源者，在未得更新證據之前，似可已矣。

1 中國原人史要檔掇提中文節要（地質彙報，甲種，第十一號，民國二十二年國立北平研究院地質學研究所本）頁四。

2 林惠祥中國民族史（民國二十五年上海商務印書館本）上冊，頁六十三。

3 同上，頁六十六。

4 登看：蔣習山中國人種考（地質彙報·甲種，第五號，民國十四年農商部地質調查所桑森涛譯本），頁四十三。

5 安特生甘肅考古記（地質專報·甲種，第五號，民國十四年農商部地質調查所樂森涛譯本），頁四十三。

6 同上附步領克甘肅史前人種說略（李濟譯文），頁五十。

7 步達生蒙大心鍋屯及河南仰韶村之古代人骨與近代華北人骨之比較（古生物誌，丁種，第一號。民國十四年農商部地質調查所本）。

8 步達生甘肅河南晚石器時代及甘肅史前狀期之人類頭骨與現代華北及其他人種之比較（古生物誌，丁種，第六號第一冊。民國十七年農礦部地質調查所本）。

9 曾氏原書，頁二十二。

10 孟子滕惠王（世界書局四書五經注疏本），卷六，葉一上。

11 書經（楠海山房十三經注疏本），卷十五。

12 書經（楠海山房十三經注疏本），卷六，葉一上。

13 曾氏原書，頁二十二。

附：Redouf, Outline of General History Part I Chapter III.

14 章著：Preliminary observations on the pre-loessic and post-pontian formations in western Shansi and northern Shensi, by P. Teilhard de Chardin and C.C. Young, Appendix III, (Geological Memoirs, Series A, No. 8, Peiping, 1930), Le Paléolithique de la Chine, Par Emile Licent, Tientsin 1929.

15 安特生中華遠古之文化（地質彙報，第五號，第一冊，袁復禮譯本），頁二十三。

16 曾氏原書，頁二十四。

17 曾氏原書，頁五十二。

18, 安特生甘肅考古記（地質專報，甲種，第五號，民國十四年農商部地質調查所樂森璕譯本），頁四十三。

19 同上，頁四十二。

20 曾氏原書，頁八十。

21 曾氏原書，頁二十六。

22 曾氏原書，頁八十。

23 史記（開明書店二十五史本），頁五。

24 孟子萬章（世界書局四書五經本），頁七十。

25 曾氏原書，頁九十七。

26 曾氏原書，頁一百。

27 曾氏原書，頁九十九。

28 馬家浜（世界書局四書五經本），頁五十六。

29 曾氏原書，頁九十九。

30 史記（開明書店二十五史本），頁十。

31 曾氏原書，頁一百零六。

32 史記（開明書店二十五史本），頁六。

33 葛啟揚卜辭所見之殷代家族制度（史學年報，第二卷，第五期，燕京大學歷史學會本），附中國民族西來辨，頁一。

34 蔣智由中國人種考（民國十八年清華學校研究院本），頁二十八。

35 李濟西陰村史前的遺存（民國十六年清華學校研究院本），頁二十八。

36 城子崖（中國考古報告集之一，民國二十三年國立中央研究院歷史語言研究所本），頁xiii。

37 同上，頁vii。

中國古代氏姓制度研究　　　曹詩成

民國二十五年，上海商務印書館出版，定價國幣貳角

中國古代氏姓制度研究（又名中國古代政治思想及制度）之一部，乃日人田崎仁義所著《王道天下之研究》之一部，經袁業格君翻譯改編者也。全書共分九章：（一）氏為血族或地域之名稱，（二）姓為母系族制之遺意，（三）同德同姓異德異姓之說，（四）姓與五行及五音，（五）賜姓之事，（六）父系姓之發生，（七）姓與祖先崇拜，（八）氏之分歧的發展與進化，（九）結論。此書材料大概根據古今圖書集成或氏族典

所指示，立論平允，條理清晰，大體尚稱謹嚴：如以氏為「因血族或同祖關係或同祖信仰為基礎而自然發生之團體」（原書頁二十一）、「姓為母系出身之標識」，以駁鄭樵「男子稱氏，女子稱姓」（原書頁七十六）之說；及以「後人以五行配合人之氣性以調整婚姻關係」以駁顧炎武「姓之所定在於五行」之說（原書頁四十七），皆極有見地。又論古吹律定姓云「凡古代之事，以今日之理智所不能推斷者，何止一二？傳說祇可認為傳說而存之，不敢濫於抹殺排除，方為合理」，其治學之度，藹然可風。惟過于保守，往往失之拘泥：如論「姓與母之所居地」，多引補三皇本紀、帝王世紀、通鑑外紀、路史諸書為證（原書頁二十八、三十二），又以國語晉語「黃帝之子二十五宗，其得姓者十四人」證黃帝時已有「同德同姓異德異姓」之俗（原書頁四十四）與其「唯任春秋時代，同德同姓異德異姓之說，是否已成一般的社會觀念，尚難確定」（原書頁四十三）之說，自相矛盾。是其微瑕也。

抑又有進者，即袁氏此作，乃由翻譯而加以改編，此種方法，是否適當，亦一問題。胡樸安於此書序文云「袁業裕先生以所編述之中國古代氏姓制度研究問序於余，余知是作，先由日文翻譯，而後加以改編，去其錯誤，補其缺點，能免除譯本晦澀之嫌，頗可一讀」。吾人則以為所刪者安知非其精華，所補者又安知非其精粕乎？今通觀全書，瑕不掩瑜，恐非袁氏之力，惜不克窺其全豹耳。吾人以為如欲手翻譯中稍加改作，以便讀者，似宜于原文之外，或劊或補，以按語出之，庶幾不至掠人之美或逸人之惡也。商之翻譯界諸君，以為然否？

顧炎武

王伊同

李斯傳

China's First Unifier: A Study of the Ch'in Dynasty As Seen in the Life of Li Ssŭ (280?–208 B.C.) By Derk Bodde, Leiden, Holland, 1938.

一

自來學者，治乙部書，或以嬴秦峻法嚴誅，享國二世，顧而唾之，不之重；或以李斯倍師負友，身備五刑，委而棄之，不之惜。嗟乎，秦史胡可忽，李斯胡可輕哉！夫秦立國十餘年，不可謂久，固矣。然而上承七國紛崩之餘，下開兩漢一統之局。若官制之釐訂，封建之罷廢，郡縣之創設，思想之會同，文物之齊整，莫不包羅叢蓄，承先啓後。總攬統攝者始皇，推瀾助波者李斯也，而可以成敗衡輕重哉！近讀美人鮑氏書，發力深微，慧眼獨具，信矣海外多奇士也。鮑之為書，以嬴秦為軀殼，李斯為靈魂。凡三大部，首

舉斯事略，次功業，復次學術。冠以導論，殿以附錄。議論所及，上接三代，下抵兩漢，凡制度、名物、食貨、刑法、禮儀、學術、靡不溯本窮源，張綱舉目。且持論中肯，斷案允平。如謂秦尚刑名，而亡于漢，故漢儒言勝代事，常失之誣[2]。李斯爲相，不能督制內庫；且國內經濟，特賢良對策，民樂上達，所以相異[3]。其論諸子也，謂宗教血誠，略同釋家；墨門上達，因[3]。又謂漢代民生，未必勝秦；特賢良對策，民樂上達，所鉅子相機，蓋其要旨，與尙同同歸[5]。又謂吾國文學，常左右思想，思想旣成，又令文學蒙影響[6]。凡此諸論，類皆得之鑽研，非同浮掠。雖然，開創者難爲功，後繼者易爲力。氏或出其西人，治漢學，文字轉棧，尤異尋常。澄漏疏略，誤譯錯解，覺體以觀，易克盡免。用申悤管，以備折衷。氏餘緒而頌敎之，幸甚幸甚。

二

秦一枕天下，緣由匯一，要其地勢險阻，實爲主因。方戰國紛爭，楚齊爲強。楚擁江漢，地富兵銳；秦得蜀，則思生肘腋。（蜀對秦事見下）。齊有臨淄之富，魚鹽之饒，然北阻強鄰，西界韓魏，地勢平曠，遠不逮秦。故賈生之言曰：「秦地被山帶河以爲固，四塞之國也。自繆公以來，至於秦王，二十餘君，常爲諸侯雄。豈世世賢哉？其勢居然也。且

天下嘗同心幷力而攻秦矣，常此之世，賢智並列，良將行其師，賢相通其謀，然困於阻險，秦乃延入戰而爲之開關。百萬之徒，逃北而逐壞。登勢力智慧不足戰？形不利，勢不便也。秦小邑幷大城，守險塞而軍，高壘毋戰，閉關據阨，荷戟而守之。諸侯起於匹夫，以利合，非有素王之行也。其交未親，其下未附，名爲亡秦，其實利之也」[7]。國策云：「〔依注增〕施三川[8]，以實宜陽，以決羊腸之險，塞太行之口，又〔依范中行之塗，棧道千里，通[通候注增]於蜀漢，使天下皆畏秦[8]。」蓋秦地偏天下，剗關而守。北有甘泉谷口之固，南有涇渭之沃，擅巴漢之饒，右隴蜀之山，殺之險，民堅革銳，兼吞天下，夷平諸侯[10]。追楚漢互爭，人之策，乘六世之烈，兵堅革銳，兼吞天下，夷平諸侯[10]。追楚漢互爭，大小百數十戰，楚常勝；然漢王猝居關中，佯毀棧道，假涇之富，收巴漢之饒，鶩臂突關，卒夷勁楚；無他，地勢然也[11]。此一事矣。太史公曰：「關中之地，於天下三分之一，而人衆不過什三。然量其富，居其什六」[12]。戰國以降，蘇秦之說秦惠王之說大行，傳道河渠，號爲佳治。（下詳）「沃野千里，蓄積饒多，地勢形便。此所謂天府，天下之雄國也」[13]。是以富者巢曰：「大王之國，...田肥美，民殷富，...沃野千里，蓄積饒

鉅萬，強者兼州城。邑有人君之尊，里有公侯之富[14]。太史公論之曰：「關中自汧雍以東，至河華，膏壤沃野千里，自虞夏之貢，以為上田，而公劉適邠，大王王季在岐，文王作豐，武王治鎬，故其民猶有先王之遺風。好稼穡，殖五穀，地重，重為邪。及秦文孝繆居雍隙，隴蜀之貨物而多賈。獻孝公徙櫟邑，櫟邑北卻戎翟，東通三晉，亦多大賈。武昭治咸陽，因以漢都長安諸陵，四方輻湊，並至而會。地小人衆，故其民益玩巧而事末也。[15]」有鄠杜竹林，南山檀柘，號稱陸海，為九州膏腴[16]。澳輿，海內為一。開關梁，弛山澤之禁。而徙豪傑諸侯彊族於京師。南則巴蜀，地饒厄舊丹沙石銅鐵竹木之器；南御滇僰，僰僮。西近邛笮，笮馬旄牛。然四塞棧道，千里無所不通，唯褒斜綰轂其口。以所多，易所鮮。天水、隴西、北地、上郡，與關中同俗；西有羌中之利，北有戎翟之畜，畜牧為天下饒，然地亦窮險，唯京師要其道[17]。蓋關中行沃，民好稼穡。與巴蜀隴西相貿遷。秦資其富源，以供軍國，併天下，此二事矣。秦之先世，起自隴西，故其血族，或異他國。史稱繆公用由余謀，伐戎王，益國十二。開地千里，遂霸西戎[18]。是不特開拓疆土，掠取肥饒，即於民族優生，或多影響。觀乎秦民風格，迥異河東

知之。此三事矣[19]。司馬錯說秦王伐蜀曰：「蜀，西僻之國也，而戎翟之長也；而有桀紂之亂。以秦攻之，譬如使豺狼，逐群羊也。取其地，足以廣國也；得其財，足以富民繕兵。不傷衆，而彼以服焉。故拔一國而天下不以為暴；利盡四海，諸侯不以為貪。是我一舉而名實兩附也。」及定蜀，秦益以富彊，輕陵諸侯。秦之憂在六國。蜀既僻小，又不最先；楚最驕強，而抁之獨後。秦之愛在擴財富，繕甲兵而已。此四事矣。關中水利，今右翼通持也。史稱韓聞秦之好興事，欲罷之，毋令東伐。迺使水工鄭國間說秦，令鑿涇水，自中山西邸瓠口為渠，並北山東注洛，三百餘里，欲以溉田，中作而覺。秦欲殺鄭國。國曰：「始臣為間。然渠成，亦秦之利也。」臣為韓延數歲之命，而為秦建萬世之功。秦以為然，卒使就集，用注填閼之水，溉舄鹵之地，四萬餘頃，收皆畝一鍾。於是關中為沃野，無凶年，秦以富饒，卒併諸侯，因命曰鄭國渠[22]。鄭國所以入秦，未可盡信書。然秦籍其力，民以富饒；揆之常理，應無可疑。此五事矣。秦幷在雍州，休養番息，不與中國匹會，諸侯亦夷翟遇之。秦孝公初，河山之東，彊國六，與齊威楚宣魏惠燕悼韓哀趙成侯，並淮泗之間，小國十餘。楚自漢中，南

與秦接界，魏築長城，自鄭濱洛以北有上郡。

有巴黔中。周室微弱，諸侯力政。民力耗殫，屏藩自撤，為秦驅除²³。此六事矣。春秋時，列國皆用同姓，惟秦好用異國人。遊士負一技，專寸長，斬關入秦，莫不各遂所欲。其遺謀權謀者，止韓非鮑丘等一二人已耳。獨於骨肉，嚴而少恩，人人得而間之。蓋自穆公用由余，霸西戎，援來客卿，逮成家法，而卒賴其力，克就帝業²⁴。此七事矣。秦尚法治，史遷備詳。雖皆出儒家，不免揚激，而揆諸實事，非盡子虛。史稱秦文公二十年，法初有三族之罪²⁵。孝公以衞鞅為左庶長，定變法之令。令民為什伍，而相收司連坐，不告奸者腰斬，告奸者與斬敵首同賞，匿奸者與降敵同罰。民有二男以上不分異者倍其賦，有軍功者各以率受上爵，為私鬭者，各以輕重破刑。大小僇力本業，耕織致粟帛，多者復其身；事末利及怠而貧者，舉以為收孥。宗室非有軍功論，不得屬籍。明尊卑爵秩等級，各以差次名。田宅臣妾衣服以家次，有功者顯榮，無功者雖富無所芬華。行之十年，秦民大悅，道不拾遺，山無盜賊，家給人足。民勇於公戰，怯於私鬭，鄉邑大治。又為開阡陌，封疆而賦稅平，平一權衡丈尺²⁶。嬌詐奢而明法令，塞私門之請，而遂公家之勞²⁷，犯約，刖之。居五年，秦人富強，諸侯畢賀²⁸。韓非子曰：「夫小過不生，大罪不至，是人無罪而亂不生。」又曰：

「公孫鞅曰：行刑重其輕者，輕者不至，重者不來，是謂以刑去刑也」²⁹。秦制：有功者爵至，犯約者刑加，非令而擅興，與亂法同罪。故昭襄王病，百姓買牛而家為王禱，王令人問之，有功而受賞，有罪而受誅。秦大饑，應侯請振。王曰：吾秦法，有功者受賞，有罪者受誅。今發五苑之蔬草者，使民有功與無功俱賞也，此亂之道也。生而亂，不如死而治，余何為之振？³¹始皇之幷天下也，內興功作，外攘夷狄，收泰半之賦，發閭左之戍，男子力耕不足糧餉，女子紡織不足衣服³²。又加月為更卒，已復為正一歲，屯戍一歲，力役三十倍于古，田租口賦鹽鐵之利，二十倍於古。端天下之力，不足以供軍國³³。專任刑罰，躬操文墨，晝斷獄，夜理書，自程決事，不中程，不得休息。而奸邪並生，赭衣塞路，囹圄成市，天下怨愁³⁴。二世元年七月，陳勝吳廣皆次當行為屯長，會大雨，道不通，度已失期。失期法皆斬，遂昧死倡亂。秦法嚴苛，遂有斬斷獄，俑理書，小民畏矣。高祖為亭長，坐傷人，厭罪重，因思叛。通攷曰：「秦自非子為孝王，養馬汧渭之間。封為附庸，平王東遷。秦仲始大。秦仲之孫襄公，當平王初，興兵討西戎以救周，平王封之地，列為諸侯，地與戎相結。襄公修其車馬，備其兵甲，武公，當平王初，興兵討西戎以救周，平王封之地，列為諸侯，地與戎相結。襄公修其車馬，備其兵甲，武事備矣。至穆公霸西戎，始作三軍。…及孝公用商鞅，定變

決之令。令民爲什五而相收連坐，告姦者與斬敵首同賞，匿姦者與降敵同罰。民有二男以上不分異者，倍其賦。有軍功者各以率受上爵。爲私鬥者各以輕重被刑。宗室非有軍功論，不得爲屬籍。行之十年，民勇於公戰，怯於私鬥。又以秦地曠而人寡，晉地狹而人稠，誘三晉之人耕秦地，而使秦人應敵於外。大率百人則五十人爲農，五十人習戰。凡民年二十三，附之時官，給郡縣，一月而謂更卒，後給中都一歲謂正卒，復屯邊一歲謂戍卒。凡戰獲一首，賜爵一級，皆以戰功相尉長。按平之役，年十五以上悉發，又非商鞅之術矣。農戰無分。故蘇秦說秦王曰：「以秦士民之衆，兵法之教，可以吞天下，稱帝而治。」王翦之伐楚也，空秦國甲兵而專統之，得六十萬人。此九事矣。故今日論秦史，有不可經者，若地勢，若國富，若幣軍，若血族，若巴蜀，若水利，若孤立，若崇賢，若尚法，顧遂鄙意，用爲經序，以備芻蕘。至若諸國經濟之變更，社會之轉移，思想之趨向，影響所及，均利一統。端緒繁賾，請俟專篇。

三

歷來論史者，於李斯鮮譽辭。誠以秦法嚴酷，徭役峻急，

客卿片言獲金紫，宗室徼倖寶顯爵，與儒敎多出入也。獨不悟戰國紛亂，生民靡迫，王室卑弱，諸侯專橫，禮樂崩祀，刑法墮地。及至贏秦，定制度，例鋼條，齊權衡，怪利法，峙文字，外抗夷狄，內休甲兵。而論者不察，妄加譏評，正文字，卒成帝業，斯爲三公，阿諛苟合，閎以取寵之歸，不務明政以輔主上之缺，持爵祿之重，阿順苟合，嚴威酷刑。聽高邪說，廢適立庶。諸侯已畔，斯乃欲諫，亦末乎？」正坐此失。楷頤北撰俠餘叢考，其言曰：「史記李斯傳：斯少時從荀卿學帝王術。而淸瀾傳：河南守吳公，治行爲天下第一，嘗與李斯同邑而嘗師事焉。然則李斯之師乃大儒，故與李斯同邑而嘗師事焉。獨斯則焚詩書，嚴法令，爲鬻於天下何也？若斯本學帝王之術，以戰國時，非可以此。十世，乃反而爲急功近名之佐秦定天下。及功已成，自知非爲治之正道，恐人議己，故盡毀諸書以滅帝王之迹，欲使己獨擅名耳[45]」其冒辯，斯之受誣，得此而一雪矣。按荀子儒效篇：「大儒者，善調一天下，制强暴，則非大儒也。彼大用百里之地，而不能調一天下、制强暴者，非大儒者，蟬蛻於窮閻漏屋，無置錐之地，而王公不能與之爭

名。在一大夫之位，則一君不能獨畜，一國不能容成名。況乎諸侯，莫不願得以為臣。用百里之地，而千里之國，莫能與之爭勝，笞捶暴國，齊一天下，而莫能傾也，是大儒之徵也。其言有類，其行有禮，其舉事無悔，其持險應變曲當，與時遷徙，與世偃仰，千舉萬變，其道一也，是大儒之稽也。……法後王(原作先王，從注改。)，統禮義，一制度，以淺持博，以今持古(原作以古持今，依注改。)，以一持萬，苟仁義之類也，雖在鳥獸之中，若別白黑。倚物怪變，所未嘗聞也，所未嘗見也，卒然起一方，則舉統類而應之，無所儗慴，張法而度之，則晻然若合符節，是大儒者也。故人主……用大儒，則百里之地久，而後三年，天下為一，諸侯為臣。用萬乘之國，則舉錯而定，一朝而伯。」富國篇：「然後眾人徒備官職，漸慶賞，嚴刑罰，以戒其心，使天下生民之屬，皆知己之所願欲之舉在于是也，故其賞行；皆知己之所畏恐之舉在于是也，故其罰威。賞行罰威，則賢者可得而進也，不肖者得而退也，能不能可得而官也。若是則萬變得其宜，事變得其應，上得天時，下得地利，中得人和47，則百事不廢。」王霸篇：「故百里之地，其等位爵服，足以容天下之賢士矣；循其舊法，擇其善者而明用之，足以順服好利之人矣。賢士一焉，能士官焉，好利之人服焉。三者

斯輔英主，成帝業，慈誠竭忠，卒被五刑，今不暇惜。發逝一統之迹，以零千歲之冤。51按先秦諸侯紛爭，海內雲擾，封建未泯，實為主因。雖然，封建之罷，不始於秦，秦亦未盡廢也。秦爵十二等，起於孝公之時。商快立此法，以實戰功，唯徹侯有地，關內侯則虛名而已。庶長以下不論也。始皇逐王翦擊楚，翦請美田宅甚眾，曰：「為大王將，有功終不得封侯。」然則秦雖有徹侯之爵，而受封者極少，苟秦法未嘗輕以土地予人，不待李斯建議，而封建已漸廢。始皇之言曰：「《漢書地理志》言秦并兼四海，以為周制微弱，終為諸侯所喪，故不立尺土之封。分天下為郡縣，盪滅前聖之苗裔，靡有子遺。故後之文人，祖述其說：以為廢封建、立郡縣，肯始皇之所為也，以余觀之殆不然。則當春秋之世，滅人之國者，固已為縣矣。……則當七國之世，而固有郡矣。……則六國之未於入秦，而固已先為守令長矣。……安得謂至始皇而始廢侯置守邪？傳稱禹會諸侯，執玉帛者萬國，至周武王猶千八

百國，春秋時見於經傳者百四十餘國，又并而為十二諸侯，又并而為七國；此固其勢之所必至，秦雖欲復古之制，亦有所不能。而謂能封侯咨守之始於秦，則儒生不通古今之見也。又曰：「古封建之國，或為王，或為君，濱于江南海上，服朝於楚。秦始皇本紀言二十五年，王翦遂定荆江南地，降越君。漢興，有東海王搖，閩越王無諸之國，是越未嘗亡也。〈西南夷傳〉又言秦滅諸侯，唯楚苗裔尚有滇王。然則謂秦滅五等而立郡縣，亦舉其大勢然耳。」雖然，封建之失，自茲而殺；郡縣守牧，因乘永制。至孝武之時，始得一統。晉初封建頓復，內亂踵起。明大封宗室，卒招靖難之師。然則潮流所趨，雖有好古者，欲效三代遺規，聚同姓一一而封之，亦有所不能。腐儒之見，獨謂秦罷郡置守，寡仁昨義，二世而亡。抑斯行事，最召怨忌者，莫若焚書。儒者謂其非毀聖道，鉗制小民。充其所言，斯之罪，浮于桀紂可也。史稱始皇三十四年，斯請史官非秦紀皆燒之。非博士官所職，天下敢有藏詩書百家語者，悉詣守尉雜

燒之。是始皇僅焚民間所藏者，而博士官所職之詩書百家語，固無恙也。秦法有欲習詩書者，以吏為師，是秦亦未嘗不重學。特經生好論今古，有不便，口語腹議。方天下初定，此風不可長，故禁而偶之耳。故漢興，諸經皆得立于學官，而博士亦秦故俗。且秦嘗焚書矣。韓非子五蠹：「明主之國，無書簡之文，以法為教，無先王之語，以吏為師。」和氏：「商君教秦孝公燔詩書，而明法令。」然則秦焚書，創制者非始皇，專擅者非李斯，亦其國法然耳，奈何執斯而戮指之哉？至若建帝號，置郡縣、更官制、定朝儀、修刑法齊權量、一文字、定幣制、徙豪強、集兵權、坑儒生、建宮室、治馳道、修長城、殺戶口、闢阡陌、鮑氏已詳不贅

四

鮑氏書，有二事故不可解。秦郡名數，迴異前人，一也；韓非之死，撫采異說，令人致惑，二也；皆不可不論。案史記秦始皇本紀，二十六年，從廷尉李斯議，分天下以為三十六郡。後儒論秦郡者，紛競不一。或謂為始皇二十六年之郡，後所置者不與焉。班固漢書地理志，所紀郡國沿革，稱秦置者二一代之郡數，史家追紀之。十七。（河東、太原、上黨、東郡、潁川、南陽、南郡、九江、鄣鹿、邯

郡、瑯琊、盱眙、漢中、蜀郡、巴郡、隴西、北地、上郡、雲中、鴈門、代郡、上谷、漁陽、右北平、遼西、遼東、南海。）稱秦郡者一（長沙。）中有始皇三十三年所置之南海桂林象郡，合得三十六郡，蓋主前說者也。表題作史記集解，本續漢志，以郡郡、故秦某郡者八，（三川、洞水、九原、桂林、象郡、郡鄲、閩郡、薛郡。）稱秦某郡者一（長沙。）中有始皇三十三年所置之南海桂林象郡，合得三十六郡，蓋主前說者也。表題作史記集解，本續漢志，以郡郡、代，顧傳之閩中郡，合南海桂林象郡為四十六郡。晉志因之，黔中、代南海桂林象郡，並數內史為三十六郡。晉志因之，增東顧傳之閩中郡，合南海桂林象郡為四十六郡。晉志因之，王應麟胡三省等說，咸祖裴說，而清儒錢大昕從班書，詳言其沿史公考二十六年分天下為三十六郡，未嘗實指為某某郡。班革。其非漢置者，或云秦置，或云故秦某郡，或云秦郡國下，孟堅地理志，列漢郡國百有三，又於各郡國下，詳言其沿而計之，適當三十六郡之數。是孟堅所說，即始皇所分之三十六郡也。錢址不數內史閩中，而以南海桂林象郡當之，北主裴說者，明陳芳績別內史，並數郡郡二郡，去閩中而增榆中，合四十郡。姚鼐謂秦始皇分天下為三十六郡，在二十六年。迄三十三年，略取陸梁地為桂林象郡南海，已為三十九郡。至秦初亡時，或更有分合，不知其者，不能詳知，姑舉其初曰：本秦京師，為內史。考之秦漢六郡，下遂及漢興云。其說實有未備，不可拘守。分天下作三十六郡，下遂及漢興云。其說實有未備，不可拘守。考之秦漢間郡名，得四十餘，故三十六之數，斷不可泥。洪亮吉據史

漢增黔中郡，合前得三十六郡，而桂林南海象郡不與焉。黃廷鑒於表註增郯郡，別內史，而為三十六；於晉志去閩中，增郯郡，合內史，而為四十郡。全祖望不數內史，以郡郡晚出，亦不數，而增東海黔中楚郡。梁玉繩取水經注之廣陽易郯郡。王鳴盛以黔中屬楚，在始皇三十年後。又舍桂林、南海、象郡，而數內史。尚少二郡，竟闕其疑。楊守敬合內史郯郡黔中，以為四十郡。劉師培敷郯郡黔中閩中，合四十郡。王國維謂二十六年始分天下為三十六郡，次增義齊六郡為四十二郡，至三十三年南征南海桂林象郡，北卻九原，又於內地分置陳東海二郡，共為四十八郡。秦以水德王，故敷以六為紀，或自乘之，或七倍之，或八倍之，其制然也。是則秦郡數，或取桂林、南海、象郡，爭持不已，因各有其或為四十八，紛然千載，未嘗決也。且諸家考証，或據班書為三十六，或據裴注為四十，郡，或舍內史，或取桂林、南海、象郡，爭持不已，因各有所見。鮑氏附錄，有秦四十郡表，以上郡、漢中、河東、蜀郡、南郡、會稽、九江、郯郡、上黨、三川、太原、東郡、潁川、邯鄲、漁陽、右北平、碭郡、琅邪、齊郡、上谷、鴈門、隴西、北地、巴郡、遼東、長沙、代郡、雲中、九原、薛郡、泗水、遼西、黔中、內史、桂林、象郡、南海、閩中，當之。較之辛楣，溢黔中內史閩中彭

郡：方之謝山、多內史彭郡，而短河東楚郡東海；與謝山靜安合校，則短陳郡廣陽東陽三郡，而多鄴郡。是其名敘次第、與諸家多出入。糅雜錯綜，未知果何據也。史記論韓非之死，凡三見。非本傳：「人或傳其書至秦，秦王見孤憤五蠹之書，曰：嗟乎！寡人得見此人與之游，死不恨矣。李斯曰：此韓非之所著書也。秦因急攻韓。韓王始不用非，及急，廼遣非使秦。秦王悅之，未信用。李斯姚賈害之，毀之曰：韓非，韓之諸公子也。今王欲並諸侯，非終為韓不為秦，此人之情也。今王不用，久留而歸之，此自遺患也。不如以過法誅之。秦王以為然，下吏治非。李斯使人遺非藥，使自殺。韓非欲自陳，不得見。秦王後悔之，使人赦之，非已死矣。」韓世家：「王安五年，秦攻韓。韓急使韓非使秦，秦留非，因殺之。」秦始皇本紀：十四年：「韓非使韓[84]」正義：「括地志云：雲陽城在雍州雲陽縣西八十里，秦始皇甘泉宮在焉。」是非之死，有二解。非與斯同學於荀卿，斯自以為不及。非哥韓，初非待志也，韓事急，遣之入秦，秦王悅其書。斯恐寵奪，因害之秦宮；解一矣。或者非在韓，不利於秦，必致之死，然後得志。故非死而韓稱臣，後三年而韓亡；解二矣。從後說，則斯之本謀，止在輸英主，成帝業，權衡指益，全友朋之誼，不若成一統之業，因而害非；是其心術，猶可曲諒。世之論者，咸謂非不容於斯，因致顯戮。洪北江之論曰：「夫斯非不知韓非有過人之材，並材之十倍子己也。……方二世之時，斯以丞相為趙高所間，恐懼上書。此時舉生之學術，苟可以求免者，當無不用之矣。然其書中，唯兩引韓子之言。一則曰慈拊有敗子，而嚴家無格虜云云。末又云：曰布帛尋常，庸人不釋；鑠金百鎰，盜跖不搏云云。二則曰申韓不釋，廉人不釋。……是斯之心悅誠服于非者何如？然必難之而後已者，懼其勝己也。是則逢蒙殺羿之意也。吾故曰，心術不正，則學術不正；學術不正，則師弟亦不能相保，勢使然也。」[85]鮑氏初從史記，謂斯實害非，其言正矣。乃又據國策四國為一章[87]，論非之死，姚賈害非而不取，賈……信然[88]。然姚賈之事，不顯當世[89]，未必以一言之譖致於誅戮。且即從其說，非在秦為賓客，參謀譖議，因事攻姚賈之短，秦王不聽，且從姚賈之說，非之死，死不恨矣之歎[90]。是其資望必顯於賈，賈安得諸而殺之哉？太史公言，韓非子[91]，擇采國策，獨而不取，賈……[92]李斯使韓矣，誠為卓識，然其書首尾不全，鮑氏何愛而輕信之？韓非子存韓，實言強韓弱，稽年矣，然其書首尾不全，一介之力耳。斯為延尉，擅顧亡；解二矣。從後說，則斯之本謀，止在輸英主，成帝業，權

職，蒙主上恩眷，言聽計從，而謂奉命東使，以畏弱韓，是猶挾泰山之重，以破薄冰，負賁育之勇，以抗嬰弱，其可乎哉？鮑氏致惑史記，遂不得不引國策之邪說，既又知其非安，則謂韓之不敢害斯，以秦留非，懼其相報[93]。非本傳：非見韓之削弱，數以書諫韓王，韓王不能用。故其言曰：「儒者以文亂法，而俠者以武犯禁。寬則寵名譽之人，急則用介胄之士。所養非所用，所用非所養[94]。」蓋疾世之言，非所以自傷也。韓非念，方使入秦。儻韓之富強，果足以抗秦歟？胡不加刑李斯，以除後患；假手害非，以贖前嫌。今韓不敢傷斯，是果畏秦矣。捍秦，又何勞斯之東出，始臣服而朝請？然則充篇牴牾，略不足據，亦已明矣；鮑氏剖斷未精，輕加援引。將以證史，而惑滋甚[95]，又焉可以不辯。

五

鮑氏論李斯政術，異儒而類法。其言曰：

"Li Ssŭ, as we know, was a radical thinker, who throughout his life struggled to overthrow the Confucian reverence for traditional ritual and ceremonial and for the model Sages of Antiquity." p. 99.

"Therefore it is reasonable to assume that when Li Ssŭ speaks here of 'the Sages' he is merely thinking of rulers who would follow the 'methods' of such Legalists as Shen Pu-hai and Han Fei Tzŭ, and does not have Sages of the Confucian type in mind." p. 96.

"The unification of China and the creation of a supreme ruler thus came as the logical conclusion to a theory of authoritarianism which had first been expressed, though in a mild and paternalistic form, by Confucius; was put into clear and unmistakable term by Hsün Tzŭ; and became a guiding principle of the Legalists." p. 190.

蓋斯嘗毀詩書，坑儒生，嚴法禁，峻徭役。其論督責也；有云：：惟明主能滅仁義之途，舉然獨行其恣睢之心。論者不察，因以致疑。實則未必也。史稱斯從荀卿，學帝王之術，知六藝之歸。其弟子，以經術飾吏治。是斯之為儒可知矣。且荀子嘗論人臣持寵處位，終身不厭之術曰：「主尊貴之，則恭敬而僔。主信愛之，則謹慎而嗛。主專任之，則拘守而詳。主安近之，則慎比而不邪。主疏遠之，則全一而不倍。主損絀之，則恐懼而不怨。貴而不為夸，信而不忘處謙，任賞而不敢專。財利至則予善而不及也，必將盡辭讓之義然後受；福事至則和而理，禍事至則靜而理。富則施廣，

貧則用節。可貴可賤也，可富可貧也，可殺而不可使爲姦也；是持寵處身不厭之術也。」⋯詩曰：「媚茲一人，應侯順德，永言孝思，昭哉嗣服，此之謂也。」[96]又曰：「求善處大事，擁寵於萬乘之國，必無後患之術也。援賢博施，除怨而無妨害人，能耐任之，則愼行此道也。能而不耐任，且恐失寵，則莫若早同之，推賢讓能，而安隨其後。如是有寵則必榮，失寵則必無罪。是事君者之寶，而必無後患之術也。」[97]然則李斯之言忤貴，亦行荀子持寵固位之術而已。方戰國之世，諸侯專橫，斯乃舍夫子郡守，統而一之。周室卑弱，王綱崩坦，斯乃佐天子下。七國之際，禮樂失所，律度紛歧，文字糾亂，斯乃制朝儀，一度衡，同文字。夷翟道長，侵陵華夏，斯乃拓彊土，攘異類。諸侯專政，天變不足畏，人事不足惜，祥，重五行。不特此也，史記貨殖列傳謂巴寡婦清，能守其業，用財自衞，不見侵犯，秦皇帝以爲貞婦而客之，爲築女懷淸臺。又秦刻石，往往以禁止淫佚，男女有別爲訓，是斯之旌貞女也。始皇本紀：「非博士官所職，天下有敢藏詩書百家語者，悉詣守尉雜燒之；」是斯所致，止民間之書，而博士誦詩書百家語自若也。故始皇時，每有建設，博士常與議；

所來致。不然，天下儒者，恐不止四百六十餘人，是斯未嘗毀經術，廢博士；又安在其爲法家也？漢舊刑法志云：「聖人因天秩而制五禮，因天討而作五刑。大刑用甲兵，其次用斧鉞，中刑用刀鋸，其次用鑽鑿，薄刑用鞭扑。大者陳諸原野，小者致之市朝。其所繇來者上矣」[101]是儒敎也，又何怪斯之峻刑罰，啓甲兵歟？荀子宮國篇：「士大夫衆則國貧，工商衆則國貧。」[102]又曰：「其耕者樂田，其戰士安難，其百吏好法，其朝廷隆禮，其卿相調議，是治國已。」[103]則斯之急農戰，抑工的，坑儒生，亦未見其忤師也。[104]秦二世好娛，李斯諫曰：「放棄詩書，極意聲色，祖伊所以僵也。輕積細過，恣心長夜，紂所以亡也。」及束縛就囚，仰天而嘆曰：「昔者桀殺關龍逢，紂殺王子比干，吳王夫差殺伍子胥。此三臣者，豈不忠哉？然而不免於死；身死而所忠者非也。今吾智不及三子，而二世之無道，過於桀紂夫差，吾以忠死，宜矣。」[106]此正見斯之爲儒也。第李斯之學出於荀子，荀子，仲弓之門人，實孔子之別派。[107]故荀子非十二子篇曰：「略法先王而不知其統，然而猶材劇志大，聞見雜博，案往舊造說，謂之五行，甚僻違而無類，幽隱而無說，閉約而無解。案飾其辭而祇敬之，曰：此眞先君子之言也。子思唱之，孟軻和之，世俗之溝猶瞀儒，嚾嚾然不知其非也，

漢初經師，亦多秦儒。若三十五年阬儒之令，乃因盧生之獄

遂受而傳之，以爲仲尼子游爲茲厚於後世。是則子思孟軻之罪也。」荀子主性惡，法後王，故於孟子子夏子游子張，厚加詆誚，斯其異耳。且斯生常衰遞，意在匡時，或尙王道，或宗霸術，或反經合義，曲成其道；唯時君所擇而趨於治道旣成，志旣得，不亦儒教之大效歟？世之疑斯者，未會其旨，遽加侮蔑，要非持平之論矣。

鮑氏論趙高，亦以爲法家。其言曰：

"Not only he [Li Ssŭ], however, but many of the men prominent under Ch'in Shih-huang were ardent Legalists, and Chao Kao's reposal to Erh-shih is purely Legalistic: Make the laws more severe and the punishments more rigorous. Command that when a man has committed a crime, punishment be meted out on a basis of mutual responsibility, and let this extend to include his clan." p. 197.(see also, pp. 85, 95, and 97.)

夫嫂刑罰，遠宗室、害大臣、拒忠諫、進玩好、與游觀，行小賢以逞姦謀，盡微忠以竊名器，終至熒惑人主，弑毒隨之。宜寺斧櫍，何往不爾；趙高之奸，特一例耳。鮑觀之論曰：「趙高之竊權獲國，備載李斯傳中。天下後世，固無不知其奸惡矣。然史記索隱謂高本趙諸公子，痛其國爲秦所滅，誓欲報讎，乃自宮以進，卒至殺秦子孫而亡其天下。則高直以勾踐事吳之心，爲張良報韓之舉；此又世論者未及者也。」其言或信，可備一格。鮑氏獨正色著論，目爲法家：其然豈其然歟？

六

鮑氏論李斯思想淵源，有極精者，其略曰：

"Another factor enters here, however, and that is that just as western China, and especially Ch'in, was the region where the philosophy of Legalism developed during the Warring States period, so Ch'i (together with the neighboring state of Lu, which it politically dominated), had for centuries been the home of Confucianism and of the traditions which Confucianism tried to perpetuate." p. 141.

"Law, in other words, is established by the state (i. e. the state ruling class) for the state, and not by the people for the people." p. 195.

鮑氏論荀子之學，界於法儒之間，尤爲精粹。其言曰：

"Hsün Tzŭ, though a Confucian, shows himself here as a link joining his own school with the Legalists, and when we remember that both Han Fei Tzǔ and Li Ssǔ were his pupils, the connection between this passage and Li Ssǔ's Burning of the Books becomes evident. Especially noteworthy is Hsün Tzǔ's use of the word *shih* 勢, meaning power and authority, a term which occurs constantly in Legalistic writings, and which forms one of the cornerstones of Legalist thought." p. 189.

商鞅者，李斯之先驅；荀卿，斯之宗師，而韓非，又斯之同學也。今將廣胸氏說，以求三子之互通。韓非左法而賤義。法行則令明；令明，國治矣。（制分）：「法賢者得人情，禁輕者失事實。」110（詭使）：「道私者亂，道法者治。」111（有度）：「奉法者強則國強；奉法者弱則國弱。」112「國無常強，無常弱。奉法者強則國強。」五蠹：「明主之國，無書簡之文，以法為教。無先王之語，以吏為師。無私劒之捍，以斬首為勇。是境內之民，其言談者必軌於法，動作者歸之於功，為勇者盡之於軍。是故無事則國富，有事則兵強；此之謂王資。既畜王資而承敵國之釁，超五帝，侔三王者，必此法也。」113 飾邪：「家有常業，雖飢不餓。國有常法，雖危不亡。夫舍常法而從私意，則臣下飾於智能。臣下飾於智能，則法禁不立矣。是妄意之道行，治國之道廢也。治國之道，去害法者則不惑於智能，不嬌於名譽

矣。」114 仲韓非之說，法者、勢也，權也，人主之所機也。尚子書策：「仁者能仁於人，而不能使人仁；義者能愛於人，而不能使人相愛；是以知仁義之不足以治天下也。……重壬者，不貴義而貴法。法必明，令必行，則已矣。」法明，則位無萬下人無尊卑，地無親疏，一以斷之。賞刑：「所謂一刑，無等級。自卿相將軍以至大夫庶人，有不從王令、犯國禁、亂上制者，罪死不赦。有功於前，有敗於後，不為損刑。有善於前，有過於後，不為虧法。忠臣孝子，有過必以其數斷。守法守職之吏，有不行王法者，罪死不赦。…故曰：賞刑連其罪，則民不敢試。民不敢試，則無刑也。」開塞：「立君之道，莫廣於勝法。勝法之務，莫急於去姦。去姦之本，莫深於嚴刑。」115 法，不可拘也，不肖者拘焉。必非，循禮者未足多是也。」……然則反古者未可必非，循禮者未足多是也。故商子更法云：「三代不同道而王，五霸不同法而霸。故知者作法，而愚者制焉。賢者更禮，而不肖者拘焉。」116 荀子榮辱篇：「循法則度量刑辟圖籍，不知其義，謹守其數，慎不敢損益也。父子相傳，以持王公。」是故三代雖亡，治法猶存，是官人百吏之所以取祿秩也。」119 是荀子亦尚法，而不尚

敢變；且必有人焉，為之紀綱，夫然後法行而無弊。是其學之道廣也。治國之道，去害法者則不惑於智能，不嬌於名譽

術界乎儒法一矣。[120]賞，所以勸善；刑，所以懲惡，有功而賞不加，則為善者寡；有過而刑不及，則作奸者衆。故治國者，務期刑勝。韓非子心度：「刑勝而民靜，賞繁而姦生。故治國者刑勝，治之首也；賞繁，亂之本也。」[121]五蠹：「明王峭其法而嚴其刑也。」……施賞不遷，行誅無赦。舉轊其賞，毀隨其罰，則賢不肖，俱盡其力矣。」[122]六反：「聖人之治民用官，審於法禁。法禁明著，則官法必於賞罰。賞罰不阿，則民用官治則國富，國富兵強，而霸王之業成矣。」[123]二柄：「明主之所導制其臣者，二柄而已矣。二柄者：刑、德也。何謂刑德？曰：殺戮之謂刑，慶賞之謂德。為人臣者，畏誅罰而利慶賞，故人主自用其刑德，則羣臣畏其威而歸其利矣。」[124]姦劫弑臣：「夫嚴者，民之所畏也；重罰者，民之所惡也。故聖人陳其所畏以禁其衰；設其所惡以防其姦。是以國安而暴亂不起。吾以是明仁義愛惠之不足用，而嚴刑重罰之可以治國也。」[125]飾邪：「故用賞過者失民，用刑過者民不畏。有賞不足以勸，有刑不足以禁，則國雖大必危。故曰：小信成則大信立，故明主積於信。賞罰不信，則禁令不行。」[126]外儲說左上：「小知不可使謀事，小忠不可使主法。」[127]外儲說左下：「故有術之主，信賞以盡能。」[128]難一：「明主之道不然。設民所欲以求其功，故為爵祿以勸之。設民所惡以禁其姦，故為刑罰以威之。慶賞信而刑罰必，故君舉功於臣，而姦不用於上。」[130]商子禁使：「人主之所以禁使者，賞罰也。賞隨功，罰隨罪，[131]賞則兵無敵，一教則下聽。」[132]算地：「刑戮者，所以止姦也，而官爵者，所以勸功也。」……故君子擅權一正以立術，立官貴爵以任之。論榮舉功以任之者，則是上下之稱平。上下之稱平，則臣得盡其力，而主得執其柄。」法強：「王者刑九賞一，強國刑七賞三，削國刑五賞五[133]。」是韓子商君，皆重刑罰。賞重則法亂，刑過則民病。民病而愈忿於法亂也，故期刑賞。明主操其勢，愈忿於法亂也，故期刑賞。明主操其勢，而下畏。上敬下畏，斯治國已。荀子富國篇：「故君國長民者，欲趨時遂功，速乎急疾；忠信均辨，說乎慶賞矣。必先脩正其在我者，然後徐責其在人者，威乎刑罰。三德者誠乎上，則下應之如影響，雖欲無明達，得乎哉？……故不教而誅，則刑繁而邪不勝；教而不誅，則姦民不懲；誅而不賞，則勤勵之民不勸；誅賞而不類，則下疑俗儉而百姓不一。」[135]正論篇：「凡刑人之本，禁暴惡惡，且懲其末也。殺人者不死，而傷人者不刑，是謂惠暴而寬賊也，非惡惡也。……夫德不稱位，能不稱官，賞不當功，罰不當罪；雖有駿行，必待所利。」

常罪，不辟葵大焉。」[136]「臣道篇：「上則能尊君，下則能愛民，政令教化，齊給如響，應卒遇變，擧，以待無方，曲成制象，是聖人者也。」[137]荀子倘知利賞，要歸之尊君愛民。尊君，儒家之旨；愛民，是荀子界乎儒法二矣。韓子商君，肯論權勢。權勢者，人主所操，所以畏厲羣下，推行法令也。韓非子姦刦弑臣：「人無法術以御其私臣。而恐父兄豪傑之士，借人主之力，擅事主斷，以禦私急。故弑賢長而立幼弱，廢正的而立不義。」[138]也。故立功成名者四：一曰天時，二曰人心，三曰枝（疑作技）能，四曰勢位。」[139]安危：「安術有七，危道有六。安術：一曰賞罰隨是非，二曰禍福隨善惡，三曰死生隨法度，四曰有賢不肖而無愛惡，五曰有愚智而無非譽，六曰有尺寸而無意度，七曰有信而無詐。」七術：「主之所用也七術，所察也六徵。七術：一曰衆端參觀，二曰必罰明威，三曰信賞盡能，四曰一聽責下，五曰疑詔詭使，六曰挾知而問，七曰倒言反事。」[140]詭使：「聖人之所以爲治道者三：一曰利，二曰威，三曰名。夫利者所以得民也，威者所以行令也，名者上下之所同道也。」[142] [141]六微：「權勢不可以借人：上失其一，臣下之所以同道也。」[142]外儲說右：「人主又安能與其臣共勢以成功乎？」[144]以爲百。[143]

又云：「國者，君之車也，勢者，君之馬也。無術以御之，身雖勞，猶不免亂。有術以御之，身處佚樂之地，又致帝王之功也。」[145]難三：「術者藏之於胸中，以偶衆端而潛御羣臣者也。故法莫如顯，而術不欲見。」[146]人主：「人主之所以身危國亡者，大臣太貴，左右太威也。所謂貴者，無法而行，操國柄而便私者也。所謂威者，擅權勢而輕實者也。」又云：「故明主之道，一法而不求智，固術而不慕信[148]，操權而不任臣。」[147]又五蠹：「古之易財，非仁也，財多也。今之爭奪，非鄙也，財寡也。輕辭天子，非高也，勢薄也。爭土橐，非下也，權重也。」主道：「臣閉其主則主失位，臣制財利則主失德，臣擅行令則主失制，臣得行義則主失明，臣得樹人則主失黨。此人主之所以獨擅也，非人臣之所以得操也。」[150]和氏：「法術者，乃羣臣士民之所禍也。」[151]定法：「術者，因任而授官，循名而責實，操殺生之柄，課羣臣之能者也，此人主之所執也。法者，憲令著於官府，刑罰必於民心，賞存乎慎法，而罰加乎姦人者也，此臣之所師也。君無術則弊於上，臣無法則亂於下。此不可一無，皆帝王之具也。」[152]荀子禁使：「夫賞高罰下，而上無必知其道也，與無道同也。凡知道者勢數也。……故託其勢者，雖遠必至。守其數者，雖深必得。」[153]愼權：「國之治者三：一曰法，二曰信，三曰權。

法者，君臣之所共操也；信者，君臣之所共立也。權者，君之所獨制也。[154] 算地：「夫治國舍勢而任說，說則自修而功寡。故事詩書談說之士，則民游而輕其君；事處士則民疏而非其上；事勇士則民競而輕其禁。投藝之民用，則民剽而易徒；商賈之事佚且利，則民緣而議其上。」[155] 荀子王霸篇：「人主，天下之利勢也，然而不能自安也，安之者必將道也。」[156] 又云：「用國者得百姓之力者富，得百姓之死者彊，得百姓之譽者榮。三德者具而天下歸之；三德者亡而天下去之。」天下歸之之謂王，天下去之之謂亡。」[157] 不苟篇：「君子審後王之道而論於百王之前，若端拜而議。推禮義之統，分是非之分，總天下之要，治海內之衆，若使一人；故操彌約而事彌大。五寸之矩，盡天下之方也。故君子不下室堂，而海內之情舉積此者，則操術然也。」[158] 王制篇：「王霸，安存、危殆、滅亡之具也，善擇者制人，不善擇者人制之。善擇之者王，不善擇者亡。夫王者之與亡者，制人之與人制之也。」推荀子之論，人主專勢術矣，不將是其為相懸也亦遠矣。[159] 夫荀子之與商君之學，歸之農戰；農以致富，戰以致強。禮樂詩書，非所急也。壹言：「凡將立國，制度不可不時也，治法不可不慎也，事本不可不搏也。時則國俗可化而民從制，治法明則官無邪，國務壹則民應用，事本搏則民專農而樂戰。」[160] 算地：「故聖人之為國也，入令民以計戰。……利出於地，則民致力；名出於戰，則民致死。敵勝、草木不荒，富強之功，可坐而致也。」[161] 農戰：「夫農者寡而游食者衆，故其國貧而危。……今一人耕而百人食之，……雖有詩書，鄉一束，家一員，獨無益於治也，非所以反之農戰。故先王反之於農戰。」[162] 荀子富國篇：「其耕者樂田，其戰士安難，其百吏好法，其朝廷隆禮，其卿相調議，……忠而國已。」又云：「士大夫衆則國貧，工商衆則國貧。」[163] 一曰直篇：「知隆禮義之為尊君也，知好士之為美名也，知愛民之為安國也，知有常法之為一俗也，知尚賢使能之為長功也，知務本禁末之為多材也，知無與下爭小利之為便於事也，知明制度、權物稱用之為不泥也，是卿相輔佐之材也。」修禮樂，嚴本務，修刑法，尚賢能，此荀子之界乎儒法四矣。[165] 荀子從學仲弓，仲弓，孔門之別流也，故其學稍雜，而終歸之儒。此又世論所未及，用廣鮑說，以偹折衷。

太史公曰：「自齊威宣之時，騶子之徒，論著終始五德之運。及秦帝，而齊人奏之，故始皇采用之，而宋毋忌、

忌正伯僑充尚羨門子高最後皆燕人，為方僊道形解銷化，依於鬼神之事。騶衍以陰陽主運，顯於諸侯，而燕齊海上之方士，傳其術不能通。然則怪迂阿諛苟合之徒，自此興，不可勝數也。[166]」神僊之說，出於周末，言長生不老之事。秦始皇既並天下，念一身富且貴，獨不能永年，頗惑信之。始皇游海上，方士言三神山者，不可勝數，乃遣徐市發童男女入海求之[167]。轉使燕人盧生求漢門高誓，已又從其請，自號真人[168]。自以為水德之始，剛毅戾深，事皆決於法，刻削，毋仁恩和義，然後合五德之數，於是急法，久者不赦[169]。鮑氏論道家，頗稱之精覈[170]。其論五行流演，亦甚當。然予不能無疑者：秦漢間、論學術有道家，論思想有道教。若老莊無為之道，道家也；方士神仙之說，道教之先屬也。若司馬談論六家要旨，墨、名、法、儒、墨，陰陽諸家而概括之。安得以 'Toaism' 一辭常之哉[171]。索隱劉氏曰：「今據韓子書，有「喜刑名法術之學。」[172]〈史記以老莊申韓名[173]〉〈申子之學[174]，本於黃老而主刑名。」〈韓非傳曰：「解老喻老二篇，是大抵亦崇黃老之學也[175]。」是刑名黃老，古或同源，秦尚法術，因及黃老[176]。佐證寡缺，姑以存疑。

七

鮑氏書，譯筆信達，註釋詳贍；間有未安，依次申述。

1. 人面而能強行耳。鮑引索隱：「人而不學，要無憂，如禽何！」But one who can act vigorously. P. 13. 史記會注考證卷八十七、頁三、索隱云：「人而不學，如禽何！」—與此微異。

2. 為人者，去其幾也。The small man is one who throws away his opportunities. p. 13. 王念孫曰：齊、須也，待也。言有人賫可乘，不急乘其釁而待之，是自失其機也。（瀧川龜太郎史記會注考證，卷八十七，頁四引。）當作He who does not take prompt action when others offer a chance [is really] missing his opportunities.

3. 諸侯親服。 and the feudal lords concluded marriage alliances and offered their allegiance. P. 16. 親服，未必婚和親，獻臣節也。譯作 and the feudal lords became friendly with, and loyal to [Ch'in].

4. 令到三十日弗去。 Those who have not destroyed them within thirty days after the issuing of the order. pp. 23-24. 令到，與令下異，應作 Those who have not destroyed them upon the receipt of the order. 又，令到三十日弗去，謂

5. 信人而奮士。 He is a sincere man and a spirited gentleman. P. 29. 應作 He has confidence in others and gives them inspiration.

6. 輒下高，令鞠給之。 ...were all examined and judged under Chao Kao's orders. P. 35. 「輒」「下」「令」皆遺譯。應作 In every case..., were all submitted to [Chao] Kao, who was ordered to give them examinations and sentences.

7. 此可謂急乎！ This may indeed be called prompt! p. 36. 語氣不合。 May this [indeed] be called prompt?

8. 是故城高五丈，而樓季不輕犯也；泰山之高百仞，而跛羊牧其上。 Whereas even a lame shepherd will herd [his flock] on top of Mount T'ai's height of one hundred *jen*. p. 41. 史記會注考証卷八十七、頁三十一、引集解：「詩云，跛羊塡首。〈毛傳曰，牝曰牂。〉信如其說，則跛斷不可譯 a lame shepherd.

9. 夫不能行聖人之術，則奚為天下役，何事哉？ As for him who is unable to practise the methods (*shu* 術) of the Sages, what else does he do but make himself the servant of the empire? p. 41. I here take 事 as equivalent to 使, and hence translate it as else'. P. 41, foot note 4. 史記會注考證卷八十七、頁三十二，索隱曰：「令翁廣也，止也。何為勞身苦心，為天下所役，是何哉？」按索隱為長，譯文當改。

10. 烈士死節之行顯於世，則淫湎之俗廢矣。 When 'patriots', whose actions are those of man ready to die for their principles, appear in the world, all thought of dissolute pleasures becomes obliterated. P. 42. 'patriots' virtues. [consisting in their determination to die when they think necessary,] prevail in the world, [all sorts of] dissolute pleasures become obliterated. 操德也。虞。王念孫曰：薄為娛。（史記會注考證，卷八十七，頁三十三）

11. 華臣百姓，救過不給。 Officials and the hundred clans have no way of remedying their wrongs, and what disturbances can they dare to plan? P. 43. 不給，謂目不暇給也。Officials and the people have not sufficient time to rectify their wrong doings,....

12. 承相豈少我哉，豈困我哉？ Why does the Grand Councillor slight and force me in this way? p. 45. 史記會注考證，卷八十七，頁三十六，索隱：「謂以我幼，故輕我也。」考證：中井積德曰：「固，鄙之也。」Is it my young age the Grand Councillor is contemptuous of, or, after all, is it [my lack of experience that] he despises?

13. 令趙高案治李斯。 Chao Kao th' had Li Ssŭ brought to trial. p. 48. 「令」，遣譯。[Erh-shih] orderd Chao Kao to bring Li Ssŭ to trial.

14. p. 116, f. n, 4, "The word 微, translated as 'secretly', is one of the attributes of Tao, ... and this whole speech has a strongly Taoist character." p. 128 「帝業」譯者 'the imperial heritage'. 按「微」，不如譯 'mys-teriously'. p. 128 「帝業」譯者 'the imperial career', 帝業者，大一統也。 按不如譯 'the imperial career'.

15. 「昆山之玉，大阿之劍，傳璣之斑，纖離之馬，阿縞之衣」，p. 19. 註：「宛珠之簪，傳璣之班，纖離之馬，阿縞之衣」。 p. 29, f. n. 1. 本會注考證 p. 18. 註：「宛珠之簪，傳璣之班，纖離之馬，阿縞之衣」。 p. 29, f. n. 1. 本徐孚遠說（會注考證 87/18）" p. 30 f. n. 1, 本會注考證(87/20)" p. 34, f. n. 3, 同 (87/25)" p. 35, f. n. 5, 本 註，採本史記索隱」。 p. 40, f. n. 2, 梁玉繩說（會注考證 87/24）" p. 40, f. n. 1, 2, 本會注考證 (87/30)" p. 41, f. n. 2, 同

16. p. 40, f. n. 4 「御」誤作「深」。p. 74, f. n. 4, 御史大夫，「御」誤作「柳」。 p. 124 「王政」，p. 247, 韓詩外傳，「詩」誤作「氏」。 p. 249 誤「丑」。p. 250 郭宜春局，「郭」誤作「界」。p. 251 清廷堂全書，「全書」誤「發氏」"Chien Shu' 誤作 'Chien shih' p. 252 兩廣節署刻，「署」誤「書」。 p. 253 史記志疑，「疑」誤「義」。p. 0 中华二千年史，「华」誤「重」。

17. p, 36, f, n, 2, "The palace, situated beside the capital, Hsien Yang, had already been." 文句未完，疑有脫落。 p. 44, f. n. 2, "Chao Kao's explanation of the word here supports this theory of ist mysterious significance." 'ist' 應作 'its.' p. 64. "Then did Li Ssŭ shamefully put to death a man who had once been his fellow student, who was a foreign envoy, and with whose Legalistic ideas he himself was in full sympathy. 「。」應作「?」。 p. 80 "This means that at this time he had not yet reacht the highest official post open to him. 'reacht' 應作 'reached'. p. 211 "Yet there are those", "「」應作「"」。

伯桐說（會注考證 87/44）" 出處宜補。
(87/31)" p. 47, f. n. 2, 同 (87/37)" p. 53, f. n. 5, 藝林考証，卷八十七，頁三十六，索隱：「謂以我幼，故輕我也。」

八

鮑氏既譯斯傳，復逐節刮分，踪其異偽；雖間有精義，而牽附為多。夫國語左傳，撰者不詳，究係先秦裁記，未經纂飾，文法一貫，可待互詳，高本漢氏（B. Karlgren）精通音韻，因有發明。史記則攟采秦書，加以筌鑒，地移時邊，往往失真，奈何借高氏之法，以期創獲？此可議者一矣。史記以鄭國事竝，秦遂下逐客令，梁玉繩肯議其非。（史記志疑，卷三十一，李斯列傳第二十七，令韓人來諫秦請一切逐客條，業十四上至下。）鮑氏據之其常。又謂斯傳「遣使諸侯，資之金玉，疏其君臣」，亦非先秦思想，遂斷為賜邊之私言，非秦宮之信實。夫陰謀係嫡，與斯議宮中，史記詐載其辭，而鮑氏謂宮間事秘，胡待外洩？且先秦無「及」字，而傳中見之。鮑氏謂窩閡事臣」，蓋據斯獄中書，潤飾以成，其言或信。始皇既崩，疏其君高陰謀你嫡，初以為為其秘，終必大明於世，其例甚繁，史不絕枕；若成以為為，毋乃太甚？至先秦不待有及字，北言或信，惟史記既采請者，又焉待以一字之錯見，遂定其非異或。趙高，小人耳，其舞欂誤國，盡見斯傳，竊，或法或備。舉無本源，德非特獨，又焉待以其言「事」，而謂全節之虛妄？此可議者二矣。氏又分別「吾」、「我」，讒其文法，引繳甚繁，因謂「不吾聽也」，「吾」常在聽

下。殊不夕吾國文法，義屬否定，輒冠諸名動詞之前，時無古今；豈不竹爾。「不吾聽也」，既無蔑瑕，又何足疑？此可議者三矣。斯既歿，史記猶詳書秦代寧，以底於亡，民膚其非法，因關卓識。乃又著史疑，謂非史公原稿，殆出後人增飾。史記雜傳，相附聯綴，往往增一二句，以相繁結。是史公未嘗以一人之存亡為限斷也。且李斯傳論，情其才華，憐其遭遇。斯之存歿，關係一朝營發，則遂音及秦，要非無因，奈何遽謂贗品？此可議者四矣。史記卓「談」，秦說不一，錢大昕謂辭脾品？此可議者四矣。史記卓「談」者，後人之所改耳。鮑氏謂諱之未盡，而徐乎疑謂本不諱諱之者，諱肯可疑。晉世家青班伯箋事，則分拷揚，謂諱可疑。荀卿傳雜及淳于髠鄒忻田駢事，因謂之偽[190]。且以史漢相較，謂史記相如傳[193]。司馬相如傳言揚雄，因謂之偽[190]。且以史漢相較，謂史記相如傳俊。荀卿傳雜及淳于髠鄒忻田駢事，因謂之偽。據校之。且不特史記為然，歷朝正史，鮮克自免，清儒考據精勤，屢著其失，寶事求是，未嘗輕言真偽。氏於史記堅。因謂史記不一見，至前後抵牾，其例更博，梁氏志疑，言揚雄，因謂史記不諱「談」者，肯有可議。其言或威或否，月利誤，史記不一見，至前後抵牾，其例更博，梁氏志疑，獨深文罪，庸非酷乎？此可議者五矣。因讀鮑書，聊申鄭讒：我罪我知，是在閎哲。

九月梢，歲彗突州，尺暮五旬，體力為徹。由院以還，亟理篡業。圖絕

南中。遠適凶闇，驥悲　家嚴寒養。道論迢迢，奔競莫由。盪天悠悠，待歎

何日？椎心泣血，百念俱灰。戮寞　師友勤歇，督召有加。懷貪陰側，勉成

所作。恆承　齊師判削。衝感何如。聚聚有刻，用我數語。春噓新恫，象仲

衷懷。已卯冬，十二月，於燕京大學。

1　Bodde, p. 233.
2　同上，p. 167.
3　同上，p. 173.
4　同上，p. 175.
5　同上，p. 187.
6　同上，p. 232.
7　史記，四部備要本，卷六，秦始皇本紀，太史公曰賈，引賈誼過秦論，葉三十下至三十一上。Bodde, p. 6, 亦略引之。
8　國策，四部叢刊本，卷五（秦欲絕縱目），秦策三，蔡澤見逐章，葉七十四上。
9　同上，p. 2. 又見國富下詳。
10　同上國策，劉向序，葉三上。
11　參閱史記，卷五十五，留侯世家，葉七上至下。卷九十九劉敬列傳，葉二上至下。
12　同上，卷一二九，貨殖列傳，葉六下。Bodde, p. 4.
13　國策，卷三，秦策一，蘇秦始將連橫章，葉二上至下。
14　漢書，四部備要本，卷二十四上，食貨志，葉六上至下，十二上。
15　史記，卷一二九，貨殖列傳，葉至下至六上。

16　漢書，卷二十八下，地理志，葉十七上。
17　史記，卷一二九，貨殖列傳，葉五下至六。漢書，卷二十八下，地理志，葉四十九，葉十六下。
18　史記，卷五，秦本紀，葉十三下。案：「秦德公都雍，東取西戎，併國十二，戎馬之二十，見頌。」頌頌案：「秦本紀：『德公用由余謀，伐戎王，益國十二，戎馬之十，兵強二十、穀也。』」
19　史記，卷五，秦本紀，葉五上起。卷六十八，商君列傳，卷十八葉十五下併圖二十條曰：「此五子者，不產於秦，而繆公用之，并國二十，遠覇西戎。」〔此事見戴本紀作圖十二。漢書藥安國傳：「秦穆公都雍，東取西戎」併國十四。〕
20　國策，卷三，秦策一，司馬錯與張儀爭章，葉十四上。
21　見王應麟國學紀聞，四部備要本，卷十一，考史，葉十四上。史記，卷七十一，樛繆列傳，葉五下。
22　Bodde, p. 2. 見史記，卷五，秦本紀，葉二上起。卷六十八，商君列傳，葉七上至下。
23　史記，卷二十九，河渠書，葉二下至三上。漢書，卷二十九，溝洫志，葉二下。
24　見洪亮吉更生齋文甲集，四部備要更生齋集本，卷二，秦漢時多不同郡姓兩雨用別國人論，葉五下至六下。
25　史記，卷五，秦本紀，葉五下。
26　史記，卷六十八，商君列傳，葉三上至四上。

27 韓非子，四部叢刊本，卷四，和氏第十三，葉七下。明法令事，見商子，四部叢刊本，卷五，定分第二十六，葉十三上至下。

28 史記，卷六十八，商君列傳，葉四上。

29 韓非子，卷九，內儲說上，七術第三十，葉六下。

30 見韓非子，卷十四，外儲說右第三十五，葉三下至四上。Bodde, p. 20.

31 見同上，葉四上。Bodde, p. 204.

32 漢書，卷二十四上，食貨志，葉六下。

33 同上，葉十二上至下。Bodde, pp. 172-173.

34 同上，卷二十三，刑法志，葉九下。史記，卷六，秦始皇本紀，葉二十上。

35 同上，卷四十八，陳涉世家：葉一下。

36 同上，卷九十五，夏侯嬰列傳，葉七下。

37 賈誼築積法，小民無聊，誤除奇政，飄以生息。其實未必然，今引鮑氏說如次：

"These quotations certainly do not show the Han economic conditions in a very favourable light, and indicate that although there were improvements in some respects, yet many of the abuses of forced labour, etc., of the Ch'in régime had been allowed to continue." p. 175.

"Under the Han dynasty, therefore, the life of the poor was no doubt not an easy one, just as in most centuries and ages

38 馬端臨，文獻通考，十通本，卷一四九，考卷一，頁一三〇五。

39 史記，卷七十一，張儀列傳，葉九下至十上。

40 同上，卷六十九，蘇秦列傳，葉二上。

41 同上，卷七十三，王翦列傳，葉六下。

42 Bodde, pp. 6, 7, 8, 詞秦多我難，故吳強。始七國之時，義難頗聞，趙實後餘叢考，顧北全書本，卷四十一，李斯本學會王之辯論，葉一上至下。

43 Bodde, p. 1.

44 史記，卷八十七，李斯列傳，葉十七下。

45 同上，卷七，富國第十，葉十二上至下。

46 同上，卷六，富國第十，葉十二上至下。

47 荀子，四部叢刊本，卷四，儒效篇第八，葉十四下至十八上。

48 同上，卷七，王霸第十一，葉十二下至十三上。

49 鮑氏論荀斯師弟事，其旨空無間，下當討論。今略其說自夫…

"Indeed, the different viewpoints of the two men, the case [Hsün Tzŭ] a humanist, who was forever stressing the Confucian virtues; the other [Li Ssŭ] a stern realist, who would acknowledge only the bitter exigencies of a situation, is clearly illustrated in a conversation between the two, which we find recorded in Hsün Tzŭ's own works." p. 57.

"It was probably this fundamental difference of opinion that led Li Ssŭ to take leave of Hsün Tzŭ. Hsün Tzŭ differed from the earlier Confucians, in asmuch as he maintained that human nature, if left to itself, is evil. He remained Confucian, however, in his stress on the necessity for education and moral values, through which, he believed, man could be taught to be good. The Legalist school, on the other hand, whose ideas were followed by Li Ssŭ, wholly denied the need for education and moral values, and placed sole reliance on severe laws." p. 58.

"What kind of man was Ch'in Shih-huang-ti,and what were his ideas? How much of the unification of China is owing to the master, Ch'in Shih-huang, and how much to the servant, Li Ssŭ?" p. 112.

52 史記,卷八十五,鄧陽李斯列傳,葉八上。 卷五十三,萧相國世家,葉四下曰:「上曰:『吾聞李斯、秦皇帝有賢諸主,有惡自與。』」鮑氏第五章,論始皇帝及李斯事,揭櫫甚善,覺掉未盡。其頁曰:...

53 見文獻通考,卷二六五,封建考六,頁二一〇九五。廖氏,日知錄集釋,凡諸侯篇本,卷二十二,諸侯條,葉五下至七

54 同上,秦始皇未滅二國條,葉九下至十上。 鮑氏始皇諸封建,見pp. 78, 114, f.

55 方苞漢之爭,鄧食其講封六國後。張氏始曰:...陛下方魏漢之爭,鄧食其講封六國後。張氏始曰:...陛下事去矣。昔者湯伐桀而封其後於杞者,度能制桀之死命也。今陛下能制項籍之死命乎?其不可一也。武王伐紂,封其後於宋者,度能得紂之頭。今陛下能得項籍之頭乎?其不可二也。武王入殷,表商容之閭,釋箕子之拘,封比干之墓。今陛下能封聖人之墓,表賢者之閭,式智者之門乎?其不可三也。發鉅橋之粟,散鹿臺之錢,以賜貧窮。今陛下能散府庫以賜貧窮乎?其不可四也。殷事已畢,偃革為軒,倒置干戈,示天下不復用兵。今陛下能偃武行文,不復用兵乎?其不可五矣。休馬華山之陽,示以無所為。今陛下能休馬無所用乎?其不可六矣。放牛桃林之陰,以示不復轉輸積聚,今陛下能放牛不復輸積乎?其不可七矣。且夫天下游士,離其親戚,去故舊,從陛下游者,徒欲日夜望咫尺之地。今復六國,立韓魏燕趙齊楚之後,天下游士各歸事其主,從其親戚,反其故舊墳墓,陛下與誰取天下乎?其不可八矣。見史記,卷五十五,留侯世家,葉五上至六上。慎到對語,見鮑氏諸書集註訂正,史學年報第二卷第五期,頁四七八至四八〇。

56 見會書,同文書院石印本,卷一〇五,石勒載記下,葉七上。

57 見史記,卷十一,秦始皇本紀,葉十八上。

58 見韓非子,卷十九,五蠹第四十九,葉五下。

59 見同上,卷四,和氏第十三葉七下。鮑氏論笑者彩書,通會允中,...

分見 pp. 83, 84, 121, 122, 123, 163, 164, 165, 166, 194, 211, 215, 222. 文長不錄。

⑥ 見顧吾最錄。

61 史記，卷二十三，酈書，葉二云：「至秦有天下，悉內六國禮儀，采擇其善，雖不合聖制，其尊君抑臣，朝廷濟濟，依古以來。至于高祖，光有四海，叔孫通頗有所增益滅損，大抵皆襲秦故。」

62 漢書，卷二十三，刑法志，葉十上云：「蕭何攟摭秦法，取其宜於時者，作律九章。」

63 史記，卷六，始皇本紀，葉十七上云：「三十三年，發諸嘗逋亡人贅壻賈人，略取陸梁地，為桂林象郡南海，以適遣戍。西北斥逐匈奴，自榆中並河以東，屬之陰山，以為三十四縣，城河上為塞。又使蒙恬渡河取高闕陶山、北假中，築亭障，以逐戎人。」又曰：（葉十七下）「三十四年，適治獄吏不直者，築長城及南越地。」是為秦築長城之役。又卷一一〇，匈奴傳，葉五上下曰：「彼秦滅六國，而始皇帝使蒙恬將十萬之眾，北擊胡，悉收河南地。因河為塞，築四十四縣城臨河，徙適戍以充之，而通直道。自九原至雲陽。因邊山險塹谿谷可繕者治之，起臨洮，至遼東，萬餘里。」然按史記，卷六，始皇本紀，（葉十下）云：「地東至海暨朝鮮。」卷二，夏本紀，索隱引太康地理志云：（葉三下）「樂浪遂城縣有碣石山，長城所起。」是秦長城西起臨洮迄中，東邊制鮮遂城可知。因不得以遼東限之也。

64 漢書，卷二十四下，食貨志，葉二下。Bodde, p. 175.

65 史記，卷五十三，蕭相國世家，葉一下云：「沛公至咸陽，諸將皆爭走金帛財物之府分之，何獨先入收秦丞相御史律令圖書藏之。沛公為漢王，以何為丞相。項王與諸侯屠燒咸陽而去。漢王所以具知天下阨塞，戶口多少，彊弱之處，民所疾苦者，以何具得秦圖書也。」

66 史記，卷六，秦始皇本紀，葉十上。

67 漢書，卷二十八，地理志，上下。

68 錢大昕潛研堂文集，長沙龍氏潛研堂全書本，卷十六，秦四十郡辨，葉三上至六上。同卷，卷三十六郡考異，葉五上至十上。卷三十五，答袁簡齋書，葉三上至五上。同卷，再答袁簡齋書，葉八上至十上。卷十九，跋秦地理志上攷異，葉二下至三上。

69 錢坫新斠注地理志集釋，同治十三年會稽章氏思適齋叢本校刊，葉一下至六上。

70 瞋芳結歷代地理沿革表，光緒廿一年廣雅書局本，卷四，葉一上至下。

71 繡繼旭抱朴齋文集，四部叢刊本，卷六，復讀學齋書，葉十四上至十五上。

72 洪亮吉卷施閣文甲集，光緒三年授經堂洪北江遺集本，卷十，奧國少唐輪地理書一，葉三下至五上。

73 黃廷鑑第六絃溪文鈔，光緒十年常熟鮑氏後知不足齋叢書第四集，卷一，秦三十六郡攷，葉十四上至十六下。

74 全祖望漢書地理志稽疑，粵雅堂叢書本，卷一，葉一上至九下。

75 梁玉繩史記志疑，光緒十三年廣雅書局本，卷四，秦王政立二十六年初并天下為三十六郡條，葉四十四上至四十五下。

76 王鳴盛十七史商榷，光緒十九年廣雅書局本，卷四，誠應名為楚郡條，葉一下至二上。

77 同上，卷十七，葉三下至四下。

78 同上，葉四下至五上。

79 楊守敬，歷代輿地圖屑四，嬴秦郡縣圖，宣統元年觀海堂楊氏郡城刊本，卷端，秦郡縣表序，葉一上至下。

80 劉師培左盦集，民國十七年北京經穎堂刊本，卷五：秦四十郡考，葉三十一上至三十三下。同卷，秦郡建置沿革考，葉三十三下至三十四上。

81 王國維觀堂集林，民國十二年烏程蔣氏密韻樓校本，卷十二，秦郡攷，葉十上至十四下。以上諸節，參觀繆其驤中國地理沿革史，國立清華大學叢書，第一編，秦郡縣，葉一上至二十四下。

82 史記，卷六十三，韓非列傳，葉九下。Bodde, p. 64.

83 Bodde, pp. 245-246.

84 史記，卷四十五，韓世家，葉八上。卷六，秦始皇本紀，葉六上。

85 分見史記，卷八十七，本傳，葉十三上。

86 更生齋文甲集，卷二，春秋時仲尼弟子當忠於魯國并營守師法論，葉十一上至十二上。

87 國策卷三，秦策一，四國為一章，葉八十二上至八十五上。

88 Bodde, pp. 74, 4.

89 魄賈，父見國策，卷二十一，趙策四，趙使姚賈約韓魏章，葉七十上至下。儉不顯。

90 史記卷六十三韓非列傳，葉九下。李斯傳云：(葉十下)「二歲賈李斯」等有所聞於韓子云云。是始皇父子特愛非。斯獄中書，亦引韓非子為言。阿其所好耳。

91 Bodde, p. 77.

92 韓非子：卷一，存韓第二，葉三下至六下。Bodde, pp. 64, 4. 史記，卷六，秦始皇本紀，葉五上云：「十年」，使斯下韓，韓王患之，與韓非謀弱秦有間毒之亂，且斯李大貴，觀韓非子為信。

93 Bodde, pp. 73-74.

94 見史記，卷六十三，韓非列傳，葉五上至下。

95 Bodde, 77. 氏舉廣引，面繪斯偽據史記，其言曰："No, Li Ssŭ cannot be free from responsibility for Han Fei's death, and the curious similarity of the circumstances surrounding this death, and those surrounding his own, make us pity him the less when read of Li Ssŭ's tragic end." p. 77.

96 李斯列傳，見史記，卷八十七，本傳，葉二十四下至二十五下。

97 荀子，葉二十六上至下。

98 史記，卷一二九，貨殖列傳，葉五下。

99 史記，卷六，始皇本紀，葉十八上。

100 繆氏之言曰：

"The Confucians, on the contrary, were humanists and idealists...", who placed much emphasis upon the need for developing certain virtues; were believers in the value of education and such cultural activities as music; and who advocated elaborate mourning and sacrificial rites both as catharsis for the emotions and as a way of enriching man's everyday drab existence." p. 206.

"It was the most conspicuous, yet only one of many measures, which Ch'in, in accordance with Legalist doctrine, had long been making for the development and encouragement of agriculture." p. 60.

"Agriculture," according to the Legalist point of view, was the ultimate basis of states' wealth, and hence was 'fundamental' (pen) 本, whereas commerce was regarded as something non-productive in itself, and hence 'secondary' (mo) 末." p. 171.

書曰：

"The authenticity of this passage seems doubtful. It is strange indeed that Li Ssŭ, who in 213 had proscribed the Shi and Shu, should only a few years later be appealing to these same works for authority." p.85.

"Li Ssŭ's lament, therefore, when examined closely, is seen to be essentially Confucian in spirit, in contrast to his own strongly Legalistic ideas. This fact, in addition to the curious use of wu insteads of wo in the accusative, makes it very probable that this part of the biography cannot date back to Li Ssŭ's own time, but has been invented by Ssŭ-ma Ch'ien for literary effect." p. 100. 其論甚善。夫斯發民開書，而言聽詩書百家語者無善，前論已評。且其敘述不違信，視上文可知，不特此也，太史公評斯如六藝之歸。本傳又曰：「吾[斯]聞晉獻公殺太子申生，立奚齊，晉國亂者三世。齊桓兄弟爭位，身死為戮；紂殺親戚，不聽諫者，國為邱墟，遂危社稷。三者逆天，宗廟不血食。斯亦人臣也，不得不從。」田常為齊簡公相，爵列無敵於國，私家之富，與公家均，卒弒齊簡公而取齊國，殺害予於廷，即政高之師。又上書致高之罪曰：「昔者司城子罕相宋，身行刑罰，以威行之，期年遂劫其君。田常為簡公臣，爵列無敵於國，私家之富，與公家均，卒其意德，下得百姓，上得羣臣，陰取齊國，殺害予於廷，即弒簡公於朝，遂有齊國。」(見史記,卷八十七,李斯傳,葉八上至下,十四下。)皆儒家思想。鮑氏父為得二世之意，四下。)皆儒家思想。鮑氏父為得二世之意，

101 漢書，卷二十三，刑法志，葉一下至二十。
102 荀子，卷六，富國篇第十，葉十八上。
103 同上，葉十七上。
104 鮑氏之言曰：

105 史記，卷二十四，樂書，葉二上。
106 史記，卷八十七，李斯傳，葉十五下。
107 鮑氏既以斯為法家，遂謂上引開節為儒，童成見已深，穩重難返也。其

108 荀子，卷三，第十二子篇第六，葉十四上至十五上。
109 陔餘叢考，卷四十一，趙高志在報讎條，葉一下。

110 韓非子，卷二十，制分第五十五，葉六上。
111 同上，卷十七，飾使第四十五，葉十二上。
112 同上，卷二，有度第六，葉一上。
113 同上，卷十九，五蠹第四十九，葉五下。
114 同上，卷五，飾邪第十九，葉十二上。
115 南子，卷四，姦劫弒臣第十四，葉七下至八上。
116 同上，卷二，發尊儒第即，葉十五上。
117 南子，卷二，開塞第七，葉十二上。
118 同上，卷一，更法第一，葉二上至下。
119 南子，卷四，賞刑第十七，葉六上至下。Bodde, p. 195. 關賣斯語。韓氏論法出於禮，見
120 同上，pp. 191, 196.
121 Bodde, p. 183.
122 韓非子，卷二十，心度第五十四，葉五上至下。
123 同上，卷十九，五蠹第四十九，葉三下。
124 同上，卷二，開塞第七，葉十二上。
125 同上，卷十八，六反第四十六，葉二上。
126 同上，卷二，二柄第七，葉四上。
127 同上，卷四，姦劫弒臣第十四，葉十一下。
128 同上，卷十一，外儲說左上第三十二，葉二上。
129 同上，卷十二，外儲說左下第三十三(應作三十三)，葉一上。
130 同上，卷十五，難一第三十六，葉九上至下。

122 同上，卷四，賞刑第十七，葉四下。
123 同上，卷二，算地第六，葉八下。
124 同上，卷一，去彊第四，葉十三上。
125 南子，卷五，富國篇第十，葉十四下至十五下。
126 同上，卷十二，正論篇第十八，葉七下至八上。
127 同上，卷九，臣道篇第十三，葉一下至二上。
128 韓非子，卷四，姦劫弒臣第十四，葉十二下。
129 同上，卷八，功名第二十八，葉六下至十一下。
130 同上，卷八，安危第二十五，葉六下。
141 同上，卷九，內儲說上七術第三十，葉一上。
142 同上，卷十七，難從第四十五，葉十上。
143 同上，卷十一，內儲說下六微第三十一，葉一上。
144 同上，卷十四，外儲說右第三十五，葉二下。
145 同上，葉六下。
146 同上，卷十六，難三，葉六上。
147 同上，卷二十，人主第五十二，葉三上。
148 同上，卷十九，五蠹第四十九，葉五上。
149 同上，葉二上。
150 同上，卷一，注道第五，葉九上至下。
151 同上，卷四，和氏第十三，葉七上。
152 同上，卷十七，定法第四十三，葉五上。
153 南子，卷五，慎使第二十四，葉九上至下。

154 同上，卷三，修權第十四，葉十下。

155 同上，卷二，算地第六，葉六上至下。

156 荀子，卷七，王霸篇第十一，葉一下。

157 同上，葉二十一下。

158 同上：不苟篇第三，葉七下至八上。

159 同上，卷五，王制篇第九，葉二十一下至二十二上。

160 荀子，卷三，壹貫第八，葉一上。

161 同上，卷二，算地第六，五下至六上。

162 同上，卷一，農戰第三，葉九下。

163 商子，卷六，宮國篇第十，葉十七上。

164 同上，葉十八上。

165 同上，卷八，君道篇第十二，葉十五上至下。韓氏謂荀為法家，因置農而抑商，又謂儒之面貌，實得之於法，讀此，知未必然。見 Bodde,

166 pp. 171, 210.

167 史記，卷二十八，封禪書，葉八下。

168 同上，卷九上。卷一，始皇本紀，葉十四上。

169 同上，卷六，始皇本紀，葉十六上至二十下。

170 同上，葉九下。

171 Bodde, pp. 112, 114, 115.

172 史記，卷一三〇，太史公自序，葉三下曰：「道家使人精神專一」，動合無形，贍足萬物。其為術也，因陰陽之大順，采儒墨之善，撮名法之要，

173 史記，卷五十六，陳丞相世家，葉八下。

174 見史記，卷六十三，本傳，葉五上。

175 同上，同卷，本傳，葉五上。

176 同上，葉五上。

177 同上，商權，卷五，史記商權五，葉一下，刑名條云：「刑者刑罰之刑，與形同，古字通。用刑名，猶言名實。」經既云法術，則刑名者，乃綜合名實，師之法勝可知。老莊，道家也，申韓以法通道，故史公合傳之耳。

Bodde, "The Shih Chi, however, being largely a composite work, contains many long passages quoted verbatim from earlier texts, and in three passages we should expect to find the same peculiarities of style that have been pointed out by Karlgren." p. 89.

"I have found, as a matter of fact, that the biography as a whole is remarkably close to the grammar of the third century. Only in a few instances does it differ radically and, these I shall point out as occasion arises below. Let us now study the biography of Li Ssu section by section." p. 90.

178 同上，pp. 62, 50.
179 同上，p. 90.
180 同上，p. 92.
181 同上，p. 92.
182 同上，p. 93. 其實先秦載記，詞「及」者「與」，詩書儀禮春秋，所在多有。史記他處不論，秦本紀秦始皇本紀已屢見。唯論語莊子，「及」不調「與」。鮑氏之說，徒知二五而不知十耳。
183 同上，pp. 93, 97.
184 同上，p. 98.
185 同上，pp. 100, 101. 史記以二世本紀，附之始皇，（卷六，葉二十四起。）張敦附之汝耳：（卷八十九，葉八起。）亦其例耳。
186 見史記考異，卷五，史記李斯傳攷異，葉十二上至下。
187 見史記會注考證，卷八十七，李斯傳，頁四十五。
188 Bodde, pp. 103-106.
189 同上，pp. 107-108.
190 同上，p. 108. 說本史記，卷一百二十七，司馬相如列傳考證，葉二上。困學記聞，卷十一，考史，葉二十九上至下。又見趙翼廿二史劄記，四

191 同上，pp. 109. 又見廿二史劄記，卷一，史記有後人竄入處條，葉十二上。李斯諫伐匈奴，見史記，卷一一二，平津主父列傳，葉四上。鮑氏未取爲異。
192 同上，pp. 109. 又見廿二史劄記，卷一，史記有後人竄入處條，葉十一上。

紹編要本，卷一，史記有後人竄入處條，葉十二上。

蒙古史

杜 洽

Histoire des Mongols, depuis Tchinguis-Khan jusqu'a Timour, Bey Ou Tamerlan, By C. d'Ohsson, 馮承鈞譯。

多桑蒙古史 一套，原用法文撰寫，初刊於民國二十年間一八三四與一八五二年又兩次在荷京阿姆斯特丹（Amsterdam）刊印，歐西各地，頗風行一時，我國人治蒙古史，唯取材於元史，舊元史草率成書，訛誤脫漏甚多，讀史者苦於元朝秘史聖武親征錄等書行，考史者以爲補太祖事蹟，猶病求完備。常時國人於西方折衷，而太祖以來諸帝事蹟，猶病未之聞也。自洪鈞元史譯文證補刊行後，國人始知西方史籍尤多有助於考史之資，多桑書遂亦見稱於世。武進屠寄著蒙兀兒史記頗見援引，孟森先生稱其見蒙古真材料，實民國二十五年上海商務印書館出版，訂爲三元六角。寄處洛所本概日人田中華一郎譯本也。至於其他改條元史舊則屠洛所本概日人田中華一郎譯本也。

先詳細研究關於治蒙古史之回教史料者⋯⋯其著作非常謹慎，凡所見到之史料，幾盡網羅於書中，尤以中國及波斯兩地之蒙古史為題者。」又云：「著者博聞廣識，推論公正，實高出後來Hammer-Purgstall, Wolff, Redmann 諸人前作及 Sir Henry Howorth 蒙古史之上也」（見 W. Barthold Turkestan Down to the Mongol Invasion, tr. as. & rev. by the author and H. A. R. Gibb, London, 1928 Intro. pt. III. p. 59）。至若馮承鈞先生譯文，尚稱忠實。唯漢譯人名地名在上下兩册中每嫌不能一貫，上册採用新式標點，下册則用句讀，亦嫌不能一致。此雖屬支流末節，要亦為本書減色不少。希望能於再版時，整齊劃一，俾成一完善之書，是余所深望者也。

怗木兒帝國

Timour et des Timourides By L. Bouvat 馮承鈞譯。民國二十四年上海商務印書館出版。定價：六角五分。

杜 洽

怗木兒帝國一書，布哇撰。是書分一二兩篇，首冠導言一篇甚簡短。第一篇叙述怗木兒帝，凡十一章。第二篇述怗木兒系，又分上下兩篇。上篇始怗木兒之死迄沙哈魯之死，凡四章。下篇始兀魯伯之即位迄叔督兒之戰，凡十五章。一二兩篇叙述體例，大略相似。首緒說一篇，首章討論所根據

人，所本亦大抵皆轉販至再之片斷譯文，均未能通檢多桑原著也。民國二十間，馮承鈞先生以多桑書後部，譯成華言，後再取前部迻譯，於民國二十五年譯畢問世，自此既出，國人始得窺多桑書全豹焉。是書共分七卷，前三卷始成吉思汗先世迄元之亡，後四卷述波斯汗國史事，附緒言及察哈台及欽察兩汗國之沿革，蒙古人之事蹟，悉備於一書。多桑通突厥波斯阿剌壁及西方諸國語言，得讀西域史家之著述，故參攷史籍至博。大別之可分三部，一部為回教史家之撰述，由剌失德丁（Rasic-ad-Din）兆外尼（Juwani）及瓦撒夫（Wassaf）諸人書撥引為多。一部為當日歐洲人之遊記與著作。一部為中國史籍，多取宋君榮（Gaubil）馮秉正（Mailla）與夏鳴特（Hyacinthe）諸人所譯續通鑑綱目，元史類編，元史（本紀及一部分列傳）等書之譯文，觀乎多桑所本書籍，以回教史乘為最有價值，以中國書籍為最劣。回教撰述，國人少有知者，非通曉西域方言，不能直接參攷此書，讀多桑書亦可略知一二。至所據中國史籍，則多屬副料，訛誤至多，著者亦不通中文，不能直接參攷我國史書，遂採宋君榮諸神甫譯文，其錯誤自在意中。雖然，多桑書之精華，在其所探之西域史料，所本漢籍雖劣，若國人讀之，其訛誤自不難辨別，讀是書者，當以取其所長。巴都爾教授論本書云：「多桑為首

之史料，以下各章，次第敍述當時亞洲及東歐一帶諸國情形及怗木兒帝與繼承諸王之事蹟。第一篇末三章專論怗木兒之政制及軍隊，與乎當時帝國內之知識生活及經濟生活。第二篇末數章又旁及昔班等系。全書條理簡明，取材淵博。譯者序云：「此書取材固廣，可惜脫稿以後，疏於校對。年代、事實、人名，甚至文字標點，不少舛誤。第若除開這些缺點，觀其世次瞭然，敍述簡明，幷附弁言及中國藝術輸入西域之事，皆可補明史之闕。」足証本書之價值。按怗木兒帝、建國西域，地據中西亞，逮傳六代凡十餘主。享國雖不甚久，於中亞東歐之影響則甚大。其在中國史上之地位，不若蒙古之重要，而有明初葉，貢使頻來，亦曾肆為中國之禍亂。永樂三年，怗木兒大興伐明之師，中途病卒，故免於戰爭，嗣後帝國分裂，內部紊亂，懾於明室之威，再修職貢。明史謂：「永樂中，西域憚天子威靈，咸修職貢」。即指此也。仁宗以後，兩國交通始漸疏絕。顧國人研究此國史者，尚屬少見。未建國情形，亦不能無知。故吾人於其立國始末，其他方面皆未論及。欲知該國詳細始末，多有未見明史來，供吾人之參攷。又本書所舉怗木兒系諸王名，邵循正先生曾撰有明初葉與怗木兒帝國關係一文（載國立清華大學社會科學第二卷第一期頁一三五—一四八）略論明永樂間兩國之往

經學源流考

齊思和

甘鵬雲撰，八卷三册，民國二十七年北平甘氏張雅堂印行，定價三元五角。

自西漢儒術統一天下，經學遂籠罩全世。二千年來，經生風氣，無慮數變。四庫提要論之曰：「其初專門授受，遞稟師承，非惟訓詁相傳，莫敢同異，即篇章字句亦格守所聞，其學篤實謹嚴，及其弊也拘。王弼王肅梢持異議，流風所煽，不相統攝，及其弊也雜。趙匡啖趙以及北宋孫復劉敞等，各自論說，或信或疑。洛閩繼起，道學大昌。擺落漢唐，獨研義理。凡經師舊說俱排斥以為不足信，其學務別是非，及其弊也悍。學派旁分，縶緣日衆，驅除異已，務定一尊，自宋以汔明初，其學見異不遷，及其弊也黨。主持太過，勢有所偏，材辨聰明，激而橫決，自明正德嘉靖以後，其學各抒心得，引古義以抵其隙。國初諸家，其學徵實，及其弊也雜之儒，引古義以抵其隙。國初諸家，其學徵實，及其弊也

（經部總叙）其論各代經學之得失利弊，既已精矣。自清初至今，研經風氣，亦可得而言也。乾嘉大儒，專究名物訓詁，學日繁難。道咸以來，學者遂又一反之而專玩大義，搜西京之家法，紹博士之墜緒，務求簡括，以圖致用，及其弊也誕（如康有爲以古文盡劉歆爲造，廖不以經學附會西學之類）。民國以後，新學之士猶或拾取康廖之詖詞曲說，恢弘而擴廣之，間不免失之於妄。今則虛誕之風已衰，徵實之學又盛。兼之西學昌明，他山之石，足爲通經之助。經學之研究，將又變矣。經學之所以屢變，自受各時代學術空氣之影響。蓋有西漢天人五行之學，遂有今文讖緯之說。東京學尚徵實博雅，古文之學遂盛。魏晉老莊盛行，遂有何晏王弼之經注。宋明理學大興，遂有程朱陸王之考據。道咸以還，士大夫喜談變法，徵言大義之學又盛。各代經學之變，皆時勢爲之也。蓋漢前諸子爭鳴，他宗攻儒家於外；漢後儒術籠罩一切，新說變之於內。而儒術之所以能維繫人心至數千年，歷久不衰者，亦以其履經轉變，與時俱進也。易曰：「窮則變，變則通，通則久。」此則一切思想宗派皆如是，固不獨儒家爲然矣。

此種演變之過程，惜尚無人爲系統之董理。朱彝尊之經義考僅列目錄，洪亮吉之通經表專裂人物。俱未能說經學消長變化之經過。至陳澧著東塾讀書記始擬將此問題爲一有系統之研究。其實先述群經源流，次叙各代經學盛衰。其持論既不囿於漢宋之見，亦不蔽於古今之爭。態度平允，援引精博，信屬不刊之典。惜諸經通論，立言過簡，源流之部，僅成鄭學，三國，朱子數卷。其餘西漢、東漢、晉、南北朝、隋、唐、五代、宋、遼元金、明、國朝、通論諸章，俱有目無書。至清季善化皮錫瑞繼陳氏遺志著經學通論及經學歷史兩書，前者分論各經，後者綜述沿革。元元本本，頗稱賅洽。惜皮氏篤守今文，議論失之偏激。邇來坊間因又有二三新著，然亦不足以爲初學之津梁也。最近甘鵬雲先生之經學源流考一書出版，在新出各經學史不啻雞中之鶴，故吾人樂爲介紹也。

甘氏之書，共分八卷。據序言乃作者任北平古學院之講稿。其書首論經學起源。次分論各經源流，後論群經總義及歷代經學。大抵參考經義考，通經表，四庫提要等菁而成，而得之於東塾讀書記者尤多。宜其持論公允，不囿漢宋今古之成見所囿。其辨析流派，亦極滑斷抱要。其論易漢學曰：「夫乾嘉諸老，常師法蕩然之後，捃拾殘賸，以扶微學之一綫，固不爲無功矣。然一惟漢儒之言是從。烏能免穿鑿之譏哉？」（二十二卷頁一）其論書孔注引焦理堂之

本不悅學。六經束閣，聖道有隨地之懼。惜乎閱惠未目睹今日之景象耳。設閻遽生於今日，亦常深悔攻擊古文尚書之作偽也。」（卷二頁八下至九上）則又不免失之於迂。但就全體論之，本書取材詳博，條目清晰，雖多襲陳說，殊少創獲，但議論持平，究遠勝皮氏兩書，亦治經學者所宜參考者也。

言曰：「盜其假託之孔安國而論其為魏晉閒人之傳，則未嘗不與姜、杜預、郭璞、范甯等先後同時。姜、預、璞、甯之傳註可存而論，則此傳亦何不可存而論乎？」（卷二頁四下。按此與陳氏持論相同）其論明代經學，以為「大全出而捷徑開，八比盛而俗學熾，科舉之文名為發揮經義，實則發揮注義，不問經義如何也。且所謂注意者又不甚究其理而惟揣摩其庸字語氣，以備臨文之摹擬，並不問注意如何也。蓋自高頭講章一行惟孔什思孟之本旨亡，並朱子之四書亦亡矣。此則後世用朱子四書為科舉文之流弊而非朱子四書之弊也。」所論皆頗平允可喜。

雖然，是書列舉各名人名太多而詮釋過少，反不陳氏皮氏之簡括。又往往採用他說而不注出處。如第一章論孟子學術皆本之陳氏東塾讀書記。末論歷代經學多採自四庫提要總論，並宜注明。以便學者覆檢。又卷八論清儒考群經中一端者則有奏蕙田之觀象授時。按觀象授時乃秦氏五禮通考之一部，阮元摘出之刊入皇清經解，非專書也。凡此之類，小小疏失，亦不能免。又其論偽古文尚書謂：「經術關係世風甚鉅，古文尚書通智數千百年矣。忽著書顯攻其偽，請問士子應讀何書？其意若曰專究今文可耳。豈知以古文尚書為偽，此風一倡，安知不有以今文尚書為偽者乎？方今士人，

中國醫學史兩種

羅秀貞

中國醫學史

陳邦賢著，中國文化史叢書，民廿六年上海商務印書館版。

History of Chinese Medicine. By K. Chimin Wong, & Wu, Lien-Teh, 1932. Rev. ed. Shanghai, 1936

我國關於醫學歷史，倘少專書。民國二十一年伍連德王吉民二氏始合著中國醫史 History of Chinese Medicine 一書，全書以英文寫成。其中四分之三篇述近代醫學之發展則殊嫌簡略。至民國廿六年又有陳邦賢氏之中國醫學史出版。其書分五篇：首三篇分述上、中、近古之中國醫學。各代醫學之演變，醫事之制度，當時疾病之名稱，以及醫藥，醫籍之效證等。第四篇論現代之醫學，注意新醫學之輸入以及當世衛生行政，醫事教育等各方面之情形。第五篇略述我國各種疾病史。

以陳著與伍王二氏之書相較，則前者內容較豐富，取材

亦較廣汎。蓋後者以百餘頁之篇幅，欲備述自古迄今之醫事史料，固屬不可能也。以二書之組織而言，則後者較佳。蓋陳書，凡事皆依朝代而分，綜其大綱，略加解釋。而伍著則以醫學思想為劃分時期之標準，未免過于呆板。使讀者易瞭解其大致情形。陳著於歷代之醫事制度，疾病名稱等事，似皆重于材料之蒐輯，而解釋過少。其對於社會及人民生活亦少聯繫。以取材而論，則陳著蒐集較廣，然二書於怪誕不經之書如山海經者，亦加採取，不免失之於濫。至若其書目之中，亦附本書，尤不免失之於冗矣。

但大體言之，二書各有所長，但亦間有微瑕。倒如中國醫史頁三十一誤以公乘陽慶作乘慶陽。按史記扁鵲傳張照曰：「按公乘蓋以爵為氏如壺關三老公乘興是也。公乘為陽慶之氏非爵也。」然再版之中，於前部篇幅，稍加擴充。公乘陽慶亦加修改。因之此點亦加更正。較之初版，益臻完善矣。陳著中國醫學史頁廿二載：「扁鵲有疾三求醫於秦，秦伯使醫和視之，曰『疾不可為也』，是謂近女室疾如蠱。」而後著者乃謂「公乘的花柳病。」然同書頁三八〇又載：「本 Okamura Neohi 氏所說，是由葡萄牙商人至中國途經印度感染而致。」前者既謂晉平公之病為花柳，而後又謂梅毒始見于一五〇五年，兩者發現在一五〇五年，其傳入一原因，據日

中國地理學史

葛啓揚

是前後自相矛盾也。又頁廿四言愛克司光神話事，引醫緩事為証。謂：「又如醫緩能隔著皮肉衣服，看見晉侯的疾病，是在肓之上，膏之下，這就是愛克司光的萌芽。」按左傳成十年：「晉侯有疾……求醫於秦，秦伯使醫緩為之，……『疾不可為也，在肓之上膏之下……』」。此不過言醫緩醫術之精而已。焉得謂為愛克司光之神話？醫緩固能指出疾病之所在，然史書未載其以目或以機器透視也。焉得確知醫緩之術非由於觀察神色，搏脈等術而知其病乎？此亦不免附會也。

雖然，陳著上自伏羲，下迄民國，大體完備，而伍著于近世西洋醫學對我國醫事上種種影響敘說特詳。況中國醫學有數千年之史，其關乎歷代民生者甚大，亦文化史之一大文也。今此二書，於此兩方面，採撫略備，雖有微瑕，究屬創舉矣。

王庸著，中國文化史叢書第二輯，民國二十七年上海商務印書館出版，定價二元。

此書首有石印奧圖四頁：（一）華夷圖，（二）禹跡圖，（三）王志遠地理圖，（四）明榆本陝西鎮守圖路一頁。華夷圖與禹跡圖皆於南宋偽齊阜昌七年1137上石，至今此石者既謂晉平公之病為花柳，而後又謂梅毒始見于一五〇五年。

地理學史；第二章關于朱思本之部，蓋撮述吳晗譯內藤虎次郎著之地理學家朱思本、關于利瑪竇之郎著之地理學家朱思本、關于利瑪竇先生之考利瑪竇的世界地圖，關于淸初測繪地圖之部，蓋撮述翁文灝之淸初測繪中國地圖史料輯略一文。故此事之作，實係起最主要者則爲中國地圖史料輯略一文。故此事之作，實係起輯性質，而書中稱爲著述，於事實有未符也。

著者於弁言中自言甚治學，主張按而不斷，然於考査實際材料之後，亦得有兩點推論：即(一)九鼎圖，山海經地誌間互爲消長之演化說(見頁五)。第一說因正文中未申職貢圖，苗猺風俗圖，及地圖之一體分化說；(二)地圖與繪實物，而不載山川地界與夫道里方位乎？苟此推說不述，故意義未詳。意者此類圖皆保存原始地圖之形式，但圖謬，然則江紹原固已言之於前。江氏於中國古代旅行之研究爲圖畫式之旅行指南(見頁13)。此雖未下任何推論，而著者(民國 24 年商務出版)第一章，一則曰九鼎之傳說反映古人有大規模鑄鼎象物之企圖(見頁七至12)，再則曰山海經圖或可謂之說固發端於此也。關於第二說，評者偶然翻閱吳其昌先代地理學史，發見其文中有云：「輿圖大盛於北宋，至兩宋而漸衰；郡志在北宋尚微，至兩宋而大盛(見國學論叢1/1/64)。

猶存西安碑林，爲我國現存最古之輿圖。次爲著者弁言及全書目次。全書共分四章：首章原始地理圖誌及其流變，先撮述近人關于山海經與禹貢與穆天子傳之著作時代及版本篇目之論說，而略述山海經與禹貢之內容；次說明九鼎圖，山海經圖，職貢圖，苗猺風俗圖，及外國圖記等祗圖誌奇物異俗，而無道里方位；末述宋代以前之地形圖與地形模型。二章地圖史，分爲十二節：一述傳疑地圖，二述歷代輿圖掌管與造送之沿革，三述秦漢輿圖，四述裴秀地圖，五述十道圖，六述賈耽隴右山南圖與海內華夷圖，七述隋唐方誌圖與其他總圖，八述宋代總圖，九述宋邊裔圖，十述宋思本輿地圖及其影響，十一述利瑪竇世界地圖及其影響，十二述淸初測繪地圖及其影響。三章地志史，分爲三節：一述漢隋間地志之發達，二述唐宋總地志，三述宋代方志之發達。四章近代地理學之進步，分述近代關於地圖與測量，地球物理學，地文學，氣候學，經濟地理學，以及人文地理學與區域地理學發達之情形。全書共 262 頁，首章佔 36 頁，二三兩章各佔 90 頁，四章佔 46 頁。

此書材料大部分得於近人著述，一小部分蓋取自著者舊作。如第四章即完全由張其昀近二十年中國地理學之進步一文剪裁而成。又第三章關于宋志之部，蓋撮述與其昌之宋代

此語也，推演之則爲著者之說，而書中並未說明。他人開導之功，烏可湮沒哉。

編著中國地理學史，似應注意下列二點：（一）地理學之發展；（二）歷代地理著述之內容及其貢獻。注意後者，即所以明前者。此書首二章側重於原始圖志之版本，篇目，與著作時代之敍述，二三兩章多數篇幅用於列舉書名，及徵引著錄者原文，而第三章尤甚，評者讀之，幾誤會爲一地志之書目。故此書似應稱爲「中國地理圖籍史」，或爲「中國地圖地志史」，而不當採用今名。此點著者在弁言中已言之（見頁三）。

史事之敍述，在此書中殊不必要。故此書第二章第二節關于各代與圖學管與造送之敍述，似可刪去。

此書遺漏甚多。如鄭道元之水經注，玄奘之大唐西城記，趙汝适之諸番志，徐宏祖之徐霞客遊記，以及顧炎武之天下郡國利病書，劉獻廷之廣陽雜記，楊守敬之讀史方輿紀要，梁份之秦邊紀略，顧祖禹之讀史方輿地圖等，皆於我國地理學有特殊之貢獻。顧在此書中竟未置一辭，可謂疏忽。書中亦有甚多印刷之錯誤。如頁29第九行許敬宗，頁145第二行筆法真，及頁158第一行孔鑒符等人名誤作書名；頁68第五行郡縣二字誤作地名；以及頁49第七行明清

誤作朋清，頁84第八行所謂「對境圖」之關字誤作爲，頁128第七行附隸誤作附離等等，不勝列舉，並無勘誤表，則亦此書之病也。

總之，此書尚未成熟即出版，愈以爲此書有重編必要。日前評者與齊致中（思和）博士討論此書，僉以爲此書有重編必要。重編之法有二：一曰總觀地理學發展之狀況，而區分爲若干期以說明之；二曰分四方面爲有系統之敍述，此四方面爲（一）地圖學之發展，（二）國內地理知識之發展，（三）國外地理知識之發展，（四）地體知識之發展，蓋此四者爲治中國地理學史之骨幹也。此二法中任何一法均可採用。苟著者不以此說爲妄謬，肯從此中一法將書重編，融化書中內容，再增補有關之各方面材料，而去其無關者，旁徵博證，爲有系統之敍述，俾成完善之著作，是則評者之所深望者也。

中國歷史商業地圖

葛啟揚

Historical and Commercial Atlas of China. Harvard-Yenching Institute Monograph Series, Vol. 1. 112 pages 33×19cm, By Albert Herrmann, Cambridge U.S.A., 1935.

中國歷史及商業地圖一册，德國柏林大學歷史地理學教授海爾曼博士編纂。全書用英文寫成，凡112頁，地圖佔

80頁。地圖之編次，首爲中國在世界之部位，及中國自然與考古三圖（自五至八頁），次爲歷史地圖（九至63頁），再次爲現代地圖（64至84頁）。歷史地圖，自遠古以至遜清，大抵每朝各佔一圖；其底圖凡有六種縮尺：全亞洲圖一（三千萬分一）；東亞中亞與南亞圖一（二千萬分一）；東土爾其斯坦圖一（二千萬分一）；中國本部圖一（一千五百萬及一千萬分一）（88至112頁）。圖後附參考書目三頁（85至87頁）及地名與人名引得25頁（88至112頁）。參攷書目三百種，分普通圖書與專門著作二種，專門著作皆依輿圖之次第排列。地名與人名引得共約七千六百條，其中中文名詞採用韋德與翟理斯之拼法（Wade-Giles' system），華語中之舊日外國名詞及昔日之音讀，係本高本漢（B. Karlgren）與西門（W. Simon）二氏之考據。此外又有中國字體表，可與地名音讀對照。

海氏之圖有二大特色：（一）爲工作方法之精密。此可分三點說明。其一，此圖注意圖例之劃一：如各區之圖皆取相同之比例尺。又如標寫地名，字體亦趨一致，如標寫都市之名稱，大都以人口之數址爲準，即人口多之都市用大號字，人口少者用小號字。至於以代表地名之符號，亦俟大體劃一。其二，此圖注意地形之表示；輿地現象之變動受地形影響甚大，故論輿地沿革者，不可不注意地形也。我國舊日輿地沿革圖，大都不表示地形，故西洋地理家常言中國地理精於記水而拙於記山。日本方面似亦未注意此點。海氏之圖用漫滃法於底圖上表示大概地形，在製圖方法上實爲一大進步。其三，此圖注意輿地時代之變動：彊域之劃分隨時代而變動，秦漢與隋唐不同，隋唐又與宋元不同，此固爲人所不移之事實；即如秦初置三十六郡，後增置至四十郡；漢初無十三部之分，至武帝時有之；唐太宗時代分全國爲十道，至玄宗時分爲十五道；清全盛時代尚有高麗琉球安南緬甸等地，而至淸末此諸藩屬盡失，則亦皆爲人所共知之變動。不特此也，即時間相差一二年，甚至一二月，彊域亦往往有甚大之變動，例如宋徽宗宣和五年以前與以後之邊域，即相差有數州之地。故繪製中國輿地沿革圖，不獨應注意輿地現象之一朝一代之變動，尤應注意其一年一月之變動也。考我國自淸季以來所出版之中國輿地沿革圖，如楊守敬歷代輿地圖及歐陽經中國歷代疆域戰爭合圖，皆推爲名作。顧此等圖中，亦但有某史郡國志圖，某代輿圖，固無以注意確定輿地之年代也。日本箭內亘所編之東洋讀史地圖，於每圖中注明其所代表之年代，如二圖春秋時代要地圖，注有「周敬王二十年頃 Cir. 490 B.C.」等字，三圖戰國時代亞細亞形勢圖，注有「周顯王三十六年 Cir. 333 B.C.」等字，在

方法上可謂一大進步。顧其全書爲圖僅三十，過於簡略，在應用上亦殊有限。海氏之圖不獨於每圖中註明該圖所代表之年代，並能於箭內亙氏圖之外，又增加若干新圖：如東晉南北朝272年間，箭內亙氏圖但有宋文帝元嘉16年之宋魏對立時代一圖，而海氏之圖則增加29頁西歷317至420年之十六國及東晉帝國圖，32頁西歷500年之齊魏疆域圖，及33頁西歷535至56 年之中國分裂圖。故海氏之圖在方法上雖非創舉，而在應用上則有過於箭內亙氏之圖也。（二）爲新材料之增加。海氏之圖於通常中國沿革圖以外又增加者：有關于古今森林及動物分佈區域之表示。其一，關于經濟者與前漢經濟發展圖。此外又有關于各代都市之人口數字之表示。其二，關于交通者：有中外交通路線圖，諸如中國將士，商賈，及旅行禮佛者由內地通蒙古新疆西藏印度及歐洲等地與夫印度僧侶，阿拉伯土耳其及歐洲使節，商人通中國之陸路與海道路線，於圖中皆有相當之表示。其三，關于地理遺跡者：有史前遺物發見地之分佈圖，及古代以至十四世紀之中國與中亞宗教諸如佛，回，耶，猶太，火祆，摩尼等教之遺跡分佈圖。此外又有關於邊疆地理如樓蘭吐魯番會寧喀喇和林等地之遺跡地圖。他若印工精良，圖色之配合得

宜，亦爲此圖之特色。

但海氏之圖亦不無可議之處，玆就劉覽所及，略分取材，體例，與內容三項，列舉如左，用備讀此圖者之參攷焉。（一）關于取材者：此圖所附書目，雖曰近三百種，其實圖中大部材料係以歐陽纓中國歷代疆域戰爭合圖與箭內亙東洋讀史地圖爲根據，其他圖書不過用備訂補而已。檢製中國歷史地圖，以中日之兩方材料爲本，勢固然也。推是中日兩方所出版之中國歷史地圖，其重要者尚有楊守敬氏歷代奧地圖及重篡安繹河田熊二氏支那疆域沿革圖，而楊氏圖尤以外顧祖禹讀史方輿紀要與顧炎武天下郡國利病書二書，前者爲軍事地理專著，後者爲經濟地理要書，省爲治中國歷史地理所不可不讀者。海氏似亦未曾注意。此其取材之可議者也。

（二）關于體例者：此圖最大之缺點，爲對於圖內材料無詳細之解說。通常歷史地圖以解說與圖相輔而行，所以便利讀者，俾其按說以觀圖，可免冥搜之苦。此圖之材料苟皆如八頁中國史前遺物發見地圖之簡單，本亦可不必解說，無如其中多數之圖皆收其多複雜之材料，此在歷史地理學素有修學者尚可盡量利用，而在一般初學者，展圖讀之，則筆免感覺頭緒紛繁，而無所措矣。此其體例之可議者一也。我

國上古地理，起敘簡略，故在圖上表示某國之疆域與都市位置，則須別謀補救辦法，而通常用以繪製秦漢以後各代地圖之辦法以繪製上古地圖者，固已不可再用。竊查繪製中國上古地圖，須抱定實事求是之態度，信者收之，疑者存疑，不可曲意附會；製圖之法，首在辨明上古各國都市相當於今之何地，然後於地名下用各種顏色分別表示其屬於何國。如此視同一顏色稱會叢之區，即可知某國疆圍之大概。顧海氏之圖，未計於此，仍沿舊日辦法，限據中國傳說以製上古地圖，而若眞有其事者。此其體例之可議者二也。又海氏圖中各分圖只有歷代地名與疆界，而無現今之地名與疆界，不若楊守敬歷代與地圖與歐陽縝中國歷代疆域戰爭合圖等用古思今朱之對照法燦然紙上，爲便於讀者也。此其體例之可議者三也。

（三）關于內容者：此圖有二大缺點：一爲材料分配之失當。歷史地圖中材料，應以歷史上與地之變革爲主，而通常歷史地圖所以附有現代地圖者，蓋爲讀者參攷計耳。顧海氏之圖不然，全幅地圖80頁，現代地圖即佔21頁，詳於今而略於古，是有背乎歷史地圖之本質矣。此可分四方面說明。其一，錯誤之處：如六頁與七頁中國自然地理圖誤以淮水以南之山脈名曰淮陽山（Huai-yang-shan.）。考中國地名用陰陽二字，原有一定，凡地位於山南或水北者用陽字，位於山北或水南者用陰字。近代編製地圖者不明乎此，以致於圖上往往陰陽二字誤用，而淮陽山之名蓋即出於此輩之誤用也。海氏之圖用淮陽山，今之福建江西近代地圖之誤而誤耳。又18與19頁秦代與圖，今之福建江西爲秦之閩中郡地，安南東北部爲秦之象郡地，而圖皆誤爲域外。又同圖九江（Chiu chiang）郡治壽春，領有今蘇皖二省中部（江淮間地），圖誤領雲夢（Yun-ming）之地。又22與23頁兩漢與圖，武帝時代所設之十三部，此圖列入司隸而無朔方，係仍從來之誤解。又25頁三國與圖，宋许州郡志曾言武帝紀皆言秦州武所置，是三國時魏無秦州也，此圖有之，蓋因晉書地理志之誤而誤耳。又同圖亦謂（Ch'i pi）位於武昌西南今嘉魚縣境，即周瑜破曹軍處也，圖誤在武昌今黃岡縣境，係仍蘇軾之誤。又30與31頁東亞中亞及台圖，南交治廣陵，此圖廣陵誤作Kuang-yin 又34與35頁亞洲形勢圖，所據之時代爲西曆610年，即隋煬帝大業六年也。今按此時隋之疆域北有五原，有陪奢地理志可證，此圖誤以五原之地爲域外。又同圖遼西之地於文帝時已入版圖，此圖亦未列入。又40頁唐代與圖，山南西道治梁州，於德宗興元中升爲興元府，興元府圖誤作 Yü-yüan。又42

與 43 頁宋遼金興地合圖，江南西路圖誤作江西南（Chiang-hsi(-nan)）路，蓋因歐陽經氏圖之誤而誤也。又 64 至 84 頁現代中國輿圖，所據之時代約為民國 23 年間。其中 66 與 67 頁中華民國政治民族及方言輿地合圖，誤稱南北兩段及新疆西之帕米爾高原未定界，圖皆誤作定界。又同圖位於北緯八至二十度，東經 112 至 115 度之海南九島（Thitu與 Louita 群島在內）為中國領土，圖誤作法領。又同圖南京語言屬於江南官話區，圖誤屬吳語區。又同圖武漢三鎮，夏河（Hsin-ho）縣屬甘肅省，圖誤屬青海省。又 70 與 71 頁現代中國東北部政區圖，河北省安次縣，圖誤作 An-lien。又同圖北平為特別市，直隸於行政院，圖誤為河北省會。又同圖石家莊為屬於正定縣之一市鎮，圖誤為縣治。又 74 與 75 頁現代中國東南部政區圖，西江為珠江西源。又同圖廣東佛山鎮之改為南海縣，圖誤仍假名。又同圖會理 77 年與（Hui li）鹽源（Yen-yüan）西昌溪（Hsi-ch'ang 今名漢源）昭覺（Chao-chio）冕寧（Mien-ning）越嶲（Yüeh-

sui）鹽邊（Yen-pien）等縣皆屬四川省，圖皆誤屬西康省。又同圖雲南何澤，將名東川，圖誤仍假名。又 82 與 83 頁現代中國商業及交通路線圖，圖誤仍假名博愛縣（舊濟化縣）圖誤通至山西省怡城（Chin-ching）縣。又由博愛縣鐵路之焦山至軹縣之鐵路已完工，圖誤與南邊之鐵路已連軌。關于航路者，大運河（Grand Canal）有數段已淤塞，圖誤為全河可通行大小汽船。又安徽北部懷遠縣，圖誤作 Huai-yang。又廣西當賓，圖誤作廣東湖安（Chang-chon）。圖誤作 Hu-an。又福建龍溪縣，圖誤仍假名漳州作 Hu-na。又廣西當賓，圖誤作 I-ning。又廣東湖安（Chang-chon）。圖誤作其二，道漏之處：如 18 與 19 頁秦代輿圖，秦郡有東郡，治帝元康中設置。又 30 與 31 頁東亞中亞及南亞合圖，所據時代為西歷 440 年，即宋文帝元嘉 17 年也。今按此時宋有秦州，寄治南鄭，圖缺秦州。又 32 頁齊魏梁城圖，齊有濟州，圖缺胸山，道漏山與逤山。又 41 頁五代興圖，後蜀（Later Shu）建都益州，圖漏為地名。又 42 與 43 頁宋遼金輿地合圖，朱仙鎮為審市賣鎮，圖未列入。又 68 頁近代中國西北部政區圖，青海省共和雲源同仁玉樹民和互助都蘭等七縣，係於民國 20 年三月奉行政院令准同時

設立，圖漏共和同仁民和互助等四縣。又70與71頁近代中國東北部政區圖，河北省興隆縣於民國19年12月，山東省鄆城縣於民國20年三月奉行政院令准設立，圖並漏。其三，矛盾之處：例如淮南鐵路於82與83頁近代中國商業與交通路線圖表示已由蕪湖對岸之裕溪通至合肥，而於74與75頁近代中國東南部政區圖表示此段未完成（按淮南鐵路係由裕溪通至淮水南岸之田家菴，70與71頁圖，及82與83頁圖以之與津浦鐵路連軌者誤也）。又同蒲鐵路於82與83頁圖表示由大同經陽曲至靈石一段已可通車，而於70與71頁圖表示峰（Kuo）縣以北尚未完成（同蒲鐵路於陽曲以南至永濟〔蒲州〕段全部通車時，峰縣至大同段尚未完成，陽曲至大同段已先完成者誤也）。又粵漢鐵路南段於82與83頁圖表示由廣州通至韶州（Shao chou），而於74與75頁圖表示由廣州以北湘粵交界處，低表示北宋與西夏之疆域與政區，又表示宋遼金之國界，閱讀殊為不便，應分圖表示。又如82與83頁近代中國商業與交通路線圖，於一圖中除表示全國之重要商埠與對外貿易狀況外，又表示水路，陸路，航空路，電路等路線，亦覺凌亂。

西洋學者治東方之學，大抵長於運用方法而短於材料之

會通，海氏之作亦猶是耳。顧海氏之作在西洋為創舉，茲已得一部分學者之注意，而其編纂方法亦確足供吾國地圖界之參考，爰為介紹，以供參攷焉。

中國水利史

中國文化史叢書第二輯，鄭肇經著，民國二十八年二月，商務印書館出版，定價二元五角。

侯仁之

我本以農立國，水利素所講求，禹貢詳載河道，傳誦見於周禮，秦利鄭國之渠，魏傳鄴民之歌。乃至今日，水旱頻仍，黃河姑勿論矣，長江向繞卻根之利，近亦復呈泛濫之災。民國二十年及二十四年，江水兩次大發，為害之烈，猶在國人記憶中。凡此皆國家大利大病之所在，與廢治敗之蹟，為國民者肯當瞭然於胸。此水利史之纂述，勢不容緩者也。

鄭肇經氏，為國內水利專家，且嘗供職於全國經濟委員會，著為此書，堪稱得人。書分八章，共三百四十七頁（附參考書目在內）。黃河、揚子江、淮河、永定河、運河、浗海塘，而以歷代水利職官一章。其次則各省之灌漑，江浙之海塘，而以歷代水利職官附焉。

其敘黃河，共一百零七頁，幾佔全書三分之一，黃河前

後六次大徙，各爲一節。第七節則略述近代黃河概況。敘淮河始于古代，中述黃河之奪淮，特詳於明清兩代黃淮清渠之彙治，而以今日導淮工程爲結束，亦爲七節。叙運河自上古運道而外，秦漢、晉隋、唐、宋、元、明、清、民國又各爲一節。共九節，蓋彙運河之廣狹二義而言，不獨以南北大運河爲限也。揚子江與永定河二章，以事較簡略，各不分節。各河之叙述，似皆以年爲綱，詳於決塞工事之記載，而略於利害大勢之說明，茲姑引黃河章第六節之乾隆河勢一段爲例：

乾隆承康雍治河之後，修防之工愈重，河有決溢，併力塞治，無須臾之延緩，尤注意於南河。並大治與黃河有關各處水道。在乾隆三十年以前，可稱爲河工鼎盛時期，三十年以後，稍稍替矣。(頁76-77)

此段論列，堪稱中肯，而下文所叙，則殊不足以副之（原書以下緊接上文）：

乾隆元年（一七三六）四月，河溢碭山毛城舖逾東。乾隆五年（一七四〇），黃河南岸各減水閘壩下齧引河，分黃入淮，三壩工完。乾隆七年（一七四二），徐州流仍兩遏清口，仿宋陳堯佐法，製設木龍，挑溜北行，歸入陶莊引河，不久仍淤。

石林及黃村二口循例啓壩，減黃濟運。七月貪水大漲，奪溜東趨，衝決沛縣縷堤，入微山湖，河督完顏偉集夫塞之。明年（一七四三），接築北岸縷水大壩，自豐縣界李道華樓起，迤東絕石林壩至黃村壩止，長三千五百餘丈，以禦橫流。乾隆九年（一七四四）鞏砌瓜梁家莊街閱引河，刷寬二百餘丈，石林壩前停淤。⋯⋯乾隆十年（一七四五），河決阜寧陳家浦，時黃淮交漲，沿河州縣被淹。九月水落始塞，築貴堤長一千六百二十丈。⋯⋯(頁77，又按，此處乾隆年號，一用可略，無須累述。全書皆如此，負繁冗累)。

以下乾隆十一年、十二年、十六年、十七年等等，以至于乾隆五十六年，皆作如此排列。某年決某口，某年塞某流，前後並無關連，讀之於乾隆一朝黃河大勢，不能有明切之認識。以爲專家某年某工之參政，稍嫌不足；以爲普通讀者之閱覽，實覺繁項。似不如即就首段立說，取乾隆一朝河事之足爲闡明者，擇要論列。此全書之組織，應使讀者於半世紀間黃河治河防志及行水金鑑等書之略例，而詳略則違不如。又各河之章，末嘗附以「結論」，雖於古今彙遷大勢，敗之由，有所領會。此全書之組織，應使讀者於半世紀間黃河治不無說明，要皆失之簡略。掩卷凝思，似言有未盡之憾，其可惜也。

灌溉一章，不過五十頁，而所述乃至全國各省區，無不包括在內，其略而不詳，勢所必然。如山東所記，止黃河虹吸淤田及南運湖洞復計劃二事，常代小滿灌溉之利貌且不詳，更無論乎引汶穿渠之偉事矣（按史記河渠書載泰山下引汶水穿渠，酒田萬餘頃）又如甘肅「四郡」（武威張掖酒泉敦煌）自右為交通孔道，亦為邊防重鎮，然以地多沙漠，歷代屯田移民、端賴河渠水利，如張掖之屯田灌溉，始于漢昭，唐時張掖亦有四十餘屯。自元至清相繼經營，渠工不廢。今所得而知者，天然河流之外，張掖有五十二渠，酒泉有二十二渠、敦煌有十渠，武威有六渠。此皆萬不當略者，而原書不著一語，所述及者不過皇蘭臨洮二縣而已。此姑以二省為例，餘不鞭述。夫旣以中國水利史名書，本章實應佔重要地位，蓋各河之記，或迹而不詳；害多於利；實為民利者，乃在于各地方之灌溉。此而不述，何無確實調查；歷代興廢，亦鮮载籍可徵。欲求其詳，不亦難乎？斯有待于來者矣。

第七章分叙江浙海塘，記述尚詳。第八章為水利職官，略無可論。書中又附有黃河變遷圖、揚子江流域全圖、導淮工程計劃總圖、導淮工程初步施工計劃圖、永定河全圖、運河全圖、運河縱剖面圖、及江南海塘形勢圖、浙江海塘形勢

圖共九幅、製作未精，聊備參考而已。又各章之末，皆附參考書目，情未注明作者及出版年月與地點。全書之組織與內容，大體如此。

至於印刷偶誤之處，間亦有之，據所見者如：頁一四六「山在頁一四九盡作山野」。雅察應作察雅（頁259）。「自魚山至利津海口四十餘里」（頁92），按魚山在東阿縣西八里，東北至海，四百里戍以充之」，適應作訛（頁278）。「引黃水巡寧夏城西寧朔城東平羅城」（頁273），查寧夏省並無此等地名，細審是標點之誤，應作「巡寧夏城西，寧朔城東，[自]平羅城至上賣閘俱入西河。」至于以富平之灌溉，誤入綏遠（頁278）亦或失檢；山陰應縣皆在山西之北中部，而叙其灌溉工程於河北省中（頁264），此近事也，不亦大謬乎？

以上所述，不無苛求之嫌。原書之作，要亦甚有可取。蓋我國河工水利之害，歷代不乏其作，誠如原書例言所謂：「綜合古今著述，何止汗牛充棟，承學之士，殊難得其綱領。」今手此一編，可以略知國家歷代水利興廢之大端。又叙述至于常代，於近年河渠工事，亦可參考。且行文流暢，間有論說精闢之處，又斯書之長也。

中國河渠水利工程書目

張瑋瑛

茅乃文編，民國二十四年，國立北平圖書館出版，定價四角。

中國言治河之書，肇始禹貢，數千年來，河工治蹟，班然俱在。現代水利工程學，每以科學方法，攷竣我國河工，而徵足證實古人治河之理論治績，其良法名言，有未可盡廢者。即如民四全國水利局諮詢工程師荷蘭方維因氏(Von der Veen)於勘察山東南運河閘壩工程之後，嘗慨然言之曰：「以上種種，迄今仍多保其完全狀態，足證古人智力之高尚，而為中國不可磨滅之榮譽也。此種工作常十四五世紀工程學胚胎時代，必須為絕大事業，今吾後人見之，彼古人之綜其事主其謀而遂如許完善之結果者，焉得不敬而崇耶。」(見所著南運水利計劃報告書)是其一例。本編之作，蓋亦有感於此，著者自叙已詳言之，毋煩贅述。

是編分甲乙兩項：甲項為歷代河渠書目，包括清以前之河渠工程，河工奏議諸書，分「知見之部」與「未見之部」。「知見之部」著錄宋元明清四代河渠書籍，達四百餘種，共分七類：(一)總錄附通論。(二)河工河防。分河防國志、奏議、治河通論、河工則例章程、工程做法、查河策記六目。(三)地方水利(以省區分)。(四)災荒及賑濟。(五)水利史。(六)水道(以河道及省區分)。(七)漕運。「未見之部」，係自各史通志藝文志以及各家書目輯錄，取書名首字，而以「永」字八法排列。著錄者都三百五十餘種，僅次於已見之部。書籍之散佚，殊可驚惋。

乙項為現代水利工程科學之書，共分十類：(一)通論附水工。(二)水利工程期刊。(三)水利工程計劃及報告，分責淮運江湖及地方水利。(四)水道。(五)灌溉與溝洫。(六)海港。(七)水道測量。(八)水文與氣象。(九)水災及賑濟。(十)水利史。我國現代水利工程，方在發軔伊始，分類如此，差近完備，似可略而不論。茲僅就甲項「知見之部」略申所見。

按是目之作，原應民國二十四年雙十節國立北平圖書館水利圖書展覽之用。該館又有水利圖書目錄一册，同時出版。於河渠水利諸圖，著錄特多，而書籍之類，亦多本目所未及載者(如存來堂藏書)。原書俱在，不必列舉，苟有待檢，不可偏廢。

筆者近年稍稍留心清代清事，兼及河渠水利之書，流寓所及，似亦有可補本目之未盡者，略舉如下：

治河奏疏二卷　明周堪賡
熊氏水利叢書三種　清熊度　清乾隆二十四年刋本

1. 淮揚下河水利集要

2. 淮揚下河水利芻議

3. 黃運下河疏治備議

淮北水利說　清丁顯　小方壺輿地叢鈔景二十六

浙西水利備考　清姚彥渠　光緒四年浙江書局重刊本

海運貿實五卷附圖　清寓廖士　求己堂八種本

海運續案（清咸豐壬子年）六卷　燕大館藏鈔本

（又按小方壺輿地叢鈔補編及再補編所載河渠水利之書，亦間有略而未錄者，並當檢閱）。

又所見版本不同者，亦可增注：

治河書八卷　清靳輔　燕大館藏鈔本

河工器具圖說四卷　清麟慶　燕大館藏鈔本

又道光十六年河南節署列本

浙西水利書三卷　明姚文灝　據明宏治本校刊　懷章叢著景六十至六十四

水道提綱二十八卷　清齊召南　又乾隆二十六年文淵閣校刊本

黃運河口古今圖說一卷　清麟慶　又道光二十一年吳自麟氏刊本

歷代黃河變遷圖攷四卷　清劉鶚　宣統二年山東河工研究所石印本

海運編二卷　明當且伯　又僑月山房彙鈔景六十七

海運詳攷一卷　明王宗沐　附見天下郡國利病書山東之部末卷。

此外，原目偶有遺誤之處，附識於此：頁七陳搆歷代河防統纂共二十八卷，原未著明。頁三十四郡省丁清水利合編為潘尉（偉如）纂，共十卷，原目皆遺。頁二十六水利私議一卷，清胡邦慶，「胡」應作「吳」。頁三十二黃河說，清雲錦，應作「朱雲錦」。頁三三三清運全書九十六卷，清光緒間余九皋等纂修，應作崔崙肚等纂修。頁三十四海運編二卷，明崔旦，應作「崔旦伯」，凡此皆偶爾失檢，或係手民之誤，不足為病。

（南京中國水利工程學會編輯）自第十一卷第一期（民國二十五年七月）起，至第十二卷第三期止（二十六年三月以後是否繼續出版，尚者未見）。凡八期。僅就作者已成之稿，陸續發表。其望作者早日竟其全稿，變為專書，便利學者，必更倍于此目矣。

茅氏更有中國河渠書提要之作，分期列載於水利月刊

（弁言）。事變之後，不知是否仍在繼續。

書元秘史後

沈曾植遺稿

幼時讀潘研堂集元秘史跋。恨無從得其書。蔣知梁氏已刻入連筠簃叢書中。然全書昂貴。無力購之也。此東行本係

從廠市得之。驗其紙墨。疑猶是楊氏晉初出時所印者。展卷快讀。頗有得荊州之喜。楊氏刻西遊記後。附程、沈、董三釋。讀者瞭然於古今地名譯音同異。此獨闕如。殊以爲憾。今以視記所及。略識一二。張石洲蒙古游牧記中屢引此書。亦氣鈙之。不知蓋闕。聊備異時之忘失焉。不兒罕山者。今之巴而哈山也。（初刻地圖有此山。在巴爾哈河之源。李郡二刻無之）今之巴而哈山上不兒罕山。望見統格黎水。而不忽合塔去。順幹難河。行至統格黎河邊。知不兒罕山在幹難河源之東甚近。太祖初起之時。周旋於傲嫩克魯倫二源之間。東不能至呼倫貝爾。西不能過土剌不兒罕山。是其根本。王汗方強。豈能鵲巢鳩據乎。故知張氏謂不兒罕即今之汗山。非也。乞沐兒合河者。今之齊母爾哈河。據秘史云。西通幹難河。案之今圖。地理脗合。札木合所居之豁剌禿納主兒不。蓋即第囗卷之阿亦惕合剌合納在乞沐兒合小河。然則札木合所居在今齊母哈河也。據秘史稱帖木眞與札木合分離。自阿亦惕合剌合納起去。知非二地矣。主兒不疑即遼史阻卜部。據皮被河即琶琶川。又即契丹所居之白貔河。白貔河即

白狼河。白狼河俗指爲老哈。張氏有辨。其確。愚謂白狼河自是大淩河。白貔河自是老哈河。準其地望。實然有別。白狼河定爲大淩河。不能再指白貔河爲大淩也。據遼史皮被河狼河至多倫貝爾。相去亦不過如此。阻卜爲主兒不。情事可信。但單文孤證，一時不能定耳。譯音多少不同。蓋全不全之別。亦或倒字。或係異名。阿亦惕合剌合納者。殆猶今之華額爾齊斯汗騰格里。疑未能定也。下有訶閭兒禿主兒不。知豁剌禿納爲係主兒不合名矣。札木合泰亦烏所居。蓋肯在傲嫩河克魯倫河上流內外。當於太祖雜處處。故太祖自齊母爾喀至僧庫爾。而泰亦烏驚起。其東烏爾匝河。鄂順河則肯塔塔里所居。語兒札河者。兀失兒溫河者。鄂爾順也。捕魚兒海今之貝爾也。貝爾今譯或作布伊爾。闊連海子者今之呼倫池。呼倫今譯一作枯倫。對音肯相合也。此已入今東三省地。故金人征塔塔里矣。塔塔里與遂達自是二種。齊中分斷昭然。當時書如蒙雙備錄。金國南遷錄。亦自分曉。後人或乃不知矣。

文學年報

第四期目錄

- 朱子之文學批評…………郭紹虞
- 李義山詩的作風…………何蟠飛
- 九鼎考略…………楊明照
- 劉子斠注…………楊明照
- 王漁洋神韻說之分析…………余煥棟
- 四「阿含」中的龍…………董瑤
- 記翁樹培古泉彙攷及古泉彙…………容庚
- 金州先生文學年表…………黃如文
- 唐詩別裁書後…………吳興華

第五期目錄

- 詞隱先生年譜及其著述…………凌敬言
- 朝野新聲太平樂府校記…………鄭騫
- 清代劇曲提要八種…………吳曉鈴
- 新文藝運動應走的新途徑…………郭紹虞
- 等韻一得研究…………許世瑛
- 呂氏春秋高誘訓解疏證…………楊明照
- 釋卍…………王錫昌
- 八十一刻蘭亭記…………容庚
- 大一國文教材之編纂經過與其旨趣…………郭紹虞
- 釋不…………羅潤紹
- 釋●□三一之演變…………羅潤培
- 水滸戲…………林培志
- 百鶴樓讀書札記…………劉盼遂
- 梵讚考…………董瑤
- 最後的十七日 錢玄同先生紀念…………知堂

燕京大學國文學會出版

每冊實價 洋寶國幣一元 報紙國幣七角

史學消息

王鍾翰輯

一 「歷代地理通釋」行將脫稿

本系譚委讓（其驤）先生專攻史地，成績斐然。先後授教於輔仁大學、北京大學、學海書院、清華大學、暨燕京大學，凡歷七八寒暑。授課之暇，篤志著述，歲月易邁，迄未脫稿。並先後任輔仁、清華時，廿印發「中國地理沿革講義」，亦皆僅至漢、晉而止。事變後，先生之學生念海君（輔仁學生）以先生所授講義及史君平日筆記，重加整理，改名為「中國疆域沿革史」，刊于商務中國文化史叢書中（民國二十七年三月長沙初版）。披讀再過，其中錯誤不一而足。然我國地理沿革一門，從來舉者，未嘗清楚整理過。余于此門用功既久，自不容委責於人，歷年積稿，早已盈筴，假我時日，即請于先生。先生曰：「著許輕易似此，非吾願也。然我國地理沿革一門，從來舉者，未嘗清楚整理過。余于此門用功既久，自不容委責於人，歷年積稿，早已盈筴，假我時日，即事撰述，且將命之曰『歷代地理通釋』，以質正于海內有道之士。」敬聆之餘，欣喜無似，預料先生脫稿或不遠矣！茲先將史舊誤處，指陳一二，以餉讀者：

清儒全祖望嘗事考證，謂其時天子自有若實十八郡（見吾地理志體疑四）。史公之言容或有誤，然十八郡之數亦非甚多。（頁九七行七至八）

按全氏此說，不足信。十八郡中如東郡、潁川，十一年已以之分屬梁、淮南（見史記高紀）。魏郡若已置，應為趙有（奧漢土隔絕）。武陵、如九原，甚為秦舊郡，其時失之甚矣，猶未復也。

漢制別有州刺史，此秦代之所無者。漢武帝紀：『元封五年，初置刺史，部十三州。』諸州刺史條司監察之責，非親民之官，故百官表云：『掌奉詔條察州。』其後刺史之權力漸次增大，寢假而憑陵太守，紱和元年遂因武、翟方進之請，改刺史為牧，於是向之僅司監察之責者一變而直接指揮守相之大員，其地位頓見貴重，而地方制度亦由二級制變為三級制矣（頁一〇四行一二至頁一〇五行九）。

按州之由監察區變為行政區，實始於東漢靈帝之後。西京紹和中，改刺史為牧，職位雖較尊，然仍為中央派遣之監察官，歲盡則入奏京師，由三公遣掾史按驗，然後黜陟，未嘗改為地方行政長官也。

建武、中元、永和之間，郡縣復稱稍分置。續漢志後序謂：『明帝置郡一（永昌），章帝置郡國二（任城國，他一無考），…至於孝順凡郡國百五，…』（頁一二九行五至八）

按續志序開章帝置郡國二，誤也。實則但有任城一國，順帝時置與郡一，序脫去，故百零五郡之數不誤。

光武初、諸州皆置刺史；靈帝而後諸州刺史遂有稱牧者。故東漢之末，地方制度已由虛三級制一變而為虛三級與實三級之混合制度矣。（頁一二○行三至六）

按刺史與牧僅有位望上尊卑之別，其職權初無差別。靈帝而後，牧與刺史皆有統率郡守之權，皆為「實三級」制也。史君必以刺史為監察官，牧為行政官，然則魏晉而後，皆稱刺史，豈魏晉時侯為「虛三級」乎？

宋齊州郡志以大明八年為斷，共得二十二州。（頁一五九行三）

按大明時，司越未建，東揚未併，實為二十一州，宋志之言，誤也。

宋初復行五等之制，…其他則州刺史，（揚州刺史兼牧，因帝

都在斯故也）郡守、縣令長之名稱仍因而不改。（頁一六六行一二至頁一六七行二）

按南朝揚州亦置刺史，僅斬道成、鄭衍、陳霸先會以相國或丞相領揚州牧，然非常制也。

括地志稱：『貞觀十三年，凡天下有都督府四十一，分統天下州縣，唯近畿九州無所隸』（初學記引）。（頁一八六行三至四）

按括地志實無此語。史君在楠仁時甘受業于誤先生。大抵此乃先生根據括地志之記載綜括而成結論當時書於黑板上者，史君不查原書，逕以錄入，遂錯此誤。

至中宗時共得六都護府，西有安西、北庭，東有安東，北有安北、單于，兩有安南。（頁一八七行六至七）

按六都護府至開元八年始備，中宗時則天寶所之舊，開元中，復置諸道採訪使，置使以察舉善惡。後復有宜撫、觀察之號，大抵名稱雖易，其性質則仍相似也。（頁一九四行七至八）

按唐初道置採訪使，掌監察；都督府置都督，掌軍事。自乾元以後，廢採訪使之道，以節鎮（節度使節自都督府望來）兼觀察處，置使；自是一鎮即為一道。此書不及乾元之改制，一者乾元後仍有十五道採訪使，貽誤真甚。

宋代因魏道之名稱，遠至淳化之時〔時〕……然路成為具體之區劃實遠在太宗初年，太平興國四年有二十一路，七年又有十九路，端拱二年有十七路，淳化三年有十六路，其建置皆在淳化五年以前，是宋初『道』『路』二名並存，宋人之路制，蓋略似於唐道，非盡因舊制也。（頁二一五行七至一二）

按宋初之道，乃地理上之區劃，一如唐乾元以後五代時之十道，與轉運使之路無關。此處所論，頗病混淆。

宋承唐後，……路諸轉運使，轉運使之職本在理財，太平興國之後，始釐理民刑。（頁二二五行一二至頁二二六行二）

按宋每路諸轉運使，掌民政；提點刑獄，掌刑名按劾；猶明代之布按二司並立也。此略去提點刑獄，不當。

省名之起，其原甚早，魏、晉之時已有尚書省、中書省之稱；然皆中樞之要署，不直轄地方也。陪開皇八年伐陳，晉王廣為尚書令，是其時已有行省之名，惟僅限於一時，故未久即廢也。（頁二四五行四至六）

按魏末晉文帝討諸葛誕，散騎常侍裴秀、尚書僕射陳泰、黃門侍郎鍾會等以行臺從。晉永嘉四年東海王越請討石勒，表以行臺自隨。此即行省之濫觴。其時稱尚書省為中臺或內臺，開國初，有鄴行臺、中山行臺；永熙中，宇文魏因之，有鄴行臺；行臺者謂設於外州以行尚書事也。後

秦為尚書大行臺；東魏、北齊始稱行臺省，除軍國大事外，並理一方民政，兵農刑政，盡歸統轄，專制一方，與元後之行省最為相近。陪、唐之行臺省，稱名雖仿高氏之舊，其性質職權專為征討而設，則與魏、晉皆相似。要之行臺省固不始於陪開皇也。

清之稱行省為康熙初年之事，顧治時因仍因明人布政使司之舊。（頁二七四行一二至頁二七五行二）

按清代始終未嘗定名為「省」。顧治時亦有稱省者，康熙後亦有稱布政使司者。大抵乾隆以前諸書或稱布政使司，蓋治明統志之例也。乾隆以後，率以省稱，不復稱布政使司，然省之稱亦不始於康熙也。故上文「遂復行省之名」，亦不通。省在明、清皆為習俗之稱，（不過明在此俗稱外，有正稱布政使司，而清則無。）清代未嘗有明令改布司為行省也。

按盟旗為行政區劃，部為種類之別，與政區無關。因有察哈爾部八旗之稱。（頁二八四行五至六）

按清代內屬蒙古有二：曰察哈爾，曰土默特，皆不盟扎薩克。此脫土默特（今綏綏二市）。盟又各分部，部復析為旗，旗即其地最小之區劃也。（頁二八一行七至八）

先生講授時之原誤；（因史君聽先生此課時，在民國二十二年至二十三年，為先生開此課之第二年，其中不免有誤。二十三年先生入北大，蒙此敎此課，始大加改正。）或先生所講本不誤而史君聽誤；或當時先生為講授所束，未能發揮盡致；抑或史君於課外自行加入，遂往往成大錯耶？

先生之歷代地理通釋一書，關于地理沿革詳加考訂外，並於歷代水利，如黃河運河之決口改道及其利弊等方面，亦廣事撰述；且於歷代都市之變遷，各地物產之盈虛以及城池險要今昔之不同，莫不深加探討，元元本本，詳盡無遺，是不特考古地理，求復古人之舊觀；且以通今，而作今人治世之寶鑑也。

二　下花園北魏石佛寺之發掘

民國二十八年春，日人某氏偶於察哈爾省南部宣化縣東下花園鎭發現有半埋土下之石佛洞，事爲東京東方文化研究所鳥居龍藏博士所聞，旋於是年五月至該地勘查。是年秋季，鳥居龍藏博士應燕京大學哈佛燕京國學研究所之聘，爲客座敎授，乃着手籌備該石佛寺之發掘工作。九月底燕校前往，同行者凡五人：鳥居龍藏博士，鳥居太太，鳥居綠女士及哈佛燕京學社研究員劉選民君，哈佛燕京學社助理陵大延

分守司各地錢糧，以布政使司之參政參議副使僉事彙管，分巡則掌各地刑名，別以按察使司之屬轄之。（頁二八八行一至十二）

按副使僉事爲按察使司之員，此亦以關布政使司，誤。

乾隆十八年……定其轄屬，分守分巡各執其事，所治之地始有固定之範圍。（頁二八九行一至二）

按此數語太不通。明代守巡道何嘗非各執其事？何嘗無固定之範圍？乾隆十八年但去其布按二司銜，改稱爲道員而已，性質毫無變更。

廳之官制略與州縣相同。（同上行六）

按州縣置知州知縣，正印官也。應置同知通判，本爲府之佐貳，安待云相同？

盛京副都統三人，分駐盛京、錦州府、熊岳城；吉林副都統五人，分駐吉林、寧古塔、伯都訥、三姓地方，阿勒楚哈；黑龍江副都統三人，分駐齊齊哈爾、黑爾根、黑龍江。（同上行七至九）

按此皆乾隆時制。光緖末葉，盛京增爲四，盛京、錦州、金州、興京；吉林增爲六（加一琿春）；黑龍江增爲六（加呼蘭、布特哈、呼倫貝爾）。

此書常載而不載者甚多，兹不條列。其中錯誤疑或由於譚

君。鳥居綠女士專任繪讚速寫，而劉凌兩君則分任攝影測量攝拓諸事，十月三日抵下花園前後勾留該地達五週之久。石佛寺位於下花園鎮東約二華里，北坐鷄鳴山麓，南望洋河，鐵道穿行其間，鳩工發掘結果，掘土達四米突深，石窟全部外露。窟內彫刻，大部完整。本寺爲釋迦牟尼坐像，佛相莊嚴，其上刻有菩薩天人二排，或作奏樂頌讚，或作舞蹈之姿，其間則刻有忍冬(Honey Suekle)之紋樣作爲裝飾。左右兩壁刻有千體佛。天井中央刻有大蓮花瓣，有六天人圍繞飛舞。大門與天門之間，刻有釋迦牟尼佛與多寶佛相對而坐。龕下刻有字一行：「李君□住在太原郡…」。本作須彌座前刻有間坑二及佛足印一。雕刻精美，原繪色彩，亦多保存，惜窟下半部經埋沒日久，多有剝落矣。

鳥居博士等調查該窟已畢，即赴大同雲岡石佛寺作比較研究，此外以地利之便，廿赴延慶涿鹿諸地調查古蹟，至十二月初，即啓程返校云。

又訊：鳥居博士應該學社之邀請，作公開學術演講。於十二月廿九日於臨湖軒講演，由鳥居綠女士宣讀英譯講辭，繼由劉選民君用國語撮述綱要，並用幻燈放映照片，到會者極爲擁擠。鳥居博士講辭內容：首述石窟之發現及發掘之經

過，繼考訂該窟被淹沒之年代，據謂約在咸豐同治年間；隨述窟內彫刻之形態，謂表現佛與法華經內靈山法會開會一章之情狀也。其結論列舉七點，證明該窟與北魏年間所刻者也。

三 舊都古蹟古物調查

我系古蹟古物調查實習班(歷史一八九一一九〇)創辦于民國二十五年秋季，首由顧頡剛，容庚，李榮芳三先生領導參觀。並與清華大學歷史系合組，兩校師生雲集，顧梅一時之盛。事變後，清華南遷，該班停頓，忽又一年。追二十七年秋季始業，李榮芳先生以四郊多壘，不敢遠探幽蹟；然古城內外，名勝亦復不少：加以同學而有復開調查班之請，爰率同學五六十人，四郊訪古，與致亦殊濃厚。如：五塔寺、大慧寺、暢樂寺、藍靛廠之廣仁宮、八里莊、十里河、萬壽寺、歷史博物館、古物陳列所、故宮博物院西路、中路、天壇、雍和宮、柏林寺、國子監、東嶽廟、白雲觀、天甯寺、先農壇、利瑪竇墓、法源寺、淸眞寺、白塔寺、廣濟寺、元代土城遺址、禮王墓、臥佛寺、碧雲寺等地，古物，大都略不殆遍。玆將該班所發說明，重刊于此，以餉讀者。

1. 高梁河畔諸佛寺 (二十七年十月一日)

高梁河源出西山，瀦為昆明湖，西南流三十里，至於故都西北城角，高梁橋在焉。橋初為剛，亦名高梁，始建於元世祖至元二十九年（一二九二）。自橋而上，又稱長河，夾岸風光，為近郊冠，帝京景物略曰：

「水從玉泉來，三十里，至橋下……夾岸高柳，絲絲到水，綠柳紺宇，酒旗亭台，廣畝小池，蔭爽交映。」

又河雪齋集云：

「過高梁橋、楊柳夾道，帶以清流，洞見沙石，佛舍傍水，結構精密，朱戶紛垣隱見林中者，文人墨客，競相唱和，略示數例如下：

是此一帶，不徒以寺觀勝，亦且以楊柳名，不可悉數。

「弱柳晴無烟，空翠開清潭；長堤三十里，波影隨行勝。」（袁宗道）

「路轉柳橋曲，河連杏渚長；半天分樹色，匝地起花香。」（顧起元）

「喧喧出塵路，春向郭西尋；千樹舞千態，一絲牽一心。」（萬一龍）

「覓寺何辭遠，逢僧不厭多。一泓春水失。十里柳風和。」（袁中道）

惟春時尚早，柳風不來；而昔日寺觀之勝，且成陳跡。今日

橋遊河北大佛、樂陽、五塔、萬壽諸寺，雖亦皆頹敗，或猶可想見昔日精藍崇窣之一般云。

（一）大佛寺

寺為明正德八年（一五一三）司禮太監張雄建，賜額曰大慈寺。寺有大悲殿，重為銅架之，中落銅像，高五丈，土人由是以大佛寺呼之。迨嘉靖中，世宗方信道士，太監麥某等，惟恐寺刹之毀，又增建佑聖觀于其左。寺後有高阜，積土甃石為之，上並建真武祠。蓋亦新此以存寺也（涼水亭雜孟及郊遊覽志）。今祠觀併廢，而寺殿兩廡俱存，豈亦天意乎？寺初有大學士李東陽所書碑，工部尚書李遜書，今無存。

又傳李墓並在附近（順大府志），亦失考。

（二）極樂寺

大佛寺東行里許至極樂寺。元至元時建、明成化中重修（日下舊聞考）。寺前臨水，以於松柏柳及牡丹勝，瀟樂堂云：

「極樂寺去高梁橋三里，馬行濃綠中，若張蓋。殿前有松數株，松身鮮翠嫩黃，班剝者大魚鱗，可七八圍。」

又帝京景物略云：

「距橋〔高梁橋〕可三里，為極樂寺址，天啟初年剎未

毀也。門外古柳，殿前古松，寺左國花堂牡丹。西山入座，澗水入廚，神廟四十年間，士大夫多暇，數遊寺，輪蹄無虛日。袁中郎云：「小似錢塘西湖然。」

「歷代建築繪圖照片模型展覽」，其照片第五十四幅，即該寺也，說謂：

「印度佛陀加耶式高基上，建塔五座，塑力士、獅子、小塔等，形制奇特，爲國內孤例。」

（三）五塔寺

栴樂寺正西偏南，五塔寺在焉。寺本名正覺，或稱大正覺，又稱眞覺，初爲蒙人所建（燕都遊覽志），明永樂間重修。大殿五楹，後爲金剛寶塔，塔後殿五楹，塔院之東爲行殿（五城寺院册）。

金剛寶塔座初建於明成化九年（一四三七），清乾隆二十六年（一七六一）重修。塔凡五浮圖，俗因稱五塔寺。今前後殿及行殿，均已蕩然無道，獨塔尙存焉。帝京景物略曰：

「寺進中印度式，建寶座，累石台五丈，藏級於壁，左右螺旋而上，頂平爲台，列塔五，各二丈。塔刻梵像、梵字、梵寶、梵華、中塔刻兩足跡⋯⋯」

又析津日記曰：

「眞覺寺塔，規制特奇，寺有姚變碑記，稱永樂中，國師五明班迪達召見於武英殿，帝與語，悅之，爲造寺，石台則成化九年所建也。」

今姚碑無存。本月初，中國營造學社假北平萬國美術會作

但以筆者所見，綏遠歸化城內美人橋東南，有寺稱大普爾罕召，意即「五塔」，故亦俗稱五塔寺。初建於雍正五年（一七二七），十年賜名慈燈寺。塔雕佛像，亦甚工緻，則此不得以孤例稱也。

（四）萬壽寺

五塔寺西行又四五里至萬壽寺，明萬曆五年（一五七七）建，清乾隆十六年重修，二十六年再修，故至今仍其完好。寺前堤柳迴繞，長河臨流。入寺爲鐘鼓樓、天王殿。再進爲正殿，殿後爲萬壽閣，閣後禪堂，堂後有假山、松檜菁蔥百年物。山上爲大士殿，下爲地藏洞、山後無量壽佛殿，稍北三聖殿，最後爲號園。又寺右爲行宮，今由北平佛教會闢爲育幼堂。

初寺中懸永樂時所鑄大鐘，內外勒華嚴經八十一卷，於間勒金剛般若三十二分，名曰「華嚴鐘」，今移寘城北覺生寺，即俗稱大鐘寺者是也。

又寺西路北設關，門內有長衢，初列肆北達暢春園，即今燕京大學迤西、西苑操場所在之地，名爲萬壽街，昔稱爲蘇州街。今日之遊，正可假此道以歸；唯今一路荒涼，日繁華，正同海市蜃樓，無復蹤跡可尋矣。夕陽歸途中，常不勝感慨也。

2. 藍靛廠古蹟（十月五日）

（1）慈壽寺

慈壽寺在阜城門西八里莊，明神宗爲慈聖皇太后建。萬曆六年寺成，賜名慈壽。碑有大學士張居正撰碑，外有山門天王殿，後有永安壽塔，塔十三級。後殿奉九蓮菩薩像，高丈餘，九首，跨鳳。乾隆二十二年敕重修。今寺燈盡，惟塔及碑獨存。

（2）廣仁宮

長河麥莊橋之西爲長春橋，度橋爲廣仁宮，地名藍靛廠，俗名護國洪慈宮，清康熙五十一年改今名。有供碧霞元君，街衢富麗，不下一大縣。每歲四月間，有廟市半月。土人稱曰「西頂」。

（3）十里河土城關

八里莊西二里有河名十里河，又名蕭太后運糧河。東岸有土城，關郭宛然，土人名蕭太后城。按遼聖宗母蕭氏嘗與聖宗同行，此或其駐地，亦未可知。天祚閒聞稱其地爲金都城之西門，即灝華門也，而土人不知有遼金元，但知爲太后，故舉以歸之云。

4. 古物陳列所（十月二十九日）

（1）所址

古物陳列所係就故都紫禁城南部外廷各殿而設，所轄城門凡三，南曰午門，東曰東華門，西曰西華門。太和中和和三殿及東西兩廡朝房、幷體仁宏義二閣位居中央。文華殿及本仁集義兩配殿、幷傳心殿皆位於東部。武英殿及凝道煥章兩配殿、幷南薰殿寶蘊樓則位於西部。各殿開放於元、明、清朝因之。琳宮瓊宇、梅壺莊嚴；崇殿峻閣、備窮麗。遊於斯者，不獨德有歷史上之價值，抑且爲東方建築藝術之傑構。遊觀止矣。

（2）沿革

按該所初創於民國三年，由內務部將遼寧熱河行宮所藏各種寶器，先後運平，首關武英殿一部爲陳列室及辦公處。其次又擴充太和中和保和各殿陳列室，幷由外交部准於美國

退還庚款內分撥二十萬元，於武英殿西之咸安宮舊基建築寶蘊樓庫房（詳見後），同時於各殿內採酌最新格式，添置陳列槅欄。於是二十餘萬件古物，乃得審定時代，分別羅列，古物陳列所由是開幕焉。

民國十三年，內務部以保存古蹟古物，職掌攸關，雖已有古物陳列所之設，但規制未爲宏備，擬將外廷各殿改設國立博古院，陳列所亦屬之。所定體制，頗爲隆重，惜以經費所限，卒未實現。

民國十七年夏，北平改市，首都南遷，於是向屬內務部直轄之古物陳列所，遂亦改由內政部派員接收。至十九年春，華北軍事常局，忽告獨立，所有平津各機關，概歸衞成總司令部暫行管理。所幸於同年秋，政局即復常態。初不料未及一載，九一八事變竟又突如其來也。

事變之後，三省淪喪，平津告急，中央爲防患未然，乃令將所藏古物，運滬保存。計前後裝運四批，自玉銅瓷器以至文物書籍，大小共十一萬餘件。然共留存品類中，珍奇瑰瑋之屬，爲數仍甚宏富。是以二十餘年來之古物陳列所，得維持至今也。

（三）各殿掌故

茲據清宮史略彙列陳列所各殿掌故如下：

太和殿〔俗稱金鑾殿。〕 太和殿正殿也，每歲元旦、冬至、萬壽三大節，及國家有大慶典，御殿受賀。凡大朝會燕饗、命將出師、臨軒策士、及百僚除授謝恩，皆御焉。前爲露台，列龜鶴彝器各二，曰嘉量晷各一。龍墀三重，升陛五出，下重陛級二十三，中上二重級各九，上下列寶鼎十有八。左爲中左門，右爲中右門。其東出者左翼門，西出者右翼門，翼門之南，左爲體仁閣，右爲弘義閣。庭中甬道左右設品級銅山，自正一品至從九品各十八，爲文武官員行禮班位。

中和殿 中和殿凡遇三大節，皇帝先於此陞座，內閣內大臣、禮部都察院、翰林院詹事府堂官、及侍衞執事人員行禮畢，然後出御太和殿。

保和殿 保和殿每歲除夕、皇帝御殿，筵宴外藩。每科策試朝考新進士入殿，左右列試。殿之左門曰後左門，右門曰後右門。殿後即乾淸門。

文華殿 文華殿在協和門之東，每歲春秋仲月，皇帝御經筵，講臣於殿內進講。東廡日本仁殿，西廡日集義殿，殿爲主敬殿，殿後爲文淵閣。

武英殿 武英殿在熙和門之內，門前御河環繞，石橋三。殿前後二重，皆貯書籍，凡欽定命列諸書，俱於殿左右

4. 北城古蹟（十二月十七日）

(一) 國子監

滿因元明設國子監於京師安定門內。元至元二十四年設國子監。（光緒順天府志卷七引元世祖紀）大德十年祭國子監宜王廟西。（全上引元仁宗紀）明洪武年間改爲北平郡學。至永樂仍爲國子學，又改爲國子監，彝倫堂即元之崇文閣。（全上引春明夢餘錄卷七）清因之，街曰成賢街，門曰集賢門，堂曰彝倫堂。正義崇志廣業六堂，後爲敬一亭，後軒曰敬思堂，其東日崇堂左右有鐘鼓房，繩愆廳御書樓，藏聖祖世宗高宗御製文集，明王同祖及清謝履忠石刻。敬一亭爲射圃，設籃實，西日振雅，監東北偶建御書樓，藏聖祖世宗高宗御製文集，明王同祖及清謝履忠石刻。敬一亭爲射圃，設籃亭。彝倫堂前爲辟雍，乾隆四十八年建。監設祭酒滿漢各一，司業滿漢蒙古各一，監丞滿漢各一，博士、助教、學正、學錄諸員，典籍、典簿附焉。（大清一統志卷二）八旗官學在八旗分地隸國子監（順天府志卷七引國子監志）兩學在監南方家胡同，雍正五年立，琉球俄羅斯學子肄就於是。

順治九年，世祖臨雍，幸彝倫堂講學，其後列朝多舉是例。監內御製詩文勒石甚多。有明洪武正統間碑，則撰述不可讀矣。

(二) 先師廟

先師廟在國子監左南鄰。街門西爲持敬門，西鄰。大成門崇基石欄，前後三出陛。左右各一門，門左右列戟二十有四，石鼓十，右鼓音訓碣一。左右各一門。南藥東鄰。殿東西列各舍，北鄰。大成殿崇基石欄三出陛。南道左右御碑亭。大成門外，東爲題名碑分列左右（光緒順天府志卷六頁九引會典七十一）廟爲元明舊址。元大德六年初建，十年廟成。（全上引元成宗紀）明永樂九年依舊地重建。嘉靖九年改大成殿爲先師廟，大成門爲廟門（全上引明禮志），萬曆三十八年易琉璃瓦。

[附] 寶總樓 寶總樓係就咸安宮舊基改建，於民國三年六月開工，四年六月竣工，各項工程總計用銀二萬九千六百餘元。該所各種古物，除運滬者外，現均庋藏於此。

[二二]

直房校刻裝璜。東北爲恒諗齋，西北爲浴德堂，皆詞臣校書直次。殿西爲尚衣監，其後殿宇二重，亦爲皇子所居。殿北爲方略館，又北爲同子學繩子學。（以上見清宮史略頁一一九——一二三）

（仝上引春明夢餘錄）清順治八年重修。乾隆二年改用黃瓦，三十二年重修，有高宗純皇帝御製碑文。（日下舊聞考卷六十七）。

殿中南嚮，安設至聖先師孔子神位。東旁西嚮，復聖顏子，次東西嚮，先賢閔子損，冉子雍，端木子賜，仲子由，卜子商，有子若。次西東嚮，先賢冉子耕，宰子予，冉子求，言子偃，顓孫子師，朱子熹位。東廡祀先賢公孫僑等，西廡祀先賢遊瑗等百餘人。（順天府志卷六引國子監志七）其示尊崇之意，清制：每歲春秋仲月擇日致祭。（仝上引禮部則例）民國以還，則以八月二十七日爲孔子誕日，各地均有奠祭焉。

（三）雍和宮

雍和宮地本清世宗潛邸，雍正三年命名曰雍和宮，乾隆十年改爲寺。宮前寶坊二，正中石坊一，自是而內，甬道綿亙，爲昭泰門，門東西列碑亭，中爲雍和門，門內爲天王殿，中爲雍和宮，宮後爲永佑殿，殿後爲法輪殿，西爲戒壇，殿後爲萬福閣，東爲延寧閣，後爲綏成殿。宮之東爲齋院，門三間，入門爲平安居，後有堂，堂後有如意室，室後正中南向爲齋院正室。太和齋之東其南爲畫舫，南向正室一所，西爲斗壇，曰祝齡壇，壇東爲佛樓，二十引圖朝宮史）雍和宮今爲章嘉呼圖喇嘛諷經之所，每歲陰

曆正月二十一日該寺舉行跳布扎之典，諸喇嘛扮鬼物，手持法器，俗謂打鬼云。（燕都叢考第一編頁九十八）

（四）柏林寺

柏林寺在國子監東，元至正七年建，有殘經幢字，祭酒李昉勉撰。清康熙五十二年奉勅修，寺正殿內懸聖祖御書「萬古柏林」四字。乾隆二十三年重修，有御製碑二：一國書，一正書。（日下舊聞考卷五十四）

5. 東嶽廟（二十八年二月十九日）

東嶽廟在朝陽門外二里，元延祐中建，以祭東嶽泰山之神也。規制宏廓，內塑神像，燕都游覽志謂爲劉鑾所製。朱彝尊日下舊聞按周貫析津日記，以劉鑾應作劉元。燕有四賢祠，其像塑自劉鑾，則變別是一人著名於元之先者也。又按輟耕錄曰：元所塑東嶽廟神像，在大都南城其實，虞集道園學古錄曰：元長於塑，最善搏換之法，天下無與比。然夷考道碑，與此實無涉也。廟中有豐碑三通，其一爲仁聖宮碑，昭德殿碑，趙世延碑，趙世延書，今無考。今存者惟趙文敏書神道碑，虞文靖敏孟頫書，其一爲張天師

6. 白雲觀

——在西便門外一里

金：《金史章宗紀》太和三年〔一二〇三〕十二月，賜天長觀額為太極宮。又山中白雲嗣，大都長春宮即舊太極宮也。（陳垣一七八，頁九四）

元太極宮故城同上：出西便門一里，親中塑邱真人像，白晳無鬚眉，都人正月九日致醮嗣下，謂之燕九節，親西十餘里為唐太宗良忠墓，西南五六里為蕭太后運糧河，泯滅無可聞矣。（陳垣一七八頁九四引帝京景物畧。）親在天寧寺西北，前

明正統中奪拓廟宇，兩廡設地獄七十二司，後設帝妃行宮。明英宗碑張居正撰趙志皋碑今俱存，吳澄碑今無考。康熙三十七年火，三十九年重建。乾隆二十六年再修葺，有聖祖及高宗御書扁額并御製碑文御製詩。至二十八日云為帝誕辰，都人陳設樂旆結彩為高閣，導帝出游，觀者塞路。俗於每年陰曆正月望至下旬有廟市。江南直沽海來自通州者，多於城外居止，趨之者如歸。又之者如歸。又漕運歲儲，多所交易，居民殷富。又謁陵時，於此小憩，行宮即在佛樓下。尤為過往之要津矣。

為王歷長春之殿。庭樓四碑：一為禮部尚書閻撰所撰，一為翰林修撰許彬撰，一為天順中吳郡以正撰，一為小碑沽天妃嗣件持李得晟立。殿右有圖仙之殿，中有塑像，繪面黑怒，幞頭團花袍玉帶橫補。按李道廉甘水仙源錄，有長津張本者正大九年，以翰林學使北見留，邃陞為實冠居觀津張本者正大九年，以翰林學使北見留，邃陞為實冠居觀，疑即其人也。同上引燕聞考。楊頊者東殿邃三孝像也。再入為七真鈞光之殿，左碑一，明兵科給事中石首柯士賢選文。右碑一，戶部員外郎維揚張頊撰文。堂中列七真像。同上引燕聞考。

《燕閒考》又云：觀胡漫郡以正作得故三碑所述，則今之七真殿正舊之虛順堂，乃邱處機瀨骸處地也。（同上卷頁引）

旁繪十八弟子扶拂魔土。隆約可辨者北壁有抱元宗師趙道堅，守一宗師夏志誠，明真宗師尹志平，太素宗師張志素，紫真宗師李志常，洞明宗師鄭志修，闃口宗師王志明。按待晟碑師物志間，光範宗師遼陽志淨三人，已湮滅不可復識矣。又北尚有宋得方張志遠孫志堅，抱樸宗元太極宮故址為貞寂堂，即處順堂故址。同上頁九四至九五

里為唐太宗良忠墓，西南五六里為蕭太后運糧河，泯滅無可聞矣。（陳垣一七八頁九四引帝京景物畧。）親在天寧寺西北，前日下舊聞攷謂今之邱祖殿為處順堂故址，恐誤。（同上注引）

左碑為陝西按察副使都人劉效祠撰撰文。右碑為刑部尚書湖南顏頤譔撰文。堂中塑邱真人像二，其大者雙瞳點漆，精采如生，非河尼邸劉變花，不能為也。同上引人海記冲和宗師本潘待冲號，而畫壁作張志素，稳，皆與仙源錄異。惟十八人姓名，則仙源錄所未備也。又孟志源乃作志同上引人海記

唐劉九得再修天長觀碑略：天長觀開元聖文神武至道皇帝齋心敬道以奉元元大聖祖建置年深傾圮日久，伏遇太保相國張公乘權台樞，每歸真而祈福，察此觀宇久廢，遂差使押衙兼監察御史張權建蓋部所作工逾萬計。同上引

據元王鶚重修天長觀碑略：燕京之會仙坊，有觀曰天長。金大定初增修。泰和間焚燬殆盡。貞祐南遷，止餘石像，觀額為風雨所剝，委荊榛者有年。聖代龍興，棲雲子王志謹主領興建，垂二十年，建正殿五間，裝石像于其中，方丈齋室館廚庫煥然一新，凡舊址之存者罔不畢具。元姚燧長春宮碑：長春子邱處機，太祖聖武皇帝遣近臣詔求之。

右據殿補二七八頁九五。

附天寧寺

在廣寧門外即彰儀門

元魏孝文時建，名光林寺
隋仁壽間改日宏業寺建塔藏舍利
唐元開中改曰天王寺
金大定中改大萬安寺
明宜德中改天寧寺
正統中改萬壽戒壇
今仍名天寧寺

內有塔高十三尋，四周綴鐸以萬計，音無斷絕。
右據同治殿補通志一七八，頁九一—九二引雍正志

附利瑪竇墓

在阜成門外馬家溝。光緒順天府志二六頁八引舊聞考九六

萬曆辛巳〔一五八一〕利瑪竇入中國，始到肇慶，劉司憲某待以賓禮，持其貢表達闕廷。上啟覯嘉嘆，命馮琦叩所學。利既入中國，襲衣冠，習語言，躬操拜，皆鬥越。庚戌利卒，詔以陪臣禮葬阜成門外二里嘉興坡之右，其坎封也異中國封，下方而上圓，方者台址，圜者斷木。後道堂六角，所供縱橫十字文。後垣不列篆而旋文，其脊紋，若象之鬐，其之歧，其尾肩紋，若鯛之外，其鬐旁紋，若象之鬐，其具

也，垣之四隅，石也，杵若塔若焉。祔左而非者，其友鄧玉函。玉函善其國醫，于崇禎三年〔一六三〇〕四月二日卒。墓前堂二重，祀其國之聖賢。所見萬品，與時併流。堂前豎石有銘焉。曰：美日寸影，勿爾空過。

右據光緒順天府志二六頁八

利雖寫京邸，各省教務，無不總攬，勞瘁已極，神疲力端，未幾安逝，年五十九。時明神宗萬曆三十八年西一千六百一十年洋曆五月十一日也。另據燕京開教略中編頁二二

7. 天壇、先農壇（四月一日）

（一）天壇

天壇在水定門內之東，建於明永樂十八年（一四二〇），初遵洪武之制，天地合祀，故稱天地壇（萬曆考57/1b 引春明夢餘錄）。嘉靖九年（一五三〇），天地分祀之議定，另建圜丘於大祀殿南（殿拆于二十四年），並作方澤於安定門外（全上 8a-b 引太岳集）。十三年，改圜丘方澤曰天壇地壇（全上 9a）。

天壇繚以垣牆，上覆椽瓦，外垣週迴九里十三步，內垣七里，俱係前方後圓，兩垣之間，古木千章，蓊夏無寔。遊者自外垣正門入，行甬道上，兩旁有方石座，左右對立，係舊日樹旗揚徽之遺礎，路南則昔日之神樂署及犧牲所。進內垣西門，路南爲齋宮，照猶日祀禮，皇帝必先一日出宿齋宮，

午夜將事，次日禮成還宮。

進內垣西門而東，升石級，左轉而北爲祈年殿，右轉面南爲圜丘壇。祈年殿位于祈穀壇上，周繞宮牆一道。祈穀壇三層，皆以白石甃砌，每層均以石欄杆，祈年殿居正中，上下三層，週以紅柱，上覆以天藍色琉璃瓦，內舖金磚，正中有大然蓖形方石一塊。富麗堂皇，世罕其匹。此蓋古代明堂之制，倣日春秋二祭，例行「新穀」「大享」兩典于此。清光緒十五年，天壇一度被災，震鈞記曰：

「光緒己丑八月，大雨雷，天壇祈年殿災，一霎夜始息。詔擧臣修省，於是議重建，而會典無圖，崇東之制，工部無憑勘估，搜之於明會典，亦不得，乃集工師詢之，有甘與於小修之役者，知其約略，以其言繪圖進呈，制始定，至丙申〔二十二年〕乃興工」。（天咫偶聞6/3a-b）

噫，祈年殿之建築，殆成爲不傳之天工歟？

祈年殿南行，過皇穹宇，金頂單檐，內外環轉各八柱，爲藏神版之所，其南則爲圜丘壇。

圜丘壇亦三層，皆以白石砌成，最下層闊二百尺，中層一百四十二尺有奇。第一層白石欄杆一百八十，第二層一百零八，最上層七十二，共計三百六十，合

一年三百六十日，暗合周天三百六十度。全部建築俱有幾何學之確切，有數字象徵之意義。壇基各分三層，積九成數，所謂九天、九州、九族、九賜、九等賦、九章算術、九九消寒圖、遞數而下，恐將不勝枚舉，「九」之一字，直可視爲中國文化之象徵矣。

天壇殿邊皆用藍瓦而朱柱，按照舊制，壇上陳設密幄，亦皆藍色，執事者衣青衣。又祭禮皆于夜間行之，故壇旁有天鐙竿三，高十丈，鐙高七尺，內可容人，以爲夜間驂乘助祭者所瞻望。祭前期十日，部臣皆須演習郊事，青奧五路，日日到壇。正陽門左右列肆，皆懸燈結彩，祭軍巡警，往來不斷，游人蟻集，穿行如織，亦盛事也。（天壇憲法 6/1b-2a）。民國以來，曹錕之憲法，曾起草於此，世諡爲「天壇憲法」。

(二) 先農壇

先農壇在永定門內之西，（大清一統志作「嘉靖中建」），與天壇隔街，遙遙相對。明永樂中建，清乾隆十九年重修。周迴六里，繞以周垣。壇制一成，包石甃砌，方廣四丈七尺，高四尺五寸，（此據大清會典及春明夢餘錄，獨明史禮志作：壇高五尺，廣五丈），四出陛，各八級。壇東南爲觀耕臺，廣五丈，高五尺，而瓷金頂，四圍黃綠琉璃，東南西三出陛，各八級，繞以白石闌柱。

觀耕臺前爲耤田，後爲具服殿。殿五間南嚮，三出陛，南九級，東西各七級。東北爲神倉，前爲收穀亭，左右倉十二間，後則爲祭器庫。

舊禮帝王皆於三月到壇耡耕，虞鈞記曰：

「歲三月上亥，上辛于公卿耡耕，彩旂輕颺，髯於五雲，樂句徐戞，樂璊樔於萬姓，禮樂皆爲稼穡籌難之意」。（天壇憲法 7/1）

舊制設彩棚於田上，乾隆二十三年傷除之，其後遂定爲例。

8. 故都清眞寺 （四月二十九日）

回教傳入中國，前後已千餘年，最近國內回民不下五千萬，幾佔全國人口八分之一，其思想文化在中國社會上自有其相當地位，然吾人向來拘于狹隘之民族與宗教的成見，甚少注意及之。即以代表回民聚居之清眞寺或禮拜寺而論，各地方志亦多略而不備。平市回民約十七萬，教堂數十所，其著者如宣外牛街之禮拜寺及東四牌樓之清眞寺，與建沿革，亦乏文獻可徵。順天府志記牛街禮拜寺曰：

「牛街南有吳家橋，又南有回人禮拜寺。」（卷十四頁二十四）

又曰下舊聞考曰：

「禮拜寺在牛街，回人所居。寺內碑碣皆回部書。」(卷六十頁二十五)

此外光緒順天府志（卷十六頁五十一）宸垣識略（卷十頁三十四）以及燕都叢考（第三編頁二百二十二）諸書所記，亦不過此聊聊數語而已。西人 M. Broomhall 所著 Islam in China（濟眞敎）一書，採有 Cotter 氏手攝該寺照片二幅并附識曰：

"Chief Mosque in peking in the Niu Chieh: This is a large mosque in a very pretty compound, and in a nieghbourhood where, judging by the Arabic inscriptions, many Moslems live."（—P. 242）

與徐氏所記無異。

該寺東南跨院內有兩篩海墓，東西並列，各有阿拉伯文碑一。四碑文凡九行，趙振武君譯曰：

「宇宙是最高主持者，是爲應在塵世努力於此道者之墓，爲進行主命以希樂園者之樂園，爲遇其畢生之力從事於主道者之歸宿處。宗教之光明，伽色尼人，名穆罕默德之子阿合默德布爾搭尼，彼實適於此慈祥之而近世：阿拉伯之五月五日，聚禮二，［按回教每七日一聚禮，一年兩會禮。］爲遷都之六百七十九年。願仁慈之主准其善功，而宥其過錯。」

按至遷都六百七十九年五月即元世祖至元十七年八月（一二八〇）則此碑實爲吾人所知中國回敎最古之碑也。

東碑文凡六行，趙氏譯曰：

「凡生物皆死，是爲總集諸眞之伊瑪目之墓，布哈拉人法官爾馬頓迪尼之子阿里。願倒造者施恩者之慈祥及於宗敎有力之宣傳者，實適秦此塵世於六百八十二年十月二十五日，去前碑亦不過三年零四月時爲元世祖至元二十年十二月，聚禮五。」

關於東四牌樓之淸眞寺，直不見於記載，惟近人陳宗藩燕都叢考略記其位置曰：

「東四牌樓：北有估衣市，西小胡同曰老虎洞，左賢宗學假任街東，後移史家胡同。東有二郞廊，西有回人淸眞寺。」（第二編，頁五十三）

又曰：

「東四牌樓路西回人淸眞寺今尚在。」（同上）

以上兩處建築，俱融合有甚爲濃厚之波斯色彩，前者禮拜寺之穹窿，論者謂係宋代之藻井，其工甚精緻；後者無梁殿之建築，亦自別成一格。二者可爲平市回敎寺之代表，即今日吾人所欲謁訪之地也。

至於國內回教文化之研究，吾人愧為西方學者捷足先登，如 Thiersant, Broomhall, Cotter 諸氏，俱已有其相當貢獻。今後吾人常與我回教同胞，攜手併進。闡揚回教文化，重新予以歷史的估價。本市之成達師範學校，則足以代表教內同胞發憤圖強之新覺悟。該校原於民國十四年初創於濟南，發起人為唐柯三、法靜軒、穆庭馬級生諸氏。十八年遷於北平東四，即今日之校址也。經十餘年來之慘淡經營，該校師生已達百餘人（內有外籍教師二人，係埃及政府遴派駐校之愛資哈爾大學博士），其出版部印刷譯籍亦不下百餘種，並出有《成師校刊》及《月華旬刊》兩定期刊物。最近復成立福德圖書館，為紀念挨及前王福德一世贈寺而建。至其畢業學生，前後已達四十餘人，其中除遷送五人赴埃及愛大留學外，餘或派往甘、陝、寧夏等辦回民教育，或擔任內地教授（即「阿衡」），或留校服務。詳情可參看該校馬松亭校長所撰「中國回教與成達師範學校」一文（《禹貢半月刊》五卷十一期「回教與回族專號」）此不備述。總之，回教在我國歷史文化上本有其特殊貢獻，種族人口亦佔全民其大之數量，值此空前國難之時，無論教內外同胞，咸應各盡所能以復興挽回此一支民族之生力軍，乘風破浪，共步時艱，此又我班今日考察之另一意義也。

9. 妙應寺與廣濟寺（五月六日）

曼殊震鈞嘗論燕市廟宇曰：「大抵西城多元代佛剎，遼舊僅破屋數間，而問其名則金元遺搨也。若東城則多銅自勝國，無復古人遺跡。」（《天咫偶聞》卷五）今日所遊妙應廣濟二寺，同在阜城門大街，原皆遼金古剎。雖朝代屢經興替，而猶日規制猶略可見也。

（一）妙應寺　在遼為白塔寺，今俗仍其舊，從其朔也。初創於壽隆二年（一〇九六）白塔一座，為釋迦佛舍利而建，內貯舍利戒珠二十粒，香泥小塔二千，無垢淨光等陀羅泥經五部。元至元八年，世祖發視，石函銅瓶，香水盈滿，色如玉漿，舍利燦爛，愈加崇重。瓶底獲一銅錢，上鈐「至元通寶」四字，帝后悅之，意加崇重，發掛華鬘，身絡珠舍利，榮飾斯塔。角垂玉杵，階布石欄，裝掛華鬘，身絡珠網，製度之巧，古今所罕有（詳閱考卷五二引《長安客話》），易名曰大聖壽萬安寺。宛平縣志曰：「凡塔下皆上銳，四層篤撥也。白塔獨否，其足則銳，其列則笠以上，長頂嶠空，節飾而起，頂覆銅盤，縱上又一小銅塔，塔通體皆白。」得其梗矣。至明天順元年（一四五七），始改稱今名。清康熙乾隆二朝，皆重加修葺。

（二）廣濟寺　舊為西劉村寺，金時劉望雲建。寺基二十畝，年久日圯，至明天順初，僧普慧因其址重葺之，太監廖屏上聞，賜額曰弘慈廣濟寺。萬曆中及清康熙中葉重修。殿宇宏敞，入門有鐘鼓樓，直進四層，左右別院，客療咸備。民國十三年，陸宗輿等重修，二十二年正殿與後殿，併燬於火，吳佩孚等又籌資重修，今已漸次恢復舊觀。（舊都文物略）

10 北郊古蹟（五月三十日）

（一）元土城遺址

北平為遼金元明清故都，歷朝各有修建。就中以金城最大，今所謂皇城，不過其東北一角之地而已。遼城在今內城之西南，宣武門外之老牆根即其東北之北面。元故城與明清今城相去無幾，只今城於明初改築時稍南移耳。約略考之，今城北面當在今東西長安街；至其北面，則猶有遺跡可尋：今北城外有故土城關，隆然埠起，隱隱曲抱，如環不絕者即是。至於今德勝門外之土城關，則元之建德門故址，今我所見，只土城遺址，別無可考耳。

班不妨取道此處以至蕎寺。又元城俱用土築，至明初南移改建，始用磚石，故今所見，只土城遺址，別無可考耳。

（二）黃寺　黑寺

進土城關更東南行，至安定門外砲鑲黃旗教場之北，黃寺在焉。

按黃寺有東西之別，土人統稱曰雙黃寺。東黃寺俗寫為普靜禪林，順治八年以達賴喇嘛遣領諸藩歸命來朝，闢就地與建，以為達賴駐錫之所。正殿將上額曰「大乘寶殿」，簷前額曰「明妙圓澄」。殿前碑亭二，東碑為順治八年大學士甯完我撰，西碑為康熙二十三年御製重修記文，碑陰則乾隆二十九年御製普靜禪林瞻禮詩。

西黃寺在東黃寺之西，順治九年以達賴喇嘛綜理黃教，肇建茲寺。（此據乾隆重修故寺碑文，日下舊聞考誤作「雍正元年建」）（卷一百七，頁三十下）東西二區，同垣異構，此「雙黃寺」之所以得名也。其後雍正元年，喀爾喀澤卜尊丹胡土克圖及扎薩克王公台吉等集資四萬三千兩，造佛像寶塔，送寺供奉，並以餘貲，葺而新之。其後乾隆三十六年，又復重修。寺內碑亭二，東碑為雍正御製碑文，西碑為乾隆重修黃寺碑文。

由此觀之，是二寺之建，不外清初諸帝對外藩屬籠絡之策，雍正碑文有句曰：

「朕惟皇考聖祖仁皇帝，以天下為一家，以萬國為一體，深仁厚澤，所以嘉惠藩服者，淪入於肌膚骨髓而不

可忘也。」

是亦直言而無諱。而有清一代，亦卒以此而保有西南邊陲，雖末世勿替。黃寺之獨具有歷史的意義者在此。

又雙黃寺西北有慈度寺，俗稱黑寺。寺建于淸初，有殿五層。寺內喇嘛所居，而瓦用靑色故名。與雙黃寺同爲磚鐘樓聲皆明萬曆年造，又銅鐘一，明宣德年造，當是他處移至者。今日由土城關至黃寺途中，可順便至此一行。

（三）地壇

地壇又名方澤壇，更在雙黃寺之東，佔地一千四百七十六畝（嘉明史餘錄）。壇澤之建置，據大清會典所記如下：

「形方象地，方折四十九丈四尺四寸，深八尺六寸，闊六尺，澤中貯水。方丘北嚮〔按日下舊聞考曰：「方丘壇址，爲明嘉靖九年定，本朝因之，屢加寬廣，規模制度益昭隆備。」〕二成，上成方六丈，下成方十丈六尺，均高六尺。上成正中六六方甃外八方，均以八八積成，縱橫各二十四路。二成倍上成八方八八之數，半徑各八路，以合八六陰數，甃以黃色琉璃，每成四出陛各八級，皆白石。二成上南左右設五嶽五鎭五陵山石座鑿池貯水以祭。內壝方二十七丈二尺，高六尺厚二尺，邊北三門六柱，東西南各一門二柱，柱及楣閫皆白石，

鼻皆朱櫺。壇北門外東北鐙杆一，西北瘞坎一，燎鑪五。外壝方四十二丈，高八尺，厚二尺四寸。門制與內壝位同。外壝門內從瘞坎南北各二壝，南門外皇祇室五間，北嚮，覆黃琉璃，圍垣正方四十四丈八尺，高丈一尺，北嚮，設一門。外壝西門外神庫神廚祭器庫宰牲亭各五間，井亭二，又西爲宰牲亭，亭前井亭左右各一。西北爲齋宮，東嚮，正殿七間，崇基石闌五出陛左右配殿各七間，內宮門三間，左右門各一。外宮牆周百有十丈二尺，門三，東嚮。門東北鐘樓一。壝內垣周五百四十九丈四尺，西北三門，東南各三門。外垣周七百六十五丈，西嚮門三角門一。」（卷七十一）

夏至大祭，儀禮繁縟，俱見大清會典及諸部則例，此不備述。該地於民國十三年曾改設京兆公園，旋易名市民公園，爲北平市政府直轄；其外壝垣關農事試驗場，則割歸河北省政府管理。嗣以時局不靖，公園日就頽廢，原有世界園草亭等，亦以常時駐兵之故，敗壞無遺。二十三年北平市政府力謀整頓，擬將農事試驗場割歸市管，並加開闢，而河北省政府不允變更，而駐軍遷移亦感棘手，其議遂寢。延至今日，所謂「市民公園」者，僅存其名面已。至于昔日地壇祭獻，更爲北郊之大典，帝王必躬親戒禮，而今沒蕭荒涼，聊

供吾人憑弔之資耳。

11 外城寺廟（九月三十日）

（一）臥佛寺

寺在廣渠門內西北半里，初建不可考，清乾隆三十一年重修。入山門有山殿，佛立其中。後殿臥佛，長一丈二尺。初有十三佛，環立臥佛川脅後，今無存。寺有翰林侍讀學士銅塔佈頂修碑記（?）。又西廊一鐵鐘，係明正德三年鑄，稱寺曰「妙音寺」（日下舊聞考 26/1a, 又26 引析津日記，又宸垣識略 9/8b–9a）吳長元謂：

「張爵五城坊巷志崇南坊有妙音寺，今無存。寺內正德間鐘或是彼處移來，未可知也。」（宸垣識略）

（二）夕照寺

佛寺東南行里許。緣北寧鐵路即為夕照寺，建置年月亦無可考。據鞠吉士育嬰堂碑記云：夕照寺順治初已圮，僅存屋一橡。清雍正間，文覺禪師元信肯退居於此，殿字修葺完整。乾隆間地藏殿兩牆，左為王安國書高松賦，右為陳萼山畫雙松，膾炙一時名蹟。（宸垣識略9/11a–b）降至道光中，猶殊震鈞記云：

「夕照寺為東南城寺院之最幽深者，殿壁畫松及高松

賦今皆無恙。人傳松為陳松絕筆，信然。即左壁王安國之書壁，高丈餘，而行欹斜者，引繩亦不易也。」（天咫偶聞）6/7b

寺西即育嬰堂。後為向台寺，亦古刹也。吳長元謂：

「東南[按指外城東南而言]寺院多停旅櫬，故舊為宸垣識略及析津日記俱謂燕京八景，有「金台夕照」，即此寺之所由名。日下舊聞考則以燕京八景之「金台夕照」在朝陽門外，常與此寺無關。

（三）法藏寺

由夕照寺沿北寧鐵路更西南行，遙見漫野孤塔，則法藏寺故址也。寺得名彌陀寺，金大定中立。有榮酒胡漢沙門道孚二碑。寺早圮，獨塔猶存。原在寺後園中，即名彌陀塔，後因寺更名曰法藏。今寺既毀，遂以法塔稱之，又名乏塔者，轉呼之訛也。塔高十餘丈，中空可登，穆日都人以重九登高於此，曼殊震鈞記曰：

「天壇之東，有法藏寺，浮圖十三級，登之所見甚遠，都人以重九登高於此。寺已毀盡，惟浮圖僅存，面

往者如故。其中容人之地無多，登者蟻附至絕頂，則才容二客。挨肩而過，斗室之中，喘息不得出，竟不知其何樂。耻庵將登而過之，問余此何所取，余曰：『都人重九尋食蒸蟹，蟹入佢中，不得轉側，其苦萬狀，而食者怡然，登浮圖殆所以懺此業耳！』相與絕倒」。（天咫偶聞6/6）

今日諸生，善食蟹者，盍試登之？

（按日下舊聞考引天府廣記曰「塔七級」，與實測所記異。廣記作者自稱：「余少時，讀書其旁，天氣晴時，佩一登。」是亦常親歷者，則其間是否頂修或增築，一時無可稽考，姑以存疑，以待諸生究耳。）

（四）袁督師墓

明末名將袁崇煥以崇禎三年七月被讒，磔於京師，藉其家，無餘貲，天下冤之。方其死也，相傳無人敢收其屍，獨懷潮州人余某，寄葬之於廣渠門內嶺南義莊，守墓終身，遂附葬其右，其後守莊者，皆余某子孫，代十餘人，卒無返故里者。嶺南馮漁山題養莊有云：

「丹心未必當時燬，碧血應藏此地堅。」（燕京雜記）

按崇煥初被魏忠賢之讒去職，莊烈嗣統，得復悍師之遂，期以五年收復遼境。及己巳之變（崇禎二年），金兵由邊

化入，進薄京城，崇煥率兵自山海關彙程入援，督各路勤王軍，壁廣渠門外，敢不敢進，遂設反間之計，卒陷崇煥於獄，更進讒言致死。噫，一門內外，而冤隔兩世；遊於斯者，左右顧盼之間，常致其無限之感慨焉！

（五）精忠廟

廣渠門大街直西路南東小市有精忠祠，祀岳武穆也。清康熙年建（宸垣識略9/20a），門外有鐵鑄秦檜夫婦像，跪于階下，井有碑刻武穆「文臣不愛錢，武臣不惜死」二句。燕京雜記謂係出明侍御某筆，似與宸垣識略所記建置年代相背，確否待證。

12 欽天監與觀象臺

元明清三代均有欽天監之設，所以專司天文曆法，掌測候推步之法，占天象以授人時。清欽天監，沿明之舊，初設於順治元年（一六四四），分時憲、天文、漏刻、回回四科。十四年因回回科推算虛妄，廢而不用，此存三科。欽天監象管監事大臣，無定員。歐正滿一西洋一，監副滿漢各一，左右監副各西洋一，所屬四科官員如下：

時憲科　春、夏、中、秋、冬五官正，五官司書。

天文科　五官靈臺郎，五官監候。

漏刻科　五官挈壺正，五官司晨博士，天文生，陰陽生，主簿筆帖式。

欽天監署在閫東禮部之後，原建於明英宗正統七年（一四四二），清乾隆四十一年（一七七六—此據光緒順天府志卷七。日下舊聞考卷七十一，作『三十一年』）奉詔重修。門西向，堂前月臺設晷影堂，雍正三年（一七二五）二月二日庚午日月合璧五星聯珠之瑞。堂後凡三重，廊宇之南，欽天監設觀象臺於城之東南隅，即吾人今日所欲遊之地。嘗初日以滿漢官各一人，率天文生十五人，晝夜輪直，登靈臺考儀器以窺乾象。每時以四人分觀四方，雲氣，流星諸象。次日報監。應奏者，按占密題；不應奏者，法冊。

觀象臺中為紫微殿，正東小室曰壺房，即浮漏堂。又東廟為測堠所，有別室為拷影堂。臺上原存有元明儀器，清康熙十三年用南懷仁之說，將舊器充作廢銅，另造六新儀，但事前以廷臣有好古者，曾奏請存留，結果只得明製渾儀、簡儀、天體等三儀，乾隆九年（一七四四）奉旨移置于紫微殿前，是明器之僅存者，近人常福元氏記曰：

「民國初年余奉派接收觀象台，查紫微殿前月台西偏，有簡儀一座，東偏僅有石礎八方在南，四方在北。

其南八方係渾儀及雲山座基，欽天監人皆能言之，北方則無有知之者。以意度之，當是天體儀座基。按明謝在杭五雜俎云：『臺上有銅球一，左右旋轉，以象天體，以方函盛之』。方函必有四足，則石礎為天體儀座基，尤無疑義。渾儀於光緒時為德人取去，天體則不知去向。是器又亡其一，情哉！」

康熙初年新製六儀為天體儀、赤道經緯儀、黃道經緯儀、地平經儀、象限儀及紀限儀。乾隆九年御製璣衡撫辰儀，又重製圭表。十一年重製漏堂。五十年英國進有小象限儀。光緒拳匪之役，天文諸儀器為法德平分。法取有赤道經緯儀、地平經緯儀、黃道經緯儀、象限儀及簡儀、運往使館，事平之後，復還我國。德取有紀限儀、地平經儀、天體儀、璣衡撫辰儀及渾儀，則直截而西。民十我國以歐戰勝利國之資格，將庚子所失儀器，向德追還，復置臺中。故截至此時為止，臺中所藏儀器凡十有二，據天文儀器志略依其年代先後，略志如下：

渾儀　為吾國天官首重之測器，自漢而後，歷代天官皆首此是務。觀象臺今存者係明正統年間仿南京舊物所製。察其規環上截裁痕跡，當經後日修改無疑。

簡儀　係元郭守敬特創，所謂簡者，取地平經緯、赤道經

緯、及日晷三器合而一之。舊法渾儀，規環交錯，用測日月五星，常爲陽經陰緯所掩映，此則分別位置，有同時并測之功，無規環掩映之弊，誠爲空前巨製。原器已毀，今器亦係明正統年所倣製，大致完好，附件稍有遺失。

天體儀 銅鑄爲球，以象天體，徑六尺，兩端中心爲南北極，貫以銅軸，中央刻赤道，距赤道二十三度三十一分三十秒刻黃道，各道皆列周天三百六十度，度六十分。黃道平分十二宮，其經線相轄處爲黃極。赤道南北各作緯圈，全面佈列星漢，以六等別之。球外正立子午圈，周圍各離球面五分。用法見靈台儀象志或清會典。係康熙新製六儀之一。六儀之弧背或立柱上，皆鑄有康熙癸丑歲日躔舊星之次治理曆法臣南懷仁立法」字樣。

赤道經緯儀 用測太陽眞時及諸曜赤道經緯度。亦康熙六儀之一。

黃道經緯儀 用測節氣，亦康熙六儀之一。

地平經緯儀 用測各曜地平經度，亦康熙六儀之一。

象限儀 一名地平緯儀，即簡儀之立運環，不過簡儀爲全圈，而此爲一象限。正面刻象限度，其數自上而下

者，紀地平高度；反之，紀距天頂度上之高度。亦康熙六儀之一。

紀限儀 用測兩曜距距之度，故一名距度儀，此亦康熙六儀之一，其儀座高四尺，下基徑三尺，幾以遊龍，極玲瓏之致，誠佳製也。

地平經緯儀 合地平經儀與象限儀而成。儀象考成記康熙五十二年命監臣西人紀利安製地平經緯儀，清會典記地平經緯儀康熙五十四年製，而美國一九〇〇年司密遜舉會報告會則謂係法王魯易十四贈與康熙帝者。常氏據以下四點推斷，當以美報告書爲確：

a. 表尺別用黃銅製就，嵌入儀面，非如舊儀之就儀面舉刻。

b. 數目字皆用阿拉伯號碼。

c. 立柱橫梁儀身皆未用遊雲升龍爲飾。

d. 儀柱或弧背上未刻製造年代與製造者姓名。

常氏且疑係紀氏假冒法王所贈爲己製，以博康熙之歡心者。

璣衡撫辰儀 係倣渾儀之舊，取西法之精，用銅鑄鉛而成。兩面鑄有「御製璣衡撫辰儀乾隆甲子年造」清漢文，乃有清一代之傑作也。其用法與赤道經緯儀同

不過後者只能直測某星距離星之赤經距度，而此則可以直測某星之赤經度，因其亦近可以東西遊旋故也。

圭表 圭表之作由來已久，周禮春官大司徒，所恃者只此日晷之長短，於以定發斂而布四時。後世測器略備，本可不作，然歷代皆因之。今之圭表亦係明正統年製，蓋古人無測天精器，所以存古法也。砌石為台，上臥銅圭，長一丈六尺二寸，廣二尺七寸。其面尺度業已磨滅，又圭之南端兩隅殘缺，中腰鋸而未斷，乃庚子聯軍之餘燼，存之聊作古跡而已。

漏壺 為候時要器，鐘表未與以前，皆惟此器是賴。觀象台存漏壺二，皆庚子聯軍之餘壺，一大一小，花紋形式皆不一致，顯非一時之作。其大者做元製簡儀相仿彿，或即可目為明器；小者與明做宋製渾儀頗類似。又花紋異樣，或即如故老相傳為先宋故物。

四 本系歷屆畢業論文題目表

十五年（1924—1939）以來，我系同學先後畢業，得學士學位者，凡九十有一人；得碩士學位者，凡二十有九人。雖負笈未能一堂，同侍兩丈，而老師請述，不曾覿面也。況觀摩相得，師生有如竹肉，誦弇談理，自成風氣。今雖遠隔，未通音息，每覽鴻篇，以勝欽遲！

（一）學士論文

一九二四年 杜連喆：Pan Chao: the Chinese woman historian

一九二五年 陳克德：論袁世凱史略

侯振鏞：Shan-si as a modern Province

李崇惠：A Problem in the study of the Origin of the Chinese race

劉德元：漢唐間之敦煌

一九二六年 張天澤：Ravager done by the Boxers, the Imperial armies and the Allied troops in 1900.

張印堂：The campaign for religious liberty in China in 1916—1917

胡啓純：史可法傳略
孫　英：二十年來中華民族之自覺
萬振華：太平天國之內政及文化
王世栢：唐朝與日本之關係
余協中：劉知幾之史評
一九二七年趙泉澄：中華民國革命史
高鵬遠：京兆疆域歷代之沿革考
栗慶雲：周代婚嫁禮俗考
田貴鑾：明清時中國與朝鮮之關係
丁廣文：非宗教同盟運動之研究
王宗元：八旗編制
于成澤：黑龍江省之沿革
尤文炳：A sketch of Sino-American diplomatic relations
一九二八年張德海：蒙古人征歐洲小史
鄭銘勳：中國與蘇俄之外交
曲　鵬：臺灣小史

朱士嘉：宋與西夏之關係
韓慶濂：一九二六年以來中比重要交涉史
侯金耀：元時蒙古人與中國文化
許學謀：滿清西北軍政記
謝廷玉：A study of the origin and migrations of the Hakkas
夏玉璋：唐時中國回教史
黃芹厚：中國奴婢制度變遷考
李蔭棠：英人侵略西藏史
劉志廣：柏林寺小史
牟貴蘭：中國佛教宗派沿革
聶崇岐：突厥對外關係考
潘令華：匈奴與亡與歐亞之關係
田繼綜：Background of the French revolution of 1789
曹　亮：海淀訪舊錄

一九二九年 張耀琳：中華民國內閣更迭史
趙振華：王莽傳
朱淑瑤：廣東在中國歷史上之位置
徐琚清：赤眉與黃巾——兩漢農民運動史之一部
高愛梅：東胡民族風俗考
李書春：李鴻章年譜（見本刊一卷一期）
孫守先：王猛傳
一九三〇年 黃慶樞：A brief history of the Tsinanfu Affair of 1928
卞文哲：The rise and influence of the Pharises
一九三一年 趙豐田：康長素（有為）先生年譜（見本刊二卷一期）
陳懋恒：史記引左傳國語考
齊思和：黃帝之制器故事（見本刊二卷一期）

馮家昇：契丹名號考釋
韓叔信：龍與古代帝王的故事
葛啟揚：由詩書考定周公之事蹟
李崇貞：近古杭州社會狀況之研究
劉廣志：張文襄公之洞年譜
左德珍：近年中國基督教運動受愛國運動之影響
一九三二年 張漢臣：清代籌辦夷務始末指南（成書）
張克丞：中國外交禮儀之沿革
何振朝：清恭忠親王年譜
李延增：唐代官制內外轉變考
沈鴻濟：關於顧亭林先生人格學術之研究
鄧嗣禹：中國考試制度史
杜連輝：三禮篇目考
翁獨健：元田制考

余鴻發：清鹽法考

一九三三年 宮 秀：交子考

雷守廉：西太后與頤和園

梁燦章：鄭成功年譜

宋玉珍：康雍年間來華傳教士與政治之關係

一九三四年 羅榮邦：Corairs of Cathay

楊 實：李卓吾之史學

吳維亞：女英雄秦良玉

楊毓麟：天津城小史

一九三五年 張家駒：宋代東南之繁盛

周一良：大日本史之史學（見本刊二卷二期）

劉選民：臺灣自主建國考實

一九三六年 侯仁之：靳輔治河始末（見本刊二卷三期）

姚杏初：明太祖外傳

一九三七年 趙宗復：李自成叛亂史略（見本刊二卷

熊維航：日俄戰後中日經濟關係小史

四期）

王伊同：前蜀考略

一九三八年 張德華：庚戌後之朝鮮

張仁民：乾隆朝政治貪污史略紀

鄭 植：清高宗之史觀

郭可珍：中國近代長江航政史

李金聲：Russia's of Austria's diplomacy in Connection with the Balkan wars, 1912-13

王鍾翰：清三通之研究（見本刊二卷五期）

一九三九年 程世本：舊唐書文苑傳註

杜 洽：唐代府兵及鎮兵考

程明洲：景善日記

許純鎏：隋書地理志新圖

(二) 碩士論文

本校自成立之初，即設立研究部。在全國為最早。民國二十年後，政府注意高深研究，本系首先獲政府承認，即正式成立文科研究所歷史學部。自全校研究院中，人數最多。歷屆論文，皆頗有價值工作，多已刊成專書。在一九三八年起，本校研究院規定，碩士論文，須附有摘要。今錄之於後，以備觀覽，至一九三八以前之論文則僅列題目與作者云。

- 一九二六年杜連喆：讀史名人生卒表
- 一九三一年張立志：康熙帝之研究
- 朱士嘉：中國地方志綜錄
- 一九三二年譚其驤：中國內地移民史（湖南篇）（見本刊一卷四期）
- 葉國慶：平閩十八洞研究
- 一九三三年陳懋恒：明代倭寇
- 陳源遠：唐代驛制考（見本刊一卷五期）
- 邱繼綬：春秋時候交通
- 薛澄清：張燮及其東西洋考研究
- 嚴星輔：五胡華化考
- 一九三四年張維華：明史佛郎機和蘭意大里亞四傳注
- 陳觀勝：The growth of geographical knowledge concerning the West in China during the Ch'ing dynasty
- 馮家昇：遼史與金史新舊五代史互證舉例
- 一九三五年鄭平樟：唐代公主和親考（見本刊二卷二期）
- 梁愈：明初控制東北考
- 李子魁：漢代郡縣考
- 李延增：漢代官制研究（宰相之部）
- 鄧嗣禹：唐宋元明清中樞官制之研究
- 王育伊：宋徽宗至孝宗時代宋金之國交
- 翁獨健：元代政府統治各教僧侶的

官司利法律效

一九三七年 姚家積：明季遺聞考補（見本刊二卷二期）

一九三八年 張誠孫：中英滇緬疆界問題

張瑋瑛：清代漕運

摘　要

清運爲有清一代大政，因襲元明之制，用屯丁長運法。所省分有八，歲漕四百萬石，其色有稻稉粟麥豆；白糧則惟江浙供焉。運軍於各州縣水次受兌，給以行月糧漕費，長運抵通交卸，分運至京通十五倉貯之，以供各官兵俸餉之用。設官有若漕運總督統領漕政，而糧道督押，運總統轄運軍，復設巡漕以持衡，各省脋撫以及河道總脋，率其所屬，凡有關漕政者，又分治之。倉貯則爲京通倉場侍郎專職，其有坐糧廳及各倉監督，分司收貯支放事宜，其制可謂完密矣。惟河運行之旣久，弊端甚多，總其要者爲徵漕時之浮收，沿途之陋規，到倉之需索，其耗於中飽之費，超過正供敷倍，人民不勝其苦；而一石之米，常五六倍其值，國亦病焉。道咸之際，軍事倥偬，河旣北徙，海運乃應運而生。泊輪船通行，省牧省時，南漕改折之議，終見施行；及光緒庚子，而漕事始盡罷矣。

運，頭緒紛繁，因運道所關，而一代治河治運之事，議費鉅萬，與漕運因緣聯貫，如頭目手足焉。故讀淸史者，首應注意及之。顧其事旣恆久，各有專書，詳覽不易，一名詞之徵，往往有不省者矣。因不揣寡陋，妄欲糾集條教，綜述本末，使後之覽者，於一代之制，尋源可以竟委，此區區研究之怡也。抑大經大法，利弊交乘，貽謀之始，爲儲倉庾，因不料後來精弊如彼之深，一日廢斥，天下稱快。然一細究，往者南輸北運，調劑民食；停運而後，糧食分配爲之驟變。下洋米乃源源而來；逃丁散而之四方，所謂爲乃漫延于東南水利營田，則變遷之至鉅者也。嘗昔持論者，每謂與辦幾輔修，其至運河爲南孔道，亦然隨漕而廢。而欲廢之，但期屬惜者也。當時知南漕爲國與民交弊之由，但期屬食無缺，而影響所及，則未嘗注意及之。茲姐顧窩微意，倘亦讀者所許後來研究近代社會經濟變遷者，略示其端，爲乎？

趙豐田：晚清五十年經濟思想史

摘　要

本文擧晚淸五十年間之經濟思想，求其理論背景，疏其

重要派別,而敘其彼此關係焉。起咸豐十一年(公曆一八六一年),迄宣統三年(公曆一九一一年)。滿自道光中葉以後,鴉片輸入激增,紋銀外流日甚,國勢已漸患貧。至咸豐末年,連敗於英法,馴至京師陷落,乘輿播遷,國幾危亡。同治以後,內憂外患,相繼而來,河工、賑務、新政之需,不減於前,通商、賠款、借債之議,益與日俱咏矣。當時士大夫高目時艱,莫不爭言富強,其著書立說發揮所見者,不可勝數,勢不能偏舉而備述之。因就其較重要者十餘家詳論焉。

諸家經濟思想,大抵皆以講求富強為目的,凡所討論,可分為國民經濟及國家經濟兩端;其所擬之方案,亦不外「開源節流,興利除弊」八字。至其立論,則或採用西洋新法,或援據中國舊制,雖彼此有輕重多少之別,而其目的則大致相同也。

劉選民:清代東三省設治始末

摘要

滿人定鼎燕京,設內大臣留守,轄吉黑之地。康熙初羅刹為患,乃添分設寧古塔品邦章京,轄吉黑之地。順治十年設黑龍江將軍,盛京以陪都體制,設盛京戶、禮、兵、刑、工五部,與將軍辦理;復益寧天府尹,治理柳邊內人民。治尼布楚締約後,其疆域北抵外興安嶺,南接朝鮮,界闢們鴨綠二江,西陵蒙古咯爾咯科爾沁部,東迄海濱。明末遼東戰鬪頻仍,居民流徙,而滿洲八旗轉戰中原,大部移入內地,順治初年遼成荒蕪脫之狀。於是飭遼東招民開墾令,及發遣流人實之。然移民激增,轉啓滿人疑慮,遂採封禁之策。康熙初於遼河流域設柳條邊,雷官兵稽查禁民人潛出;乾隆初,更勸令遼東住民歸還原籍,並飭山海關及沿海各省督撫嚴禁民人出口。

至是,東三省地畝視為旗人禁臠,惟旗人得屯墾耕種。於八旗官兵置有旗田,於駐防官莊官兵置有官莊。雍乾間,復以京畿旗人貧困,救濟之術,乃議移墾東三省。乾隆初移墾雙城堡伯都訥,光緒初移墾呼蘭。然京旗移墾結果,一敗塗地,移住者極少;而八旗屯墾地畝,復多出典賣,淪為民地,遂不得不趨於開放之途矣。

清代東三省之開發,有賴於內地之移民。移住漢民可別為流人與流民。清初發遣流人,以充官莊屯丁事站壯丁及舟師水手;至乾隆初屬行封禁,乃改撥他省。至于流民則因京

幾諸省，地狹民稠，加以天災為患，遂結夥移出關外；或自山海關混入，或渡海登陸，或自蒙地潛入，遂越柳邊而入東三省腹地。於是流民日眾，私墾地畝日增；雖清廷嚴厲防範，亦無法杜絕。

咸豐間，喪黑龍江以北烏蘇里江以東，邊患日亟：復以撥解拖欠，餉餉無着，遂壓有開放招墾之請，以實邊陲，而裕餉源。咸豐十年乃詔許開放黑龍江省呼蘭河流域，於是諸荒相繼撥案奏請開放。計黑龍江省放墾地有呼蘭河通肯河嫩河諸流域，吉林省有拉林河松花江上游圖們江牡丹江上游及烏蘇里江上游諸流域，奉天省有柳邊以東荒域圍場圍荒及牧敞荒地。土地墾闢，民人日眾，政務日繁，遂設官治理，價有府廳州縣焉。哲里木盟則有遼河上游洮兒河及中東路兩旁蒙荒。

迨光緒末年，列強逐鹿；庚子拳亂，俄人乘虛蹯佔，日俄途假東三省為戰場。其後雖賴樸資茅斯條約獲保三省之地，然形勢岌危，清廷乃悟非改制無以圖存，光緒三十三年途以全部開放。改官制，建行省，以徐世昌任總督，各部職司多所更設；而邊徽猶虞，乃添設縣治，招民實邊，至是行省規模始大備焉。

陸欽墀：英法聯軍之役史

摘要

本論文目的在詳檢中西文重要史料，考訂排比，求於英法聯軍之役，能細察談判折衝之經過，衡量中外成見之不同，庶可得常時事實因果之真，讀史知人持論之平。史料中如咸豐朝籌辦夷務始末，史料旬刊，文獻叢編及夷務始末補道中所錄之軍機處檔案，及英國外交部檔案等省官方文書，多近年新出版者也。次如番禺知縣華廷傑所寫關於廣州事變，旗人福餘圖，法軍總司令孟斗班所寫關于聯軍入京時之日記等，皆私人記載，多今昔考史者所忽略也。

以研究時間之短促，史學素養之淺薄，未敢謂探幽索冥，已盡其蘊，但已可得者，約有數端：葉名琛者英身敗名裂，舉世指為辱命誤國，遺詬至今，然考其實際，而知二公才能，並非庸劣，徒以身處兩難之中，一手不能挽回全局，竟以身殉之，本文惟其志而悲其遇：一也。鴉片戰後，和約雖成，邦交未睦，觸機再發，本文考英法聯軍之來，湖源於此，二也。英法人員行為橫暴，影響至巨：如李泰國之過倔壓迫態度，途使中國軍防大沽；巴夏禮輩欺人太甚，使中國絕望而捕之，而圍大沽之戰乃發；

蒙思明：元代社會階級制度

摘要

本文上溯宋、金之末，下迄有明之初，中就胡元一代而研究中國社會階級之實狀及其轉變之趨勢焉。夫社會實際未必盡符法定制度，故探搜史料，官書而外，兼重私著。前者如近印通制條格殘本；後者如新出四庫全書珍本中諸文集；多屬前人所不易見。問題既決，與史料範圍多屬前人所不易見。問題既決，與史料範圍別，則研討之結果亦有稍異於昔論者。

（一）元前之中國社會，已有貧富階級對立之象；政府之設施，輒以不背富豪利益為前提。金、宋、國家雖亡，而社會之經濟階級仍大部存在，非胡元政策所能全毀，抑新創之種族階級所能奪而代之者也。（二）元朝所創之種族階級制，以蒙人居上，色目次之，排斥漢人、南人於統治集團之外。然蒙人雖最貴，有因貧困而執賤役於漢人、南人之下者；南人雖最賤，有因財富之雄厚而操縱官府、威脅守令、側身顯宦、連姻諸王者。於是元代社會實際有三級：上則貴族、官僚、僧侶、地主、富賈；中則軍、站、民、匠、諸色戶計；下則奴隸、佃戶等；是也。蒙古色目之富有者固居上級，而貧弱者亦漸次降在中、下；是也。漢人、南人之貧弱者自在下級，而富有者亦漸次升入中、上。是決定種族階級之制已為經濟勢力所突破而實際不存在矣。（三）元末之革命運動，固一般所共認為民族革命者也。然當時連年天災之後，革命羣衆與其領袖，皆為飢寒交迫之貧民，初無反抗蒙人之口號；而壓制革命之主力，多出於漢人、南人中之豪富者，非蒙古、色目、人之官軍也。迨元廷失策，勢以不支，而朱元璋故意袒護富豪階級，遂轉變革命之對象於種族鬥爭。此乃後起之事耳。

綜上三點得一結論曰：元代之社會階級，仍依經濟勢力之強弱而定。蒙人之統治中國，既於社會經濟之生產方法無大變更，則固不足以改造社會階級也。

葛啓揚：六書說考

摘要

本文之目的，在以歷史眼光研究歷代學者關于六書解說之演變，與一般小學家以主觀態度批評各家六書學說者不同。所依據之資料，得之于丁氏說文解字詁林，及謝氏小學

考二者為多。潛心研討之結果，覺其有可述者三點焉：其一，六書之名為劉歆所創，康有為雖曾倡導其說，惟是言之未詳，故一般學者皆誹議之。今余考定其說，則世之關于六書起源之爭論可解決矣。其二，諸家為六書說之觀點，以往無人注意，今余歸納之為形聲義三方面，是一創獲也。其三、六書說之演變，前人從無時期之劃分，今余劃分為三期：即許說時期（漢至五代），異說時期（宋至明），及復古時期（清至民國）是也。此亦一創獲也。

曹詩成：詩經中蔬菜植物考

摘要

週來研究我國上古史者，賢達輩出，偉論時著，惟對社會習通生活，倘罕有及者，詩成不忖簡陋，每思于古代之衣食住行作一積密之探討，或可為治古史者之助。一九三七秋，與諸師長的訂論文範圍，即以「詩經中古人之衣食住行」為題，後以問題繁頊，考證需時，蒙諸師長再三指示，始僅致力于食之一部，此本篇「詩經中蔬菜植物考」之所由作也。所謂「蔬菜植物」者，以草本植物之古以入蔬者為限，凡得五十種，每種皆湖其淵源，考其異說，證以本草，訂以學名，製以略圖，其不可得者，則存以待考。

結論中略述本篇在歷史學及名物學上之貢獻，復對本篇所用之重要參考書略事評論，以見取材之大勢，非謂遮勝前人，蓋冀其千慮之得耳。

五 近五年來中國史地新書簡目

史學

歷史之重演 陳登原 民二六，上海商務

歷史與經濟組織 石濱知行著，曾仲琪譯 民二五，廣州方圓社

中國歷史研究 陳易圖 民二四，福達協和大學油印本

中國歷史編纂法 蕭九輝 民二五，上海正中書局

研究論文格式舉要 洪業 民二八，北京燕京大學研究院鉛印本

二十五史補編 開明書店輯 民二五，上海開明

中國歷代食貨志上篇 金兆豐 民二四，上海商務合作社

校補三國疆域志 陳垣 民二四，上海商務

三國食貨志 陶元珍 民二六，北平輔仁大學刊本

遼史索引 馮家昇編 民二四，京都東方文化學院京都研究所

新元史考證 柯劭忞 民二四，國立北京大學出版組

通史

譯史補　柯劭忞　民二四，國立北京大學研究院文史部鉛印本

資治通鑑讀法　王緝慶　民二四，上海世界

日知錄校記　黃侃　民二五，萬載龍氏景守盧校刊本

中華二千年史　鄧之誠　民二四，上海商務

中國通史　金兆豐　民二六，上海中華

讀史諤言　常乃悳　民二四，上海商務

國名疏故　陳登原　民二五，上海商務

歷代史

古史新證　王國維　民二四，北平來薰閣影印稿本

三皇考　顧頡剛　民二五，北平哈佛燕京學社

震旦人與周口店文化　葉為耽　民二五，上海商務

中國青銅器時代考　梅原末治著，胡厚宣譯　民二五，上海商務

中國古代氏姓制度研究　食菜者　民二五，上海中華石印本

甲骨學商史編　朱芳圃　民二四，上海中華石印本

金文世族譜　吳其昌　民二五，上海商務

國策勘研　鍾鳳年　民二五，北平燕京大學哈佛燕京學社

韓非子考證附年表　容肇祖　民二五，上海商務

秦漢政治制度　陶希聖、沈巨塵　民二五，上海商務

清代學術史略　顧頡剛　民二五，上海亞細亞書局

漢晉學術史編年　劉汝霖　民二四，上海商務

南北朝經濟史　陶希聖、武仙卿　民二六，上海商務

東晉南北朝學術編年　劉汝霖　民二五，上海商務

唐代經濟史　陶希聖　民二五，上海商務

唐代社會概略　黃現璠　民二五，上海商務

唐宋貿易港研究　桑原隲藏著，楊鍊譯　民二四，上海商務

宋人軼事彙編　丁傳靖編　民二四，上海商務

宋代太學生救國運動　黃現璠　民二五，上海商務

宋之外交　謝詒徵　民二四，上海大東

遼金史事論集（第一冊）　毛汶　民二四，河南商務印刷所鉛印本

西夏文存　羅福頤輯　民二四，上虞羅氏七經堪石印本

多桑蒙古史　多桑著，馮承鈞譯　民二五，上海商務

帖木兒帝國　布哇著，馮承鈞譯　民二四，上海商務

元代經略東北考　日箭內亙者，陳捷、陳清泉譯　民二四，上海中華

元代雲南史地叢考　夏光南　民二四，上海中華

元大都宮殿圖考　朱偰　民二四，上海商務

鄭和下西洋考　法伯希和著，馮承鈞譯　民二四，上海商務

瀛涯勝覽校注　馮承鈞校注　民二四，上海商務

清史大綱 金兆豐 民二四，上海開明

中國近代史 陳恭祿 民二四，上海商務

中國近世文化史 陳安仁 民二五，上海商務

清朝經世史ノ研究 日松井義夫 民二四，大連的滿州鐵道株式會社經濟調查會

阿濟格略明事件之滿文木牌 李德啓編譯 民二四，國立北平故宮博物院文獻館

廣東十三行考 梁嘉彬 民二六的京國立編譯館

滿清西藏史料叢刊 吳豐培編 民二六，上海商務

太平天國史事論叢 謝興堯 民二四，上海商務

太平天國論詔 蕭一山編 民二四，國立北平研究院總辦事處出版課影印本

太平天國叢書 蕭一山輯 民二五，上海商務影印本

上海在太平天國時代 徐蔚南編 民二四，上海市通志館

太平天國曆法考訂 郭廷以 民二四，上海商務

太平天國的社會政治思想 謝興堯 民二四，仿宋聚珍版印本

李秀成供狀 魯澄清編 民二四，仿宋聚珍版印本

太平天國雜記 簡又文 民二四，上海商務

太平天國起義記 瑞典韓山文著，簡又文譯 民二四，北平燕京大學圖書館鉛印本

汪悔翁乙丙日記 鄧之誠輯 民二五，江寧鄧氏鉛印本

四朝佚聞 金梁輯 民二五，復東印刷局鉛印本

御香縹緲錄 一名老佛爺時代的西太后 德齡女士著，秦瘦鷗譯 民二五，上海申報館

甲午中日戰爭紀要 參謀本部第二廳第六處編 民二四，鉛印本

中日甲午戰爭之外交背景 王信忠 民二六，北平國立清華大學

中國近三百年學術史 錢穆 民二六，上海商務

袁世凱與中華民國 白蕉編 民二五，上海人文月刊社

中華民國外交史（卷上） 張忠紱 民二五，北平國立北京大學出版組

外交大事記 外交部情報司編 民二四，鉛印本

專史

中國疆域沿革史 顧頡剛，史念海 民二七，長沙商務

中國地理學史 王庸 民二七，長沙商務

中國民族史 林惠祥 民二五，上海商務

中國經濟史 馬乘風 民二四，南京中國經濟研究會

中國社會經濟史 日森谷克己著，陳昌蘖譯 民二五，上海生活書店

中國社會經濟史綱 王禮邨 民二五，上海商務

中國田制史略 徐士圭 民二四，上海商務

中國田制叢考 陳伯瀛 民二四，上海商務

中國稅制史　吳兆莘　民二六，上海商務
中國田賦史　陳登原　民二五，上海商務
中國歷代勸農考　宋希庠　民二五，上海正中書局
中國陶瓷史　吳仁敬、辛安潮　民二五，上海商務
中國度量衡史　吳承洛　民二六，上海商務
中國商業史　王孝通　民二五，上海商務
中國漁業史　李士豪、屈若搴　民二六，上海商務
中國鹽政史　曾仰豐　民二六，上海商務
中國合作運動史　壽勉成、鄭厚博　民二六，上海正中書局
中國歷代社會研究　日駒井和愛著，楊鍊譯　民二四，上海商務
中國社會史料叢鈔甲集　瞿宣穎輯　民二六，鉛印本
中國政鹽史　楊功銅　民二五，上海商務
中國婚姻史　陳顧遠　民二五，上海商務
中國保甲制度　聞鈞大　民二四，上海商務
中國考試制度史　鄧嗣禹　民二五，南京考選委員會
中國古代旅行之研究　江紹原　民二四，上海商務
遼東史　英爾思著，張立志譯　民二四，上海商務
中國殖民史　李長傅　民二六，上海商務

南洋各國史　李長傅　民二四，上海國立暨南大學海外文化事業部
中國兩洋交通史　馮承鈞　民二六，上海商務
中國經學史　馬宗霍　民二五，上海商務
中國經學史　日本田成之著，孫俍工譯　民二四，上海中華
經學源流考　甘鵬雲　民二七，北平崇雅堂出版
中國哲學史補　馮友蘭　民二五，上海商務
中國哲學史　馮友蘭　民二五，上海商務
中國古代哲學史　陳元德　民二六，上海中華
中國法律思想史　楊鴻烈　民二五，上海商務
中國經濟思想史（上卷）　唐慶增　民二四，上海商務
先秦學術思想史　王德箴　民二四，南京美昌印刷社鉛印本
先秦諸子繫年考辨　錢穆　民二四，上海商務
中國醫學史　陳邦賢　民二六，上海商務
中國文字學史　胡樸安　民二六，上海商務石印本
中國駢文史　劉麟生　民二六，上海商務
中國女性文學史附補編　譚正璧　民二四，上海光明書局
中國教育史　陳登原　民二五，上海商務
中國戲劇史　徐慕雲　民二七，上海世界
中國小說發達史　譚正璧　民二四，上海光明書局
中國近代戲曲史　日青木正兒著，王古魯譯　民二五，上海商務

中國繪畫史　俞劍華　民二六，上海商務

中國音樂文學史　朱謙之　民二四，上海商務

中國考古學史　衞聚賢　民二六，上海商務

支那考古學論攷　日梅原末治　民二七，東京弘文堂書房

田野考古報告　李濟等編　民二五，上海商務

征塵訪古述記　羅固　民二五，上海商務

明代建築大事年表　單士元、王璧文　民二五，北平中國營造社

支那宮苑園林史攷　日岡大路　民二六，大連滿洲建設學會

北平廟宇通檢（附索引）　許道齡編　民二五，國立北平研究院總辦事處出版課

中國方志學通論　傅振倫　民二四，上海商務

方志學　李泰棻　民二四，上海商務

方志議例　甘鵬雲

中國地方志綜錄　朱士嘉　民二四，上海商務

北平圖書館方志目錄　譚其驤編　民二五，北平圖書館鉛印本

福建方志考略　臨士武編　民二四，福州烏山圖書館

滿洲地方志綜合目錄　日植野武雄編　民二八，滿鐵奉天圖書館

東洋文庫地方志目錄（支那、滿洲、台灣）　民二四，東京東洋文庫

台灣總督府圖書館所藏支那地方志目錄　台灣總督府圖書館編　民二八，台灣總督府圖書館

武漢大學圖書館方志目錄（附索引）　武漢大學圖書館編　民二五，武昌國立武漢大學圖書館鉛印本

鄉土志叢編　燕京大學圖書館編　民二六，北平燕京大學圖書館鉛印本

山西獻徵　常贊春編　民二五，山西省文獻委員會鉛印本

江蘇六十一縣志　龐惟蘇編　民二五，上海商務

四川郡縣志　覺咆春　民二五，成都古芙堂刊本

京津風土叢書　張江裁編　民二七，中華風土學會排印本

京津風土叢書　張江裁編　民二七，中華風土學會排印本

天津遊覽志　燕歸來簃主人編　民二五，北平中華印書局

會山小志（增訂）　張叔通　民二六，松江姜澗編叢社

黃山叢刊　蔡宗仁輯　民二四，太平葉氏百一硯齋鉛印本

漳州史蹟　蘇闔懷　民二四，題建協和大學閩建文化研究會

衡廬目錄附雨嶽遊記　傅增湘　民二四，天津大公報社

山東文化史研究甲編附孔子弟子表　山東國漢紀師表　張立志編

民二八，濟南齊魯大學國學研究所出版

蓉都文物略　北平市政府秘書處編　民二四，北平市政府第一科

北京宮闕圖說　朱偰　民二七，吳沙商務

金陵古蹟名勝影像　朱偰編　民二五，上海商務印影印本

河北省西部古建築調查紀略　劉敦楨　民二四，北平中國營造學社

燕北游覽小志　黃金坡　民二五，吳橋賀氏排印本

晉汾古建築預查紀略　林徽因、梁思成　民二四，北平中國營造學社

陝甘調查記　陳貢　民二五，北平北方雜誌社

洛陽古今談　附洛陽懷古詩鈔　李健人　民二五，洛陽史學研究社

長安史蹟考　日足立喜六著，楊鍊譯　民二四，上海商務

遺疆裝者　顧廷龍輯　民二五，北平禹貢學會鉛印本

海濱大事記　林熙武　民二四，瑠江林氏留耕堂鉛印本

中國經營西域史　曾問吾　民二五，南京正中書局

東北地理　許逸超　民二四，上海商務

東北開發史　原名滿洲發達史　日稻葉岩吉著，楊成能、史國運譯述，卞宗孟校訂　民二四，辛永編譯社

協會

新滿洲風土記　日藤山一雄著，日杉村勇造譯　民二七，新京滿日文化

滿洲史研究　歷史學研究會編　民二四，東京歷史學研究會

滿洲通史　日及川儀右衞門　民二四，東京博文館

滿鮮史ノ研究　日池內宏　民二六，東京座右刊行會

滿洲地名ノ研究　日岩瀨弘一郎　民二七，東京古今書院

庫頁島志略　石榮暲　民二四，陽新石氏蓉城僊館鉛印本

西北古地研究　日藤田豐八等著，楊鍊譯　民二四，上海商務

新疆紀遊　吳靄宸　民二四，上海商務

康居粟特考　日白鳥庫吉著，傅勤家譯　民二五，上海商務

傳記

胜卯叢考　胡鼐　民二五，三合胡氏仿宋聚珍板

列女傳斠注　陳漢章　民二四，鉛印本

閩賢事略初稿　鄭貞文　民二四，上海商務

甘肅鄉賢考記　鄭德棨　民二四，東萊趙永厚堂鉛印本

披邑鄉賢事略　毛式玉　民二四，陝西省教育廳編審室

陝西鄉賢事略　王儒翎　民二四，上海商務

商鞅評傳　陳啟天　民二四，上海商務

張衡年譜　孫文青　民二四，上海商務

沈約年譜　日鈴木虎雄著，馬導源譯　民二五，上海商務

玄奘　宋繁彬　民二四，上海開明

王摩詰　汪炳煨編　民二四，上海開明

李太白傳　日梅澤和軒著，傅抱石譯　民二四，上海商務

韓愈志　錢基博　民二四，上海商務

成吉思汗傳　馮承鈞　民二四，上海商務

建文年譜　趙士喆　民二四，上海商務

張江陵年譜（居正）　楊鐸　民二七，長沙商務

魏叔子年譜　溫聚民　民二五，上海商務

陳亮年譜　童振福　民二五，上海商務

吳梅村年譜　馬導源　民二四，上海商務
王船山學譜　張西堂　民二七，長沙商務
顏智齋先生之精神生活　張陰梧　民二四，北平輔仁大學刊本
吳漁山先生年譜　陳垣　民二六，北平輔仁大學刊本
呂留良年譜　包賚　民二六，上海商務
汪雙池傳述　羅宣頡　民二四，上海商務
戴東原年譜　孫葉俠　民二四，上海商務
文林忠公年譜　魏隱儒　民二四，上海商務
甘國藩之生平及事業　蔣星德　民二四，上海商務
吳齋齋（大徵）先生年譜　顧廷龍　民二五，北平哈佛燕京學社
藝風老人年譜　繆荃孫自訂　民二五，北平文祿堂刊本
沈寐叟年譜　王遽常　民二七，長沙商務
嚴幾道年譜　王遽常　民二五，上海商務
楊久事迹考證　朱希祖　民二四，上海商務

參考書

古史辨總目　京山書社編　民二四，北平景山書社
中國邊務圖籍錄　鄧衍林　民二四，北平北平圖書館
內閣大庫現存清代漢文黃冊目錄　故宮博物院文獻館編　民二五，北平故宮博物院
南支那關係誌料展觀目錄　臺灣總督府圖書館編　民二七，臺灣總督府圖書館
清內務府造辦處輿圖房圖目初編　故宮博物院文獻館編　民二五，北平故宮博物院文獻館
西北問題圖書目錄　王文萱編　民二五，南京民鳴書屋
中國近代史書目初編　鴻英圖書館編　民二六，上海鴻英圖書館油印本
清內閣庫貯舊檔輯刊　方甦生編　民二四，國立北平故宮博物院文獻館
陶風樓藏清季江寧布政司檔案目　民二五，南京國學圖書館鉛印本
古今典籍聚散考　陳登原　民二五，上海商務
中國河渠水利工程書目　茅乃文編　民二四，北平圖書館
北平圖書館籌賑水災展覽會水利圖書目錄　北平圖書館籌賑水災展覽會編　民二四，北平圖書館籌賑水災
中國歷史小辭典　周木齋編　民二三，上海新生命書局
中國歷代名人傳略　余牧人等編　民二四，上海青年協會書局
中國人物傳選　蔡冠洛編　民二四，上海中華
清代七百名人傳　竇濟平編　民二五，上海世界
中國歷代名人錄　經國鼎補　民二五，海軍總司令部風室仿宋聚珍版印本
歷代名人生卒錄　　民二五，海軍總司令部風室仿宋聚珍版印本
歷代名人年里碑傳總表　姜亮夫　民二六，上海商務

研究會

清太祖高皇帝實錄人地名三種 今西作秋編 民二七，東京東洋史

蒙古地名大辭典 日谷田部時次編 民二五，北平好望書店

古今同姓名大辭典 彭作怡編 民二四，東京朝鮮銀行調查課

中華民國省縣地名大辭典 李鼎聲等編 民二四，北平北平民社

中國人名大辭典索引 民二五，上海商務

二十五史人名索引 二十五史刊行委員會編 民二四，上海開明書店

琉球諸島仔 引得編纂處編 民二七，北京哈佛燕京學社引得編纂處館印本

兩漢不列傳人名韻編 莊鼎彝 民二四，上海商務

中國歷代年號索引 汪宏聲編 民二五，上海開明書店

周易引得 引得編纂處編 民二四，哈佛燕京學社

毛詩注疏引書引得 引得編纂處編 民二六，哈佛燕京學社

禮記引得 引得編纂處編 民二六，哈佛燕京學社

禮記注疏引書引得 引得編纂處編 民二六，哈佛燕京學社

春秋經傳引得 引得編纂處編 民二六，哈佛燕京學社

文選注引書引得 引得編纂處編 民二四，哈佛燕京學社

三國志及裴注綜合引得 引得編纂處編 民二七，哈佛燕京學社

食貨志十五種綜合引得 引得編纂處編 民二七，哈佛燕京學社

太平御覽引得 引得編纂處編 民二四，北平哈佛燕京學社

四十七種宋代傳記綜合引得 引得編纂處編 民二八，哈佛燕京學社

宋元學案人名索引附與名索引 郭元刪，王欽芹編 民二五，上海商務

八十九種明代傳記綜合引得 引得編纂處編 民二四，哈佛燕京學社

清代文集篇目分類索引 北平圖書館索引組編 民二四，北平圖書館

補東壁遺書引得 引得編纂處編 民二六，哈佛燕京學社

別號索引 陳乃乾編 民二五，上海開明

藏齋記事詩引得 蔡金重編 民二四，哈佛燕京學社

逃藏子目引得 引得編纂處編 民二二，上海開明

中國大事年表 陳慶麒編 民二二，上海商務

近世中西史日對照表 鄭鶴聲編 民二五，上海商務

中國歷代疆域形勢史圖 魏建新 民二四，上海中國文化館

中國省市地方分圖 童甲發編 民二四，上海日新輿地學社

中國水道地形圖索引 全國經濟委員會水利處編 民二五，南京全圖反

編委員會

近六十年全國郡縣增建志要 吳承連編 民二五，北平東亞印書局印

中華民國疆域沿革錄 王余亮編 民二四，北平五典書局

黃河年表 沈怡等編 民二四，南京軍事委員會資源委員會

黃河志 黃河志編纂會組編 民二五，南京國立編譯館

地圖學及地圖繪製法 張資平 民二四，上海商務

第二卷第二期（即第七期）目錄

護國軍紀實 .... 鄧之誠
唐代公主和親考 .... 鄺小樟
明季遺聞考補 .... 姚家積
史通點煩篇臆補 .... 洪業
釋百姓 .... 許同莘
大日本史之史學 .... 周一良
戰國秦漢間人的造偽與辨偽 .... 顧頡剛
城障考 .... 鄧嗣禹
許馬斯波羅中國上古史 .... 齊思和

第二卷第三期（總數八期）目錄

陳君佶彥文遺像
陳佶彥文遺稿 .... 陳統遺稿
誄辭 .... 鄧之誠
陳統傳略 .... 朱士嘉
念紀彥大師年譜 .... 陳統遺稿

夏史三論 .... 顧頡剛
斬輔治河始末 .... 岑仲勉
元魏的階級制度 .... 蒙思明
三國郡守考 .... 貝琪
注徐村先生年譜 .... 檀宗俊
補郡浚明季遺聞 .... 姚家積
五季兵禍輯錄 .... 王伊同
新唐書劉宴傳箋註 .... 陳恪
英國史年目舉要 .... 齊思和
請記引得序 .... 洪業
——兩漢禮學源流考

中華民國二十八年十二月出版

史學年報 第三卷第一期（總數第十一期）

每冊定價　道林紙二元　新聞紙一元四角

國內郵費，每冊另加一角，掛號費在外。

編輯者　　　　燕京大學歷史學會
發行者兼出版者　燕京大學歷史學會
印刷者　　　　引得校印所
　　　　　　　平西政府享羊胡同一號
總售處　　　　燕京大學歷史學系

第三卷 第二期

史學年報

民國二十九年十二月
燕京大學歷史學會出版

史學年報

第三卷 第二期
（總號十二期）

本期目錄

中國史前學上之重要發見……………………………裴文中……1

范蔚宗年譜……………………………………………張遹祖……7

唐初鎮兵考……………………………………………杜　洽……29

尹洙之年壽……………………………………………聶崇岐……73

明之北邊備禦（兵備）………………………………林樹惠……75

錢謙益著述被禁考……………………………………徐緒典……101

黃恩彤與鴉片戰後外交………………………………陳　鏊……121

夏先生穗卿傳略………………………………………夏循垍……143

新元史蒙兀兒史記愛薛傳訂誤………………………翁獨健……145

書評

中國通史（金兆豐）…………………………………聶崇岐……151

中國基督教史綱（王治心）…………………………陳增煇……153

中國商業史（王孝通）………………………………黎佩珩……161

張江陵年譜（揚鐸）..林樹惠......一六四

皮鹿門沈寐叟二年譜（皮名振，王遽常）................................喬思和......一六六

馬相伯先生年譜（張若谷）..趙豐田......一六八

廣東書院制度沿革（劉伯驥）..許夢瀛......一六九

教案史料編目（吳盛德，陳輝增合編）..................................趙豐田......一七三

鴉片戰爭中文書目解題（趙豐田）......................................陳　登......一七四

考古學上より見たる遼之文化・圖譜（鳥居龍藏）........................何懷德......一七七

西洋中古史（陳受頤，梁茂修合譯）....................................鄺平章......一七八

史學界消息（一九三九年十二月至一九四〇年十二月）............程明洲輯......一八一

　（一）本校..一八一

　（二）國內..一八六

　（三）西洋..一八九

中國史前學上之重要發見

裴文中

一

無論在中國，或在歐洲，史前學（Prehistory）是比較晚近發達的一種科學。史前學的起源，約有兩種原因：（一）是人類起源之謎。人類個體，由其祖先而生，由何處而來？這是上古及中古時代，不能解答之謎。至十八世紀之後，各種科學漸次發達，研究人類起源之科學，亦應時而生。（二）是史前遺物的發見。在大自然中，史前人類遺留下無數的物品，無意或有意中為後世所發見，因與現代之物品不同，科學家用種種方法，証明非人類有史以後之物品。有了以上兩種原因，史前學遂於十九世紀之末，在歐洲正式成為一種科學，與地質學，人類學，古生物學等，共同發展。

在中國，考古學雖發達很早，但史前學之開始，也不過是近二十年之事。至於史前學列入大學課程之中，更是以本年在燕京大學始。

史前學常被誤認為考古學。實際上說來，史前學即考古學之史前部分。但在習慣上，一般人多認為：考古學是研究有史以後人類之遺物及事蹟；史前學則研究人類未有歷史以前之遺物及事蹟。

就中國古籍所載，新石器時代石斧等之來源，而從事研究。北宋（960—1126A.D.）時，已有許多文人開始作考究工作，謂之金石學。研究之範圍，以「金」（即古代銅之器物）及「石」（即古碑帖等，但非史前之石器）為限：目的實為搜集，及器物本身之鑑賞；再則講究拓印之方法，更力求檢圖及刻印之改善。是以宋之金石學，始終未得發達成為一種科學。

考古學至於清朝，更走入歧途，金石學變為金石文字學，就是宋人對於器物本身的興趣，亦漸漸失去，而專注

意金石器物上之「文字」。金石學家之鑑別真偽，有秘製良方；斷定器物之年代，可意會而不可言傳。總之，他們不用科學方法，來研究古物，只是博通古今書籍，審無不知，審不無考，只是從古籍中考古。

至清朝末年，羅振玉王國維諸人，對於考古學始稍行改進研究之方法。以羅振玉氏而論，不但認識了大部的安陽之甲骨文字，且追究甲骨文字之出產地，不惜親身前往；更於甲骨文字之外，研究與甲骨文字共生之器物。但是羅王諸氏之考古及史前學，方漸漸發達起來，採用了西方的科學方法。至近二十年來，考古學及史前學，尚未能完全應用科學方法。

從事這種工作的，在外國朋友方面，有安特生(J. G. Andersson)，德日進(P. Teilhard de Chardin)及桑志華(E. Licent)諸人；在中國方面，有李濟，梁思永，裴作賓諸師友。

1. 歐鴻劍著：石雅，曾引後唐書載「賣石」之探集，「青石」即新石器代之石箭。

2. 宋朝考古學之實達可參閱。Wang, Kuo-wei (王國維): Archaeology in the Sung Dynasty. The China Journal, Vol. VI, No. 5.

3. 參看，羅振玉著：殷虛古器物圖錄及附說，內有動物遺骸，及商時使用之器物。

二

我國的歷史，至現在止，可以追溯到商殷時代，即約當於紀元前十二至十四世紀。西洋先進的學者，如荃爾計(J. de Morgan)，曾謂：「中國之文化，僅能追溯到紀元前七或八世紀之時，至於史前時代，我們則完全不知」。洛發爾氏(B. Laufer)，亦云在中國無石器時代之人類。但經近二十年來之發見，証明這種說法，與事實相差甚遠。

近二十年來，史前學上最重要之發見，簡略來說，有四個大發見，按發見之年代的次序而講，計為：(1)仰韶期彩陶文化之發見，這是安特生之大發見，在一九二一年。(2)桑志華及德日進二神父在河套發見之舊石器時代之遺址，發見之時，在一九二三年。(3)周口店中國猿人之遺骸及遺物之發見，在一九二六年至一九三〇年。(4)周口店山頂洞之發見，在一九三三年。

有了以上的四個發見，中國史前人類之歷史，已大體可以完成——即由舊石器時代初期起，至新石器時代末期止，我們可以劃分四個大時期，每時期皆有代表者；中間雖有一部份未能連結，但中國史前的基礎算是已經奠定了。

除此以外，重要之發見及工作尚多，例如：日本學者鳥居龍藏(R. Torii)，濱田耕作(Hamada)，德永重康(Tokunaga)等在東三省及內外蒙古之工作，中央研究院諸師友在河南山東等地之工作。從另一方面看來，中央研究院在河南安陽之開掘工作及發見之重要性，不在上述四發見之下，但因屬於歷史部分，不在本文範圍之內，故從略。

1 de Morgan, J. L'Humanité préhistorique.
2 Laufer, B. "Jade", pp. 54-55.
3 費見周口店之出產動物化石，已遠在一九一八年，但至一九二六年，始知有人類化石，至一九三〇年，始知有石器之存在。

三

我們已經知道到商殷時代(1400—1200B.C.)的歷史。商殷時代之甲骨文字那樣的進步，銅器製陶那樣的精緻，這種文化絕不是驟然發生的。此文化之前，必有甚久之孕育時期，即當另有一種較原始的文化存在。

一九二一年，安特生博士，在奉天錦西縣沙鍋屯之山洞中，及河南澠池縣仰韶村，發見了古人類的遺址，採集了許多史前遺物，代表一種原始文化，謂之「仰韶文化期」。至一九二三年又在甘肅洮河等地方，發見了仰韶文化期的住

仰韶文化期的特點是：陶器中有將外面磨光者，上有黑色及褐色的畫，故又謂之「彩陶文化期」。這種人類是現代華北人之祖先。此外所用器具，多爲骨製者及石製者，無銅器發見[1]。石器中，大部爲磨光者，打製石器，亦大量使用[2]。這種文化，無疑義的，爲新石器時代末期之文化，在銅器時代之前。就石器及陶器而論，仰韶文化確與中國上古文化(商殷周秦)有相當關係。更進一步來說，即我國之上古文化，至少一部是由仰韶文化進化而來的。

仰韶文化期的發見，在研究中國歷史者及史前學者看來，實萬分重要，因爲在安陽小屯文化(商殷時代)之前，我們又知道了一種有關連而較早的文化。但從陶器，石器，及銅器等方面看來，小屯文化並非由仰韶文化直接進化而來，中間尚隔有相當長久的時間。據我猜想，仰韶期之後，尚有若干時期爲銅器時代，銅器時代進步至相當時期，才能有如安陽之文字；這種原始的甲骨文字出現。至現在止，仰韶與小屯之中間，僅發見一種「黑陶文化」，謂之「龍山文化期」[3]。據我猜想，尚有若干文化期，至現在止，尚未發見。

至現在止，我們的知識，經李濟，徐炳昶，桑志華，及

中央研究院諸人，以及日本諸考古家之發見，已知這種彩陶文化在華北甘陝豫晉甚為發達，更遠及河套熱河及奉天諸省。這是安氏之重大發見，奠定了中國史前時期最後的一時期的基礎。不但使史前學者，研究時有所歸從和根據，即研究中國上古史者，亦可追溯上古文化之來源。

1. 僅在甘肅之沙井期（彩陶文化之最後一期），安氏發見有少量之銅器。

2. Young, C.C. and Pei, W.C. On a collection of cultural remains from Mien-chih-hsien, Honan. Bull. Geol. Soc. China, Vol.XIII, pp. 305-318.

3. 「龍山文化期」，在山東城子崖地方發見，以黑色磨光之陶器為特徵，此文化期是否為踏入史前部分，尚待研究。據著者本人所見，龍山文化期之鹿角及鹿骨等，皆有金屬製作之痕跡（最明顯者為鋸痕），或當時已用銅器，惜未能發見耳。故於附表中，暫列於先史時期（Proto-historic）。

四

第二個重要發見，是桑志華及德日進二神父，在河套發見之舊石器時代之文化，謂之「河套文化」。這是舊石器時代中期的文化，相當於歐洲之莫斯特（Mousterian）及奧瑞納（Aurignacian）時期；地質年代，相當於中國華北之黃土時期。

二十年前，一般地質學家，以為華北黃土時期，氣候寒冷而乾燥，不適於人類之生活，故對於舊石器時代之存在，頗覺不可能。但於一九二三年，德桑二神父在綏遠寧夏考查地質之時，這發見舊石器時代之遺址，採集了大批之石器及古生物化石，這才改正了一般地質家及考古學家之觀點，中國境內有舊石器時代地質年代，他們始相信中國境內有舊石器時代人類寄居。

河套文化，發見於兩個地方，一為水洞溝，一為沙拉烏蘇河河岸。石器及古生物均發見於河岸之沙層中，此沙層與黃土相當。此外又於黃土之底部發見石器。與石器共生之古生物甚多，可以確定這種文化期之地質年代。人類化石則甚稀少，至今僅發見一個門齒。

安特生對於仰韶之發見，使中國文化之研究，延展至新石器時代；桑德二神父發見之河套文化，使我們更延展至舊石器時代。

五

中國猿人（Sinanthropus）及其文化之發見，在學術上，算是非常重要的。發見之地點，為北平西南，周口店地方。這個地方之為地質學家之注意，遠在一九一八年。至一九

一年，安特生始發見周口店出產中國猿人化石之地點。同年及一九二三年，師丹斯基(O. Zdansky)至周口店採集了許多化石。一直到一九二六年，周口店化石，尚以為屬於第三紀末期上新統(Pliocene)時期。故當時周口店化石，倘以為屬於第三紀末期上新統生物學家注意之地點，並沒有想到，有人類化石及其文化之發見。

一九二六年，師丹斯基於他所採之古動物化石中，發見了兩個牙齒，他鑑定似人類者。由師氏之發見，羅氏基金會經濟上之幫助，得以實行。至一九二七年，步林(B. Bohlin)又發見一人類之牙齒，由步達生(Davidson Black)研究之結果，定為中國猿人北京種。(Sinanthropus Pekinensis)。當時世界上之人類學家，都批評步氏之大胆及淺識，贊同者甚少。至一九二九年，發見了一個完整的頭骨，証明了步氏之說不誤，於是大為世界學者所注意。由此發見，周口店地方，一變為人類學家所注意的地方。

說起來也慚愧，我們在周口店化石工作，三四年的長時間，始終未注意到周口店化石產地之碎石。至一九三〇年，我們始發見了中國猿人所製作之石器。於是周口店地方，又一變而為史前學家所注意的地方。至一九三六年，賈蘭坡君連續發見了中國猿人的頭骨三個，一方証明了周口店地方的寶藏

無窮；再一方面，對中國猿人之研究，得到多數的証明。至一九三八年之初，更發見了中國猿人之體骨，至是對於中國猿人之研究，可以完全了。

周口店地方，可以說是合於理想的地方，古生物化石，種類及數量均甚多；人類化石亦其豐富，石器更不可以數計。一九三二年，証明了中國猿人能使用「火」，於是中國猿人之文化期為中國舊石器時代初期之標準；與桑德二神父發見之河套文化合起來，我們已知道了中國舊石器時代初期及中期之文化。

六

在一九三〇年，我們開掘周口店地方時，在小山之頂上，發見了一個山洞，謂之山頂洞(The upper cave)，內含骨化石甚多。但這種骨化石，似乎年代甚近，當時並未注意。至一九三三年，我決定開掘這個山頂洞，開掘的結果，發見了人類化石甚多，包括三個完整的頭骨；人類文化遺物甚多，包括石質打製之石器，骨製及牙製之裝飾品；古生物化石其多，包括現代已絕滅的動物數種。

山頂洞中所發見之人類化石，現尚未研究完畢，但已能確定爲真正之「人」(Homo sapiens)。他的文化相當於歐洲之舊石器時代之末期。此外由古生物上的研究，亦證明其地質年代，確相當於舊石器時代末期。

有了這山頂洞文化的發見，中國舊石器時代的文化，初期中期及晚期，都有了代表者；史前學之研究，遂奠定了甚礎。

七

我們若將前面所述之四個史前學上之發見，列爲一表，按時代排列起來，可如下表：（表見另圖）

從此表看來，我們現在的工作，只完成了中國史前史的大綱，即已知大部史前期的代表者；內中似有若干期尙未發見，或已有零碎的發見，而不能確定爲一文化期。是以中國史前史，尙殘缺不完，正待我們一般後學者的努力。

中國史前文化分期簡表
民國二十九年表文中擬

史 前 時 期 (Prehistoric Times)			先史時期 (Proto Historic Times)	有史時期 (Historic Times)
石 器 時 代 (STONE AGE)			銅器時代 (BRONZE AGE)	鐵器時代 (IRON AGE)
舊 石 器 時 代 PALAEOLITHIC (Old Stone Age)			新石器時代 NEOLITHIC (New Stone Age)	小屯文化期(商殷時代Shang Dynasty)1400-1200B.C. 龍山文化期(Lungshan Stage)
初 期 (Early Palaeolithic)	中 期 (Middle Palaeolithic)	末 期 (Late Palaeolithic)	仰韶文化期 (Yangshao Stage) (Aeneolithic)	
中國猿人文化期 (Sinanthropus Industry)	河套文化期 (Ordos Industry)	山頂洞文化期 (The Upper Cave Industry)		

范蔚宗年譜

張述祖

先生姓范氏，名曄，字蔚宗，籍宋順陽郡順陽縣，今河南省之內鄉縣也。[1] 高祖耕，字彥長，少遊學潁川，因家焉，官至晉雍州刺史。高祖耕，加左將軍。二子廣雅，（雅本亦作稚），雅少知名，辟大將軍掾，早卒。子汪，字玄平，六歲過江，依外家新野庾氏，晚年，屏居吳郡，官至晉安北將軍，徐兗二州刺史，進爵武興縣侯。二子康寧，寧字武子，官至晉豫章太守，以經病名於時，既免官，家於丹陽。子泰，字伯倫，即先生父也，[2] 生先生時，年已四十四矣。

先生有兄三：昂早卒，晷官宜都太守，宴侍中光祿大夫；弟廣淵，為宋世祖撫軍諮議參軍，領記室；[3] 姊一，適左衛將軍謝述；妹一，不知所歸。[4]

先生幼出繼從伯弘之，襲封武興縣五等侯。[5]

晉安帝隆安二年戊戌（西曆三九八），先生生。[6]

先生為父泰庶出，[7] 母如厠產之，額為塼所傷，故小字曰塼。[8]

祖父寧，太元中官豫章太守，免官後家居，勤經學，終年不輟，此時已六十。[9]

父泰官中書侍郎。[10]

當時史家，徐廣年四十七，[11] 裴松之二十七，[12] 何承天二十九，[13] 王韶之十九。[14]

日後與先生共事者，何尚之年十七，[15] 庾炳之十一，[16] 沈演之二歲。[17]

隆安三年己亥（三九九），二歲。

隆安四年庚子（四〇〇），三歲。

隆安五年辛丑（四〇一），四歲。

祖父寧卒，享年六十有三。[18] 初寧以春秋三傳，左氏有服杜之注，公羊有何嚴之訓，穀梁溪者，雖近十家，皆膚淺末學，不經師匠，辭理典據，既無可觀，又引左氏公羊以解此傳，文義違反，斯實也已，乃商略名例，敷

陳疑滯，博示諸儒同異之說，成春秋穀梁傳集解二十卷[13]。其義精審，為世所重。

父泰以憂去職，襲陽遂鄉侯[20]。

夏五月，孫恩寇吳國，內史袁山松(本亦作崧)死之[22]。山松少有才名，著後漢書百篇[23]。

元興元年壬寅(四〇二)，五歲。

元興二年癸卯(四〇三)，六歲。

時桓玄輔晉，使御史中丞祖台之，奏父泰居喪無禮，坐廢徒徒[24]。

元興三年甲辰(四〇四)，七歲。

四月，國子博士司馬休之，為冠軍將軍，荊州刺史[25]，除父長史，南郡太守，又除長沙相，散騎常侍，并不拜。入為黃門郎，御史中丞；參議殷祠[26]。

義熙元年乙巳(四〇五)，八歲。

義熙二年丙午(四〇六)，九歲。

白衣領尚書左僕射孔安國，奏父泰元興三年議殷祠事繆，詔泰白衣領職。旋出守東陽[27]。

義熙三年丁未(四〇七)，十歲。

義熙四年戊申(四〇八)，十一歲。

義熙五年己酉(四〇九)，十二歲。

宋高祖第四子彭城王義康生[28]。

義熙六年庚戌(四一〇)，十三歲。

二月，廣州刺史盧循反，逼京師[29]。父泰時為東陽太守，預發千人，開倉給廩，宋高祖嘉之，進號振武將軍[30]。

義熙七年辛亥(四一一)，十四歲。

父泰遷侍中，尋轉度支尚書[31]。

徐湛之生[32]。

義熙八年壬子(四一二)，十五歲。

義熙九年癸丑(四一三)，十六歲。

王韶之撰晉安帝陽秋，敘事訖此年[33]。

義熙十年甲寅(四一四)，十七歲。

義熙十一年乙卯(四一五)，十八歲。

父泰為大司馬左長史，右衛將軍，加散騎常侍[35]。

東莞臧榮緒生。榮緒後括東西晉為一書，紀錄志傳百二十卷[36]。

義熙十二年丙辰(四一六)，十九歲。

父泰爲尚書常侍兼司空[37]。

義熙十三年丁巳(四一七),二十歲。

徐廣成晉紀四十六卷,表上之[39],魯國人孔熙先生[38]。

義熙十四年戊午(四一八),二十一歲。

父泰隨宋高祖還彭城,共登城,以先生爲掾[41]。六月,宋高祖號相國,辟先生爲掾[41]。

恭帝元熙元年己未(四一九),二十二歲。

父泰遷護軍將軍,旋以公事免[43]。月,泰與右僕射袁湛授宋公九錫[42]。六

宋武帝永初元年庚申(四二〇),二十三歲。

父泰爲金紫光祿大夫,加散騎常侍[45]。爲彭城下邳襄冠軍參軍,隨府轉右軍參軍[44]。

永初二年辛酉(四二一),二十四歲。

是年讀建國學,以父泰領國子祭酒[46]。

永初三年壬戌(四二二),二十五歲。

廢帝景平元年癸亥(四二三),二十六歲。

父泰加位特進[47]。

文帝元嘉元年甲子(四二四),二十七歲。

入補尚書外兵郎[48]。

父泰致仕,解國子祭酒[49]。

元嘉二年乙丑(四二五),二十八歲。

父泰輕舟遊東陽,任心行止,不聞朝廷,有司奏劾之,太祖不問也[51]。何尚之爲中書侍郎,遷臨川內史[50]。

元嘉三年丙寅(四二六),二十九歲。

父泰進位侍中,左光祿大夫,國子祭酒,領江下王師,特進如故。上以泰先朝舊臣,恩禮甚厚,以有腳疾,起居艱難,寘見之日,特聽乘輿到坐[56]。徐廣卒,年七十四[52]。徐湛之除著作佐郎,員外散騎侍郎,并不就[53]。出爲荊州別駕從事史,尋召爲秘書丞[54]。長子萬牛[55]。

元嘉四年丁卯(四二七),三十歲。

五月乙未,檀道濟爲征南大將軍[57]。

先生獄中興諸甥姪書云:「吾少嬾學問,晚成人,年三十許,政始有向耳。自爾以來,轉爲心化」[58]太祖命謝靈運撰晉書,相立條流,書竟不就[59]。

田園詩人陶潛卒，年六十三。[60]

元嘉五年戊辰(四二八)，三十一歲。

秋八月壬戌，父泰卒，年七十四，追贈車騎將軍，侍中特進，王師如故，謚曰宜侯。[61]泰博覽典籍，好為文章，獎掖後生，孜孜無倦，通率任心，雖在公言，不異私室；然拙於為政。撰古今善言二十四篇，及文集傳於世。晚年事佛甚虔，於宅西立祇洹精舍，以高僧釋慧義為主持。[62]先生以憂去職。[63]

元嘉六年己巳(四二九)，三十二歲。

正月癸丑，彭城王義康為司徒，錄尚書事，領平北將軍，徐州刺史。[65]徐湛之為太子洗馬，轉國子博士。[66]裴松之注三國志成，表上之，上善之曰：「此為不朽矣」。[67]同年，北魏崔浩集諸文人撰成國書三十卷。[68]

元嘉七年庚午(四三〇)，三十三歲。

為征南大將軍檀道濟司馬，領南蔡太守。[69]十一月壬辰，上命道濟北伐魏。[70]

元嘉八年辛未(四三一)，三十四歲。

道濟率軍北上，先生憚行，辭以腳疾，上不許，使由水道裝載器仗部伍，乃行。[71][72]

元嘉九年壬申(四三二)，三十五歲。

軍還，命先生為司徒從事中郎。[73]頃之，遷尚書吏部郎，[74]三表詔答。其年冬，彭城王太妃薨，諸彥暄夕，[75]偉故并集東府。先生與廣州時為司徒祭酒宿廣陽處，夜中醉飲，開北牖聽挽歌為樂。義康大怒，左遷先生為宣城太守。[76]先生「漢記殘缺，至晉無成。秦始中，秘書丞王彪之始討論眾許，稿其所聞，起元光武，終於孝獻……為紀志傳凡八十篇，號曰續漢書。」父散騎常侍華嶠，刪定東觀記為後漢書，[77]自斯已往，作者相繼，為編年者五家。推其所長，華氏居最，而遺忽室東漢，官清事約，而「廣集事徒，騖繁傍踏」，刪煩補略，作後漢書」。[78]及先生出守宣城，乃「詳觀古今著述及評論，殆少可意者，[79]惟班氏最有高名⋯⋯博瞻不可及之，整理未必愧也」。[80]其書原定十紀十志八十列傳，合為百篇，蓋取與班書相應。敘例一卷，詳載筆削大法，其書別行，久已亡佚。其見於諸書徵引者，僅一二條耳。

（一）隋書魏澹傳云：「范曄者，文既總略，好失事形，今之擬作，所以為短，紀傳者，史班之所變也，網羅一代，事義周悉，適之後學，此為為優，故繼而述之」。

（二）後漢書光武紀上章懷注云：「例曰：『多所誅殺曰屠』」。

（三）光武紀上注又云：「臣賢案范曄序例云：『帝紀略依春秋，唯字彗曰食地震書，餘悉備於志』」。

（四）安帝紀注云：「序例曰：『凡瑞應自和帝以上，政事多美，近於有實，故書見於某處；自安帝以下，王道衰缺，容或虛飾，故書某處上言也』」。

此外，其書獨創之處，尚有數端：

（１）后紀 昭班二史，雖紀高后，然皆名曰帝紀，其以后紀為稱者，正史之中，首見於此。劉知幾非之曰：「案范漢書，紀后妃六宮，其實傳也，而謂之紀......其未達紀傳之情乎」？自茲以降，學者如晁公武陳振孫洪邁孔穎孟堅宗源等，輒拾劉氏唾餘，以詆先

生。實則后妃立紀，前蓋有之矣。晉齊載華嶠之著後漢，非其義也，故易為皇后紀，以次帝紀......又使記外戚世家索隱曰：「外戚紀后妃也......王隱則謂之紀，非妄作矣。且其所以因之者，乃因華王之舊，非先生所為，亦有說焉。義門何氏曰：「東京皇后，竇鄧閻梁竇何，臨朝者六，其間鄧竇北鄉侯沖帝質帝，皆未常親政，鄧后既立安帝，復臨朝者十六年，遂終身稱制。作皇后紀為得其實，雖然人所不必效，然范氏自合史家之變，未可議也」，其說是矣。

（２）黨錮列傳 黨錮之禍，綿亙二十餘年，舊所蔑衍，皆天下善士，卒致朝野崩離，紀綱蕩然，為寄遑不巨哉！班齊舊翌之劉向周堪等傳，專記兩京黨事，先生乃掇其意，而成此篇焉。

（３）宦者列傳 史澹有佞幸傳，蓋為宦者列傳之所防也。先生宦者傳論曰：「兩京自外戚失祚，東都緣間尹傾國」。其影響之鉅既如此，傳之宜也。

（４）文苑傳 東實窖有言曰：「東京以還，文勝舊富」。此蓋先史臣不能概見於紀傳，則變大篇文苑之篇」。

生傳文苑之旨也；然又從而難之曰：「文人行業無
多，但著官階貲系，略如文選人名之注，試榜履歷之
書，本為麗藻篇名，轉毀風華消索。則知一代文章之
盛，史文不可得而盡也」[35]。平心論之，章氏此說，亦
未為允。無論文篇收入傳中，史帙之繁冗何似，即能
任其繁冗，先生亦必不為也。蓋先生生當劉宋之世，
非隙漢季，其時文集風行，儼然已成大國，史冊但記
其人之行事已足，何必更芸他人之田，而廢己業者
乎？

（五）方術傳 何義門氏曰：「方術立傳，所以譏切時
主，崇信小數，此史家之主文譎諫也：從馬之日者龜
策，及前書睦宏兩夏侯京翼李傳，變而通之」[96]。夫主
文譎諫，豈盡先生立方術之旨耶？近人劉咸炘云：
「史所以書，一時之事，豈可以作一時之諫書。東漢
讖緯學熾，經生多講術數，而民間議祥禁忌之俗亦
多，巫祝形法方士神仙之說，後世所行者，皆自東
漢而盛，故此傳不得不立」[97]。其說允矣。

（六）獨行傳 獨行者，蓋節絕激之行，為人所不能為
者，非僅限於節義也。惠棟云：「按獨行一傳，沿用班
依其名為立傳」[98]。劉咸炘曰：「漢選士有獨行科，

（七）逸民傳 漢室經新莽之亂，士飾壺炙，故東京一
代，崇之惟恐不力，草上之風必偃，一時殆為風氣。
顧亭林氏曰：「新莽居攝，頌德獻符者，徧於天下。
光武有見於此，故尊顯節義，敦厲名實，所舉用者，
莫非經明行侉之人，而風俗為之一變。至其末造，朝
政昏濁，國事日非，而黨錮之流，獨行之輩，依仁蹈
義」[100]，命命不渝。三代以下風俗之美，無尚於東京
者」[100]，此先生所以傳獨行逸民也。

（八）列女傳 何義門氏曰：「列女之作，本於子政；
自中興以後，上繼劉書，又於本書為合」[101]。

（九）論讚 史記曰太史公，漢書曰，先生則名之曰
論，實一物也，各附於篇末。史記曰讚，先生又
歷寫諸篇，各敘其意，班固變為詩體，號之曰述，先
生又改之曰贊，亦一物也。而為班則統為一篇，先
生則散附論後，是其異也。劉知幾謂贊非之曰：「夫每卷
立論，其煩已多，而嗣論以贊，為謂彌甚…苟撰史者
斯，難以議夫簡要者矣」[102]。王先謙辨之曰：「第范見
列時，書未大成，以贊繼論，原未必范意如此」[103]。其

說近是。先生自敘尙未及作，一俟撰成，安知不與贊合爲一篇，同於班氏者耶？

先生後漢書班固傳論曰：「彪固譏遷，以爲軍非顏謬於聖人，然其義論，常排死節，否正直，而不敍殺身成仁之爲美，則輕仁義賤守節愈矣」[104]。王鳴盛氏云：「此雖華嶠行逸民等傳，而蔚宗取之，故蔚宗逐力矯班氏之失，如黨錮獨行逸民等傳，正所以表死節襃正直，而敍殺身成仁之爲美也。而諸列傳中，亦往往見重仁義貴守節之意，善讀書者當自知之」；又曰：「李延壽爲益二語云：『於屈伸榮辱之際，未嘗不致意焉』，此稍見蔚宗作史本趣」[105]。

劃知幾云，先生著書，廣集學徒，然此號學徒，今已無考。章懷注引宋齊謝儼傳云：「范曄所撰十志，一皆託儼搜撰」[106]，班固傳贊：「二班懷文，裁成帝墳」，注亦謂：「沈約宋書曰：『初謝儼作此贊云：范曄所撰十志，裁成典墳，其書儼作，裝改爲帝墳』」[107]，謝儼者，殆亦先生所集之學徒歟？今宋書儼傳亡，其名僅一見於王景文傳[108]，不關宏旨，故不能詳考也。

是年，彭城王義康改領揚州刺史[109]。

元嘉十年癸酉（四三三），三十六歲。

孔熙先父默之，時爲廣州刺史，以贓貨下廷尉，彭城王義康保持之，得免[110]。

長沙王義欣進號鎮軍將軍[111]。

謝靈運棄市廣州，年四十九[112]。

元嘉十一年甲戌（四三四），三十七歲。

沈演之以司徒左司掾兼散騎常侍，巡行東諸郡水災[113]。

何尙之遷侍中[114]。

元嘉十二年乙亥（四三五），三十八歲。

元嘉十三年丙子（四三六），三十九歲。

檀道濟誅[115]，何尙之出爲丹陽尹[116]。

元嘉十四年丁丑（四三七），四十歲。

據本傳云，先生守宜城數年，何時去職，則無明文，要之，必在十六年前。自九年初薇郡，至是已五年，按之傳文，似無大謬。任中，著後漢書外，餘無所知，宋書謝運長傳謂：「初爲宜城郡吏，太守范曄解吏名」[117]，去郡後，遷長沙王義欣鎭軍長史，加事朝將軍[118]。

元嘉十五年戊寅（四三八），四十一歲。

元嘉十六年己卯（四三九），四十二歲。

嫡母隨兄冥在宜都太守任，亡，報之以疾。先生不

奔赴，及行，又擕妓妾自隨，爲御史中丞劉損所奏，太祖愛其才，不罪也。[11]彭城王義康進位大將軍，領司徒，餘如故[120]。何承天除著作郎，撰國史[121]。是年，上命丹陽尹何尚之立玄學，太子率更令何承天立史學，司徒參軍謝元立文學，處士雷次宗立儒學，稱爲四學[122]。江左風俗，於斯爲美，後言政化，稱元嘉焉[123]。

元嘉十七年庚辰（四四〇），四十三歲。

爲始興王濬後軍長史，領下邳太守。十二月，游由豫州刺史改爲揚州，未親政事，悉委之先生[124]。時沈約父璞爲濬主簿，以先生性疏，游以弱年臨州，萬物皆屬耳目，實闇得失，卿腹心所寄，常密以在意，彼雖行事，其實委卿也」[125]。璞每有所懷，輒以密啓，及至施行，必從中出，先生以爲聖明留察故深，更恭愼從事。

十月戊辰，司徒彭城王義康，與上嫌隙既成，上誅前丹陽尹劉湛，改授義康江州刺史，出鎮豫章[126]。時孔熙先爲散騎常侍，以義康曾保持其父，乃密懷報效；徐湛之

向爲義康所愛，雖爲甥姪，與劉湛等頗相附協，及劉湛得罪，事連湛之，得免，爲義康所狎，至此，改爲大將軍記室參軍，隨鎮豫章[127]。

錫謝綜，官司徒主簿，亦爲義康所狎，至此，改爲大將軍記室參軍，隨鎮豫章。

沈演之爲右衞將軍。庚炳之爲尚書吏部郎，與演之俱參機密[128]。何尚之遷吏部尚書。徐湛之爲太子詹事[131]。

元嘉十八年辛巳（四四一），四十四歲。

庚炳之徐湛之俱加侍中[132]。

沈約生[133]。約後以文名，然其論文大旨，多與先生暗合。南齊書陸厥傳云：「厥與約書曰：『范詹事（卽先生）自叙：性別宮商，識淸濁，特能適輕重，濟艱難。古今文人，多不全了斯處，縱有會此者，不必從根本中來。』沈尙書亦云：自靈均以來，此秘未覩，或闇與理合，匪由思至。張蔡曹王，曾無先覺，潘陸顏謝，去之彌遠。大旨鈞使宮羽相變，低昂舛節，若前有浮聲，則後須切響，一簡之內，音韻盡殊，兩句之中，輕重悉異。辭旣美矣，理又善焉。但觀厥代表質，似不關此處，而云此秘未覩，近於誣乎！案范云：不從根本中來，尙書云：匪由恩至，斯可謂悟情理於玄黃，句逵其音律者也。范云：時有會此者，尙書云：或闇

於理合，則美詠清謳，有辭章調韻者，雖有差謬，亦有會合」[134]。鍾嶸詩品亦云：「齊有王元長者，嘗謂余云：『宮商與二儀俱生，自古詞人不知之，惟顏憲子乃云識知音調，而竟未達大譭；惟見范曄謝莊頗識之耳。嘗欲進知音論，未就』。王元長創其首，謝朓沈約揚其波」[135]。

先生又長於音。南齊書王僧虔傳云：「北論書曰：『……范曄與臧思話，同師羊欣，後小叛，既失故步，爲俊小有意耳！』」[136]。先生亦自評曰：「吾尚雖小小有意，筆勢不快」[137]。

先生亦擅音樂。自云：「吾於音樂，聽功不及自揮，但所精非雅聲爲可恨。然至於一絕處，亦復何異耶？其中體趣，言之不盡，弦外之音，虛響之意，不知所從而來，雖少許處，而旨態無極。亦嘗以授人，士庶中未有一豪似者，此永不傳矣」[138]。尤精琵琶，能爲新聲，上欲聞之，屢諷以微旨，先生僞若不曉，終不肯爲上彈。上嘗宴飮歡適，謂先生曰：「我欲歌，卿可彈」，乃奉旨。上歌旣畢，先生弦亦止。

元嘉十九年壬午(四四二)，四十五歲。

是年初，先生由後軍長史遷左衞將軍[140]，與右衞將軍沈

演之，對掌禁旅，同參機密[141]。而庾炳之何尚之徐湛之等，亦皆居要望，與先生日夕共事。

此諸人中，先生盡爲彙集，故每得奇才僻物，攻訕朝士[142]。嘗撰和香方，其叙云：「麝本多忌，過分必害；沈實易和，盈斤無傷。靈藿虛燥，詹唐黏濕，甘松蘇合，安息鬱金，捺多和羅之屬，並被珍於外國，無取於中土。又進舊方棼，甲煎淺俗，非惟無助於馨烈，乃當彌增於尤疾也」。其中所言，悉比類朝士，比庾炳之，靈藿虛燥，詹唐黏濕，比沈演之，比慕弃昏鈍，比羊玄保，甲煎淺俗，比徐湛之，製棼昏鈍，比何尚之，甘松蘇合，比慕琳道人，沈實易和，以自比[143]。是故同僚多不能容，而傾陷之謀起矣。

孔熙先篆舉聖亭侯[144]。

元嘉二十年癸未(四四三)，四十六歲。

沈演之遷侍中，右衞將軍如故[145]。

元嘉二十一年甲申(四四四)，四十七歲。

二月庚寅，詔曰：「總司戎政，寄贊東朝，惟允之擧，匪賢莫授。侍中領右衞將軍演之，清業貞審，器思通敏，理恊淸要；並美彰出

沈濟：左衞將軍曄，才應

內,誠亮在公,能克懲厥猷,樹績所蒞。濬之可中領軍,畔可太子詹事」。[146]

時二人並爲上所知,每被見多同,先生若先至,濬之俱入,濬之先至,宵獨被引。[147]

二月,何尚之爲中書令,五月,兼中護軍。[148] 徐湛之爲丹陽尹。[149]

初,彭城王義康出鎮豫章,久不得意。其黨孔熙先、徐湛之、仲承祖胡遯、許耀法略等,及先生甥謝綜,密謀奉義康起事。先生略聞孔熙先說此,乃上言曰:「臣歷觀前史二漢故事,諸蕃王政以訴訕幸災,便正大逆之罪;況義康奸心蹔跡,彰著邇邇,而至今無恙,臣竊惑焉。且大梗常存,將貽階亂,骨肉之際,人所難言。臣受恩深重,故冒犯披露」。上不納。[150] 熙先素不爲先生所重,故輕其小兒語,不以經意。[151]

元嘉二十二年乙酉(四四五),四十八歲。

七月,徐湛之爲中書令。[152]

九月,孔熙先等欲起事,未成。[153]

十一月,徐湛之上表,發其事,而盲先生爲首逆。詔曰:「……曄素無行檢,少負瑕釁,但以才藝可施,故收其所長,頻加榮爵,遂參清顯;而險利之性,有過貕豎,

不識恩遇,猶懷怨憤。每存容養,冀能悛革,不聞同忍相濟,狂悖至此。便可收掩,依法窮詰」。既收,上遣使問之曰:「以卿腹有文翰,故相任擲,名辭期望,驟屈朋羣,於例非少,亦知卿意難厭滿,正是無理怨望,[已],云何乃有異謀』。先生倉卒對曰:「今宗室啟石,舊獄張眙,殷使禍發倖,方鎖便來討伐,愚夫易此。古人云:『左手據天下之圖,右手刎其喉,愚夫不爲』。臣雖泥下,朝廷許其恉有所及,以理而察,臣不容有此」。又具陳本末曰:「久欲上聞,逆謀未著,又冀其事消弭,故推遷至今。負國辜實,分甘誅戮」。其夜,上使何尚之視之,先生語尚之曰:「外人傳庾尚書(即炳之)見憎,計與之無惡。今忽受責,方覺爲酷。謀逆之事,聞孔熙先說此,輕其小兒,不以經意。君方以道佐世,使天下無冤,弟就死之後,猶望君照此心也」。[154]

明日,仗送先生付廷尉。獄中與綜等,熙先異處,疾求移考堂,欲近綜等,許之。與綜等果得隔壁,透間綜之上表,欲先生爲異處,乃稱「始被收時,疑謀所告」。綜云不知。先生曰:「乃是徐童」。童,徐湛之小名仙童也。在獄爲詩曰:

「禍福本無兆，性命歸有極，必至定前期，誰能延一息。任生已可知，來緣慚無識，好醜共一丘，何足異枉直。豈論東陵上，寧辨首山側。雖無稅生券，庶同夏侯色。寄言生存子，此路行復即」[155]。雖與徐湛之書云：「當相訟地下」，又語人寄語何僕射（卽尙之）：「天下決無佛鬼，若有靈，自當相報」[156]。

先生與徐湛之書云：「當相訟地下」，又語人寄語何僕射（卽尙之）：「天下決無佛鬼，若有靈，自當相報」。

入獄後二句，韶棄市。先生子藹、潘、及弟廣淵，權熙，皆誅；兄弟父已亡者，徙廣州。藹子魯連，吳興昭公主外孫，請全性命，亦得遠徙，世祖卽位始還。

自是以後，學者每以叛逆目先生，至淸，始有辨其冤者。其中以王鳴盛之十七史商榷爲最早，次有陳澧之申范[160]，及傅維森之缺齋遺稿[161]，所論略同。茲僅擷其大意，列示於後。

（一）蔚宗壯卽仕宋，於昔非有禾黍之感。

（二）其作後漢書，特裴氣節，心胸已可槪見。

（三）文帝欲聞琵琶，而蔚宗不肯彈，其耿介如此。

（四）蔚宗入掌機密，爲文帝所愛，君臣甚洽。此由其性情氣度推之，必不反也。

（五）義康以飮食小過，出蔚宗爲宣城，蔚宗怨之必甚。此由其交誼言之，必不附義康反也。

（六）宋書本傳言：熙先說蔚宗以國家不與婚媾，當日之左門戶高於蔚宗而不得爲婚者多矣。且其孫爲吳興昭公主外孫，是已連姻帝室矣。

（七）本傳言：蔚宗與沈演之詔見，演之晉獨被引，以此爲怨。然此小事，雖褊心之人，亦未必遂怨，卽小怨亦何至謀反？此就本傳所舉之理由駁之，謂其必不反也。

（八）本傳言：熙先欲弒帝迎義康立之。此與妄想，必不能成，下愚亦知，蔚宗豈肯共謀。

（九）本傳言：衡陽王義季等出鎭，上於武帳岡祖道，蔚宗等期以其日爲亂。爲區區文士，欲作藏毅之姜氏之役倆，是何言與？

（十）本傳言：熙先說蔚宗，蔚宗輕乃默然不答。其不從顯然，反謂其謀逆之意遂定。

（十一）本傳言：蔚宗上言，義康姦釁已成，將成亂階。反謂其欲探時旨。

（十二）本傳所載，謀逆準備熙先所主持，而反以蔚宗爲首。

（十三）兩史言：徼文及與徐湛之書皆孔休先所作。而徐

書,朗出薛宗手。

此由傳文推知薛宗之必爲所評無疑矣。

(十四) 本傳言：薛宗賞敍和香方，一時朝貴，成加刺譏。

(十五) 徐湛之表言：薛宗攻伐朝士。

(十六) 薛宗自言：其位任過重，一階兩級，自然必至。此薛宗所以取評之道也。

(十七) 薛宗語何尙曰：外人傳庾尙書見憎，計與之無惡。

(十八) 何尙之傳言：尙之察薛宗意趣異常，白太祖宜出爲廣州。

(十九) 沈演之傳云：睦懷逆謀，演之覺其有異，言之太祖。

(二十) 本傳載：徐湛之初次上言，僅稱薛宗怨望譏謗，不肯謀反，二次上言則有之。此證薛宗謀之，本無仇隙，而相評者，乃庾何沈所使也。

(二十一) 薛宗性輕躁不護，與妄人孔熙先往還。

(二十二) 開孔熙先謝綜謀反，不以上聞，而言彭城王義康證瑞彰著，請正大逆之罪，宋文帝不納。何尙之等

遂評害，以爲賊首而誅之。此當爲薛宗被陷之實情也。

三民之辨，大都中情合理，然其非難沈約，以爲立在悔辱先生，則事屬可疑。旣顧北吉，約旣多取徐爰舊本而增刪之者也。奔奔之前，又有蘇寶生之作。則先生傳不出約之手明矣，安可謂專存詆毀耶？且檢臣[163]，誠寶傳被柳元景徵宋齊諸傳，未見有一及先生之寃者。曰：「孔范之變，顯於逆辭」[164]，竟陵王傳云：「運嶠樞要，歷代斯重，入經員范睦謀反伏誅」[165]，謝殷仁傳云：「義康發釁於後，禍成范謝」[166]，謝莊傳云：「羣兇滅門」[167]。諸如此類，肯以先生謀逆爲實事。若謂此職，便成賞途，已心外議，咸不自限，故范睦得爽，而抵評忽而寫寃耶？[168] 由此言之，約之無罪必矣。

進而言之，蘇寶生作元嘉諸臣傳，事在孝建之時，何尙之父子，踐居要津，權傾朝廷，謝其戰使寶生，曲筆誣傳[170]，則今之傳中，易得有「寄語何僕射……若有靈自當相報」之語？故詳情如何，尙難定論。卽其史賓，讀者可自得之也。

先生死時，後漢書諸志尙未脫稿。其獄中書云：「欲

偽作諸志，前書所有者，悉令備；雖事不必多，且使見文得盡。又欲因事就卷內發論，以正一代得失，意復未果」[171]。其作志體列，大要如此。

章懷注引宋書謝儼傳曰：「范曄所撰十志，一皆託儼搜撰。垂畢，遇曄敗，悉蠟以覆車。宋文帝令丹陽尹徐湛之，就儼尋求，已不復得。一代以為恨。其志遂闕」。然後漢書后紀云：「僚品秩事，在『百官志』」[173]，東平王蒼傳云：「語在禮樂與服志」，蔡邕傳云：「事在五行天志」[175]，是其志已有成者。南齊書百官志序云：「宗選簿梗概」[176]，恒超傳云：「立十志……百官依范曄」[177]，薛齊時其志尚有存者，及劉昭注書時，已稱「全闕」矣[178]。

儼傳所謂蠟以覆車者，似指先生尚未刪定諸志而言也。今書所有，則為司馬彪續漢書志，劉昭借以補之。

先生自許頗高。其獄中書云：「吾雜傳論，皆有精意深旨，既有裁味，故約其詞句。至於循吏以下，及六夷諸序論，筆勢縱放，實天下之奇作。其中合者，往往不減過秦論，嘗以比方班氏所作，非但不愧之而已……贊自是吾文之傑思，殆無一字空設。奇變不窮，同合異體，乃自不知所以稱之。此書行故應有賞音者。紀傳例為舉其大略耳，諸細意甚多。自古體大而思精，未有此

也」[179]。當時學者，亦承認之。沈約云：「曄自叙抃寶」[180]，劉知幾亦曰：「范曄後漢，良跨衆氏」[181]，又曰：「觀其所取，簡而且周，疏而不漏，蓋云備矣」。及宋，有筠公凭者，錫曄之刪綴後漢也，謂其書詰近詞冗，事多注見，乃作東漢通史五十卷[184]，學者威以後書論中，間有華嶠之語，止於寡寡六條[185]，乃謂先生全襲華氏所示。王鳴磋氏亦譏其不自堪矣[186]。炎迨於消，劉知幾注中曰：「魏收作例，全取辭宗，貪天之功，以為己力，異夫范依叔駿，班智子長」[188]，知幾尚不之病，下走更可瓦息矣。

注其書者，梁有吳均[189]，劉昭[190]，皆已不傳。惟唐章懷太子李賢等所注，今尚習用。清末，王先謙氏綱羅衆家，參以己意，勒成集解，都一百二十卷，錄一卷，和（及作上）後漢齊外，先生遺著，有集十五卷，錄一卷，和（及作上）香方一卷，雜香舊方一卷，供見隋志，今亡；（唐志又有齊鱷備五十卷官階次一卷，見舊唐志，亦亡；（唐志又有齊鱷備五十卷顧范曄撰，實為士雅之撰。）今所存者，雙鴆詩序一篇，見藝文類聚九十，樂遊應詔詩一首，見文選卷二，及盧綝詩

品詩例下。（旅賓女史中有王昭君傳一卷，題「范曄撰」，又不見史傳，故不錄。）

附 范氏世系表

```
                    范晷
            ┌────────┼────────┐
          堅[191]   雅      女(適孫姓)[192]
                    │
                    汪
                    │
                    寧
            ┌───────┴───────┐
            │               康
    ┌───┬───┼───┬───┐   ┌───┴───┐
   蔑 凱 雍 泰         璩之 宏之
  [198][197][196]     [195] [194]
        ┌───┬───┬───┐       ┌──┴──┐      ┌──┴──┐
       女  女  廣  曄 晏 昂    漾 稹 宵     降
      [208][女淵][陣][曼][曇] 抗 雲 孝才    │
      (適[202]           [201][200]    迪
      謝迅)                          [204]
                                    暠
```

注

1 晉書 721 范晷傳：「南陽順陽人也」（四部備要洋裝本）宋書 509 范泰傳云：「順陽山陰人也」（四部備要洋裝本）上云：「順陽人」，三說不同。今按宋書 361 州郡志三云：「順陽太守，魏分南陽立，曰南鄉，晉武帝更命。成帝咸康四年，復立南鄉，後省，孝武帝復立。」順陽郡下有順陽縣，自魏以來，郡或稱南鄉，然諸縣如故，晷傳謂「南陽順陽」，寔為費解。方世新校晉書地理志 13 云：「家郡國（世襲圖）順陽時，縣屬南陽郡？未詳。」後附跋翊實曰：「秦傳所謂『順陽山陰人』，亦欠正確。宋志揖，縣屬順陽郡」（二十五史補編本）予謂此或作傳者之誤，錢大昕廿二史考異 10/14b 云：「似山陰當為無陰之誤，而州郡志無陰屬順陽，不屬順陽」未詳」（廣雅書局刊本）。今亦存疑。惟據晉能「南陽順陽」之誤，知順陽縣為郡名，又據宋志知郡屬南陽，郡人范寧為之立碑，今題內鄉，故址在焉縣，太守丁穆殉符堅之難。故范氏父子，志皆列入內鄉縣，今從之。（廣雅本）又南陽府志 5/89b（人物中）注云：「晉置順陽郡會稽劉氏」（北平影印本），然不知說在何處。錢大昕廿二史考異 11a 謂：

2 以上見晉書 721 范晷傳，609 范汪傳，范寧傳。

3 以上見宋書 511 范泰傳。

4 同上 570，471 謝晨仁傳。

5 同上 568 本傳。

6 同上 36 文帝紀元嘉「二十二年……十二月乙未，太子詹事范曄謀反」，及需典首伏誅）571 本傳云：「時年四十八」。王鳴盛十七史商榷 61/3b 以為隆安三年者誤（廣雅書局本）：「隆安二年，王廙薦十七史商榷 61/3b 以為隆安三年者誤（廣雅書局本）」所推是矣。（小萬卷樓列本）。

7 宋書 568 本傳云：「編撰囹圄在官」，則必為廢出。

8 同上。

9 晉書 610 甯傳云：「江州刺史王凝之上書曰……太守臣甯；邦其咎歟，請免所居官」，詔：「以此抵罪。子泰時為天門太守，棄官陪謝……會赦免」。

宋書 509 泰傳卻謂：「荊州刺史王忱，泰外弟也，寒官隔遠，請為天門太守，父按歲斯同東竟方鑑年表 9，卒，召泰為驃騎諮議臺軍諮議中書侍郎」，又按歲斯同東竟方鑑年表 9，則寧之抵罪，正週為在太元十七年。且晉書 75 武帝紀言，太元十七年正月大赦，適與忱卒同歲，則寧之敕免，要在彼年也。本傳又居」。

依上注所言，王忱卒至此已六、七年，泰仍己遍中書侍郎矣。本傳又曰：「父憂去職」，則此時尚在職也。

10 宋書 486 本傳云：「元嘉二年卒，時年七十四」。上推之。

11 同上 525 本傳云：「（元嘉）二十八年卒，時年八十」。上推之。

12 同上 535 本傳云：「（元嘉）二十七年卒於家，時年六十三」。上推之。

13 同上 538 本傳云：「（元嘉）二十六年……卒，年七十八」。上推之。

14 同上 547 本傳云：「（大明）四年……薨于位，時年七十九」。上推之。

15 同上 512 本傳云：「（元嘉）十二年……卒，時年五十六」。上推之。

16 同上 478 本傳云：「（元嘉）二十七年卒於家，時年六十三」。上推之。

17 同上 530 本傳云：「（元嘉）二十六年……卒，年五十三」。上推之。

18 錢大昕疑年錄 1/28b 云：「史不著其卒年，以宋書范泰傳父憂去職時約計之」。

19 春秋穀梁傳注疏 1/3a（四部叢刊本）。

20 晉書 611 本傳。

21 宋書 509 本傳。

22 晉書 78 安帝紀。

23 同上 668 本傳。

24 見宋書 78 安帝紀，元興元年三月，玄自江陵侍中劉邁元興二年墓位之前，姑從其編敘。

25 晉書 334 司馬休之傳……「聞義軍起，復運京師，大將軍武陵王令曰前龍驤將軍休之……出奔襄陽」，萬斯同東晉方鑑表 11 謂：「元興三年四月，命休之為荊州剌史」，與本傳「聞義軍起」語相合。且泰人為御史中丞，奉在此年，可為萬說左證。殷可約全宋文荊州剌史司馬休之以為表史南郡太守（光緒十九年王氏刊本），於時閡史實皆未確。

26 宋書 141 謂云：「（義熙）二年六月，白衣領尚書左僕射孔安國啟云『元興三年夏，麈瘀阿，昔年三月，皇與旋駕，其年四月夏厲殷，而太嘗博士徐乾等議云，應用孟秋，……御史中丞泰議……過時則殷，無取於厲三月也』。擢殷文憲，『則泰元康三年已為御史中丞，而臺通殷同矣，遽奥

27 同上。出為東陽太守，不知何時，然必距白衣領職其遠，故附之。

28 同上 561 本傳云：「（元嘉）二十八年……以被按殺之，時年四十三」。

29 上推之。

30 晉書 79 安帝紀。

31 宋書 509 本傳。

32 同上。

33 同上 511 本傳。

34 同上 568 本傳。

35 宋書 578 本傳：「劫人弒…見害，年四十四」。上推之。

36 同上 509 本傳云：「司徒道規無子，養太祖。及薨，以兄道憐第二子義慶為嗣。高祖以道規素愛太祖，義令居之，道規追封南郡公。叅儀曰：諱宜還本屬。從之。傳大司馬左長史衛將軍加散騎常侍」。464 道規傳：義熙八年卒」則 31 文帝紀義熙十一年封太祖為彭城縣公同時或稍前，必在八年後十一年前，而其歷官，又似與封太祖為縣公同時或稍前，故附此。

37 南齊書 288 本傳云：「永明六年卒，年七十四」（四部備要排裝本）。

38 同上 570 范曄傳云：「上…諸貢舊更卹賞何尚之日：『侍孔熈先年將三十，作散騎侍郎，那不作誤』。潘美『侍孔熈先年先卅一』（四部備要排裝本）。二書所記既異，然其死時，必去卅無幾，敘附此。

39 同上 486 本傳。

40 同上 21 武帝紀中，朝高祖至洛陽在此年。

41 同上 568 傳傳云：「高祖相國掾」。按 19 武帝紀中，朝高祖十四年還彭城後，始受命，則先生為掾，亦當在此年。

42 俠上注，則實授宋公九錫，在此年，非十二年。

43 年月據萬氏東晉將相大臣年表 16（二十五史補編本）。

44 宋書 559 義康傳云：「年十二，宋臺除豫州刺史督豫州諸軍事，冠軍將軍」。共十二年，當武帝永初元年「傳又云：「（元熙）二年四月，敦王入輔。」元嘉二年，即永初元年，足證義康此年始為冠軍將軍。義康傳義「永初元年…進號右將軍」。則嘩之為冠軍將軍，與傳為右將軍，并此年事。

45 同上 509 本傳云：「高祖受命，拜…」。

46 同上。

47 同上 510 本傳。

48 同上 559 義康傳云：「永初元年…進號右將軍，二年…將軍如故」。31 文帝紀則稱：「元嘉元年衞將軍南徐州刺史彭城王義康，進號驃騎將軍…」及宋書義康傳，俱無進號驃騎將軍之記載。且萬氏宋將相大臣年表亦無此，似誤從信。而宋書義康傳，圖有義康為王弘，面非義康，是知紀文本有誤矣。今讀義康諸右將軍之日，俱在元嘉元年。傳之入補會者外兵部，不知何時，如其拜驃騎將軍之日，俱在元嘉元年。

49 至週必在此年義康解有將軍之前，故附此。
50 同上 509 本傳。
  在此年（即景平二年）。傳父云：「太祖卽位，出爲臨川內史」，蓋一年事。
51 同上 546 本傳云：「義眞被殺，入爲中書侍郎。」按 29 少帝紀，廬
52 同上 577 本傳。
53 同上 485 本傳。
54 同上 510 本傳。
  南北秦八州諸軍事，荊州刺史」。31 文帝紀亦云：「三年春正月……丁
55 同上 568 本傳。按 559 義康傳云：「元嘉三年，改授都督荊湘梁秦
  卯……驃騎將軍南徐州刺史彭城王義康，改爲荊州刺史」。568 傳稱：「傳盛義康府佐，
  刑獄從事史，或在此年。
56 同上 571 傳傳云：「死時年二十」。上推之。
  及宣城之授，意好兼隆」，則胡其隨義康前出，抑壺無理（395 百官志
  下，剌史官屬有別駕從事史一人，其餘秘書丞時亦不悉。然傳云：
  「尊召爲」，則必相因不遠，姑附此。
57 同上 32 文帝紀。
58 同上 571 本傳。
59 同上 556 本傳。本傳云：「太祖登祚，諸徐美之事，彼爲秘書監，再召不起。
  上敕光祿大夫范泰典牋運嘉敦獎之，乃出就職。」按文帝紀錄美之在
  元嘉三年，而范泰卒於五年，則體運之出當奉詔奏，當在四年前後。

60 同上 712 本傳。
61 同上 32 文帝紀。
62 同上 509, 511 本傳。
63 最可均全宋文 63/14b 有傳運答范泰書者，自謂「建武寺前鄉」。
64 同上 568 本傳。按下文能道濟光上，在七年十一月，則其爲征南司
  馬，至運當在七年十一月之前，姑從其極敬。
65 宋書 568 本傳。按下文能道濟光上，在七年十一月，則其爲征南司
66 同上 577 本傳。
67 同上 335 本傳。
68 魏書 274 崔浩傳（四部備要排裝本）。
69 宋書 568 本傳。按下文能道濟光上，在七年十一月，則其爲征南司
  馬，至運當在七年十一月之前，姑從其極敬。
70 同上 421 檀道濟傳。
71 同上 577 本傳。
72 同上 32 文帝紀。
73 同上 568 本傳。
  同上。按 33 文帝紀云：「八年春……二月……癸酉，征南大將
  軍漲。」又：「九年春三月……丁巳，征南大將軍江州刺史檀道濟進
  空。」則傳之爲司徒從事中郎，或在此時。又其午冬，傳郡出守庭陵，
  故遁啻吏部郎，亦當在此年。
74 南齊書 257 謝朓傳云：「宋元嘉中，范嘩與尚書吏部……三吳用者」。
75 宋書 568 及南史 248 傳略傳，俱以彭城王大紀爲在元嘉元年。（頃》
  蕭列登蔭本及明南監本宋書同）。然按傳文，故事已適元嘉九年，既
  無出以元嘉元年事，但不可通。且其時義康尚未當傳，何能差而廢
  元嘉三年，蔣范泰本於五年，則鴨運之出當奉詔奏，當在四年前後。

76 今檢宋書559袁淑傳云：「元凶……九年……太祀炎，解侍中，辭班劍」，「給班劍三十人」，在元嘉三年，元凶安得辭乎？故知禪傳誤矣。今從義康傳，此訛，前人如趙大昕王鳴盛趙翼李慈銘陳澧等，俱未言及，故特願學者注意之也。

77 （四部叢刊景刊宋本及明南監本同）。據本傳言「給班劍三十人」

78 同上。

79 宋書571本傳。

80 劉知幾史通12/10b正史篇（四部備要袖珍本）。

81 王先謙後漢書集解卷首/1a云：「范歇例所論，備緒與奪」，章懷注光武紀安略」，劉昭補志序云：「范歇中書云：「紀傳例爲舉其大紀，并曾引范歇例之文，自應別有傳述」（乙卯長沙毛氏刊本）。

82 隋書448（四部備要洋裝本）。按此當是蕭宗序例之文。

83 後漢書17（四部備要洋裝本）。

84 史通2/14a列傳篇。

85 同上76。

86 同上4/6a序例。

87 朝齊736白敍。

88 晉書381袁瑰傳。

89 見王先謙後漢書集解卷首/3b。

90 史記677（四部備要洋裝本）。

91 史記557本傳。

92 何焯義門讀書記後漢書1/10a（乾隆辛未原本光緒庚辰重修）。

93 後漢書970。

94 章學誠文史通義1/7b書教上（民國十四年上海合文堂印本）。

95 同上。

96 義門讀書記後漢書4/7b。

97 劉威炘後漢書知意6/6a（壬申年十二月刊本）。

98 惠棟後漢書補注19/1a（嘉慶九年禮洛堂刊本）。

99 義門讀書記後漢書4/9b。

100 顧炎武日知錄6/6b。

101 史通4/3a論贊篇。

102 後漢書集解卷首/2a。

103 後漢書605。

104 王鳴盛十七史商榷61/3b（廣雅書局刻本）。

105 後漢書134后紀注。

106 後漢書605。

107 同上。

108 宋書679王昇文傳云：「十七日晚，得任南蕃軍事諸條口信，云臣使人略事其神，臣遺李氏之同歸。元由，答云，使人迴歸」。

109 同上33文帝紀。

110 同上568范曄傳：年月則依萬氏宋方鎮年表4（二十五史補編本）。

111 同上33文帝紀。

112 同上557本傳。

113 同上 529 本傳。

114 同上 568 本傳。

115 同上 546 本傳。

115 同上 34 文帝紀。

117 同上 721 楊運長傳。

118 同上 568 本傳。

119 同上 546 本傳。

120 同上 34 文帝紀。

121 同上 536 本傳。

122 同上 713 雷次宗傳云：「元嘉十五年，徵次宗至京師，開館於鷄籠山，聚徒敎授，置生百餘人……時國子學未立，上留心藝術，使丹陽尹何尙之立玄學，太子率更令何承天立史學，司徒參軍謝元立文學，凡四學並建」。通鑑 123/6a 本此，乃以立四學繫於元嘉十五年（丁巳補芥樓印本）。南史 26 文帝紀載玄史文三學，立於元嘉十六年，而以雷次宗居儒學館事，屬之十五年，南史得其實矣。次宗傳文不當過泥。

123 南史 26 文帝紀。

124 宋書 568 本傳。按 34 文帝紀朔十七年十二月潘改爲揚州，754 二凶傳亦五十七年。以傳文推之，其爲後軍長史領下邳太守，似在隨遷揚州之先，而毋喪父在十六年，故知其爲後軍長史領下邳太守，乃在十七年閒事也，尤以十七年爲可信，今以爲斷。

125 以上並見宋書 762 沈約自敍。

126 同上 34 文帝紀。

127 同上 568 范曄傳。

128 同上 529 本傳。

129 同上 546 本傳。言：「義康出藩，濬伏誅，以病之爲會書吏部郎。」

130 同上 477 本傳。言：「濬誅，遷吏部尙書。」萬氏宋將相大臣年表 4 則爲在十七年。

131 同上 577 本傳。言：「遷中護軍未拜，父遷太子詹事，尊加侍中」。按此緊接倒濬之死，溉死於十七年，則溉之爲太子詹事，亦當在十七、十八年之交。又本傳明云未拜中護軍，而萬氏宋將相大臣年表 4 於十八年至二十年，謂爲中護軍，而嘉中護軍爲太子詹事之文，無爲太子詹事，庶幾近實矣。厥病之見萬氏宋將相大臣年表 4，徐濬之見注 131。

132 南史 128 本傳云：「再遷太子庶事，尊加侍中」。

133 梁書 82 本傳云：「（天監）十二年卒官，時年七十三」。

134 南齊書 277 陸厥傳。

135 詩品集註 5（民國二十四年世界書局排印本）。

136 南齊書 190 王儉攻傳。

137 宋書 571 本傳。

138 同上。

139 同上 568。

140 同上 568 本傳。按 541 劉道產傳云：「弟道鍚……元嘉十八年，爲氏虜

所改，逆揚保塘退敵……初氏寇至……逆綱嘉袁民守敵，復祖布二十年，及獻還。有衛將軍法武之，丹陽尹楊玄保，後軍吳史范曄，并關宣籲功勞藏章，不可盡用本書」又云［沈書紀傳］，氏平在元嘉十九年矣。結斷於此。傳支俱合，則卿為後軍吳史，直至十九年矣。結斷於此。

141 同上。
142 同上 569 本傳徐湛之義中語。
143 同上 571。
144 禮四云：「元嘉……十九年，又授孔熙之兄子照先，徐湛又失解」。
145 同上 152 沈演之傳。
146 同上 35 文帝紀，及唐氏宋書相大臣年表 5.
147 同上 568 本傳。
148 同上 568 范曄傳。
149 唐氏宋書相大臣年表 5.
150 宋書 568 本傳。
151 同上 570。
152 宋書 569 范曄傳。
153 同上。
154 同上。
155 同上。
156 同上。
157 陳澧申范 15a 云：「叔業不知是唐宗之子，拜廢宗叔名蒞也」（古學叢

列本）。王鳴盛十七史商榷 61/3b 以為唐宗之子。余按宋書 571 本傳不止一子。陳汪似未詳也。今鄰作叔名蒞。

158 宋書 571 本傳。
159 十七史商榷。
160 申范一卷，見古學叢列第二集第十八冊（民國十二年國粹學報社印行）。
161 申范遺稿 2/2a 讀宋書范宗傳書後（壬戌北京印）。
162 陳氏云：「沈約作史，逼廢宗遊奕，文人之筆，有有隙可乘，則能製為誣辭濟傾軋，約此等。固所不免」。王氏云：「為舉傳不輯蒐集，獨有忌心」。陳氏則曰：「史官承何命之等授意為之，說沈文約固不汝也」。
163 通鑑二十二史劄記 108（世界書局印本）。
164 宋書 599 臧質傳。
165 同上 471 游景仁傳。
166 宋書 632 竟陵王誕傳。
167 同上 677 蕭莊傳。
168 陳澧申范 8b 云：「陳文此言，可為廢宗蒐矣」。
169 宋書 719 徐爰傳。
170 宋書 571 本傳。
171 陳澧申范 9b 云此。
172 後漢書 134。王鳴盛十七史商榷 29/2a 異唐紀與史誌謹，不歇其說。故駁之，其說似宋義穩，見下自剛。

173 同上。

174 同上 620。

175 同上 797。

176 南齊書 103 百官志：王鳴盛十七史商榷 29/2b 云：「廟宗又別自作選簿，以逸百官」。其實無稽。予按「選簿」即指百官志而言，乃史臣行文之便耳，非別有一書。

177 同上 275 袁超傳。

178 宋書 571 本傳。

179 同上。

180 同上 1120 劉昭補志序。

181 同注 178。

182 史通 5/12b 補注篇。

183 同上 8/9a 敘事篇。

184 王鳴盛困學紀聞 13/1a（明治壬午樂善堂補本）題跋條云：「史義知范，千古能有幾人，公罪何物」，妄加體駁矣修。而王先謙後漢書集解帝紀/2b 則謂：「王應麟嘆曰：史義知范，誤以西莊之語出諸深寧之口，未免疏忽太甚。

185 如黃叔琳跋後漢書集解序曰：「今范書論贊，微章懷之注，則掠美者勝矣」。(漢學堂叢書 52 號本卷首) 又曉之新序亦云：「毓章懷之注，則掠美者勝矣」，(漢學堂叢書序例篇)

186 見王氏後漢書集解 帝紀/3b。

187 見王氏後漢書集解 序例篇。

188 史通 4/6a 奧叔篇。

189 宋書 238 序例篇。

190 同上 236 劉昭傳云：「集注後漢一百八十卷」，今餘所注後漢志外，餘

191 全亡。又新唐志有劉熙注百二十二卷，章宗源唐書經籍志考證 1/4b 謂即昭書（二十五史補編本）

192 佳書 609 范曄傳目下注云：「汪敬堅」又 611 喬傳潤「子啓」。

193 同上 721 范曇傳云：「喬…姊適謀氏」。

194 同上 606 王悅傳：「嘗達共與范事」，比，祖之子。

195 同上 729 范安之傳：「汪之孫也，雅辭武陵俠」。按汪真子靈封，靈之必為陵子矣。

196 梁書 229 范雲傳：「雲家：范家：具子名靖，字伯倫」。中予名峻，字長才」。按珺之惡其葦棠同意，以名例之，似當與宏之二弟俱為陵子，而幼於宏之。

197 同上。

198 見宋書 571 范曄傳。

199 同上 568 云「出繼從伯宏之」。

200 見注 195。

201 梁書 79 范雲傳：「雲，六世孫也；父抗，…子孝才」。以范曄傳「德弟雲」一語親之，則雲父抗與曄父濤為兄弟矣。故赤錯置之下，(深之孫子）。

202 同上 570 范縝傳。

203 宋書 471 范景仁傳：「蛛及妓妾來列」。

204 周書 280 范迪傳：「迪祖…父清…子真，迪弟通」。

燕京大學哈佛燕京學社北平辦公處出版書籍

古籀餘論 孫詒讓著 刻本二册 實價一元五角
尚齋駢枝 孫詒讓著 刻本一册 實價八角
張氏吉金貞石錄 張埴著 刻本二册 實價一元八角
馬衡字類游記第一册 張星烺譯 鉛字本一册 定價三元
歷代石經考略 張國淦著 鉛字本三册 實價四元
千荆公年譜考略繫上翔著附年譜推論熙豐知遇錄 楊希閔 鉛字本六册 實價五元
碑傳集補 閔爾昌纂錄 鉛字本二十四册 定價二十元
殷契卜辭附釋文及文編 容庚, 瞿潤緡同著 二十二年六月出版 珂瓓版本三册一函 定價十元
武英殿聚珍版書錄 容庚著 二十三年二月出版 珂瓓版本二册一函 定價十二元
甲骨文編 孫海波著 二十三年十月出版 石印本五册一函 定價十四元
善齋彝器圖錄 容庚著 二十五年五月出版 珂瓓版本三册一函 定價二十二元
西閩聞見錄 明張登著 二十九年八月出版 鉛字毛邊紙本四十册 定價一百三十元
燕京學報 現已出至二十八期（一至四期售罄）五至十二期每期定價五角十三至二十六期每期八角廿期十週年紀念專號及二十七，八期定價二元
中國明器 （燕京學報專號之一）鄭德坤，沈維鈞合著 二十二年一月出版 鉛字本一册 定價二元
唐代長安與西域文明 （燕京學報專號之二）向達著 二十二年十月出版 鉛字本一册 定價二元
明史纂條考 （燕京學報專號之三）李晉華著 二十二年十月出版 鉛字本一册 定價二元
嘉靖倭江浙主客軍考 （燕京學報專號之四）黎光明著 二十二年十二月出版 鉛字本一册 定價二元五角
遼史源流考與遼史初校 （燕京學報專號之五）馮家昇著 二十二年十二月出版 鉛字本一册 定價二元五角

明代倭寇考略 （燕京學報專號之六）陳懋恆著 二十三年六月出版 鉛字本一册 定價二元八角
明史佛郎機呂宋和蘭意大里亞四傳注釋 （燕京學報專號之七）張維華著 二十三年六月出版 鉛字本一册 定價二元五角
三皇考 （燕京學報專號之八）顧頡剛，楊向奎合著 二十五年一月出版 鉛字本一册 定價四元
宋元南戲百一錄 （燕京學報專號之九）錢南揚著 二十三年十二月出版 鉛字本一册 定價三元
吳騫齋先生年譜 （燕京學報專號之十）顧廷龍著 二十四年三月出版 鉛字本一册 定價六元
國策勘研 （燕京學報專號之十一）鍾鳳年著 二十五年二月出版 定價三元
中國參考書目解題 （燕京學報專號之十二英文本）鄧詞氏，鄧乃德合編 二十五年七月出版 鉛字本一册 定價三元
南戲拾遺 （燕京學報專號之十三）陸侃如，馮沅君合著 二十五年十二月出版 鉛字本一册 定價二元
宋詩話輯佚 （燕京學報專號之十四）郭紹虞校輯 鉛字本二册 定價七元
中英滇緬疆界問題 （燕京學報專號之十五）張鳳孫著 二十六年八月出版 定價二元五角
元代社會階級制度 （燕京學報專號之十六）蒙思明著 二十七年四月出版 鉛字本一册 定價二元
商周彝器通考 （燕京學報專號之十七）容庚著 三十年三月出版 鉛字本二册 定價七元
晚清五十年經濟思想史 （燕京學報專號之十八）趙豐田著 二十八年八月出版 鉛字本一册 定價六元

北京隆福寺街文奎堂總代售

Yenching Journal of Chinese Studies (Supplement No. 1)
Price one dollar
Aids to the Study of Chinese Philosophy, compiled by L. C. Porter. Price one dollar.

唐初鎮兵考

杜　洽

引言

唐制府兵之外，邊州國境，又設有鎮兵，以其專守一隅，故稱之曰方鎮，即節度使之兵也。考其原始，起於唐初，邊將之屯防。李唐初定天下，宇內雖平，邊夷未馴，武德初，遂於邊州及襟帶之地，列置軍鎮，留軍屯戍，三年而代，以為常式。又置總管府（後改曰都督府），設大總管一人，帶使持節，統率軍戎。洎乎高宗之時，國家東西用兵，衛士多長征於外，番役更代，不依定式，留鎮之卒，遂有久役之弊。經武韋亂政之後，國家多故，政實廢弛，外夷又乘之侵盜邊陲，睿宗乃於邊地設置節鎮屯防，置節度使一人主之。自此迄乎開元天寶之間，三邊及諸要地，先後增置十鎮節度經略使，每鎮各領數州之兵，並兼掌諸軍州支度營田採訪等事，初，改郡為州，太守並稱刺史；其緣邊鎮守及襟帶之地置總管府，以統軍戎。」《資治通鑑》：「凡邊要之州，皆置總管府，既擁甲兵，復掌民事，於是鎮兵之勢，強臣悍將，日益驕大。迨安史亂後，內地藩道，亦置節鎮，攘奪交伐，爭亂不已，終唐之世，國家未能統一也。

按節鎮之制，諸史已多言之，新唐舊兵志及唐會要等書更有詳載。徒以唐人記事，稍涉含混，後人所見，又常異致，故著述雖富，而佳者尚不多見也。余年前讀隋唐史，於唐兵制，稍致意焉，讀暨有得，則條記之，經日既久，粗有所獲，乃不揣淺陋，草成此篇。舛謬之處，自亦難免，博雅君子，幸教正之。

一　鎮兵之原起

甲　軍鎮建置之始

唐代屯軍邊地，始於武德元年（618），凡邊要之地，皆設置總管府，諸史言之詳矣。舊唐書地理志：「高祖受命之

以統數州之兵。」是屯軍邊境，實始於高祖之世。然唐人記載，猶有異辭者。鄖侯家傳云：

「太宗時，出征多不逾時，遠不經歲，而能尅捷。高宗始以劉仁軌為洮河鎮守使，以圖吐蕃，於是始屯軍於境，而師老脈戰矣。」

家傳作者李蘩，本鄖侯之孫，其家多藏書，於唐兵制，自必知之甚詳，唯此段所言，頗似儀鳳已前邊境尚無屯軍，與前引唐書通鑑不合。夫所謂屯軍於境，或非指邊境鎮軍而言。觀其前敘太宗時，出征多不逾時遠不經歲二語即可知。但若云儀鳳已前無久征之役則可，必謂高宗時始屯軍於境，則語有未諦。據舊唐書地理志與通鑑所書，傳謂置軍總管府，以統軍戎，未明言所統者何兵，然唐初於邊州置軍鎮備邊一事，於史亦非無徵。新唐書兵志云：

「唐初兵之戍邊者，大曰軍，小曰守捉，曰城，曰鎮，而總之者曰道。……其軍城鎮守捉皆有使，而道有大將一人曰大總管，已而更曰大都督。至太宗時，行軍征討曰大總管，在其本道曰大都督。」

可知都督所統之兵，即邊州之軍鎮也。

今參以兩唐史紀傳，唐人奏疏中頗多論及唐初鎮戌者。

武后萬歲通天（696）間，吐蕃請和，其大將論欽陵請去四鎮，

兵，分十姓之地。朝廷命郭元振使吐蕃，察其事宜，返，上疏中有云：

「今國之外患者，十姓、四鎮是也；內患者，甘、涼、瓜、肅是也。關隴之人，久事屯戌，向三十年，力用竭矣。脫甘、涼有不虞，豈堪廣調發也。」

由萬歲通天上溯三十年，已事屯戌於四鎮，而四鎮之立，十餘年。是時關隴之人，適當高宗封禪總章間，前於儀鳳約屯邊之軍。故屯軍於境，何可言始於儀鳳？又唐律疏議云：

「國境緣邊，皆有城戌，式遏寇竊，預備不虞。」

疏議一書，成於永徽初年，實中所記，多貞觀永徽之制，其中已有軍鎮防人番代等規定。是永徽之時，邊境已有備邊軍鎮也。今再檢新唐書郭孝恪傳：

「貞觀十六年（642），拜涼州都督，改安西都護，西州刺史。其地高昌故都，流徙罪人，與鎮兵雜。限以沙磧，隔絕中國。孝恪推誠撫御，蠻得其歡心。」

西州設置鎮兵，始於太宗平高昌之後。新唐書褚遂良傳：「帝既平高昌，歲調兵千人往屯，遂良誦諫不可。帝志取西域，竟其言不用。」太宗置屯兵於高昌，志在圖西域，所置鎮兵，似不可與寇盜之鎮戌為比，常較鎮戌為大無疑。然史未詳言，初意無法定其性質，再檢唐會要載安西四鎮節度

使统诸军有天山军；云：

「天山军，设在西州，澳军师前王故国。地形高敞，改名高昌，贞观十四年（640）设[10]。」

盖即考恪傅所谓西州之镇兵，遂良傅所谓岁调兵千人往屯者。天山军设在西州，乃高昌故地；北设置之年，又适为太宗平高昌之年，是贞观时，业已有屯边之军矣。再考军镇设置，实始於武德。新唐书裴寂傅：

「武德二年（619），刘武周寇太原，守将数困。寂请行，授晋州道行军总管讨贼，以便宜决事。……寂徒屯，为贼所搏，兵大溃，死亡略尽，……镇戍皆没。」

以上所引，可以证军镇屯边始於唐初，唯记载中少涉及军者，其所云镇戍，常不可与军同视。顾军镇之设置，确始於武德时。唐会要[12]河西节度使条载：

又载：

「黑离军，本是月支假国，武德初置军焉。」

「赤水军，设在凉州西城，本赤乌镇。……军之大者，莫过於武德二年七月，安修仁以其地来降，遂设军焉。」

又通典[14]：

「玉门军，酒泉郡西二百余里，武德中杨恭父设。」

综上所述，唐代於缘边标带之地，设置军镇，建置，当时备边兵卒，自武德初即已所置之军，仅得以上三军，贞观十四年所置一军；其他军建自武德者，史籍著明镇，大都建於仪凤以後。然即此歇论，固已可发明屯军边地，非自开始於仪凤也。

王应麟军海引邵侯家傅，删约甚辞，曰：「高宗以刘仁轨为洮河镇守使，始有久戍之役也。余笪伯曰：或亦有误。据邓侯家傅，唐制，戍边者以三年而代，唐六典[15]所载亦然。今伯厚以仪凤後始有久戍之役，似根据家傅「师老厌战」一语而云然。故曰始有久戍之役者，岂吐蕃，其三年而代之制，必将改为其无长征之卒，後乎仪凤者。武取仪凤以後制诏文，顾此与事实顾有不合。今先举後者，玄宗开元二年（714）诏云：

「比来缘边镇军，每年更代，兵不识将，将不谙兵，岂有缘路疲人，盖是以卒舆敌。其以西北军镇，宜加兵数；先以侧近兵人充，并加简择[19]……」

又开元五年（717）诏：

「……其诸军镇兵，近日速加年限者，各依假以三年二年为限，仍并不得延留：其情愿留镇者，即稍加赐物特代，顾往听令[20]。」

若以伯呀所云為然，前一詔中每年更代之語，如何解釋？而後一詔中各依舊三年為限，仍並不得延留之語，又何從而來？是背與吾人之推測正相違背。仍知儀鳳以後，鎮戍邊，亦非久役，伯呀云云，容有誤也。今再論前者。儀鳳以前亦非無長征之卒。唐初對外用兵，事能即留兵鎮守其地，史籍所書，不乏此例。太宗平高昌，詔留兵千人往屯，前已言之矣。不可謂非久戍之役。其後高宗平百濟，詔留劉仁軌率兵鎮守，兵丁留鎮長至五年。儀鳳以後，劉仁軌驎德元年(664)陳破百濟軍事表有云：

「臣又問見在兵募，僉留鎮五年，尚得支濟，爾等始經一年，何因如此單露。並報臣道：『發家來日，唯遣作一年裝束。自從離家，已經二年；在朝陽甕津又遣來去運糧，涉海遭風，多有漂失...21。』」

表中所云，乃當時事實，觀乎此，頤慶之時，家傳王海所云，亦罪有可役，固不待儀鳳二年而始也。總之，頤慶已開其端。劉昫22云：

「貞觀中，李靖破吐谷渾，侯君集平高昌，阿史那社爾開西域置四鎮，前王之所未伏，盡為臣妾；秦漢之封城，得議其土境耶！於是歲調山東丁男為戍卒；繒帛為軍資；有屯田以資糧糧；牧使以娩羊馬；大軍萬人，小

軍千人，烽戍逸卒，萬里相繼。」

觀此知唐人經營域外，可謂極其周密矣。

1 劉昫舊唐書（清光緒二十九年(1903)五洲同文局右印本)38/2a。

2 島田資治通鑑（民國六年(1917)上海商務印書館鉛印本)185/17b。

3 李延壽侯承傳，王應麟長海（清嘉慶十一年(1806)歲華田世列本)138/20a引。「儀鳳二年(677)，以吐蕃人寇，命劉仁軌為洮河道行軍鎮守大使。」

4 歐陽修新唐書 97/5a。

5 長孫無忌故唐律疏議（高同治間五局合刻二十四史本)50/4b,5a。

6 戊唐書 97/5a。

7 王儼内蔵印宋刊附校勘記本)8/15b斷獄下。
故唐律疏議一書，成於永徽四年，已成中外學者之定評。近來貴仲煤先生撰故唐律疏義非永徽律疏（中和月刊第一卷第十期民國二十九年十月）一文，舉證十點，斷定今日流傳之書非永徽律疏，唯於成書年代，未加改定，故在未確定其年代之前，當以舊說為是。

8 王溥唐會要（清光緒二十年(1894)江蘇刻武英殿聚珍版叢書本)111/1a。

9 105/8b。

10 78/4a。

11 58/8b。

12 78/12b。

13 杜佑通典（清光緒二十七年（1901）上海圖書集成局鉛印本）172/1a,b.

14 79/12a.

15 全上138/40a注.

16 全上139/21b引.

17 唐玄宗唐六典（清嘉慶十九年（1814）藤花榭重修本）124/19a帝王部、修武備條.

18 清仁宗敕編全唐文（清嘉慶二十三年（1818）重修官刻本）26/14b-15a有作惟.

19 王欽若册府元龜（清嘉慶二十一年（1895）廣雅書局刊本）5/7a.

20 全上135/11b帝王部、怒能役條. 又宋敏求唐大詔令（適園叢書、民國三年—五年吳興張氏列本）107/5a,b.

21 舊唐書84/6a劉仁軌傳.

22 全上196/20a吐蕃傳上.

乙 節度使原於諸軍節度

唐初建軍鎮於邊州，已略考於前。其後，邊州諸軍，則統於諸鎮節度使。考節度使之制，諸史皆謂原自帶使持節之

都督，宋人考史，亦以此說為然[1]。明張大齡著楊鎮指掌，又謂節度使原自都護府而來，其文曰：

「大唐全盛之時，冠帶四夷，威行數萬里，初設總管府，後置都護府，遂名曰經略節度大使。至開元，始增而為十。祿山反，則寇滿中原，隨處都有行營制將，而節度使無慮數十鎮矣[2]。」

若此段記載無誤[3]，玄狩或據新唐書方鎮表立論耳。今就文意觀之，其說似不甚當，然都護之領節度使，亦並非全無此例。

新唐書方鎮表云：

「景雲元年（710）置安內都護府方鎮經略大使。」

郡唐書王延傳：

「〔開元〕十五年（727），遙領安西大都護鎮磧西節度大使。」

父頲王琠傳：

「〔開元〕十五年，遙領安東大都護平盧軍節度大使。」

來瑱傳亦云：

「來瑱，邠州永壽人也。父曜起於卒伍，開元十八年（730），為鴻臚卿同正員安西副都護持節磧西副大使四鎮節度使。」

是玄礽之說，亦未可厚非。近人羅香林撰藩鎮制度沿革考[8]一文，據唐會要之記載，力斥張大齡之非，更斷定節度使省自都督或總管改置，此點余尚有不能同意者。節度使之制，其性質與職責雖與大都督大總管相似，而其建置並不盡爲都督改置。章如愚謂：「諸邊都護、諸道經略大將、大總管、大都督，即藩鎮之漸也。」實不移之定論。唐會要記節度使之原本云：

「貞觀三年（629）八月，李靖除定襄道行軍大總管。貞觀三年以後，行軍即稱總管，本道即稱都督。永徽已後，除都督帶使持節即是節度使，不帶節者，不是節度使。」

是帶使持節之都督即節度使也。今再觀六典記載，其意尤爲顯明。唐六典[11]：

「凡親王總戎則曰元帥，文武官總統則曰總管。以使冠之則曰節度使；有大使焉，有副大使焉，有副使焉……。」

可知總管與節度使，其職實同，唯視率使與否，有所別耳。

今考節度使又原自都督，亦可無疑矣。

然則節度使亦有爲軍使改置者。唐會要[12]云：

「河東節度使，開元十一年（723）以前稱天兵軍節度。」

按天兵軍，開元五年（717），并州長史張嘉貞奏置於并州，集兵八萬，鎮撫新降之突厥九姓。朝廷以張嘉貞爲天兵軍大使[13]。八年，更天兵軍大使爲天兵軍大使，其後又更名太原府，以北諸軍州節度，再改爲河東節度使[14]。則知河東節度使，實原自天兵軍使也。又平廬軍節度使，亦原自平廬軍使而來。資治通鑑[15]：

「玄宗天寶元年（742）春正月，分平廬別爲節度，以安祿山爲節度使。」

平廬軍，開元初年置，開元七年，升爲平廬軍節度使，錄屬幽州，以幽州節度副使領之，天寶元年，始別爲平廬軍節度使，二年徙治遼西故城[18]。是平廬軍節度使升進也。

唐會要朔方節度使條有「宜准諸道例」改朔方行軍大總管爲朔方節度使之記載，並謂改置在開元元年（713），此說實誤[20]。奈後人輕信其說，不加詳察，即援引作証，以致發生錯誤。會要所謂准諸道例，所准者究係何道？今考朔方改稱，是否確在元年？此二者不明，豈可輕意援引？資治通鑑[21]云：

「玄宗開元二年（714）閏二月，以鴻臚少卿朔方行軍副大總管王晙，兼安北大都護朔方行軍大總管，令豐安、定遠，三受降城及旁側諸軍皆受晙節度。」

王晙爲朔方行軍大總管事，不見新舊唐書本紀，得唐書本傳敘其事於開元二年之前，與通鑑所記年月稍異。雖然，亦可以證開元元年二年之間，朔方依舊爲行軍大總管，且其名至開元八年仍見於記載[23]，通鑑[24]及新唐書[25]方鎮表謂開元九年置朔方軍節度使，會要所記實有誤也。[26]

朔方節度使建置之年旣明，而所謂准諸道例者，究何如耶？今觀十鎮節度經略之形成[27]，並不始於同時，有前於朔方節度使者，亦有出於其後者，會要所謂准諸道例，常指前乎朔方者而言。十鎮中建於朔方前者，有安西、劍南、幽州、河西五鎮。河東平盧伺各稱天兵軍節度及平盧軍節度，自不在所准諸道之內。而五鎮之初起，安西初置安西都護四鎮經略大使。劍南則以益州長史領支度營田處置兵馬經略使。幽州初置防禦大使，後置節度經略鎮守大使。隴右則設諸軍節度大使，領於鄯州都督。河西則稱河西諸軍州節度等使，以涼州大總管兼鎮。五鎮之中，唯河西隴右劍南三鎮與朔方情形相似，會要云云，必指此三鎮而言。據此，則「諸鎮之爲節度使者，皆自都督或總管所改置之說，亦難於使人

通鑑[28]：

「武德元年冬十月庚辰，詔右翊衛大將軍淮安王神通，爲山東道安撫大使，山東諸軍，並受節度。」

新唐書太宗紀：

「（武德元年）仁杲乃出降，師還……拜右武衛大將軍太尉使持節陝東道大行臺尚書令，詔蒲陝河北諸總管兵，皆受其節度。」

舊唐書突厥傳：

「貞觀三年（629），上以其請和後，復慊怨師都，詔兵部尚書李靖，代州都督張公謹出定襄道，幷州都督李勣，右武衛將軍丘行恭出通漢道，右武衛大將軍柴紹出金河道，衞孝節出恒安道，薛萬徹出暢武道，俱受靖節度以討之。」

新唐書則天皇后紀垂拱四年（688）云：

「八月……越王貞舉兵于豫州以討亂。……九月丙辰，左

豹韜衛大將軍趙崇裕為中軍大總管,岑長倩為後軍大總管,以拒越王貞,張光輔為諸軍節度。」

又唐璿傳[32]:

「聖曆中,授涼州都督,右肅政御史大夫,持節隴右諸軍副大使。」

諸例所云情形,雖有行軍鎭守之別,節度諸軍,後又除持節諸軍大使,故節度使之制,雖形成較晚,推原其本,實發軔於武德以來帶使持節之都督及諸軍節度也。

1 章如愚山堂考索(明正德十三年 1518 愼獨齋刊本)續集(43/5a, b)兵制門云:「太宗務廣地,諸道都護,諸述經略大將,大總管,大都督,卽藩鎭之漸也。」又黃履翁古今源流至論(元刊本)別集(17/1b)亦云,天下十道,分置都管。按黃氏語意,頗有未諦,而以節度使使原自都督一層,其說亦是也。宋人論唐制者,實繁有徒,惟以篇幅所限,未暇列舉,姑擧此二說爲建。

2 張大齡唐鑑指掌(喇嘛檀叢書,民國六年 1917 刊本)上/3b。文中所云「伏羅都護府」,或爲後聖郡督府之誤,一字之誤,其意逈大有差別也。

3 67/1a。

4 107/12a。

5

6 舊唐書 107/7a。

7 全上 114/4b。

8 羅香林藩鎭制度沿革考(社會科學叢刊第一卷第一期民國二十三年十一月)頁 2-3。

9 叄注 1.

10 78/5b,新唐書(50/5a)兵志所記略同。

11 5/8b。

12 78/9b。

13 資治通鑑(211/22b)云,朝廷以張嘉貞爲天兵軍節度,又舊唐書(97/14b)張說傳云:「開元七年,檢校幷州大都督府長史,兼天兵軍大使。」新唐書(127/1b)本傳與舊唐書(99/4a, b)微有異同。又舊唐書(106/21b)王毛仲傳:「[開元]九年,持節充朔方道防禦討擊大使,仍以左領軍大總管主鼓與天兵軍節度使懺說,爽與朔州節度表伯先等計會。」是開元九年,天兵軍乃立節度,通鑑於開元五年卽闢天兵軍節度,非是。新唐書(65/1b,5)方鎭表以五年所置爲天兵軍大使,其說蓋當。

14 說詳後。

15 215/1a。又舊唐書(200a/1b)安祿山傳云:「天寶元年,以平盧軍爲節度,以祿山攝中丞爲使,入朝奏事。」唐會要(78/13a)平盧軍節度條,記載有誤。業司馬光資治通鑑考異(四部叢刊,民國十六年上海商務印書館景宋刊本)13/10b,引寶錄。

16 新唐書(39/13a)地理志:「營州平盧軍,開元初置。」新唐書(66/1b)

17 方鎮表六云：「開元五年，營州留平盧軍使」.

18 全上 65/1b 方鎮表六，按此與天寶元年所置平盧軍節度使異，說詳正文.

19 全上 (66/3a) 方鎮表六.

20 79/8b.

  唐會要節度使考釋一文，釐正甚多。按唐會要所記節度使，常有錯誤，賀次君曾撰免錯誤。參賀次君唐會要節度使考釋（禹貢半月刊第五卷第七期民國二

21 十五年六月一日）頁11-30. 並叅注 26.

22 211/2b.

23 93/12b.

24 參新唐書(5/7a)玄宗紀開元六年，及(5/8a)開元八年下.

25 212/12a.

26 64/1b.

  吳湖寅唐節度使述置分并考（華國月刊第二期第九册民國十四年十月）頁5期方條注云：「按本紀開元二年有并州磧西兩節度，會典〔要〕說是。」按研唐書(5/5b)玄宗本紀：「并州節度大使薛訥領紫微黃門三品以伐契丹。」即吳湖寅所謂本紀也. 據研唐書(8/8b)玄宗紀，薛訥爲并州大都督府長史. 新唐書(111/7a)薛訥傳典紀同，而舊唐書(93/10b)薛訥傳云：「并州大都督府長史兼檢校左衞大將軍，新唐書(111/7a)非并州節度大使也. 新唐書本紀誤. 并州節度大使同紫微黃門三品」，參本文第12期方條本於唐會要，州節度使之始，叅後正文. 又羅香林（前引文）頁12期方條本於唐會要，

27 叅賀次君（前引文）頁11-22 叅參本文第二節.

28 186/8a.

29 2/2b.

30 194a/7b.

31 4/4a, b.

32 111/13b.

33 通典 32/4b 頁前十四.

  其說未弗.

丙　節度使一名之始

節度使之來歷，余於上段已詳辯之。節度使之名，始於何時，前人尚留有異說。唐會要[1]：「景雲二年（711）四月，賀拔延嗣除涼州都督充河西節度使，此使[始]有節度之號，遂至於今不改焉。」通典[2]、新唐書兵志記節度使，亦謂使名始賀拔延嗣，後人治史，概肯以此說爲然，通典會要之說，亦可成爲定論矣。顧司馬光撰資治通鑑，以景雲元年（710）薛訥除幽州都督爲節度使一名之始，不從前說。資治通鑑[5]景雲元年十月云：

「丁酉，以幽州鎮守經略節度大使薛訥，爲左武衞大將軍，兼幽州都督。節度使之名，自訥始。」

與上引唐會要等書記載，正相抵牾。溫公資治通鑑考異聞[6]，

其說本自太上皇帝[寶]錄，本原可靠，非出一己之私見，故亦不可輕忽之。則節度使一名之始，不可不辯也。

竊謂溫公之意，或因辭訥已為幽州鎮守經略節度大使之故，遂斷使名始於辭訥，若然，則欲知溫公之說當否，幽州何年置使？辭訥所除何職？當當先為辯明。今先言前者。

唐會要載，先天二年（即開元元年）二月，甄道一除幽州節度經略鎮守大使，是為幽州置使之始。幽州置節度使既始于先天二年，景雲年間幽州何無使節，辭訥不應為幽州鎮守經略節度大使明甚。然溫公記載採自實錄，薛訥不得信唐會要載，遂斷溫公之非。今於搜檢諸史籍之下，得知幽州置使，亦不始於先天二年。新唐書方鎮表：

「開元元年，幽州置防禦大使，二年置幽州節度諸軍州管內經略鎮守大使。」

資治通鑑亦云：

「開元二年（714），置幽州節度經略鎮守大使。」

可知幽州置使，實晚在開元二年。溫公之說實誤，而會要先天二年除甄道一之記載，亦不足據也。

舊唐書薛訥傳云：

「辭訥於景雲年間所居者，究為何職？將軍，安東道經略。…尋拜幽州都督兼安東都護，轉并

州大都督府長史，兼檢校左衛大將軍。久當邊鎮之任，亦累有戰功。」

據本傳所云，知辭訥於則天時實為經略使，始於貞觀中，至則天朝，諸軍亦常有經略鎮守大使，制詔之中，履有所見。長壽三年正月詔：

「…諸州大都督，及上州刺史，大都督府長史，諸軍經略鎮守大使，一子為宿衛官。」

辭訥或即由經略鎮守大使，再除幽州都督。節度使之名，當不始於訥，通鑑記載，容有所誤。明張大齡潛鎮指掌云：

「按景雲元年冬十月，初以薛訥為幽州經略節度大使，節度使之名始此。」

今檢新唐書又有張仁愿於則天朝稱范陽節度使之記載，張氏所云，實抄襲通鑑，並非別有所本，至謂薛雲元年初以訥為幽州經略節度大使，所失尤過於通鑑。不足論矣。

新唐書安祿山傳：

「安祿山，營州柳城胡也。本姓康，母阿史德為覡，居突厥中，禱子於軋犖山。…及生，有光照穹廬，野獸盡鳴。…范陽節度使張仁愿，遣搜廬帳，欲盡殺之，匿而免。」

後人據此，遂謂則天時諸都督中，已有稱節度使者矣。余意

以爲不然，新唐書雖爲考唐史者所不能少之書，而歐公所記，未必全周可信，上引一段，即是其例。按仁愿於則天聖曆元年（698），攝蕭政事中丞，檢校幽州都督，見舊唐書[17]本傳，傳中不云爲節度使，而當時幽州亦無范陽之稱，況幽州曾節度使，已考定始於開元二年，豈可輕信？

然則，節度使之名，果始於何時耶？新唐書所記，頗似貞觀時，已有節度使之稱者。謝偃可汗山銘文曰：

「維貞觀十三年（639）歲在己亥二月甲戌朔八日辛巳，聖唐大使右武衛大將軍虞容寶節度副使朝散大夫任雅相等，蕭寧明詔，冊授大單于與珠毗伽可汗嫡嗣爲肆葉護可汗…。」

唐六典[13]云：

「以奉使言之，則曰節度使；有大使焉，有副大使焉，有副使焉…。」

綜此而論，貞觀中慕容寶奉使北地時，似已稱節度使。是時奉使與城之大使，雖可稱節度使，究非與總統軍事者可比。且與後之節度使職守，亦不同，史籍所書，似猶不可以貞觀時爲斷。至則天時，所除大使，史籍所書，不乏其人。舊唐書[20]

唐制有節度大使，副大使，節度使。其親王領節度者爲副大使。其異姓爲節度使者有節度副使。唐制大使不出鎮，則在鎮知節度者爲副大使。

婁師德傳：

「神功元年（697），拜訥言，累封譙縣子。尋詔師德充隴右諸軍大使。仍〔檢校〕河西營田事。聖曆二年（699）突厥入寇，後令檢校并州長史，仍充天兵軍大總管。」

又唐休璟傳[21]：

「聖曆中，爲司衛卿，兼涼州都督，隴右諸軍州大使，持節隴右諸軍州大夫。」

郭元振傳[22]亦云：

「大足元年，遷涼州都督，隴右諸軍大使。」

此證以唐會要「永徽已後，即都督帶使持節」之語，知節度使一名，由來已久。自貞觀延嗣爲涼州都督，充河西節度使，朝廷始以節度使除官。然其名之始，則不在景雲二年也。

1　78/8b。
2　32/5a。
3　50/5a。
4　職官十四。
（臺偏存事始（沈所景六，民國十七年 1927 上海商务重影印明抄本）10/27a，又李廣崇所編國（涉書處整香清同治十一年 1872 列本）4/26b。

5 資治通鑑 210/2a，肅宗紀。
6 12/6h。
7 78/13b-14a。
8 66/1a。
9 210/9a。
10 說詳後。
11 93/9b。
12 新唐書 49b/6a 百官志注。
13 唐會要 78/24a,b 諸使雜錄條上。
14 張大齡（前引書）上/1a。
15 嚴耕望（前引文）頁 5，參趙紹祖新舊唐書互證（清嘉慶十八年 1813 涇縣趙氏古墨齋刊本）20/15a。
16 225/1a。
17 93/7b。
18 全唐文 156/18b-19a。
19 5/8b。
20 93/a. 按新唐書(4/10b-11b)則天紀：聖曆元年四月辛丑，以師德為隴右諸軍大使，檢校河西營田事。而聖曆二年四月辛丑乂書，後者蓋衍文也。
21 93/4b。
22 97/6a。

二　十鎮建置沿革

鎮兵之原起，已略如上述。鎮兵之強大，自武后之世，已開其端。景雲以後，乃有河西，伊西，隴右，范陽，及朔方大武諸軍等四鎮節度。玄宗開元之後，邊州又先後設鎮。及至天寶初，遂有十鎮焉。資治通鑑云：

「天寶元年（742）春正月，丁未朔，上御勤政樓，受朝賀，敕天下改元，……是時天下聲教所被之州三百三十一，羈縻之州八百，置十節度經略使以備邊，……凡鎮兵四十九萬人，馬八萬餘匹。開元之前，每歲供邊兵衣糧費不過二百萬。天寶之後，邊將奏益兵浸多，每歲用衣千二十萬匹，糧百九十萬斛。公私勞費，民始困苦矣。」

所謂十鎮者，安西，北庭，河西，朔方，河東，范陽，平盧，隴右，劍南，嶺南是也。此外又有長樂經略，及東萊，東牟二守捉，則不在節度之內。考十鎮之形成，雖完成於天寶，而其建置，則各有先後。通鑑、兵志及舊唐書地理志等書省記其統屬治所，則不及其沿革。唐會要節度使條，略著沿革，唯患其錯誤舛駁，難以盡信。新唐書方鎮表，則尤據

其簡略。今就上述諸書，參以兩唐書暨諸史乘，略著十鎮沿革如下：

一　安西四鎮節度使

安西者，其先為隴右道所屬安西都護府。貞觀十四年（640）平高昌畢，又於其地建天山軍以鎮之。顯慶三年（658）徙治龜茲，後復遷西州。龍朔二年則天長壽元年（692）王孝傑破吐蕃，收復四鎮，復移所址於龜茲。以兵三萬鎮之。及後又於其地設安西四鎮節度使，枕龜茲等四鎮。唐會要云：

「安西四鎮節度使，開元六年（718）三月，楊嘉惠除四鎮節度經略使，自此始有節度之號。十二年以後，或稱磧西節度，或稱四鎮節度，至二十一年十二月，王斛斯除安西四鎮節度，遂為定額。」

按新唐書方鎮表：「景雲元年（710）置安西都護四鎮經略大使。」大使即節度之稱，則安西節度使始建於睿宗景雲元年也。通鑑開元三年（715）十一月下載：

「丁酉，以左羽林大將軍郭虔瓘兼安西副大都護四鎮經略大使。」

可知會要始于六年之說誤矣。開元四年，安西大都護又領四鎮諸蕃落濟大使，六年，領四鎮節度支度經略使，而副大都護

領磧西節度支度經略等使，治理西州。十五年分伊西北庭置二節度使。十九年合伊西北庭二節度為安西四鎮北庭節度使，而安西四鎮再兼北庭節度使，同年復別置焉。府，而安西四鎮再兼北庭節度使，同年復別置焉。

二　北庭節度使

北庭節度使，其先為北庭都護府，屬隴右道。其為節度使，唐會要謂作開元十五年。云：

「至開元十五年（727）三月，又分伊西北庭為南節度。至開元十九年十月二十九日，移隸伊西北庭都督并四鎮節度使，至天寶十二載三月……始以安西四鎮節度兼伊西北庭瀚海軍使。」新唐書

安西北庭二使，雖分合不常，然北庭置使，倒有線索可尋。疑會要所謂「又分伊西北庭為南節度」，非記其始也。羅香林謂會要記載有誤，實有諫忽。今檢新唐書，開元十年（722），北庭都護已有稱為北庭節度使者。吐蕃傳云：

「（開元）十年，吐蕃攻小勃律國，其王沒謹忙詣北庭節度使張孝嵩曰：『勃律唐西門，失之則西方諸國皆墜吐蕃，都護圖之。』孝嵩聽許，遣疏勒副使張思禮以

步騎四千，晝夜馳與護忙吉夾擊……復九城故地。」

又冊府元龜：

「張嵩為北庭節度使。開元十年九月，吐蕃圍小勃律，其王沒護忙求救於嵩。……嵩乃遣疏勒副使張思禮率牒漢馬步四千人赴援，……攻吐蕃，大破殺北眾數萬。」

通鑑記載與二書略同。是北庭節度使於開元十年已見稱矣。然上引誥文，記事欠明，豈可輕以為據？張孝嵩既為北庭節度使，沒護忙齊中，何以稱曰「都護」？此皆吾人應先為之解決者也。據舊唐書郭虔瓘傳，疏勒鎮使臨洮安西，郭謨右威衛大將軍、安西副大都護經略安撫使，特進右威衛大將軍，以疾卒。其後張嵩為安西都護代處瓘鎮安西。十年轉太原尹，卒官。是張嵩乃安西都護。再證以齊所記，同為一辭，似非誤記。頗似開元十年得調遷。然諸書所記，同為一辭，似非誤記。頗似開元十年安西北庭二節度乃合併之時。唐會要云：

「先天元年十一月，史獻除伊西節度，兼瀚海軍使。自後不改。」

新唐書方鎮表亦謂：先天元年，北庭都護領伊西節度使。

至開元二年，伊西節度又有磧西之稱，新唐書玄宗紀：

「開元二年三月己亥，磧西節度使阿史那獻執石突厥都擔。」

又冊府元龜引實錄云：

「開元二年六月丁卯，北庭大都護瀚海軍使阿史那獻梟都擔余黨獻闕，胡祿等五萬餘帳內屬。」

總此而證以新唐書方鎮表……張孝嵩常時似任安西副大都護領磧西節度支度經略等使之記載。開元六年安西副大都護領磧西節度使之稱。會要云：常時北庭安西分為兩節度。實記北庭節度使之始，起於先天元年北庭都護府領伊西節度之記載，頗可取信。常時北庭安西分合不常，故名稱亦常相混諸，通鑑：

「開元十二年(724)春三月甲子，起[杜]暹為安西副大都護磧西節度使。」

又資治通鑑：

「開元十四年(726)九月己丑，檢校黃門侍郎兼磧西副大都護杜暹同平章事。」

偕唐書玄宗紀云：

「開元十四年十二月，……會[杜]暹入朝，趙頤貞代為安西都護。」

都擔。」

可知北庭節度，即伊西節度，亦即磧西節度。後人常誤磧西節度乃安西節度。而新唐書方鎮表北庭都護領伊西節度等使之記載，又復入安西欄下。遂爲考史者所忽矣。

三、河西節度使

河西節度使，其所轄地，先屬隴右道。景雲二年，以江山闊遠，奉使者艱難，自黃河以西分爲河西道[21]，因有河西之名。初置使於景雲元年，新唐書方鎮表[22]云：

「景雲元年，置河西諸軍州節度支度營田督察九姓部落赤水軍兵馬大使，領涼、甘、肅、伊、瓜、沙、西、七州，治涼州。副使治甘州，領都知河西兵馬使。」唐會要[24]：

「至開元二年，除楊執一，又兼赤水九姓，本道支度營田等使。十一年四月，除張敬忠，又加經略使。」

通鑑[23]景雲元年十二月下記事略同。則河西節度使置於景雲元年也。二年四月，以賀拔延嗣除涼州都督充河西節度使。至開元二年，河西節度使兼隴右羣牧都使[25]。

按河西殿使，專斷隔光胡，以偏吐蕃。且其地近京畿，故設鎮較早。自賀拔延嗣始，河西節度多以涼州都督兼領，如楊執一[27]，楊敬述[28]，郭知運，王君㚟[29]，張敬忠等皆是也。又河

加經略使，方鎮表繫之於開元七年，與會要所記稍異。未能詳也。

四、隴右節度使

隴右節度使，統轄隴右道諸州軍鎮，以備西戎，理於鄯州。其置使之年，諸史所載不一，唐會要[31]云：

「隴右節度使，開元元年十二月，鄯州都督陽矩除隴右節度，自此始有節度之號。至十五年十二月，除張志亮[30]，又兼經略支度營田等使。已後遂爲定額。」

按新唐書方鎮表載，開元五年（717），置隴右節度，兼隴右道經略大使。考通鑑[32]：玄宗開元二年十二月甲子，明書晉鄯州都督陽矩除隴右節度大使，領鄯、奉、河、渭等十二州。又云以隴右防禦副使郭知運爲之。其記載當必可據。而薛唐書[34]郭知運傳亦謂是年知運拜鄯州都督隴右諸軍節度大使，是隴右節度使置於開元二年也。知運既已於二年十二月除隴右節度使，則方鎮表置於開元五年之記載當誤。然會要云開元元年除陽矩隴右節度，置使之年又先於通鑑記載一年，因似難定其說之非[5]。陽矩於是年正爲鄯州都督；二年八月，吐蕃入寇懼罪自殺。於元年十二月除隴右諸軍節度，亦不無可能，是會要之說其爲可據也。菁考隴右諸軍節度使，推尊其源，武后之時，已見諸記載。舊唐書[36]裴行儉傳謂，神功元

年，拜訥言，詩詔師德充隴右諸軍大使，檢校河西營田事。唐休璟傳亦謂休璟聖曆中除涼州都督持節隴右諸軍大使。大足元年郭元振亦遷涼州都督隴右諸軍州大使。大使即同節度使，雖無節度之號，其職守則全同，故隴右節度使以涼州都督兼，亦可謂始於武后時矣。唯常時隴右諸軍大使以涼州都督兼，設所似在涼州之濫觴，且其官亦非常除。與後之隴右節度不同。然為隴右節度則可斷言。而隴右節度之有常除，蓋在開元元年或二年也。開元十五年，隴右節度副使兼關西兵馬使，又兼經略支度營田等使。上元以後，河西隴右，悉陷吐蕃，終唐之世，未能復也。

五　朔方節度使

朔方節度使，初亦稱關內節度大使，以實靜充，所以護突厥，即舊朔方節度之號也。開元九年（721）改朔方軍大總管為朔方節度使。領單于大都護府，夏、鹽、綏、銀、豐、勝六州，及三受降城等（會要所載又多於此）。十年，增領魯、麗、契，三州，唐要會云：

「至十四年七月，除王晙，帶關內屯田等使，十五年五月。除蕭嵩，又加鹽池使。二十年四月，除李禕，又加朔方節度副大使。二十九年，除王忠嗣，又加水運使。

又加押諸蕃部落使。

天寶五載十二月，除張齊邱，又加管內諸軍採訪使。已後遂為定額。」

又新唐書方鎮表：開元二十二年（734），朔方節度兼關內道採訪處置使，天寶八載（749）又兼隴右兵馬使。代宗時郭子儀上封事云：「朔方國之北門，西禦犬戎，北虞獫狁，五城相去，三千餘里，開元天寶中，戰士十萬，戰馬三萬……。」此朔方之大略也。

六　河東節度使

河東節度使，治理并州。聖曆二年（699）初置天兵軍，以并州長史領之，後罷。至景雲二年（711）又於其地，置和戎大武等諸軍州節度使，後能。景雲二年（711）又於其地，置天兵軍節度使。以張嘉貞奏置天兵軍節度使。并州長史張嘉貞領之。開元五年，改州為太原府。十一年，并州置北都，改州為太原府。遂改天兵軍節度為太原府以北諸軍州節度，河東道支度營田使，兼北都留守。領太原、遼、石、嵐、汾、忻、朔、蔚、雲、九州，犄角朔方備北邊，治太原。舊唐書徐王琢傳：

「開元十五年，遙領太原牧，太原以北諸軍節度大使，二十年加太子太傅，餘如故。」

又李嶠傳：

「三遷黃門侍郎兼太原尹，仍充太原已北諸軍節度

使。」

開元十八年(730)再更名為河東節度，自後節度使領大同軍使，副使以代州刺史領之。增領儀、石二州[47]。其後，屢有增析，而河東之名，沿用不改。

七　范陽節度使

范陽節度使，河北道所轄地也。其先稱幽州節度使。考其置，始開元元年，幽州置防禦大使。二年置節度使，管內經略鎮守大使，制臨奚契丹兩蕃，通鑑玄宗紀，開元二年云：「是歲置幽州節度經略鎮守大使」。幽州節度經略鎮守使，事見甄公神道碑，容有誤也。唐會要開元二年二月，甄道一除幽州節度經略鎮守使，事見甄公神道碑，云：

「君諱寶，字道一，中山無極人。…除夏州都督，兼鹽州防禦使。徵授幽州都督，衣之以紫，攝御史中丞，為河北軍州節度大使。君政成周月，惠則在人，患是經風，表以去職。未幾復除夏州都督。」

按甄道一開元初曾為幽州都督，五年卒于官，其任幽州節度，當在開元五年之前，今檢冊府元龜載開元三年(715)四月詔，詔中有左衛大將軍郭虔瓘充朔州鎮大總管，并州以北緣邊州軍並受節度，仍與張知運甄道一共為犄角等語。知道

一於三年尚留任。其去官時，必在開元三年之後無疑。且甄公神道碑出張說之手，而說於六年亦曾任幽州節度[53]，其記當屬可取。知會要之記載雖不誤。惟碑中未著任幽州節度，道一在任似不長，恐猶先天二年授官年月，然細玩碑中語氣，道一在任似不長，恐猶先天二年授官時，記載有誤。開元八年，幽州節度兼本軍經略大使，並節度河北諸軍大使。十八年，增領薊、涿二州。二十年，兼河北採訪處置事。甘領術、相、洛、貝、冀、魏、深、趙、恒、定、邢、德、博、棣、營、鄭、十六州、及安東都護府。故二十一年(733)張守珪除幽州節度，遂亦兼營州都督。舊唐書張守珪傳云：

「(開元)二十一年轉幽州長史、兼御史中丞、營州都督，河北節度副大使。俄又加河北採訪處置使。」

二十七年(739)，副使領本盧軍節度，治頓化州。二十九年(741)，幽州節度增領河北海運使。其後改日范陽節度使。擴唐會要及新舊書方鎮表，天寶元年，更幽州節度使為范陽節度使。然係遙授王斛斯兼左金吾衛大將軍制中，已有范陽之稱。制曰：

「左羽林大將軍兼范陽大都督府長史充范陽節度支營田副大使王斛斯，…久鎮幽、朔，勤修調練，既

攜兒以制勝，亦懲賞以酬庸，而環衞之職，金吾尤重。……」

王斛斯除范陽節度，倣唐書玄宗紀謂在開元二十九年七月。是范陽之稱已見於制中，可知更幽州節度爲范陽節度，始天寶矣。會要等記載亦非。至天寶元年十月除裴寬爲范陽節度，遂有定額。其後以安祿山兼范陽節度，祿山反，范陽不復歸朝廷。至肅宗寶應元年(762)史思明將李懷仙降，復爲幽州節度使。而所領州郡，已非昔比矣。

八　平盧軍節度使

平盧軍節度使，亦河北道所屬地，其先爲平盧軍；開元五年置于營州，以鎭撫軍韋虵錫諸夷，通鑑玄宗開元五年云：

「二月，……奚契丹旣內附，貝州刺史宋慶禮建議諸復營州，三月庚戌制置營州都督於柳城，兼平盧軍使。」

其節使沿革，唐會要云：

「平盧軍節度使，開元七年閏七月，張敬忠除平盧軍節度使，自此始有節度之號。八年四月除許欽琰，又帶管內諸軍諸蕃及支度營田等使。二十八年二月，除王斛斯又加押兩蕃及渤海黑水等四府經略處置使，遂爲定額。」

新唐書方鎮表所配略同，唯不著除官之人，然是時平盧軍節度，由幽州副使領之。至天寶元年，始分平盧別爲節度，安祿山爲之。是平盧軍既，天寶元年始有節度之號。唐會要及新唐書方鎭表謂平盧軍節度，加押兩蕃及渤海黑水等四府經略處置使，起於開元二十八年除王斛斯爲節度，想所知之。亦有與事實不合者，張九齡勅平盧使烏知義咨云：

「勅平盧節度，營州都督烏知義，……契丹及奚，一心歸我，不有將護，一任虐事。海勃黑水，近復婦國，委卿任遠，實爲得人。脥岡無愛，豈云王略。……春初尚寒，卿及將士以下，並平安好。」

以此審考之，是知義已節度渤海黑水矣。烏知義除節度使在開元二十二年(734)，至二十六年仍留任平盧[62]，則知平盧節度使節度渤海黑水，初領安東都護及營、遂、燕三州。天寶間，平盧節度方鎭表，日漸強大，安史亂後，增領鄆曹等十二州，乃領有十五州矣。

九　劍南節度使

劍南節度使，西抗吐蕃，南撫蠻獠，領益、彭等二十五

州，理益州，其常節度使，新唐齊方鎮表謂，開元二年，以益州長史領劍南道支度營田松當姚巂州防禦處置兵馬經略使。七年升爲節度使，通鑑與表同，唯唐會要則謂：開元五年二月，齊景冑除劍南節度使，支度營田兼姚巂等州處置兵馬使。今會要謂開元五年除齊景冑，劍南始有節度使之號，而齊景冑所授之官，果爲節度使否耶？册府元龜載：

「開元六[五]年二月，以少府監齊景冑爲益州大都督府長史充劍南道防禦兼松管[常]姚巂等州處置兵馬使……燕國公張說爲荆州大都督府長史」。

本此，齊景冑所授乃朝南道防禦處置兵馬使之稱也。如會要指防禦使即爲節度使，則不當云始於開元五年，參新表可知。是會要之說不可據，而新表通鑑之記載，反得其實矣。假唐書李麟傳：

「父游開元初，……益州大都督長史攝御史大夫，劍南節度按察使。所歷以誠信待物，稱爲良吏，八年卒。」

開元七年改防禦使爲節度使，八年遂有李濬除官，可証通鑑新表之不誤也。

十　嶺南五府經略使

嶺南五府經略使，嶺南道所轄地也。以綏靜夷獠，統五

府經略。五府者，桂管、容管、鎮南、邕管、廣州也。肅宗至德元載(756)升爲節度，新唐齊方鎮表云：

「至德元載，升五府經略討擊使爲嶺南節度使，領廣、韶、循……等二十二州，治廣州」。

然五府經略之稱，諸史皆不記其始。唐會要謂至德已前「但稱五府經略」。則所謂五府經略者，何時始建耶？新唐書云，桂州，開耀(681)後置管內經略，景雲元年下載，桂州，開耀(681)後置管內經略，又謂天寶十四載，置桂、梧、賀、連、柳、富……十四州，治桂州，又謂天寶十四載，置安南管內經略使，領邕、横……十三州，治邕州，同年僅有桂管內經略一經略，天寶十四載，乃有桂管、容管、廣州經略，獨不及焉，豈意以至德元年所稱之嶺南節度使爲廣州經略使耶？通鑑諸齊於天寶元年載，置容州管內經略使，又何所指耶？按通鑑云：

「嶺南五府經略使，綏靜夷獠。統經略軍、清海軍、桂管經略使，容管經略使，鎮南經略使，邕管經略使」。

通典與通鑑記載相同，似亦以天寶初年爲限斷，常時嶺南五府經略與通鑑記載相同，已統有容邕諸管，而所統之軍，首即廣州經略也。且五府經略使，開元以前，業已見稱，假唐書宋璟傳：

「玄宗憚，抗表請加罪璟等，乃貶璟為楚州刺史…歲餘，轉京兆尹，復拜御史大夫。坐事出為睦州刺史，轉廣州都督，仍為五府經略使。」

此似為五府經略使名稱之始。開元已後，亦有常除。張說[73]故廣州都督頲公神道碑：

「君諱頲，字道一，……遷廣州都督兼嶺南按察五府經略討擊使，……開元五年卒。」

蓋嶺南五府經略使，開元之時，多為廣州都督兼領。而其諸管，疑不別置經略。新舊所記載，豈容當鎮南諸管，天寶之時，又別置經略使耶？抑諸管於天寶之時，始有定治耶？考舊唐書肅宗紀[76]：「以漢州刺史張方頊為廣州都督五府經略使」，是嶺南節度常兼五府經略使。而天寶之時亦未嘗別置經略，後者之說，豈或近實歟？

考唐書[76]地理志：

「嶺南節度使……開元五年卒。」

蓋嶺南五府經略使，雖於開元時不稱節度，而總之曰十鎮節度。且同，故諸史以此鎮與諸鎮並稱，而開元十五年亦已通稱五府節度，為唐書玄宗紀[77]開元十五年五月載：

「癸酉，以慶王潭為涼州都督兼河西諸軍節度大使……」

光王涺為廣州都督五府節度大使……並不出閩。」

高力士傳[78]亦云：

「力士義父高延福夫妻，正授拱率。嶺南節度使於譜州求其本批麥氏，送長安，令兩媼在堂，偏於甘胞」。是嶺南五府，雖然置節度於至德，而開元之時，見稱節度，業已然也。唐六典[79]記天下節度，其八曰「嶺南節度使」，是又明著於當時之載籍矣。

考諸鎮之設，初設於景雲，完成於天寶，緣邊之地，途有十鎮。節度使之命，亦曰以賜。

「天寶中，緣邊擇戎之地，置八節度、受命之日，賜之旌節，謂之節度使，得以專制軍事，行則建節符樹六纛，外任之重無比焉。」

「至德已後，中原刺史亦受節度之號，若諸州郡在節度使內者，皆節度之，務唐書[81]地理志：

「至德之後，刺史皆治軍戎，逐有防禦團練制置之名。要衝大郡，皆有節度之號，或易以觀察之號。東都畿汝州防禦觀察使，河陽三城節度使，宜武軍節度使，義成軍節度使，忠武軍節度使，天平軍節度使，海節度使，武寧軍節度使，平盧軍節度使，兗州節度使，淄靑防禦鎮國軍使，同州防禦長春宮使，陝州節度使，邠寧節度使，涇原節度使，朔方節度使，鳳翔隴節度使，昭義軍節度使，河東節度使，大同軍防禦使，河中節度使，魏博

節度使，義昌軍節度使，義武軍節度使，成德軍節度使，幽州節度使，山南西道節度使，東川節度使，武昌軍節度使，劍南西川節度使，浙江東道節度使，福建觀察使，淮南節度使，宣州觀察使，浙江西道節度使，黔中觀察使，嶺南東道節度使，嶺南西道觀察使，邕管經略使，容管經略使，安南都護節度使，桂管經略使，隴右歸國，又析置秦州節度使，涼州節度使，瓜州節度使。」

此蓋據唐中葉言之，其後節度觀察，屢有沿廢，或賜軍號，而防禦守捉亦升稱節度使，時離時合，或併或分，弗可備詳矣。

1. 215/1a-4a.
2. 舊唐書 40/69a, b 地理志，高昌傳。
3. 全上 198/17a, b 劉玄佐傳，全上 196a/7b 吐蕃傳上。
4. 78/13a。
5. 67/1a。
6. 211/12b.
7. 金新唐書 67/1a-4a 方鎮表，又參沈炳震新舊唐書合鈔（清同治十年(1871)武林吳氏清來堂重校補刊本）91/1a-3b 方鎮表九。
8. 78/13a, b。
9. 羅香林（前引文）頁 12.
10. 216a/10a.
11. 王欽若（前引書）35v/10b-11a 將帥部，立功十一。
12. 212/13b-14a.
13. 103/3a.
14. 78/13b。
15. 67/1b。
16. 5/5b，又資治通鑑 211/3b。
17. 王欽若（前引書）133/16b 帝王部，褒功。
18. 8/24a, b。
19. 213/4b。
20. 212/17b。
21. 舊唐書 40/6a, b 地理志。
22. 67/1a，今本作河口譟。
23. 210/5a。
24. 新唐書 50/5a 兵志。
25. 全上 67/1b 方鎮表。
26. 78/12a。
27. 張說張燕公集（武英殿聚珍版叢書清光緒二十一年(1895)福建本）19/11a-13a 贈戶部尚書河東公楊君神道碑云：「公諱執一，字某，弘農華陰人也。……詔徵為涼州都督兼左衞將軍河西諸軍州節度營察九姓羌水軍等大使。」
28. 舊唐書(8/16a)玄宗紀云：「開元八年九月，突厥默啜迴紇侵涼等州，涼

州都督楊敬述為所敗」。《資治通鑑》(212/7b)開元八年十一月，作敗河西
節度使楊敬述。知敬述亦誤為河西都督兼河西節度使也。

29 《資治通鑑》(212/11a):「開元九年冬十月，河西隴右節度大使，郭知運
卒。」遞自知運麾下，代為河西隴右節度使。賀次君(前引文頁17)

30 仝上 (212/16b):「開元十一年九月壬申，帥衆詣沙州降，河西節度使
張敬忠饌納之。」是張敬忠亦曾任河西節度。
補編第六册，民國二十六年 (1937) 上海開明書店鉛印本) 8/23。又萬
斯同唐鎭十道節度使年表 (二十五史補編第五册)開元十一年下，河西
鎭亦無張敬忠。錯誤甚多，例如：張說開元初曾為幽州節度
使，表中遺而不錄，宋到乃幽州節度(舊唐書 96 本傳)，表中反作范
陽節度。加之全表皆不注出處，不知萬氏所本何書？故本文不以此表為
據。

31 78/10b.
32 67/1b.
33 211/9a.
34 103/3b. 桑張説 (前引書) 16/14a 贈凉州都督上柱國太原郡開國公
35 郭君 (知運) 神道碑。
36 桑《新唐書》93/2a 及 4b. 又仝上 97/6a，並見一節內段注 19-21 所繫。
37 桑《新唐書》67/2b 方鎮表，及《唐會要》78/10b.
38 見《舊唐書》61/11b 竇威傳，又《唐會要》(78/9a) 云:「貞觀十四年三月兇事。

39 朔大使。按竇靜卒於貞觀九年，靈朔大使當選於九年前，治桑誤。
40 78/9a.
41 64/2b-3a.
42 《舊唐書》120/17b 郭子儀傳。
43 《舊唐書》(93/2a) 婆師德傳云:「聖曆二年，突厥入寇，復令檢校并州
史偽充天兵軍大總管」。桑《舊唐書》93/10a 聖曆傳。《唐會要》78/10a.
44 《新唐書》65/1a 方鎮表，桑《舊唐書》93/10a 聖曆傳。
45 《舊唐書》39/11b 地理志。
46 《舊唐書》112/1b.
47 《新唐書》65/2a 方鎮表。
48 107/4b.
49 211/9a.
50 78/13b-14a.
51 張説 (前引書) 17/15a.
52 王欽若 (前引書) 17/15a.
53 《舊唐書》97/14b. 張説傳 119/18a, b 帝王部·選將:
54 自岳州刺史授右羽林將軍，檢校幽州都督兼節度，在開元六年。
55 《唐會要》78/14a 及《新唐書》66/b-3a 方鎮表。
56 103/8a, b.
57 宋白《文苑英華》(明隆慶元年 (1567) 刋本) 401/4b-5a.
9/6b.

58 211/21b-22a。
59 78/15a。
60 66/3a。
61 張九齡曲江文集（四部叢刊民國十六年—十七年上海商務印書館景明成化九年（1473）韶州刊本）9/11b-12a。
62 舊唐書（103/9a）換守珪傳：「守珪裨將趙堪白真陁羅等，假以守珪之命，逼不虞軍使烏知義，令率騎邀叛奚於湟水之北」。是為烏知義留鎮之証。
63 212/5b。
64 67/1b-2a。
65 66/1b。
66 78/15b。
67 王欽若（前引書）172/14a 帝王部，求鑑二。
68 按冊府元龜載開元韶，作開元六年，誤也。據我說（前引書25/3a）祭城隍文，首云大唐開元五年歲次丁巳四月庚午朔二十日己丑，荊州大都督府長史上柱國燕國公張說。則張說五年已除荊州長史矣。知冊府元龜作六年誤。
69 112/4b。
70 賀次君跋羅香林先生唐鎮南道兵府軍鎮考（廣州學報第一卷第二期）謂羅君曾以此文出示賀君，不宜羅君此文發表與否，亦不盲叢於何處，余未見羅君文，不知所云者何也。
71 78/16a。

72 69/1a-3a。
73 172/2a 州郡二。
74 96/12a。
75 張說（前引書）17/15a。
76 10/16a。
77 8/25a、b。
78 舊唐書 184/6a。
79 5/8b。
80 44/57b 職官志注。
81 38/6a-3a。

三 十鎮所統諸軍

十鎮之沿革既明，十鎮所統之兵，則為邊境屯戍之軍鎮。唐初兵之戍邊者，大曰軍，小曰守捉，其次有城有鎮。初建於武德貞觀之時，增置於高宗武后之世，迄乎天寶末年，三邊軍鎮，總其數不下千餘。唐會要載天寶時軍鎮數謂：「凡天下軍有四十，府六百三十四，鎮四百五十，戍五百九十，守捉三十五」。今以新唐書兵志所錄軍鎮數與唐會要相核，會要所錄，似乎過少。按兵志謂：「此自武德至天寶以前邊防之制」，天寶末年建置諸軍，亦不計入，是兵志寶以前邊防之制。可知會要之說，未得其實。城鎮建置，

廬立不常，數之多寡，難以核計。姑置勿論。而軍與守捉，史籍不乏記載，其數多寡，尚莫無徵。唐六典記鎮兵云：「天下節度使有八」，所統諸軍，尚莫無徵。六典所記，為開元之制，天寶年間建置諸軍，未暇計入，所錄軍鎮較少，不足為奇。通典、舊唐書、及資治通鑑記十鎮部統來歷，大致尚合，然其間亦各有小異。通典舊唐書皆敍其事於開元二十一年（733）之下，通鑑則繫之於天寶元年（742），或各記一時之制。故趙紹祖云：「一編意常時改革不常，志皆各據一時言之」。今檢三書所錄諸軍中，有建於天寶二年者。通典記河西節度使所統軍鎮，有寧寇軍，注云：「天寶二年置」。蓋志通鑑亦載此一軍，是通典等三書，亦非記天寶以前之制，惟通典諸書，不收天寶二年已後建置軍鎮，故其數較少，然三書所錄，亦尚有遺漏。冊府元龜：「玄宗先天元年（712）八月乙巳，於河北澶州北界置渤海軍，管陽軍，媯蔚州界置懷柔軍，每軍置兵五萬人」。渤海等三軍，早置於先天，而渤海懷柔軍又見兵志記載，通典諸書反遺而不記載，兵志：「若廬軍一，東軍等守捉十一，日平廬道。」平廬軍節度，統平廬廬龍二軍，而志略平廬不計。兵志載范陽道有軍十六，多鎮於天寶以前之制，則鎮安軍不應闕入明甚。清寇軍置於垂拱，恆陽軍建於開元，（志反遺漏不錄）是兵志亦未能盡信也。今就諸史所載諸軍守捉，彙而錄之，著其異同，其有沿革史蹟，並附其後。

安西節度使

龜茲，焉耆，于闐，疏勒四鎮。

舊唐書地理志：「安西節度使，撫寧西域，統龜茲，焉耆，于闐，疏勒四鎮」。

按舊唐書地理志：「安西都護府，治所在龜茲國城內，管兵二萬四千人」。舊唐書吐蕃傳：「長壽元年（692），武威軍總管王孝傑大破吐蕃之衆，克復龜茲，于闐，疏勒，碎葉等四鎮，乃於龜茲置安西都護府，發兵以鎮之。」考新唐書地理志，焉耆郡付府有碎葉城，興露元年（679）都護王方翼築。舊書所繫碎葉，疑即指此。

保大軍

蘭城等守捉

新唐書地理志，安西大都護府注。有保大軍，屯碎葉

城，……于闐東界有蘭城坎城二守捉城。西有葱嶺守捉城，……爲新西有于術，楡林，龍泉，東夷僻，亦僻六守捉城。

按新唐書兵志，安西道統膣沙都督，及蘭城等八守捉。考新唐書地理志，膣沙都督隸北庭都護，兵志隸安西誤也。又兵志云八守捉，與地志亦異。

北庭節度使

據唐書地理志：「北庭節度使，所治在北庭都護府，管兵二萬人。」

瀚海軍

據唐書[18]地理志：「瀚海軍，開元中，蓋嘉運置。在北庭都護府城內，管兵萬二千人。」

通典：「瀚海軍，在北庭都護府城內，開元中置。管兵七千五百人。」

唐會要[19]：「瀚海軍，……文明元年(684)廢州置爲。長安二年(702)十二月改爲燭龍軍。三年，郭元振奏置瀚海軍。」

按新唐書地理志：「瀚海軍，本燭龍軍，長安二年更名。開元中，蓋嘉運增築。」元和郡縣志[21]，開元二年(715)，郭元振改爲瀚海軍。開元

中，蓋嘉運領加修築。又郭度瓌開元初甘任瀚海軍經略使[22]。據志通典開元中置之說非是。會要謂郭元振於亦誤。

天山軍

據唐書地理志：「天山軍，開元中置伊州城內。管兵五千人，馬五百匹，在都護南五里。」

唐會要[24]：「天山軍，舊在西州，漢車師前王故國，地形高敞，改名高昌，貞觀十四年(640)置。」

按新唐書[25]地理志，西州有天山軍，開元二年(714)置。鳳河西節度於景雲元年置，曾領伊西二州，似曾領此軍。先天元年制，北庭都護領伊西節度，則二軍改屬北庭，兵志誤也。又唐會要有天山軍，在碎葉城，未詳。

伊吾軍

據唐書地理志：「伊吾軍，在伊州西北三百里，甘露川，管兵三千人。」

又云[27]：「伊吾軍，開元中置，在伊州西北五百里，甘露川，管鎮兵三千人，馬三百匹，在北庭府東南七百里。」

唐會要[28]：「伊吾軍，本崑吾國也。置在伊州，景龍四年(710)五月置」。

按新唐書地理志[29]，伊州西北三百里甘露川，有伊吾軍，景龍四年置。又舊唐書郭虔瓘傳，開元初有伊州刺史兼伊吾軍使郭知運。會要新志是也。又伊吾軍，兵志隸河西節度使，亦非。（考證見天山軍條）。

清海軍

新唐書地理志[30]，伊州西北三百里甘露川……本清海鎮，天寶中為軍。」

沙鉢等守捉

新唐書兵志[32]：「瀚海，清海，靜塞軍三，沙鉢等守捉十，曰北庭道。」

新唐書地理志[33]：「自庭州西延城西六十里有沙鉢城守捉，又有馮洛守捉，又八十里有耶勒城守捉，又八十里有俱六城守捉……又八十里有張堡城守捉，又渡里移得建河七十里有烏宰守捉，又渡葉葉河七十里有葉河守捉，又波黑水七十里有黑水守捉，又七十里有東林守捉，又七十里有西林守捉。」

按新唐書兵志有靜塞軍，據新書地志，靜塞軍非歷六年(771)置，天寶時尚未置軍，兵志及靜塞非是。

河西節度使

舊唐書地理志：「河西節度使，治在涼州，管兵七萬三千人。」

赤水軍

舊唐書地理志：「赤水軍，在涼州城內，管兵三萬三千人。」

唐會要[35]：「赤水軍，置在涼州西城，本赤烏鎮，有泉水赤，因以為名，武德二年(619)七月安修仁以其地來降，遂置軍焉，改為大斗，故移赤水入州城也。」大斗軍守捉，開元十六年升為大斗軍，本赤水後。

按清一統志謂：「赤水軍之大者，莫過於此。」

大斗軍

舊唐書地理志：「大斗軍，在涼州西二百餘里，管兵七千五百人。」

唐會要[37]：「大斗軍，本是守捉使，開元十六年(728)改為大斗軍焉」。

按新唐書地理志：「涼州有大斗軍，本赤水守捉，

建康軍

開元十六年為軍，因大斗拔谷為名」。清一統志云云，非是。

通典：「建康軍，張掖郡西二百里，嗣聖初，王孝傑置，管兵五千三百人，馬五百疋。」

唐會要[39]：「建康軍，置在甘肅二州界，證聖元年(694)。」

王孝傑開四鎮回，以兩州界迴遠，置此軍焉。」

按新唐書地理志：「甘州西北百九十里刪丹山北有建康軍，證聖元年王孝傑以甘肅二州相距迴遠置軍」。王孝傑破吐蕃克復四鎮，在長壽元年(692)。於證聖元年置此軍。通典謂嗣聖初置，誤也。

寧寇軍

通典：「寧寇軍，(在)張掖郡東北千餘里，天寶二年(743)置，管兵千七百人，馬百疋，西去理所千餘里。」

唐會要[41]：「寧寇軍，舊同城守捉，天寶二年五月五日遂置焉。」

按新唐書地理志[42]，甘州刪丹東北行千里，有寧寇軍，故同城守捉也。天寶二載置軍。又通鑑[43]謂寧寇軍管兵八千五百人，與通典異。

玉門軍

通典：「玉門軍，酒泉郡西二百餘里，武德中楊恭義置，管兵五千二百人，馬六百疋。東去理所千二百里。」

唐會要[44]：「玉門軍，本廢玉門縣，開元六年(718)置軍焉。」

按新唐書地理志[45]，肅州玉門，天寶十四載(755)廢軍為縣。

墨離軍

通典：「墨離軍，晉昌郡西北千里，管兵五千人，馬四百匹。東去理所千四百里。」

唐會要[46]：「墨離軍，本是月支胡國，武德初置軍焉。」

豆盧軍

唐會要[47]：「豆盧軍，置在沙州，神龍元年(705)九月置軍。」

通典：「豆盧軍，在燉煌郡城內，管兵四千三百人，馬四百匹，去理所七千里。」

新泉軍

按常閱朔方節度使，偽志通典會要均誤，詳後。

白亭軍

唐會要[48]：「白亭軍，天寶十四載三月置。」

按新唐書地理志，涼州西北五百里，有白亭軍本白亭守捉，「天寶十四載為軍」。據舊唐書地理志有白亭守捉，在涼州西北五百里，大足元年（701）遷涼州都督隴右諸軍州大使，……元振始於南壤頗和戎城，北界磧中置白亭軍。則白亭軍於武后大足時已置。唐會要十四載置軍之說誤。又元振傳云大足時始置白亭軍；未云守捉，亦未詳。

諸守捉

新唐書兵志謂河西道有烏城等守捉十四。今考新唐書[51]地理志，涼州有烏城守捉，張掖守捉，交城守捉，瓜州有百帳守捉，酒泉守捉，豹文山守捉，蕭州有威遠守捉，酒泉二守捉，西州有張三城守捉，伊州有蓼泉守捉，甘州有羅護守捉，赤亭守捉，獨山守捉，共數十二，與兵志數不合。又通典：「張掖郡守捉，東去理所五百里，管兵六千三百人（舊志通鑑作五百人）馬千匹，交城守捉，武威郡西二百里，管兵千人」，餘不詳。

隴右節度使

舊唐書地理志：「隴右節度使，在鄯州，管兵七萬五人。」通典：「隴右節度使，理西平郡，管兵七萬五千人。」

臨洮軍

唐會要[52]：「臨洮軍，在狄道縣，開元七年（719），移洮州縣就此軍焉。」

按新唐書地理志，臨州有臨洮軍，久視元年（700）置，寶應元年沒吐蕃。」據唐書地理志謂在鄯州城內，非是。

河源軍

通典[53]：「河源軍，在西平郡西百二十里，儀鳳二年（677）李乙夫置，管兵四千人。」

按據唐書地理志謂管兵四千人，通鑑同，未詳。

白水軍

通典：「白水軍，在西平郡西北二百三十里，開元五年（717）郭知運置，管兵四千人。」

按新唐書[54]地理志，鄯州鄯城西六十里有白水軍。

安人軍

通典：「安人軍，在西平郡星宿川西，開元七年置，管兵萬人。」

按偽唐書吐蕃傳，開元末有安仁軍，當即安人軍。

振威軍

新唐書地理志：「河州西百餘里鴨寶城有振威軍，天寶十三載置。」

按偽唐書地理志，有振威軍在鄯城西三百里，當是振武之誤，詳後。

威戎軍

唐會要：「威戎軍，置在鄯州界，開元二十六年（738）五月，杜希望收吐蕃新城置此軍。」

通典：「威戎軍，在西平郡西北三百十里〔應作三百五十里〕，開元二十六年置，管兵一千人。」

按偽唐書吐蕃傳：「開元二十六年四月，杜希望率衆破吐蕃新城，拔之，以其城為威武軍。發兵一千以鎮之」。又玄宗紀：「開元二十六年三月……鄯州都督杜希望又攻拔新羅城，制以其城為威戎軍」。傳云威武誤，「武」當作「戎」。又新唐書兵志，

莫門軍

通典：「莫門軍，在臨洮郡城內，儀鳳二年置，管兵五千五百人。」

寧塞軍

通典：「寧塞軍，在寧塞郡城內，臣亡父先臣希望，開元二十六年置，管兵五百人。」

按新唐書地理志：「鄯州西有寧邊軍，本寧塞軍。」偽志云：「寧塞軍在鄯州城內」非是。新唐書兵志有寧邊軍當即此軍。

積石軍

通典：「積石軍，在寧塞西百八十里，儀鳳二年置，管兵七千人。」

唐會要：「積石軍，置在達化縣西之地。貞觀三年，吐谷渾叛，置靜邊鎮，儀鳳二年，置軍額焉」。

按新唐書地理志：「鄯州達化西有積石軍，本靜邊鎮，儀鳳二年為軍」。偽書地理志開在鄯州西百八十

鎮西軍

有綏戎軍，亦疑為威戎之誤。

通典：「鎮西軍，在安鄉郡城內，臣亡父先臣希望，開元二十六年置，管兵萬三千人。」

按偽唐書吐蕃傳：「開元二十六年七月，（杜）希望又從鄯州發兵襲吐蕃河橋，於河左築鹽泉城，將兵三萬人以拒官軍，希望引衆擊破之，因於鹽泉城置鎮西軍。」新唐書地理志，「河州西北八十里有鎮西軍，開元二十六年置。」是鎮西軍非置在河州城內也。又偽書地理志通鑑云管兵萬一千人，元和郡縣志[67]云兵一萬二千人，均與通典異，未詳。

天成軍

新唐書地理志：「河州西八十里索恭川有天成軍，天寶十三載置。」[65]

按新唐書兵志，隴右道有天成軍。

振武軍（神武軍）

通典：「振武軍，在西平郡西三百里，開元中信安郡王褘置，兵千人。」

唐會要[63]：「振武軍，置在鄯州鄯城縣西界，吐蕃鐵仞城，亦名石堡城，開元十七年（729）三月二十四日信安王褘拔之置，四月改爲振武軍。二十九年（741）十二月六日，蓋嘉運不能守，遂陷吐蕃。天寶八載（749）

六月，哥舒翰又拔之，閏六月三日，改爲神武軍。」

按新唐書地理志：「鄯州鄯城有天威軍，開元十七年置，初曰振武軍，二十九年沒吐蕃，天寶八載克之，更名。」據偽唐書玄宗紀：「天寶八載閏六月己丑，改石堡城爲神武軍。」豈改名天威在六月後耶？又偽唐書地理志有振威軍，在鄯州西三百里，與通典所記振武軍同，「威」當是「武」之誤。

榆林軍

新唐書兵志，隴右道有榆林軍。

按新唐書地理志：蘭州有榆林軍。

神策軍

新唐書地理志：「洮州西八十里磨禪川有神策軍，天寶十三載（754）置。」新唐書哥舒翰傳：「天寶十二載……兼河西節度使，攻破吐蕃洪濟等城，收黃河九曲，以其地置洮陽郡，築神策宛秀二軍。」通鑑[75]：「初，哥舒翰破吐蕃於臨洮西關磨環川，於其地置神策軍。」

威勝軍

新唐書兵志：隴右道有威勝軍。

按新唐書地理志，鄯州西八十里宛秀城，有威勝軍，天寶十三載置。[76]唐會要謂分九曲置澆河郡，內置軍，曰宛秀軍，即威勝軍也。[77]

金天軍

武寧軍

曜武軍

新唐書兵志：隴右道有金天武寧曜武軍。

按新唐書地理志，「鄯州西南百四十里洪濟橋有金天軍，其東南八十里百谷城有武寧軍，南二百里黑峽川有曜武軍，皆天寶十三載置」。[78]

懷遠軍

新唐書裴師德傳：「后嘗謂師德，師在邊，必待營田，公不可以勤勞憚也。乃復為河源，積石，懷遠軍，及河蘭鄯廓州檢校營田大使。」[79]

按懷遠軍，諸史皆未及之，其置廢年月不詳。

吐刺軍

舊唐書張仁愿傳：「尋而夏官尚書王孝傑為吐刺軍總管，就秦以檄吐蕃，詔仁愿往監之。」[80]

按吐刺軍，諸史亦不及。其置廢亦不詳。

綏和守捉等守捉

新唐書兵志：隴右道有平夷綏和合川守捉三。通典：「綏和守捉，在西平郡西二百三十里，開元二年郭知運置，管兵千人。合川郡界守捉，在西平郡南百八十里，貞觀中，侯君集置，管兵千人。……平夷守捉，在安鄉郡城西南四十里，開元二年，郭知運置，管兵三千。」

朔方節度使

舊唐書地理志：「朔方節度使，治靈州城內，管兵六萬四千七百人。」

經略軍

舊唐書地理志：「經略軍，理靈州城內，管兵二萬七百人。」

按通典：經略軍管兵三萬七百人，與舊志略異。

豐安軍

通典：「豐安軍，天初置，管兵八千人。」

按新唐書郭元振傳：「先天元年，為朔方軍大總管，築豐安定遠城，兵得保頓。」與通典異。[81]

定遠軍

通典：「定遠城，在靈武郡東北二百里黃河外，景龍中韓公張仁愿置，管兵七千人。」

按唐會要謂，先天二年正月郭元振置，新唐書郭元振傳作元年，三者均異。

西受降城

通典：「西城，在九原郡北黃河外八千里，景龍中韓公張仁愿置，管兵七千人。」

按新唐書地理志：「豐州西受降城，開元初為河所圮。十年總管張說於城東別置新城。」

中受降城（安北都護府）

通典：「安北都護府，亦曰中受降城，景龍中韓公張仁愿於黃河北岸置，管兵六千人。」

東受降城

通典：「東城，在榆林郡東北二百里，景龍中韓公張仁愿置，管兵七千人。」

按新唐書地理志：「景龍三年，朔方軍總管張仁愿築三受降城」。唐會要謂，三受降城築於景雲二年（711）三月一日，朔方道大總管張仁愿所築。考新唐書張仁愿傳：「始朔方軍與突厥以河為

界……時默啜悉兵西擊突騎施，仁愿請乘虛取漠南地，於河北築三受降城，絕虜南寇路……中宗從之，表留歲滿兵以助功。咸陽兵二百人逃歸，仁愿禽之，盡斬城下。軍中股慄，役者盡力，六旬而三城就。以拂雲為中城，南直朔方，西城南直靈武，東城南直榆林，三壘相距，各四百餘里。……朔方益無寇。歲損費億計，減鎮兵數萬。」是三受降城築於中宗之時，據僞唐書中宗紀，景龍二年（708）三月張仁愿築三受降城，新舊地志會要均誤。

振武軍

通典：「振武軍，單于都護府城內，天寶中王忠嗣置。管兵九千人。」

按新唐書食貨志：「（開元時），天下屯田收穀百九十餘萬斛。初度支歲市輸於北部，以贍振武天德靈武鹽夏之軍，費錢五六十萬緡。」是朔方亦有振武軍。新唐書王忠嗣傳：「天寶元年，築大同靜邊二城，徙清塞橫野軍實之，并受降振武為一城。」故兵志不數。又新唐書郭子儀傳：「累遷單于副都護振遠軍使。」則振武軍亦名振遠軍。

新昌軍

新昌軍

新唐書兵志，關內道有新昌軍。

按新唐書地理志，靈州黃河外有新昌軍。

天柱軍

新唐書兵志，關內道有天柱軍。

按新唐書地理志，夏州朔方有天柱軍，天寶十四載置。

宥州經略軍

新唐書兵志，關內道有宥州經略軍。

按新唐書地理志，宥州延恩有經略軍，在偷多勒城，天寶中王忠嗣奏置。

天德（橫塞）軍

新唐書兵志，關內道有橫塞天德二軍。

新唐書地理志：「豐州中受降城，有橫塞軍，本可敦城，天寶八載置，十二載廢。西二百里大同川，有天德軍，天寶十二載置。」

按新唐書郭子儀傳：「天寶八載，木剌山始築橫塞軍及安北都護府。詔即軍為使。俄苦地偏，不可耕，徙築永清柵號天德軍。」證唐書本傳略同。則天德合於橫塞軍，兵志不應置出。又橫塞軍置而即廢，兵志不敷顏是。

天安軍

新唐書兵志，關內道有天安軍。

按新唐書地理志：「豐州大同川之西有天安軍，天寶十二載置。」元和郡縣志謂安思順奏置。

義勇軍

新唐書兵志，關內道有義勇軍。

按新唐書地理志，勝州有義勇軍。

豐寧，保寧，烏延城

新唐書兵志，關內道有豐寧，保寧，烏延等六城。

按新唐書地理志，「靈州黃河外有豐寧保寧等城。」餘闕。

新泉守捉

按唐書地理志：「新泉軍，在會州西北二百餘里，管兵千人。」

通典：「新泉軍，在會州西北三百，大足初，郭元振奏置，管兵千人。」

唐會要：「新泉軍，大足元年郭元振奏置，開元五年改為守捉。」

按碛石志等書皆以新泉軍隸河西節度，非是。據新唐書地理志，會州有新泉軍。開元五年廢為守捉。會州屬關內道，兵志錄關內道是也。

河東節度使

沿唐書地理志：「河東節度使，治太原府，管兵五萬五千人。」

天兵軍

通典：「天兵軍，（在）太原府城內，聖曆二年置，管兵三萬人。」[102]

按新唐書地理志：「太原府城中有天兵軍，開元十一年廢」[103]。考唐會要：「天兵軍，聖曆二年（699）四月置，……及雲元年又廢，開元五年六月二十四日張嘉貞又置。十一年三月四日改為太原已北諸軍節度使。」非開元十一年廢軍也。又按唐書地理志，天兵軍管兵三萬人。與通典異。

大同軍

通典：「大同軍，在雁門郡北三百里，調露中突厥南侵，裴行儉開置，管兵九千五百人。」[104]

按新唐書地理志：「代州北有大同軍，本大武軍，調露二年（680）曰神武軍，天授二年曰平狄軍，大足元年，復更名。」唐會要云：[105]「開元十二年三月四日改為大同軍。」考大武之名，玄宗開元初年猶見，通鑑：[106]「開元十一年二月，罷天兵大武等軍，

以大同軍為太原以北節度使。」又據唐書玄宗紀：[107]「開元四年六月，勅乾同羅蹋勃曳固僕骨五部落來附，於大武軍北安置」。大武既改為神武，又改為平狄，何得仍其舊名？則大同軍當非大武，而併雲十二年改稱大同誤也。大足元年改為大同之說亦非。然則大同，大武，平狄，神武等軍，皆在代州，各為軍耶！

橫野軍

通典：「橫野軍，在安邊郡東北百四十里，開元中，河東公張嘉貞移置，管兵七千八百人。」

按通鑑：[108]「開元六年二月戊子，移蔚州橫野軍於山北，屯兵三萬，為九姓之援。」唐會要曰：[109]「橫野軍，……開元六年六月二十三日張嘉貞移于右代郡大安城南，以為九姓之援。天寶十三載十二月一日，改為大德軍。」

天安軍

新唐書兵志：河東道有天安軍。

按新唐書地理志：「代州西有天安軍，天寶十二載[110]置。」

清塞軍

新唐書地理志云：「朔州西有清塞軍，本清塞守捉城，貞元十五年(799)置軍。」[111]

按新唐書王忠嗣傳：「天寶元年……築大同靜邊二城，徙清塞橫野軍實之。」是天寶初清塞以為軍也，兵志不及非是。[112]

雲中守捉

通典：「雲中郡守捉，東南去單于府二百七十里，調露中，裴行儉破突厥置，管兵七千七百人。」

按新唐書地理志：「雲州有雲中樓煩二守捉城。」[113]

樓煩守捉

舊唐書地理志：「忻州在太原府北百八十里，管兵四千人。」嵐州在太原府西北二百五十里，管兵三千人。」[114]

按通典：定襄郡管兵三千人，與舊志數不同。又新唐書地理志，忻代嵐三州皆有守捉兵。

岢嵐守捉

據唐舊地理志：「岢嵐軍，在嵐州北百里，管兵一千人。」

按唐會要：岢嵐軍，武德中為鎮，永淳二年(683)改為柵，隸平狄軍。長安三年(703)李迴秀改為岢嵐軍，周大武軍……其後又改為軍。又新唐書地理志：「嵐州嵐谷有岢嵐軍……景龍中，張仁亶徙其軍於朔方，留者號岢嵐守捉，隸大同。」[115]

和戎軍

按新唐書方鎮表：「景雲二年，置和戎大武等軍州節度使。」則河東道嘗領有和戎軍，然諸史皆不數之，豈於開元時已廢耶？

范陽節度使

據唐書地理志：「范陽節度使，理幽州，管兵九萬一千四百人。」[116]

經略軍

據唐書地理志：「經略軍，在幽州城內，管兵三萬人。」

威武軍

通典：「威武軍，在密雲郡城內，萬歲通天二年(697)置，管兵萬人。」[117]

清夷軍

按新唐書地理志[118]:「媯州有威武軍,萬歲通天元年置,本清夷軍。開元十九年更名。」又唐會要[119]云,大足元年改置也。

靜塞軍

併唐書地理志:「清夷軍,在媯川郡城內,垂拱中,刺史鄭崇道置,管兵萬人。」

按唐會要[120],「漁陽軍在幽州北盧龍古塞,開元十九年九月十七日改為靜塞軍。」考新唐書地理志[121]:「薊州南二百里,有靜塞軍,本障塞軍。開元十九年更名。」則靜塞軍非改自漁陽,且漁陽改為威武,已見前論,會要恐誤。

恆陽軍

通典:「恆陽軍,在常山郡城東,開元中置。又曰,管兵六千五百人。」

按新唐書地理志[122],鎮州有恆陽軍,唐書玄宗紀[123]:「開元十四年四月辛丑,於定恆莫易

清等五州置軍,以備突厥。」恆州所置即恆陽軍也。然通鑑載:「先天元年八月,恆定州境置恆陽軍,則恆陽軍早置於先天初也。又唐六典,橫海、高陽、唐興、恆陽、北平,等五軍皆本州刺史為使。」與通典異。舊唐書地理志注云:「其兵各一萬人」,與通典所紀,管兵三千五百人,其數亦不同。

北平軍

併唐書地理志:「北平軍在定州城西,管兵六千人。」

按開元十四年置。又元和郡縣志[124]恐誤。

高陽軍

併唐書地理志:「高陽軍,在易州城內,開元十年置,會要云[125]二十年移在易州,非是。元和郡縣志[126]云,於恆定莫易置軍,易州所置即高陽軍也。

唐興軍

通典:「唐興軍,在文安郡城內,管兵六千人。」

按新唐書地理志[127],莫州有唐興軍。開元十四年置。

據唐書地理志謂在瀛州城內，誤。

橫海軍

通典：「橫海軍，在景城郡西南，管兵六千人。」按新唐書地理志，滄州西南有橫海軍。開元十四年置，天寶後廢。據唐書地理志謂在滄州城內，疑誤。

安塞軍

新唐書兵志，范陽道有安塞軍。按新唐書地理志，「幽州西南有安塞軍」。

納降軍

新唐書兵志。按新唐書地理志，幽州有納降軍，本納降守捉城，故丁谷川也。

渤海軍

新唐書兵志。按新唐書地理志：莫州北有渤海軍，又冊府元龜云：「玄宗先天元年八月乙巳，於河北瀛州北界置渤海軍，瀛陽軍。媯蔚州界置懷柔軍，每軍置兵五萬人。」

瀛陽軍

按先天元年置，在瀛州北界。諸史皆不載，未詳。

懷柔軍

新唐書兵志。按唐會要：「懷柔軍在媯蔚二州之境。」新唐書地理志，「懷柔軍在蔚州界。」

鎮遠軍

新唐書兵志。按新唐書地理志，蔚州有雄武軍，故黑城川也。

雄武軍

按新唐書地理志：懷戎有鎮遠軍，故廣漢川也。

防禦軍

按新唐書地理志，幽州昌平有防禦軍，古夏陽川也。

寧武軍

廣邊軍

按新唐書地理志，「媯州懷戎西有寧武軍，又北有廣邊軍，故白雲城也。」則范陽節度使應管此二軍，兵志等皆不數，恐遺漏也。

熊花軍

按李翰裴吳將軍射虎圖贊序：「開元中，山戎寇邊，玄宗命將軍（裴旻）守北平州，且充龍苑軍使，以捍薊之北門。」[141]則玄宗時范陽常有龍苑軍。

平盧軍節度使

按舊唐書地理志謂管兵萬七千五百人，疑誤。

通典：「平盧軍節度使，理柳城郡，管兵三萬七千五百人。」

平盧軍

通典：「平盧軍，在柳城郡城內，開元初置，管兵萬六千人。」

按新唐書地理志：[142]「營州有平盧軍，開元初置。」新唐書兵志不數及之誤也。

盧龍軍

通典：「龍盧軍，在北平郡城內，管兵萬人。」

按新唐書地理志：[143]「平州有盧龍軍，天寶二載置。」

安東都護府

舊唐書地理志：「安東都護府，在營州東二百七十里，管兵八千五百人。」

懷遠軍

唐會要：[144]「懷遠軍，在故遼城，天寶二年二月，安祿

山奏置。」

按新唐書地理志，「安東都護府有懷遠軍，天寶二載置。」兵志唐會要屬范陽節度，誤也。

保定軍

按新唐書地理志：安東都護府有保定軍。兵志云[145]若盧龍軍屬范陽節度，非是。

諸守捉

新唐書兵志：[146]「若盧龍軍一，東軍等守捉十一曰平盧道。」

按新店書地理志，薊州燕樂東北百八十五里，有東軍，北口二守捉。[148]薊州東北九十里有洪水守捉，又東北三十里有渝關守捉。又營州東有燕郡守捉，又[147]百八十里有渝關守捉城。安東都護府有安東守捉，共十一守捉。通典云：「渝關守捉，在柳城郡西四百八十里，管兵三千人。」餘未詳。又燕郡守捉，兵志作鎮安軍屬范陽，誤也。

劍南節度使

舊唐書地理志：「劍南節度使，治在成都府，管兵三萬九百人。」

團結營

舊唐書地理志：「團結營，在成都府城內，管兵萬四千人。」

威戎軍

新唐書兵志。

按新唐書地理志：劍南道茂州彭州皆有威戎軍兵志敷其一，未詳。

安夷軍

新唐書兵志，劍南道有安夷軍。

昆明軍

通典：「昆明軍，在越嶲郡南，開元中移置，管兵五千二百人。」

按新唐書地理志：「嶲州西南有昆明軍，方鎮表云，開元七年，升劍南支度營田處置兵馬經略使爲節度使兼昆明軍使。」則昆明軍開元七年已置。

寧遠軍

通典：「寧遠軍，在越嶲郡西昆明縣南，開元中置，管兵五百人。」

洪源軍

按舊唐書地理志及通鑑作三百人，未詳。

通典：「洪源軍，開元三年陸象先置，管兵千人。」

按新唐書地理志，黎州有洪源軍。

通化軍

通典：「維川郡，通化郡西二百七十里，管兵五百人。」

按新唐書地理志：維州有通化軍。

松當軍

通典：「交川郡，在臨翼郡北百里，管兵二千八百人。」

按新唐書地理志：松州有松當軍，武后時置。

平戎軍

通典：「卒戎城，在恭化郡南八十里，開元二十八年韋仇兼瓊置，管兵一千人。」

按新唐書地理志，恭州西南有平戎軍。

天保軍

通典：「天保軍，在卒戎城東八十里，在維川郡東，開元二十八年，韋仇兼瓊置。兵千人。」

唐會要：「天保軍，在恭州東南九十里，開元二十九年置。」

按新唐書地理志：「保州天保郡：開元二十九年以

雟州之定廉置。天寶八年徙治天保軍，更郡名。」注云「有天保軍。」據通鑑載[158]二十七年以章仇兼瓊爲劍南節度使，次年取吐蕃安戎城，將兵守之。則平戎軍及天保軍當置在此年。會要云二十九年置襎也。

威遠軍

新唐書兵志。

按新唐書地理志[159]，榮州有威遠軍。

巂州

窩唐書地理志，巂州管兵五百人。通典同。

茂州

窩唐書地理志，茂州管兵三百人。通典同。

雅州

窩唐書地理志，雅州管兵五百人，窩志作柘州。

當州

窩唐書地理志，當州管兵四百人。

雲南軍

窩唐書地理志，當州管兵五百人。

通典：雲南軍管兵二千三百人。

按窩志：姚州有兵三百人，未詳。

南江郡

通典：「南江郡，在瀘川郡西二百五十里，管兵二千人。」

按窩志云管兵三百人，未詳。

悉州

窩唐書地理志，悉州管兵五千人。通典云管兵四百人。

靜戎軍

安定軍

威勝軍

鎮靜軍

新唐書地理志：澳州有威勝軍，資州有安定軍，遂州有靜戎軍。兵志通典皆不載，建置年月未詳。

守捉城鎮

新唐書[161]地理志：彭州導江有鎮靜軍，開元中置。

新唐書兵志：羊灌田等守捉十五，新安等城三十二，襎駕等鎮三十八。

按新唐書[162]地理志：彭州有羊灌田，朋筆，栩橋，三

守捉,導江有白沙守捉一,冀州有合江,穀熟,三谷,三守捉城,維州有乾溪至略它九守捉城,又有通耳至谷口等六守捉城。姚州有澄川南江二守捉城。總二十四守捉。與兵志異,城鎮之數亦多於兵志,知兵志記載有闕。

嶺南五府經略使

舊唐書地理志:「五府經略使,治在廣州,管兵萬五千四百人。輕稅本鎮以自給。」

廣州經略軍

新唐書地理志:「經略軍,在廣州城內,管兵五千四百人。」

清海軍

舊唐書地理志:「清海軍,在思[恩]州城內,管兵二千人。」

按唐會要謂,天寶元年置。

桂管經略軍

舊唐書地理志:「桂管經略使,治桂州,管兵千人。」

按新唐書地理志,桂州有經略軍

容管經略軍

舊唐書地理志:「容管經略使,治容州,管兵一百人。」

按新唐書地理志,容州有經略軍

安南經略軍

舊唐書地理志:「安南經略使,治安南都護府,即交州,管兵四千二百人。」

按新唐書地理志:安南都護府有經略軍。

邕管經略軍

舊唐書:「邕管經略使,在郎寧郡,管兵一千七百人,未詳。

按新唐書地理志,邕州有經略軍。又元和郡縣志作管兵一千一百人。」

長樂經略使

舊唐書地理志:「長樂經略使,福州刺史領之,管兵千五百人。」新唐書兵志云:「福州經略軍一,曰江南道。」

按新唐書地理志,福州有經略軍。

東萊守捉

舊唐書地理志:「東萊守捉,萊州刺史領之,管兵千人。」

按新唐書地理志:「萊州有東萊守捉,亦曰團結

東牟守捉

齋《唐書地理志》：「東牟守捉，登州刺史領之，管兵千人。」

按《新唐書兵志》云：「平海軍一，東牟東萊二守捉曰河南道。」考《新唐書地理志》：「登州有平海軍，亦曰東牟守捉。」《舊唐書玄宗紀》：「開元二十二年九月辛巳，移登州平海軍於海口安置。」是平海軍即東牟守捉，兵志重出非是。

1 70/2b。 2 《新唐書》50/5a。 3 5/8a。
4 《通典》172/1a-2a。下引本書之處，俱同此，如無須指明者，不另著卷葉。
5 《唐書》38/3a·6a。《地理志》。下引不著卷葉者同此。
6 215/1a-4a。
7 《趙紹祖》（前引者）6/9a。
8 172/1a·2a。按今本《通典》與《冠軍輅北庭節度使抑》，疑瀚海軍下有關兼《舊唐書》《地理志》可知。
9 992/3b，外臣部。
10 《新唐書》50/4b。
11 全上。
12 39/13a。警州注。
13 196a/7b。
14 43b/9a。
15 40/12b。
16 50/4b·5a。
17 43b/6b。
18 40/68b。
19 78/13b。
20 40/12a。
21 40/20b。隴右道，廳州下注。
22 103/1b。鄭處誨撰。
23 40/68b。
24 78/13b。
25 40/11b。
26 78/13b。
27 40/68b。
28 78/13b。
29 40/11b。
30 103/1b。
31 40/12a。
32 50/4b。
33 40/12a。
34 全上。
35 79/12a。
36 屠寄《蒙兀兒史記》1/18a。
37 78/12b。
38 40/10b。
39 78/12b。
40 40/11a。
41 78/12b。
42 40/11a。
43 215/1b。
44 78/12b。
45 40/11a。
46 78/12b。
47 全上。
48 40/10b。
49 40/10b。
50 97/6a·b。《新唐書》122/17b。鄭寬燾注。
51 40/10b-11b。
52 78/12b。
53 40/9b。
54 賀次君（前引文頁15）開在齊州城內非是。
55 9/3a。
56 40/8b。
57 78/11b。
58 196a/17b。
59 78/12b。
60 《嘉慶大新重修一統志》（四部叢刊續編影印清史館本）48/5b。
61 40/10a。
62 40/10b。
63 78/11a。
64 40/10a。
65 196a/17b。
66 40/8b。
67 39/16a。

68	40/8b.	69	78/11a, b.
71	9/14b.	72	40/9a.
74	135/2a.	73	仝上。
77	78/11b.	75	221/20a.
79	108/9a.	78	40/10a. 又元和郡縣志 39/19b.
82	53/9a.	80	122/19b.
85	78/9a.	81	仝上。
88	73/2b.	83	37/10a.
91	37/7b.	84	111/15a, b.
94	37/10a.	86	7/11b.
95	137/1a. 又廣唐書 120/1a. 參元和郡縣志 5/19a, b. 靈州條。	87	137/1a.
96	37/10b.	89	133/7b.
97	5/19b. 按今傳本天安軍作大安軍，疑誤。又稽蕃軍作橫蕃軍亦非。參	90	37/9b.
	注 96 所舉。	92	93
98	37/9b.	99	37/7b.
101	37/8a.	102	59/3a.
104	39/4b.	105	78/9b.
107	8/12a.	108	212/1b.
110	39/4b.	109	78/9b.
113	39/4a.	111	39/5a.
116	39/4a.	114	39/4a, b.
		117	78/14a.
		118	39/12a.

	纖筱唐文粹（四部叢刊民國十六至十七年上海商務印書館景印明嘉靖 1522-1566 刊本）24/12a.		
119	78/14a.	120	仝上。
122	8/24a.	121	39/12b.
125	5/9a.	123	22/7b.
128	22/8a.	124	210/14a.
131	39/11a.	126	78/14b.
134	992/3b. 外國部。	127	39/10a.
136	39/12b.	129	39/12a.
139	39/11b.	132	仝上。
141		130	39/12b.
142	39/13a.	137	仝上。
145	39/13b.	140	
148	39/12b-13b.	144	39/15a.
151	215/3a.	146	50/4b.
154	42/4b.	149	42/1b 又 42/3a.
157	42/3b.	152	42/3b.
160	42/1b, 2b, 6a.	155	42/5b.
163	78/16b.	158	214/22b-23a.
166	43a/11a.	161	42/1b.
169	50/5a.	164	43a/7a.
172	50/5a.	167	43a/4b.
		170	41/7b.
		173	38/7a.
		147	50/4b.
		150	42/3a.
		153	42/4a.
		156	78/16a.
		159	42/7b.
		162	42/1b-4b.
		165	43a/9a.
		168	43a/5b.
		171	38/7b.
		174	8/34b.

燕京學報

目錄

第二十五期 （定價八角）

證廣韻五十一聲類	陸志韋
戊戌政變時反變法人物之政治思想	陳鎏
宋詞科考	聶崇岐
中俄早期貿易考	劉選民
王鴻緒明史列傳殘稿	侯仁之
國內學術界消息（二十八年一月至六月）	容媛編
本期論文英文提要	

第二十六期 （定價八角）

不同的邏輯與文化並論中國理學	張東蓀
四庫著錄南宋詩話提要訂述	郭紹虞
唐五代韻書跋	陸志韋
唐寫本韻書的聲類	陸志韋
三四等與所謂「喻化」	陸志韋
孫子著作時代考	齊思和
太史公書稱史記考	楊明照
評馮著中國哲學史	李世繁
國內學術界消息（二十八年七月至十二月）	容媛編
本期論文英文提要	

第二十七期 （定價二元）

宋遼交聘考	聶崇岐
王守仁的門人黃綰	容肇祖

第二十八期 （定價二元）

商王名號考	陳夢家
所謂「昇薺日記」者	程明洲
南戲與北劇之變化	凌景埏
王明清揮麈錄辨證標題	張家駒
四罪輯	鍾鳳年
下花園之北魏石窟	鳥居龍藏
國內學術界消息（二十九年一月至六月）	容媛編
本期論文英文提要	

第二十八期 （定價二元）

說文廣韻中間聲類轉變的大勢	陸志韋
試擬切韻聲母之音值並論唐代長安語之聲母	陸志韋
卜辭弜弗通用考	張宗騫
郭象莊子注是否竊自向秀檢討	楊明照
由經典釋文試探莊子古本	壽普暄
宋魏漢津樂與大晟府	凌景埏
馮惟敏及其著述	鄭騫
契丹黑山黑嶺考	鳥居龍藏
燕吳非周封國說	齊思和
五音七音述攷	王靜如
國內學術界消息（二十九年七月至十二月）	容媛編
本期論文英文提要	

總代售處　北京隆福寺街文奎堂

尹洙之年壽

聶崇岐

尹洙字師魯，宋河南人。登天聖二年進士第，授絳州正平縣主簿，調河南府戶曹參軍，邵武軍判官，遷知河南府伊陽縣。召試，充館閣校勘，以黨范仲淹貶監郢州商稅，徙唐州。丁外艱，服除，知河南府長水縣，轉陝西經略判官。徙通判濠州，泰州，徙知渭州，改知潞州僉管勾涇原經略部署司事。坐與邊將異議，移知晉州，潞州。累官朝奉郎起居舍人直龍圖閣。洙在渭州時，嘗以公使錢貸部將，後爲仇者所訟，詔崇信軍節度副使，徙監均州酒稅。得疾，北上求醫，卒於南陽。洙資兼文武，徒以遭時不偶，未竟其用，齟齬困躓，抑鬱以終，寔北宋政治上一大損失也。

洙既卒，其友人范仲淹爲經紀喪事，孫甫爲作行狀；及韓琦爲作墓表，歐陽修爲作墓誌。今行狀已佚，墓表及墓誌尙存（韓琦安陽集卷四十七故崇信軍節度副使檢校尙書工部員外郎尹公墓表，歐陽修居士集二十八尹師魯墓誌銘。）二文於洙之生平出處，臚敘甚詳，皆可觀覽。惟於洙之年壽，琦云四十七，

修云四十六，微有差異；其中必有一誤，可以斷言。至孰是孰非，則須參證他書，方能判別，今試一探究之。

宋史卷二百九十五，王偁東都事略卷六十四，曾鞏(?)隆平集卷十五洙傳，皆云卒年四十七，與韓氏之說合。但史書輾轉鈔襲，不能信其必確，欲知洙之年歲，必先考其生卒乃可。洙之河南先生文集卷十四故三班奉職尹府君墓誌銘曰：

先君先夫人之第三子名湘，字巨川，年二十有四，天聖五年五月九日以疾卒。…仲兄洙泣而誌其壙曰，巨川少予三歲，幼同嬉遊，稍長俱就師，…。

按天聖五年爲西曆紀元一千零二十七，其年湘年二十四，洙長湘三歲，應爲二十七，則洙之生爲咸平四年，西曆紀元一千零一年。今洙之生年旣得，請再求其卒年。墓表謂洙卒於慶曆七年四月十日，墓誌未言年月。由其生年上推，倘洙卒享年爲四十六歲則應卒於慶曆六年卽西曆紀

元一千零四十六年；如為四十七歲，則應卒於慶曆七年即西曆紀元一千零四十七年。今據各書所記，知洙之卒決不在慶曆六年而為慶曆七年，其證如左：

一・證之洙文 河南先生文集卷十七，故金紫光祿大夫祕書監致仕上柱國清河縣開國子食邑六百戶食實封一百戶張公墓誌銘，及故朝奉郎司封員外郎直史館兼國賜緋魚袋張公墓誌銘末皆有「慶曆七年二月某日非於河南某鄉之原」之句。又卷十一別南京致仕杜少師啟云「某自春初臥病，開拜新命。……相公……今年俯七十，確然去位，德全道隆，終始無玷。……」杜少師名衍。李燾續資治通鑑長編卷一百六十三「慶曆七年正月戊子，尚書右承知兗州杜衍為太子少師致仕。衍年方七十。」洙致衍啟中既有「自春初臥病」之語，則啟之發當已不在春初，最早恐亦在二月。由此三文，知洙尚在人世。

二・證之范仲淹韓琦等祭文 范文正公集卷十，祭尹師魯文云「維慶曆七年四月十一日，具位某謹致祭於故龍圖舍人師魯之靈」。韓安陽集卷四十三祭龍圖尹公師魯文云「維慶曆七年某月朔某日，具官某謹以清酌庶羞之奠致祭於故龍圖舍人尹君師魯之靈。」二文

皆云慶曆七年，而范文作四月十一日，韓之墓表，則洙卒後一日也。

三・證之蘇舜欽詩 蘇學士集卷四哭師魯云「前年子漸死，予哭大江頭，今年師魯死，予方旅長洲。初聞尚疑惑，涕淚已不收，舉杯欲向口，荊棘生咽喉」。子漸名源，洙之長兄。據歐陽修居士集卷三十一太常博士尹君墓誌銘，源之卒在慶曆五年三月十四日。蘇詩以前年與今年對舉，依照習慣，前年比今年早二年。源既卒於慶曆五年，則洙卒當晚於源二年，應在慶曆七年。

四・證之范純仁文 范忠宣公集卷十五尹判官墓誌銘云「君姓尹氏，諱構，……師魯第三子也。師魯自鄧慶曆七年，先君文正公守南陽，時予侍行。師魯鄉與疾而來，託先公以後事……」此盆足證洙之卒在慶曆七年。

總之，由各方參考，知洙生於咸平四年，卒於慶曆七年（西曆紀元 1001-1047）似無疑義。墓表及宋史東都事略歷本集所述皆合，墓誌之作四十六歲則誤。夫歐陽修與洙，過從久而密，何致於洙之年歲，尚有誤記。余意此或後世鈔胥或手民之過，非修之誤也。

明之北邊備禦（兵備）

林樹忠

本文凡分五部：一設險，二兵備，三北邊邊政，四明對北邊之策略，五明代北邊邊忠。茲先發表其一。（著者）

一 鎮戍將領

明代北邊邊鎮戍之將領有四，曰總兵，曰總督，曰巡撫，曰中官。四者操邊鎮軍政之大權，總兵操一鎮之兵馬大權，最初權柄頗大，迨督撫設後，不免受督撫之制裁，故野獲編云：

此段記載頗足見督撫之威嚴，總兵雖秩位崇卑，然究為武臣，而提軍殺敵又為總兵之職責，其關係亦非淺鮮，按國朝典彙[2]云：

賈應作……言總兵以鎮守為職，而巡撫則贊理軍務，至統攝調遣又總兵任之，防守疎虞，軍餉不繼，奸弊不蓰，責在巡撫，若訓練不精，兵革不利，士馬不強，至

于畏縮殘害，罪在將官。

此數語可略見三者之關係及其責任，其詳情當於後分述之。

又明代宦官出鎮，自永樂始，為邊鎮害，嘉靖中廿一度裁革，唯後又恢復，至崇禎時宦官綱出鎮邊方，為患可謂烈矣。

甲 鎮守官制之設置及其責任

明代武事，初由都指揮使掌理，其後漸設總兵，主掌一鎮兵馬大權，其設置狀況及其下所屬將官，據大明會典[3]云：

凡天下要害地方，皆設官統兵鎮戍，其總鎮一方者曰鎮守，守一路者曰分守，獨守一堡一城者曰守備，與主將同守一城者曰協守，又有提督提調巡視備禦領班……等名，各因事異職焉。其總鎮，或掛將軍印，曰總兵，次曰副總兵，又次曰參將，又次曰遊擊將軍，次曰守備。

按當時總兵掛印稱將軍者，大同為征西前將軍，遼東為征虜

前將軍，宜府為鎮朔唯將軍，甘肅為平羌將軍，寧夏為征西將軍，延綏為鎮西將軍。在薊鎮不得稱將軍。總兵之職最初事權甚重，其後督撫先後設置，大權旁落矣，然巡撫仍稱贊理軍務，不過贊助總兵而已，迨後則職權多受巡撫之制裁，然其中亦有特例，如戚繼光守薊鎮之時，即操全權，文臣亦不得俯首聽命，野獲編云：

> 戚繼光在薊鎮，以總兵官加總理，專司訓練，兼督撫麾下牙將標兵俱聽操演調遣，生殺在握，文吏俱仰其鼻息，則江陵已特優假之，非他帥可比。

總兵與其部下禦敵之計劃步驟，據明史兵志云：

> 初邊政嚴明，官軍皆有定職，總兵官總鎮軍為正兵，副總兵分領三千為奇兵，遊擊分領三千，往來防禦為遊兵，參將分守各路，東西策應為援兵……其後皆廢壞云。

總兵之設置沿革，明史及其他各書，每祇以「舊設」二字了之，今洛考之如下：

遼東總兵官，據明史云：

> ……舊設，駐廣寧，隆慶元年（1567），令冬月移駐河東遼陽適中之地，調度防禦應援海州瀋陽。

據四鎮三關志云：

薊州總兵官據明史云：

> ……舊設，隆慶二年（1568），改為總理練兵事務兼鎮守。

據四鎮三關志云：

> 鎮守總兵，永樂二年（1404）設，或為總理練兵事務，同知一員鎮守。隆慶二年（1568）改為總理練兵事務兼鎮守。

宣府總兵官，據皇明世法錄云：

> 永樂七年（1409），置鎮守總兵官，佩鎮朔將軍印，駐鎮城。自是始稱宣府鎮總兵。用公侯伯都督等官。

大同總兵官，按三雲籌俎考所載汪興祖來守大同，恐為宣德間，又設山西陝西二總兵，據明史職官志載：

> 武興山三衛剛敗元兵新遷其來此將臣鎮守大同之始。
> 山西及陝西二總兵，據明史職官志：
> 宣德間，又設山西陝西二總兵。

其餘甘肅寧夏延綏三處，或在洪熙以前即設總兵官，董倫明史職官志：

> 諸〔將軍〕印，洪熙元年（1425）制頒。

鎮守總兵（洪武七年（1374）設總兵，或侯或伯一員充任，今用都督僉事或同知鎮守。

以上係九邊總兵設置之情形，今試論其責任，按有明一代，九邊總兵設置甚久，論其責任者，見於皋明九邊考之坐名勅書今錄其大要於下：

遼東鎮守總兵官一員駐劄廣寧城，坐名勅書：責任撫恤士卒，操練軍馬，修理城池邊牆墩臺關防馬市，懷柔諸夷，保障地方，凡事與鎮守太監巡撫都御史協和計議而行，不許偏執壞事，副參以下，悉聽節制。……

薊州鎮守總兵官一員駐劄三屯營城坐名勅書：責任務在操練軍馬，督修邊城，內防奸宄，外禦賊寇，凡事須與鎮守內臣并巡撫都御史計議停當而行……三路分守備等官，悉聽節制。

宣府鎮守總兵官一員駐劄宣府鎮城坐名勅書……責任務要操練軍馬，修理城池，督瞭墩臺，防禦賊寇，撫恤士卒，保障居民，凡一應邊務，須與鎮守太監巡撫都御史計議停當而行，……或有因循偽事，責有所歸。

大同鎮守總兵官一員駐劄大同城……責任操練軍馬，修理城池，督瞭墩臺，防禦虜寇，撫恤士卒，保障居民，凡一應戰守機宜，須與鎮守巡撫內外官員，計議停當而行……如或詢私偽事，責有所歸。

三關鎮守山西副總兵一員駐劄偏頭關……責任常在偏頭關駐劄，遇有聲息，督率官軍相機捍禦，其操練軍馬，修理城池等項公事，仍與巡撫都御史公同計議面行，……如或循偽事，責有所歸。

榆林鎮守總兵官一員駐劄榆林城……責任操練軍馬，修理城池，嚴明號令，防禦虜賊，撫恤士卒，一應戰守機宜，須與鎮守巡撫內外官員計議停當而行，各路副參以下，悉聽節制……如或營利循私，懷奸偽事，跡若昭彰，法難輕貸。

寧夏鎮守總兵官一員駐劄寧夏城；甘肅鎮守總兵官一員駐劄甘州城；二者責任，與榆林鎮守所者相同。

固原鎮守陝西總兵官一員駐劄固原城……責任操練軍馬，撫恤兵民，修理城池，防禦賊寇，若遇有警，一於固原等處應領軍殺賊，凡軍旅等項一應事務，須與巡撫都御史公同計議停當處置，事有應與巡按三司會議者亦須從長定議而行，不許偏執己見，有誤事機，必須持廉秉公，正己率下，務俾地方寧靖，事安人安，庶稱厥任，毋或貪肆，以取罪戾。

乙 督撫官制之設置及其責任

有明一代，北邊軍事，皆由總兵鎮守一方，抵禦敵寇，而總兵之設，不限於邊陲，其權力頗大，前節已略言之矣。唯其後則常以文臣監督之，與邊將公同計劃軍政大事，以免武臣之跋扈獨斷，文臣監督最貴者曰總督，曰巡撫，而其職掌則行御史臺之職也。今將二者之設置及其責任分論於下：

總督

按總督之設，據續文獻通考[15]：

考之紀志，總督之名，自正統四年（1439）王驥征麓川始，後以軍興，因地增設。

考此段記載，係就邊腹而言，而有關北邊禦敵北虜者，則有三總督焉。一爲總督陝西三邊軍務；二爲總督宜大山西等處地方軍務彙理糧餉；三爲總督薊遼保定等處軍務彙理糧餉：其職權極重，而總兵之權，則因之意小矣。野獲編[16]云：

國初武事，俱寄之都指揮使，司後設總兵，事權殷貳……先朝公侯伯專征者，惜列尚書上，自建總督後，總兵索率約束，卽世爵俱不免庭趨。

由此觀之，亦足見巡撫與總督之特貴矣，夫旣有巡撫，又何故而設總督乎？蓋因巡撫與總兵軍權常有不統一之處，且因各

邊防禦，常須共同合作，事權統一，則調度敏捷，不致因循坐誤戎機，以致敗北也，據明通鑑[17]云：

〔弘治十年（1497）〕一月，命王越總制延綏甘肅寧夏三邊，先是刑部主事張鼎上言，陝西八府三邊，俱有填守總兵，而巡撫都御史不相統一，遇事各爲可否，有警不相救，宜推文武兼濟者一人總制三邊……下所司議，設制府於固原，控制三邊。

總督設立之原因，旣已略言之矣，今試論其設立之經過，按總督之設，其初情形，蓋所謂有事而置，事已則革，不爲恆也，總督之名稱，其名不一，或曰「提督」，或曰「總理」，或曰「制」字而改爲總督，然後其名稱始劃一焉，嘉靖十九年進「制」字而改爲總督，固無一定之名稱也，迨其後於今依據申時行等所撰之大明會典[18]，將其設置經過，及其應負之責任，表錄於左：

設置經過	責任
總督陝西三邊軍務一員弘治四鎮兵馬錢糧一應軍務，從十年（1497），議遣重臣總制宜處置，鎮巡以下並聽節制陝西甘肅延綏寧夏軍務，軍前不用命者，都指揮以下十五年（1502）以後，或設或聽以軍法從事，〔嘉靖〕十八革，至嘉靖四年（1525）始定年（1539）奏准，三邊總督於

設。

總督宣大山西等處軍務兼理糧餉一員…景泰二年（1451）鎮巡以下並管糧郎中，俱聽節制，嘉靖間命總督官兼督理糧餉…三十八年（1559）令防秋日總兵領標兵駐宣府東路…四十三年（1564）命宣大總督移駐懷來，以備南山一帶…隆慶四年（1570），令總督移駐陽和，六年（1572），命防秋畢日各兵備副參以下文武官悉聽總督官查覈功罪舉劾。

化弘治間，有弊則遣，無事則止，正德八年（1513）設總制，時設時革，至嘉靖二十九年（1550）始定設。

遣尙書總理宣大軍務，成化弘治間，有弊則遣，無事則止，正德八年（1513）設總制，時設時革，至嘉靖二十九年（1550）始定設。

五六月間親臨花馬池調集延寧奇遊等兵赴平房城等處倂力防禦，…及秋盡冬初，邊腹收成俱畢，方許照常居中調度。

總督薊遼保定等處軍務兼理糧餉一員。先年薊遼有督，間遣貴臣巡視，或稱提督，嘉靖二十九年（1550），以虜

患始改爲總督薊州保定遼東軍務…三十三年（1554）…移總督駐密雲…而總督遂定設不革。萬曆九年（1581）加兼巡撫順天等府地方，十一年（1583）除巡撫如故。

明代頗重總督之選，蓋邊方重臣，莫邊於總督，其有關大局者，良非淺鮮，故朝廷對於選人任職，極爲重視，明史高拱傳云：[19]

又以時方發邊事，請增置兵部侍郎，以儲總督之選，由侍郎而總督而本兵，中外更番，邊材自裕。

由此可知總督所佔之地位矣，按有明一代，歷任總督留有功績者，在宣大則有王越，余子俊，翁萬達，王崇古等，在三邊則有王越，余子俊，翁萬達，王崇古等，在薊遼保定則有楊博，譚綸；任三邊則有王越，楊一淸，曾銑，皆斐聲朝野，名垂史簡，其議論功績，當於後編略加敍論，唯吾人所應注意者，即有明一代，傾全力於防禦北邊，歷代多有名將。然勢仍未振，屢以敗北，讓名臣如余子俊，王崇古等，其主要策略亦採取守勢和戰，他更無論矣。

巡撫

巡撫之職責，亦為監督武臣，唯其位則次於總督，其名稱之由來，起於懿文太子陝西之行，其後明廷每遣廷臣巡撫各處地方，事畢復命，或即停遣，蓋初無定設也，初名巡撫，又名鎮守，但後改為巡撫兼都御史，據國朝典彙云：

撫，又名鎮守，但後改為巡撫兼都御史，據國朝典彙云[20]：

國朝初制，歲遣監察御史巡按方隅，或大難重患，乃遣廷臣行視，事畢即止，無定員也……正統末之廷臣犯邊，於是內省邊隅，偏置巡撫官矣。

[景泰二年](1451)時議以鎮守侍郎與巡按御史不相統屬，文移往來，多窒礙難於行事，改為巡撫都御史。

巡撫一職設立後，於天順元年(1457)曾廢置一次，因以文臣提督各邊軍務，武臣不得操權之故能之，但未幾邊徼騷然，因李賢之言，於翌年實立巡撫之職。蓋行之既便，不能以人力強廢除也，按巡撫兼軍務者加提督，邊方領制置之權，腹裏兼運輸之理或參贊，「秩皆都御史，邊方領制置之權，腹裏兼運輸之職，手持敕旨，以便利行事。」[21]其腹內巡撫之設立及責任非本文所及，今僅將九邊所設之巡撫，參以大明會典及皇明九邊考[22]將其責任設置列表於下：

鎮名	設置沿革	責任(依皇明九邊考)
遼東	巡撫遼東地方贊理軍務一員。正統元年(1436)遣都御史巡撫，遂為定制。後加提理軍務，駐一應邊機軍務須與同事內外守臣計議停當而行，分守備官，悉聽節制。	防禦虜寇，操練軍馬，修理城池，聽理詞訟，區副根儲，釐革奸弊，保障軍民，遼陽，後地日廣，移駐廣寧。
薊州	撫順天地方一員。……成化二年(1466)始設都御史贊理軍務……八年(1472)以畿輔地廣，從居庸關中分為二巡撫，其東為整飭薊州等處邊備巡撫順永二府都御史，以居庸等關隸之，駐遵化，萬曆九年(1581)革，十一年(1583)復設。	責任與遼東同。
宜州	巡撫宣府地方贊理軍務	責任與遼東同。

府	大同	同山
一員。正統元年(1436)，命都御史出巡塞北，凡兵糧邊備並聽節制，巡撫之設自此始，然或兼理大同，不專一鎮，至成化十四年(1478)始定設，後加贊理軍務。	巡撫大同地方管理軍務一員。永樂六年(1408)，命都御史出鎮大同，旋罷。正統元年(1436)，始與宣府共設巡撫，至景泰三年(1452)，大同始專設，後復兼理，至成化十年(1474)復專設加贊理軍務一員。	巡撫山西地方兼提督雁門等關軍務一員。宣德五年(1430)，命兵部侍郎巡撫河南山西，至正統	責任與遼東同。	責任巡撫山西地方兼提督雁門寧武偏頭三關兵備，殷督各關操練軍馬，整理器械，修築城池，墩臺關堡兼督糧

西	延
十三年(1448)始命都御史專撫山西鎮守雁門，機邊殺，凡一應軍中邊務，須與副總兵公同計議停當而行，守備兵備等官悉聽節制，嘉靖間給旗牌四面，隆慶三年(1569)，令秋冬暫駐寧武關就近撫腹裏地方，撫安人民，調度定為巡撫山西提督雁門等關都御史。	巡撫延綏等處管理軍務一員。宣德十年(1435)，遣都御史出鎮而無專設，景泰元年(1450)，以都御史參贊軍務，遂為定制，成化九年(1473)，徙鎮榆林，隆慶六年(1572)加贊理軍務。	責任訓練兵馬整飭邊備，防禦賊寇，督理屯田糧草，修理水利衣甲器械，務要齊備鋒利，沿邊各城堡墩臺錢糧，照依榜例，督令以時修繕糧草，務必克足，尤須撫恤士卒，禁約官軍頭目，不許貪圖財利，科斂下人，役占軍餘，私營家產，遠者輕則慰情發落，重則奏聞區處，一應軍務事情，悉聽從宜處置，該與鎮守總兵官公同

綏 [延綏]	寧[夏]	甘 肅	固 原
巡撫寧夏地方贊理軍務責任同榆林[延綏]者，公同從長計議而行。	一員。宣德六年(1431)命侍郎理陝西甘肅寧夏屯政，十年(1435)命都御史鎮守陝西延綏寧夏等處，未有專職，正統元年(1436)，以都御史鎮撫寧夏地方參贊軍務整飭邊備，遂有定制，天順元年(1457)革，二年(1458)復設，去參贊軍務，隆慶六年(1572)加贊理軍務。	巡撫甘肅等處地方贊理軍務一員。宣德十年(1435)命侍郎鎮守甘肅，正統元年，甘涼多事，命侍郎參贊軍務，革奸弊，均分灌田水利，禁與販私茶關防經過朝貢番使，撫治附近羈縻番夷，凡出鎮，於是甘肅以文臣責任務要操練軍馬，撫綏軍士，修理城池墩臺關隘整飭器械盔甲什物彙理粮儲，禁革奸弊，均分灌田水利，嚴禁與販私茶關防經過朝貢番使，撫治附近羈縻番夷，凡	巡撫陝西地方贊理軍務一員。宣德間命右都御史出入更代鎮守，景泰三年(1452)改都御史巡撫，遂為定制，成化二年(1466)加提督軍務。後改贊理軍務。駐西安防秋駐固原。

參贊，遂為定制。景泰元年(1450)，定為巡撫停當而行，副參以下，悉聽節制。至隆慶六年(1572)改為贊理軍務。

責任操練軍馬，修理城池，措置粮儲，禁革奸弊，時密在於腹裏往來撫安軍民，退御史出鎮，正統間命右都郎出鎮。宣德間命右都侍巡撫陝西地方贊理軍務一員。

事須與鎮守太監總兵官計議

丙　鎮守內臣之設置及其裁革

明代北邊鎮戍將領除總兵督撫之外，尚有內臣鎮守各邊之舉，按鎮守太監，始於永樂之時，蓋成祖奪取天下，宦官多出力效忠，故認為可信而軍用之，據拿山堂別集云：

八年[永樂](1410)都督譚靑等營，有內官王安王彥之三保脫脫案此內臣監軍之始也，然名大靑等後，

又據弇山堂別集[24]云：

其年〔洪熙元年〕（1425）二月，敕甘肅總兵官都督費瓛鎮守太監……王安案此鎮守之始見者也，計永樂末已有二矣。

而大明會典云[25]：

其鎮守內臣，自永樂初，出鎮遼東開原及山西等處，自後各邊以次添設，而鎮守之下，又有分守、守備監槍諸內臣。

其設置年代，據遼東志[26]所載：

遼東鎮守內臣，永樂間始于王彥，彥父薩理嘗率內附，從征所向有功，因貴成王彥以撫東夷。監鎗內臣始于宣德三年（1428），太監楊宜管收神鎗，開原分守監臣始于正統二年（1437），改楊宜以充任，以後遂成故事，相沿羞委。

此等鎮守內臣，不明軍事政治，濫作威福，極為邊方之累，故景泰元年（1450），巡撫山西副都御史朱鑑曾諫能中官監軍而不能從，明通鑑[27]云：

朱鑑上言、病見王振亂天下……夫孕歸朝廷則治，歸官則亂……悉能監軍中貴……上雖嘉納之，不能從。

明史職官志[28]：

永樂間設內監……軍紀日以惰毀，既而內監添置益多，鎮守內臣為患之烈也。世宗時巡撫遼東都御史潘珍巡按御史朱孔陽會奏裁革內臣，其疏[29]云：

本鎮密邇畿輔，僻在東隅，……而內臣三員，其何以足知鎮守內臣為患之烈也。世宗時巡撫遼東都御史潘珍巡按御史朱孔陽會奏裁革內臣，其疏[29]云：

本鎮密邇畿輔，僻在東隅，……而內臣三員，其何以堪，且監鎗所司，止于一事，又與鎮守同居一城，厚領鎗銃多給城堡自有主者，知所慎顧，所謂監督不過潘書冊籍會計數目耳，開原……監承參將，朝夕共處，儘陳易生，……夫……撫勸苟得其道，控制或可無虞，官多民擾，在在為病，而窮邊尤甚，鎮守之設，無補地方之安危，徒費歲月之供億，以上各官，所常裁革。兵部議復，是年〔嘉靖八年〕（1529）革去監鎗及開原分守，鎮守仍留。

至鎮守內臣之廢除，據大明會典[32]云：

嘉靖十七年（1538），令鎮守內臣原不係太祖定制，次第裁革，十八年（1539）盡數取回，于是邊政肅清，軍民稱便。

而王世貞亦云：「嘉靖之始，不還殷鑑，……次領收革諸鎮監軍，朝野賀之，邊腹為之回色」。九邊考則對薊州、三關、固原之有無鎮守內臣之吐氣，未有記載，而其餘諸鎮，皆係嘉靖十

八年(1539)裁革鎮守中官，未提及十七年(1538)之事，疑係嘉靖十七年(1538)下裁革之旨，而於十八年(1539)始實行裁革也。至鎮守太監駐劄之地，遼東者駐劄廣寧城，宣府者駐劄宣府城，大同者駐劄大同城，榆林者駐劄榆林城，寧夏者駐劄寧夏城，甘肅者駐劄甘州城，皆於十八年(1539)裁革。

明代宦官，自永樂以後，擅威日大，以致明祚不可收拾，推其源則瑩自成祖親信內臣，致遺後日無窮之禍患，故明史云[52]：

「蓋明世官官出使專征，監軍分鎮，刺臣民隱事諸大權，皆自永樂間始。」則宦官之威權，可謂大矣，世宗雖一度裁革內臣出鎮，而其後仍命內臣出鎮參與軍事，為邊方患。天啟四年(1624)，虜騎入犯，復命內閣提督京營，又命太監劉應坤等分鎮山海關等處，思宗即位，撤各邊鎮守內官，三朝野紀載[33]：

撤回各邊鎮守內官，諭兵部曰：「軍旅大事，必事權一而後號令行，刻官官觀兵，古來有戒，今于各處鎮守內官，盡行撤回，一切相度機宜，約束吏士，無事修備，有事却敵，俱聽督撫便宜調度，無復委任，體統相轄，各督撫諸臣...務殫竭忠贊，以副朕懷。」

而四年(1624)九月復命太監唐文征提督京營戎政，王坤往宣

府，劉文忠往大同，劉允中往山西各監視兵餉，十月命太監張國元往薊鎮東協，王之心中協，鄧希詔西協各監軍，崇禎八年(1635)又撤鎮守太監。諭皇小識載[54]：

罷各鎮守視太監，諭曰：「朕御極之初，撤遣內鎮，聚天下事悉以委之大小臣工，比者多營私圖他民艱，...朕不得已，用成祖監理之例，分遣內臣監視，添設兩部總理，雖一時權宜，亦欲諸臣省咎引罪，今經制粗定，兵餉稍清，諸臣應亦修改，其將總理監視等官，盡行撤回，以信朕之初心...惟關寧密邇東兵，高起潛著削去總監字樣，督理如故。」

其後思宗雖撤太監出鎮，仍楊信任之，故三野野紀云[35]：

以張元佐為兵部右侍郎鎮守昌平，同時遣內臣提督天壽山者，肯卽日往，上語諸閣臣曰：「內臣卽日就道，而侍郎三日未出，何怪朕之用內臣耶。」閣臣默然。

蓋明代自成祖信任宦官，歷朝軍政大患，每為宦者所把持，而鎮守內臣為邊方軍政之大患，雖屢經裁革，終鮮實效，至思宗之時，距明亡僅已數年，而宦官之權，猶極怜大，則其為國家之患，亦可謂極烈矣。

1 沈德符野獲編（清同治八年（1869）錢唐姚氏扶荔山房重校刊本）卷二十二葉五上。

2 徐學聚國朝典彙（明天啓四年（1624）蘭谿徐氏刊本）卷五十五頁六十八上下。

3 申時行等續修大明會典（明萬曆十五年（1587）刻本）卷一二六頁八十四上。

4 沈德符（前引書）22/5a。

5 張廷玉明史（民國二十年（1931）上海中華書局據武英殿本）卷九十一頁五下。

6 張廷玉（前引書）卷七十六頁七下。

7 劉效祖四鎭三關志（燕京大學圖書館鈔本）卷二十頁一二四上。

8 張廷玉（前引書）卷七十六頁七下。

9 劉效祖（前引書）卷十八頁六十四上。

10 陳仁錫皇明世法錄（明刊本）卷六十三頁一下。

11 王士琦三雲籌俎考（國立北平圖書館善本叢書民國二十六年（1937）上海商務印書館影印本）2/3b-4a, 3/3b, 4/3b, 5/3a-b, 6/3b, 7/4b, 10/3a-b.

12 張廷玉（前引書）卷七十六頁七上。

13 全上。

14 魏煥皇明九邊考（國立北平圖書館善本叢書民國二十六年（1937）上海商務印書館影印本）卷一頁十四上下。

15 清高宗敕撰續文獻通考（民國二十四年（1935）至二十六年（1937）上海商務印書館萬有文庫十通影印本）卷五十四頁三三八七上。

16 沈德符（前引書）卷二十二頁五上。

17 夏燮明通鑑（光緒二十三年（1897）湖北省書處復校刊）卷三十二頁二十一下至二十二上。

18 申時行（前引書）卷二〇九頁十六下至十七上。

19 張廷玉（前引書）卷二一三頁六上。

20 徐學聚（前引書）55/11a.

21 清高宗御撰明臣奏議（武英殿聚珍板叢書清光緖二十一年（1895）廣雅書局刊本）卷二〇九頁十八下至十九下。

22 魏煥（前引書）2/3b, 3/3b, 4/3b, 5/2b, 6/3a-b, 7/3b-4a, 8/4b, 9/3b, 10/3a. 申時行（前引書）卷九十頁十下。

23 全上，卷九十頁十一上。

24 王世貞弇山堂別集（廣雅書局刊本）卷九十頁十下。

25 畢恭遼東志（遼海叢書民二三（1934）遼海書社出版〔大連右文堂館印本〕）卷七頁五上。

26 申時行（前引書）卷一二六頁八十四上下。

27 夏燮（前引書）卷二四頁二十八上下。

28 張廷玉（前引書）卷七十二頁一下。

29 畢恭（前引書）卷七頁五上下。

30 申時行（前引書）卷一二六頁八十四下。

31 王世貞（前引書）卷九十頁十二下。

32 張廷玉（前引書）卷三〇四頁一下。

33 李鐸三朝遼紀（古帆山房集印刺裱佚史本）4/11a.

34 文秉烈皇小識（民元上海商務印書館明季稗史初編館印本）4/5a.

35 李鐸之（前引書）6/9b.

二 邊兵設置及其額數

甲 邊兵設置沿革

明自太祖驅逐胡元，北定中原以後，即度天下要害之地，偏置衛所，分執防禦之事，「係一郡者設所，連郡者設衛……其取兵有從征，有歸附，有謫發，從征者，諸將所部兵既定其地，因以留戍，歸附則勝國及僭偽諸降卒，謫發以罪邊隸為兵者，其軍皆世籍」[1]。而沿邊亦設有衛所，分兵戍守沿邊關塞，如洪武二年（1369）從推雲龍之言「自永平薊州密雲迤西二千餘里，關隘百二十有九，皆置戍守於紫荆關及蘆花嶺設千戶所守禦」[2]，十五年（1382）「又於北平都司所轄關隘二百，以各衞卒守戍」[3]。太祖復從山西行都司之言，聽邊民自備軍械，閒結防邊，所謂土著兵是也，由此觀之，則明初邊兵，係由謫發歸附從征之衞所軍士及土著兵相合而成者，此係就平時守禦而言，若遇邊方危急之時，則調他衞軍住戍。至永樂時，始命內地軍番戍，關之邊，班此種制度，頗有不便之處，如李侃奏言：

塞北之地與窮荒無異，非生長其間者，未有能寧居而禦敵者也。今南人戍西北邊，怯風寒，聞寇股栗，而

北人戍南，亦不耐暑，多瀉泄，宜令南北清勾之軍各戍本土更補，人情交便，戍政將修，時不能用。

卽可代表此頹弊端。而內地軍番戍邊鎮，三年深為邊軍之苦，故「寧夏備邊軍半歲一更，後邊事殷，軍士日久疲隨」[5]，寧夏情形如此，則他處之情形又可知也，雖中經于謙等之陳請，而戍卒仍率以歲為期，有久而後遣者，軍士旣勞苦不得更代，多相率逃亡，且因占役之數過多，故「有召募，有改撥，有條守民兵土兵，而邊防日壞」[6]。此種演變情形，足以窺知邊兵強弱盛衰之歸也。按明史兵志[7]云：

憬泰初，遣使分募直隸山東山西河南民壯發山西義勇守大同，而紫荆倒馬二關；亦用民兵防守，寧平免歸。成化二年（1466）以邊警復二關民兵，敕御史往延安慶陽選精壯編伍得五千餘人，號曰土兵。

此為用民兵及土兵之事實，而于謙亦在景泰中曾請召募民兵，備禦北邊，據明會要云[8]：

[嘉靖]二十三年（1544），諸鎮苦虜患，乃聽議各鎮本鎮戍卒，省徵發費十之六，從之。

由此可知諸邊亦自調練邊兵，按邊兵有因京師危急而入衞者，亦有京營而番戍者，如仇鸞鱉請還邊兵入衞，兵部不許，

而世宗特許之，邊兵因之日弱，足知其弊之大，而明政統宗9云：

[嘉靖四十年(1562)十二月]，命選京營番戍。蓋從兵部侍書楊博之請也。此種情形，頗有積弊，故戴冠上疏諫曰：

> 邊軍生長邊上，習戰陣，足以守禦，今遇警輒發京軍，而宜府入京操之軍，歷經臣下論列，堅不遣邊，不知陛下何樂于邊軍，而不為關塞慮也。

言簡意賅，極中當時之流弊。按當時亦有互相調撥者，如御撰明臣奏議韓邦奇之疏11云：

> 臣等又發得山西汾州潞州平陽等衛所官軍，撥去大同防禦者七千餘名，官軍月糧，仍在山西支給，夫以山西官軍戍守大同，山西糧儲，供給大同，正以其屏蔽山西也。

此類調撥，即所謂「調他衛軍往戍，謂之客兵」是也。北邊邊兵除以上所述者外，尚有所謂鄉兵者，亦擔任防禦邊陲之責。如戚繼光守薊門，即用浙兵，軍律嚴明，邊兵大駭，始知軍令之嚴，而薊門之邊兵，因之一振。蓋明初邊備修飭，邊兵紀律嚴明，其後侵占逃亡之數過多，遑論禦寇，故雖有召募改撥墩，邊兵糧餉不繼，生活不易，

民兵土兵，而邊兵始終不振，日益衰弱也。

乙 九邊軍馬額數

明代備敵北邊，先後設九邊軍鎮，前章業已將其形勢略加論述，夫守禦邊寇之職，乃邊兵之職責也，其設置沿革既詳細敘述，而其額數尤不可不加以考查，按歷代史實對軍馬額數，多無正確詳細之記載，蓋因軍機不能泄漏於外，且兵士常有逃亡之事，是以不能知其確數也，明代九邊軍額缺額尤甚，蓋逃亡占役虛報額數，皆足使邊兵數目缺少也。故明史兵志12云：

> 洪武時，宜府屯守官軍殆十萬，正統以泰間已不及兩關額九萬有奇，見卒僅五萬七千，又皆疲老。額，弘治正德以後，官軍實有者，僅六萬六千九百有奇，而召募與土兵居其半，他鎮率視此。

而明通鑑13云：

> [嘉靖三十七年](1558)郎中唐順之閱視薊州邊書劉燾兩闕額九萬有奇，見卒僅五萬七千，又皆疲老。

由此觀之，可知九邊軍逃亡數目之大，其影響邊禦者亦必至深且巨也，而占役之害，亦足使能用於作戰者少，反虛耗糧餉，故明史翟鵬傳14云：

> 嘉靖七年(1528)…巡撫寧夏，時邊政久弛，壯卒半占

工匠私役中官家，守邊者並戕老不任……鵬至盡清占役，便得選更。

此種事實，不勝枚舉，略舉數事，亦足知邊兵額數缺少甚多，然然略據數種書關於各邊軍馬數目之記載，加以論述，則雖不能知其確數，然亦足知大概也。今將九邊軍馬數目分述於左：

按明代會典記載九邊軍馬數目者，有皇明九邊考，大明會典，皇明經濟文輯，三雲籌俎考，及四鎮三關志等，其餘如顧祖禹讀史方輿紀要，顧炎武天下郡國利病書所載，則係轉抄他書，茲不俱錄。

按皇明九邊考一書係「刊於嘉靖辛丑〔二十年〕(1541)」，則其所載數目，常爲二十年以前數額。大明會典未記年月，但據三雲籌俎考所記大同自嘉靖十五年(1536)至四十五年(1566)之軍馬數目，與大明會典大同軍馬數目相同。四鎮三關志所記薊遼兩鎮軍額數甚詳，而與皇明經濟文輯所載者，有牴牾之處。皇明世法錄與大明會典則軍馬原額相同，而現額略異。此種不同之點，極難斷執爲錯誤，今排錄於後：

遼東鎮

皇明九邊考[15]「本鎮各城堡墩空常操馬步幷守墩冬操夏

種實在官軍人等共〔八七〇四二〕名……本鎮原額馬〔四六〇六八四〕」

大明會典[16]「原額官軍〔九四六九三〕員名，原額馬〔七七〇一〕匹，見額馬騾〔四一八三〇〕匹」

四鎮三關志[17]「……額定馬軍〔五八九七四〕名，其次定步軍〔二四七六七三〕名……正德初……共兵〔九〇二〇五〕，自嘉靖三十七年(1558)至隆慶三年(1569)逃亡過半，隆慶四年(1570)侍郎汪道昆經略定爲額數〔九四〇四五名〕

皇明經濟文輯[18]「該鎮總計馬步官軍〔九九八七五〕員名，馬〔九〇九〕匹。」

薊州鎮

皇明九邊考[19]「薊州永平山海密雲等處沿邊關塞操守官軍會餘民人〔五〇三七一〕員名」……實有馬步官軍〔四五二二六〕員名，事故官軍〔五一四五〕名」

大明會典所載原額官軍共計七一二五一名，見額〔〇五一六七〕名；原額馬共一八一五四，見額共三四五九九四（註：係將薊州密雲永平軍馬數目相加而得）

四鎮三關志[20]「國初……額設〔四四五〇〇〕名，至嘉靖二

十九年〔1550〕止存〔39000〕名……三十年〔1551〕始增至〔56900〕名，三十一年〔1552〕增至〔70600〕名，三十七年〔1558〕止存〔46030〕名，四十二年〔1563〕後，廣召募增至〔67100〕名，……萬曆元年〔1573〕侍郎汪道昆經略定爲額數。

皇明經濟文輯「嘉靖二十九年〔1550〕復道旁入直通京師，始議添設總督軍門駐劄薊州，總計馬步官軍〔78621〕員名」

按皇明經濟文輯周弘祖薊州論所載與四鎮三關志所載者不同，不知孰誤，或劉效祖所述者可據也。

宣府鎮

皇明九邊考[22]「本鎮并各路城堡原有操備馬步及新增召募官軍舍餘土兵北勇兵〔58062〕員名……實在官軍人等〔54909〕員名，事故官軍人等〔3153〕員名，原額馬〔45542〕匹。」

大明會典「原額官軍〔51452〕員名，見額〔92368〕員名；原額馬〔55274〕匹，見額馬駝〔32147〕匹頭。」

皇明世法錄[24]「官軍〔51452〕員名，馬駞〔55274〕匹頭，今實在〔83〕……〔13833〕員名。馬騾〔55274〕匹頭，今實在〔8

按大明會典與皇明世法錄關於宣府軍馬額數記載，原額相同，而見額則異，未知孰是。

皇明經濟文輯[25]「總計本鎮馬步官軍〔126295〕員名，馬〔66980〕匹。」

大同鎮

皇明九邊考[26]「本鎮并各路城堡原操及新添設弘賜等五堡，馬步官軍舍土兵壯勇〔59909〕（按末一〔9〕字應作〔6〕字）員名……實有馬步官軍人等〔51609〕員名：事故官軍人等〔8297〕員名……原額馬〔46944〕匹。」

大明會典[27]「原額馬步官軍〔135778〕員名，見額〔85321〕員名，原額馬騾〔51654〕匹頭，見額〔35870〕匹頭。」

三雲籌俎考[28]「原額馬步官軍〔90966〕員名，馬〔31785〕匹……自嘉靖十五年〔1536〕以至四十五年〔1566〕……由是招額新增共該〔135778〕員名，馬〔51654〕匹。」又「萬曆十九年〔1591〕定議以八萬三千爲額，馬以三萬爲額（按保官軍〔83144〕員名，馬騾駝〔36888〕匹頭雙。

皇明經濟文輯[29]「總計該鎮馬步官軍舍餘士兵共[五四一五四]員名…馬[四六九四四]匹。」

皇明世法錄[30]「官軍[一三五七七八]員名，馬騾[五一六五四]匹頭，今實在[八四七一]匹頭。」

山西鎮

皇明九邊考[31]「本鎮…馬步官軍舍餘共[二七五四七]員名。實有官軍舍餘[二二○九三]員名…事故等項官軍舍餘[五四五四]員名…原額馬[九六六五]匹。」

大明會典[32]「原額官軍[二五二八七]員名，見額[五五二九五]員名；原額馬騾[六五五一]匹頭，見額[二四七六四]匹頭。」

皇明世法錄[33]「官軍[七九○七七]員名，今實在[五八○三七]員名；馬騾[三五五三九]匹頭，今實在[二五八九四]匹頭。」

延綏鎮

皇明九邊考[34]「本鎮…原額馬步騎操官軍共五八○六七員名…原額馬[二三二一九]匹。」

大明會典[35]「原額官軍[八○一九六]員名，見額[五三二五四]員名；原額馬騾[四五九四○]匹，見額馬騾[三二

寧夏鎮

皇明經濟文輯[36]「該鎮官軍[四九二五○]員名，馬[二四四四六]匹。」

皇明九邊考[37]「本鎮…官軍共[七○二六二]員名，實在…官軍[三五一四]員名。」「原額馬[一九五九五]匹。」

大明會典[38]「原額馬步官軍[七一六九三]員名，見額[二七九三四]員名；原額馬[二二一八二]匹，見額[一四六五七]匹。」

皇明經濟文輯[39]「本鎮馬步官軍[三○七八七]員名，馬[四一八○]匹。」

甘肅鎮

皇明九邊考[40]「本鎮馬步官軍[三六一六四]員名，實有官軍舍餘[七九九四五]員名，寧故逃亡等項官軍[四三七八一]員名。」「原額馬[六五六○]匹，見額[四六

大明會典[41]「原額官軍[九一五七一]員名，見額[五三九○一]員名；原額馬[二九三二八]匹，見額馬騾[二一六六○]匹頭。」

固原鎮

皇明九邊考[42]「本鎮……共[六七二九四]員名，實有馬步足，亦爲致勝之主因，其後兵餉缺乏，則求生餬且不易，又公差巡哨抖各邊備禦等項[二四〇九五]員名，安能望其效命戰場，故夏言請實邊儲以固人心疏云：[二三七四九]員名，事故在逃等項[一九四五〇]員名。」

大明會典[43]「原額官軍[二二六九一九]員名，見額[九〇四一二]員名，原額馬騾牛[三二二二五四]匹頭隻，見額[三三八四二]匹頭隻。」

丙 糧餉

明初全盛之時，邊儲充足，各鎮行屯田制度，其所生產者足以供全軍之所需，其後因屯糧不足，於是有民運，有開中納粟制度，其後各種制度多相繼廢除，軍餉缺之，且因邊事日急，軍制破壞，遂由他鎮調撥，而需兵甚多，故有主兵客兵之分，蓋因兵不足，遂使邊兵日困，而軍餉愈不繼，雖日多而糧餉愈不繼，然亦不足救其弊也。關於明代兵餉之制度，據明史[44]云：

凡各鎮兵餉，有屯糧，有民運，有鹽引，有京運，有主兵年例，有客兵年例……初各鎮主兵足守其地，後漸不足，增以募兵，募兵不足，增以客兵，兵愈多坐食愈衆，而年例亦日增云。

按明初武功甚盛，蓋因其軍紀嚴明，而其糧餉充足，亦爲致勝之主因，其後兵餉缺乏，則求生餬且不易，又安能望其效命戰場，故夏言請實邊儲以固人心疏云：

今宣大二鎮凋敝極矣……又聞大同飢民，爭啖人肉，宜府餓卒，搶掠市米，教場操捯腹之軍，至不肯舉箸以應號令，營門臥飢羸之卒，致不能跨馬以執器械，兵勢委靡，人心渙散。

由此可見糧餉對邊軍之重要也。明初邊方費用，足以相抵，而其後則因邊隆多事，用費不足，據明通鑑載焉佐奏言[46]，明初額制「河淮以北以八百萬供邊，一歲之入，足供一歲之用，其後因邊隆多事，支費漸繁，一變而有客兵之年例，再變而有主兵之年例，其初止三五十萬耳，後漸增至二百三十餘萬」，而所謂屯田，鹽法，民運諸制度，皆積久生弊，其所缺少者悉以年例補償之，如此情況，國家財政安得不困，而邊兵又安能維持如故也？明代邊餉之缺乏，蓋因歲入低於原額，正德時韓文會上疏請裁諸冗食飭冗費[47]，而歲用乃過于常數，年例之外，復有額外運送，京庫又何能維持以往之情況也？明代糧餉困乏，除屯田，民運，鹽法等制度廢敝，足以使供用不足，復因邊事不振，寇患日急，明初只設四鎮，後九邊成立，邊兵所費日多，故

糧餉愈不繼也，明史劉體乾傳[48]云：

體乾奏祖宗朝止遼東大同宣府延綏四鎮，繼以寧夏甘肅薊州，又繼以固原山西，今密雲昌平永平易州俱列成矣，各鎮防守，有主兵，其後增召募增客兵，而坐食愈衆…

由此可知明代邊鎮糧餉困乏之原因，其大者有一，一因維持糧餉充足之制度，如屯田、鹽法，民運等制度，逐漸不行；一因邊方軍事危急，邊鎮增至九處，邊防東起鴨綠，西抵嘉峪，綿亙萬里，防線既長，則守兵不得不增多，國家歲入不增，而歲出則日加增多，如此情況，則邊鎮糧餉不繼，本爲自然而生之結果，固無足怪也。故其後累增邊餉，而始終未有充足，卒使天下人民困苦，流賊蜂起，而明室遂亡，其關係固不重哉！今依大明會典[49]將九邊糧餉額數，錄之於下，亦可知其大概也。

九邊糧餉表

鎮名	原餉額	見餉額
遼東	屯糧 700,000 石。民運布 310,000 疋，花屯糧料 279,212 餘石。荒田糧折	主兵
	粮 140,000 斤。鹽引 141548 引。京運銀 100,00 兩。	銀 431 餘兩。民運銀 159,842 餘兩。鹽引 111,402 餘引。銀該 390,76 兩。京運年例銀 307,925 餘兩。
薊東	屯糧 116,600 餘石。漕糧 240,000 石。鹽引 13581 餘兩。民運糧 110,000 萬石，布 100,000 疋，綿花草銀 16,448 餘兩。屯糧料 535,68 餘石，客兵	主兵 京運年例銀 102,058 餘兩。客兵 京運年例銀 216,126 餘兩。遵化營民壯工食銀 4464 兩。山東民兵工食銀 560,00 兩。鹽引銀 13,581 餘兩。京運年例銀 208,766 餘兩。撫夷銀 150,00 兩。賞軍銀 13,800 餘兩。
宣州	屯糧 254,000 餘石。民運本色米麥 270,000 屯糧 132,038 餘石，折色銀 22,826 石，折色銀 600,000 兩。	主兵 民運折色銀 787,233 餘兩。

府	主兵	客兵
大同	屯糧513,904餘石，草169,190束，秋青草1,8332餘兩，戶口鹽鈔銀1079兩，屯糧本折共126744餘石，牛具銀760,000束。	淮蘆鹽145,113引，該銀58299餘兩，河東運司鹽價銀76,778餘兩。京運年例銀125,000兩。
	民運山西米麥豆418,251296束，秋青草191960束，860石，草600,000束。民運糧586,475餘石，秋青草21,600束。京運年例銀5,0000兩。	淮蘆鹽70,000引，該銀26600兩。
	京運年例銀5,0000兩。	
	鹽80,000引。	鹽43,804餘引。京運年例銀269,638兩。
	京運銀50,000兩。	淮蘆鹽70,000引，該銀17,1000兩。
	鹽200,000引。	

同	主兵	客兵
山	屯糧800餘石。	京運銀18,1000兩。淮蘆鹽70,000引
	民運本色米豆66,033屯糧本色28592餘石。折色銀1030	
	石，草600,000束。餘兩，秋青草95086束。民運本	

西	主兵	客兵
延	屯糧料65,845石，草43,372束，地畝銀1124屯糧料56,487餘石，料97,826餘石，草7,942束，折色銀197,4.33兩。淮浙鹽156,482	京運銀73,000兩。
	民運糧280,000石。	淮浙鹽200,000引。
	京運銀100,000兩。	鹽357,265餘引
		淮浙鹽70,000引，該銀29,750兩。京運年例銀20,250兩。
	鹽120,000引。	色米豆共21522餘石，折色銀362,120餘兩。淮浙山東鹽164,391餘引，共銀57,832餘兩。河東鹽課銀64259餘兩。京運銀133,300

綏	主兵	客兵
寧	屯糧料107,497石，草1,687,474束。	京運年例銀148,303餘石，屯草并秋青草1,807,358束，折色銀
	民運糧200,000石。	

鹽 108,000 引。

京運銀 40,000 兩。

夏

　　　　　　客兵

京運年例銀 10,000 兩。

甘 屯糧料 603,188 餘石，屯糧料共 232434 餘石，草 1,753
屯草 549,703 束。　　　　292束，秋草 1,797,545 束，折色
民運糧 246,744 石。　　　草價銀 2194 餘兩，湖蕩草 759,
京運銀 60,000 兩。　　　　413 束。
　　　　　　　　　　　　　淮浙鹽 196,994 餘引，該銀
　　　　　　　　　　　　　81,694 餘兩。京運年例銀 25,000
　　　　　　　　　　　　　兩。

肅

鹽 75,000 引。　　　　　　引，該銀 102,150 兩。

固 屯糧料本色 324,622 餘屯糧料本色 319,406 餘石，屯草
石，屯草 229,705 束，186,002 束，秋青草 14,227 束。
秋青草 14,227 束，折糧折布 105 餘疋，折色糧草
色糧料草銀共 38,333 餘銀 41,240 餘兩，地畝銀 7000 餘
兩，地畝銀 6773 餘兩。兩，牛具銀 196 餘兩。民運本色

民運本色糧料 42,103 糧料 45,325 餘石，草 8063 束，
餘石，草 10696 束，布折色糧料草布花銀共 279,296 餘
25295 疋，花 29,110 餘兩。淮浙鹽 60856 餘引，該銀
65846 疋，花 29,110 餘兩，布折色糧料草布花銀共 279,296 餘
283,631 餘兩。　　　　　斤，折色糧料布花銀共 25371 餘兩。京運銀 63721 餘兩，
鹽 72,857 引。　　　　　淮浙鹽 60856 餘引，該銀

原

京運賞銀 48,871 餘兩　　犒賞銀 199 餘兩
　　　　　　　　　　　　犒賞銀 588 餘兩。

以上所列之表，其糧餉之數目，係萬曆初年九邊所費之
數目，觀本表可知明代九邊用費之大，而邊事始終未振，蓋積弊難除也。

1 張廷玉（前引書）卷九十頁一上。
2 仝上，卷九十一頁上。
3 仝上．
4 仝上，卷一百五十九頁七下。
5 張廷玉（前引書）卷二十三頁二十一下．
6 張廷玉（前引書）卷九十一頁五上．
7 仝上，頁九下．
8 夏燮（前引書）卷六十頁八下．
9 涂山彬明合委（清廣雅書局校刊本）卷九十一頁上．
10 夏燮（前引書）卷四十六頁五上．

11 清高宗（前引書）卷二三頁五上下。
12 張廷玉（前引書）卷九一頁五上。
13 夏燮（前引書）卷六十一頁四六上。
14 張廷玉（前引書）卷二〇四頁二上下。
15 2/7a, 12a。
16 129/111a。
17 4/8a-9a。
18 陳其𤥁皇明經濟文編（明天啓七年（1627）餘杭陳氏刊本）20/4。
19 3/10b-11a。
20 4/2a-b。
21 20/6b。
22 4/10a, 12a-b。
23 130/114b。
24 64/6b。
25 20/11a-b。
26 5/7a, 9b。
27 130/116a。
28 4/1a-2a。
29 20/13a-b。
30 64/4a。
31 6/7a-b, 10b。
32 130/117b。
33 66/2b。
34 7/6a, 7b。
35 20/23a-b。
36 8/7a, 10b。
37 20/26a-b。
38 130/121a。
39 9/8a, 12b。
40 130/122b。
41 10/9a。
42 130/121b。
43
44 張廷玉（前引書）卷八二頁十上。
45 清高宗（前引書）卷十七頁十四上。
46 夏燮（前引書）卷六十四頁二十一下至二十二上。
47 清高宗（前引書）卷十二頁五 上下。
48 張廷玉（前引書）卷二二四頁五上至七上。
49 申時行（前引書）卷二十八頁一五九上至一六七下。

三 軍器

有明一代，防禦北邊，除對邊將之設置及軍馬糧草加以嚴密之注意，外此則對軍器之製作，更有詳密之研究，故在北邊所用之武器，極爲優良，每能殺敵致效果，其所以致敗

者，亦非軍器之不足用，而因兵將之腐敗不堪用命有以致之也。考明代北邊禦寇所用之軍器，主要有二：曰戰車，此外則有弓矢刀槍之類，與前代相同，其禦寇最得力者，則為火器一項，戰車則建設甚多，而收效甚寡，故明廷對火器之製造，其加注意焉，明代軍器製造之樞操諸工部之手，兵部則主分給各軍軍器之事，其主製造者則為兵仗軍器二局，在外之各處都司所屬衛所，亦許製造，唯多造盔甲弓箭等項兵器，其軍要之火器如大將軍等等，則不許製造也。按軍器之製造，乃專門之學，固非一般人所能瞭解，故本文所論，僅對於其製造上發展之經過，及對邊方禦敵之影響略加論述，其製造之方法則概從略焉。

甲 火器

古時所用之砲，皆以機發石擊敵，元時始用火砲攻金蔡州城，造法不傳後世，至明成祖以後，始用火器禦寇。據《明史兵志》云：

明成祖平交趾，得神機銃砲法，特置神機營肄習……為行軍要器……

明史所載。略為簡單，據《野獲編》[2]：

文皇帝平交趾始得之，即用其偽相國越國大王黎澄為

工部官，尊司督造，盡得其傳，今然軍內所稱神機營者，其兵卒皆肄造火藥之人也。

此為明代輸入火器之經過，當時初得此種利器，禦敵大收效果，故明廷對此類火器，加以異常之珍惜，不許泄漏機密，故宣德五年（1430）廿「敕宣府總兵官譚廣，神銃國家所重，在邊墩堡，量給以壯軍威，勿輕給」[3]。而正統六年（144一）時復不准邊將黃真楊洪立神銃局於宣府[4]，蓋因在外製造，恐消息外泄，或敵寇突至，乘我不備，將防邊利器奪而取之，則我所以依而禦敵者，反為敵有，其何以禦敵乎？由此亦足見明廷之火器精良良多，據《明史兵志》[5]：

嘉靖八年（1529），始從右都御史汪鋐言，造佛郎機砲，謂之大將軍發諸邊鎮。佛郎機者國名也。正德末，其國舶至廣東，何儒得其制，以銅為之，長五六尺，大者重千餘斤，小者百五十斤，巨腹長頸，腹有修孔，以子銃五枚，貯藥置腹中發及百餘丈。

據《野獲編》[6]，則佛郎機即古三佛齊非是，明人稱葡萄牙及西班牙為佛郎機，蓋佛郎機為北歐日爾曼民族之一種也。據云：粵中獲通番海艘，沒入其貨，始並砲收之，佛郎機砲始得傳入中國，為防邊利器之一，其後戚繼光在薊門

復用火鴉火鼠地雷等物禦敵，火器更發揮其效用，敵人畏不敢近，其後因大西洋船至，復得紅夷礮，視以前更為神奇，據明史兵志載：

其後大西洋船至，復得巨礮曰紅夷，長二丈餘，重者至三千斤，能洞裂石城，震數十里，天啟中錫以大將軍號，澄官祀之。

此種火器，禦邊極有效果，惜乎邊將士卒，久已腐敗，每臨陣而逃，致每戰皆敗北也。故野獲編曾有一記載云：

蓋藥至人斃，而敵猶不覺也，以此橫行天下，何敵不當之，但恐守砲者畏怯，脫未來而先放，比對陣則藥盡反速戰亡之奔，此自來通病也。

按明代火器，不祇以上所列者，其種類極繁多，據大明會典軍器軍裝則有下列各種火器：

椀口銅銃，手把銅銃，信砲，火車，火傘，大將軍，二將軍，三將軍，條門將軍，神銃，神銃，大將軍銃，椀口銃，一窩蜂，神機箭，銃箭，襄陽砲，銅砲，盞口砲，手把銅砲，大樣神機砲，小樣神機砲，椀口砲，大砲，小砲，旋風銅砲，砲裏砲，四將軍，五將軍，九龍筒，飛鎗筒，快鎗，無敵手銃，鳥嘴銃，流星砲，三出連珠砲，百出先鋒砲，鐵棒雷飛砲，虎尾鐵砲，千里銃，毒火飛砲，連珠

佛郎機砲，四眼鐵槍，各號雙頭鐵槍，火把鐵手鎗，大樣中樣小樣佛郎機銅銃，佛郎機鐵銃，木廂銅銃，勒樹樺皮鐵銃，十眼銅銃，七眼銅銃，十眼銅砲等等。又據四鎮三關志軍旅考內所載薊遼邊鎮所設火器，亦足見當時邊防之設備，今分錄於下：

薊鎮火器

大將軍，二將軍，三將軍，銅馬砲，銅十眼銃以上俱飲頒。大把銃，椀口銃，牛角砲，神鎗，火鐵砲，大佛郎機，小佛郎機，石砲，千里銃，噴鎗，火箭，鳥嘴銃，連珠砲，神砲，石砲，千里銃，噴鎗，火箭，鳥嘴銃，銃子，鐵子以上俱新置。

遼鎮火器

大將軍，二將軍，三將軍已上俱欽頒。無敵大將軍仿佛郎機制新銀其便。快鎗，大佛郎機，三眼銃，四眼銃已上俱舊置。虎蹲砲，火箭盤鎗，碗口砲，石砲，炸砲，鳥槍銃，夾靶銃，火箭，飛鎗，飛刀，飛箭已上俱新設。

此係薊遼所列之火器，則其餘各邊所設之火器，亦當大同小異，由此觀之，則明代邊方軍器之設置，亦不寫弱矣。

乙 戰車

明初禦邊，未用戰車備敵，至正統十二年（1447）以後，經朱冕之提倡，世始有言以車戰者，據明史兵志云：

正統十二年（1447），始從總兵官朱冕議，用火車備戰，自是言車戰者相繼。

其後廷臣邊將建議更多，如郭登請造偏箱車[11]，李賢請造戰車，王聚奏造霹靂車，雖建議紛紜，而未嘗用以嘗敵，故用以守邊，並未見其有效果也。如成化二十年（1484）宜大總督余子俊製造一種戰車，運軍而不可用，時人稱之為鷓鴣車，而劉天和改修戰車，用雙輪，皆為無用之舉，蓋恐邊地險阻，無平原之地，故戰車不能發其威力，且恐理想過多，不能實用，蓋亦閱明廷注重邊防，一般人多欲高談邊事以圖功，而製造戰車，又為一時風尚，故言之者多，而成功者少，雖不能斷其毫無效用，然亦不過尋常之武器，或運輸糧械而用，固不能與火器效用相比也。按戰車之上多置破槍之類，用於平原，或有效果，唯九邊山地崎嶇，運轉困難，故不能用也，今錄四鎮三關志[12]所載薊遼戰車種類，亦略足窺見當時之兵器也。

薊鎮

偏箱車騾駕，輕車人運，元戎車騾駕，輜重車騾駕，無敵大將軍車，火箭車，望車，鼓車。

遼鎮

雙輪戰車騾駕，單輪戰車人運，元戎車騾駕，鼓車人運，火箭車，望車以上俱新設。（按遼鎮車輛俱為隆慶二年（1574）巡撫張學顏題造。）

由此可知北邊備禦，並不恃戰車以殺敵致果，今略書於此，亦略足見當時備邊之一設置也。

丙 其他

明代禦敵軍器，以火器戰車較為奇特，而火器尤能發揮效用，為邊方殺敵之最要武器，其餘則不外刀槍弓矢之類，其主製造此類兵器者，據明史兵志[13]云：

其他刀牌、弓箭、槍弩、狼筅、蒺藜、甲冑戰襖，在內有兵仗軍器、鍼工、鞍轡諸局，屬內庫掌於中官，在外有盔甲廠，屬兵部，掌以郎官，京省諸司衛所，又俱有雜造局。

當時各邊此類兵器，不可詳知其種類，據四鎮三關志[14]所載薊遼二鎮兵器，則有下列各項：

蓟镇

盔甲，腰刀，鐵槍，團牌，弓箭以上俱舊置。銳鈀，倭刀，長槍，狼筅，藤牌，木棍，木神箭以上俱新置。

遼鎮

盔甲，腰刀，弓箭，撒袋，團牌已上俱舊置。明盔，明甲，倭刀，臂手，拐子鎗，長鎗，馬耳鎗，斧，木棍，虎鎗以上俱新置。

以上所舉，如盔甲弓矢之類，並無奇特之處，而倭刀狼筅銳鈀藤牌之類，據劉效祖所云：椏能殺敵致用，唯獨憑虜人不來，不能試其技耳。至於今則更無法知其效用如何？但亦足知明廷上下對北邊軍器之如何注意改善，而其防邊之計謀，亦可謂無微不至矣。

1 張廷玉等（前引書）卷九十二頁六上。

2 沈德符（前引書）卷十七頁八上。
3 張廷玉（前引書）卷九十二頁六上。
4 仝上。
5 仝上。
6 沈德符（前引書）卷十七頁八上。
7 沈德符（前引書）卷九十二頁六下。
8 張廷玉（前引書）卷十七頁八下。
9 申時行（前引書）卷一五六頁六九上下。
10 劉效祖（前引書）冊四頁三十上下，頁四十六上下。
11 張廷玉（前引書）冊四頁三十下，頁四十六下。
12 劉效祖（前引書）冊四頁三十下，頁四十六下。
13 張廷玉（前引書）卷九十二頁七上。
14 劉效祖（前引書）冊四頁三十下，頁四十六上。
15 仝上，冊四頁三十六下。

商周彝器通考
（燕京學報專號之十七）

容 庚 著

青銅器古稱彝器，彝者常也，謂鐘鼎為宗廟之常器也。盛行于商周兩代。秦漢以後，其用漸少。漢代經師，未嘗視見古器，因名銅器，故三禮所圖，每多誤舛。自宋以來，彝器始有專書。然于器之名稱、時代、花紋、稱謂各異，紛然淆亂，無所折衷。又其甚者，則眞僞雜出，辨別匪易。清高宗以帝王之力，其勅編西清古鑑等書，偽者十之三四。近人所著夢坡室獲古叢編，僞者十之八九。學者欲肆力研究，苦無一扼要之書可讀。著者于民國十六年曾著《殷周禮樂器考略》一書（見燕京學報第一期），已為治此學者所稱道。兹復以八年之力，擴充而成此書。青分上下兩編：上編十五章，一起原，二發見，三類別，四時代，五銘文，六花紋，七鑄法，八價值，九去銹，十拓墨，十一仿造，十二辨偽，十三銷毀，十四收藏，十五著錄。下編四章，一食器，二酒器，三水器及雜器，四樂器。全書三十萬言，附圖千餘幅，繁徵博引，闡見洽聞，理棄說之不齊，遂代器之稱道，雖不敢謂得此一書，不煩他索，然得此一書，于彝器之情偽，庶幾可瞭然乎斯學之神恉。

民國三十年三月 哈佛燕京學社出版
二厚書 定價七十元

文學年報 第七期目錄預告

輯江有誥通韻譜合韻譜借韻譜……許世瑛
東漢樂府與樂府詩……張長弓
傳世石刻中女眞語文材料及其研究
章太炎年譜……劉厚滋
倉頡傳說彙攷……高景成
呂氏春秋校證補遺……周斅
讀曲叢錄……楊明照
漁陽先生年譜及其著述……鄭騫
作文摘謬實例序……凌敬言
文選殘卷跋……郭紹虞
高適與岑參……張壽林
頌齋讀書記……鄭騫
正樂堂漫錄……容希白
小說……王西徵
新與舊……林培志
松墻……林培志

出版兼發行者 燕京大學國文學會

經濟學報 第二期 要目

甲午前中國外債攷……陳其田
最近上海推廣華商股票運動……王海波
伯拉圖的經濟思想……袁賢能
海上保險與代位權……胡繼瑗
報酬遞減律之發展……鄭林莊
我國銀行業農貸數量之估計（一九三一—一九三九）……言穆淵
明代水利問題之研究……秦佩珩
西南工業合作社鳥瞰……李炳泰
張香濤之經濟建設……謝恩煇

出版者 燕京大學經濟學會
出版期 民國三十年五月
代售處 北平隆福寺街文奎堂

錢謙益著述被禁考

徐紹典

錢謙益(1582-1664)子受之，號牧齋，江南常熟人。十九歲舉進士，殿試一甲三名，授翰林院編修，迴翔禁林，聲華烜赫。明天啟元年，充浙江鄉試正考官。江南故黨人所荐，錢氏以貴官擅文學，隱然為其渠率。五年，御史崔呈秀作東林黨人同志錄以錢氏為黨魁。御史陳以瑞疏劾之，遂罷歸。崇禎元年召起，詩涉擁戴非禮部侍郎。會枚卜議起，遂褫職，坐杖論贖。十年，尚書溫體仁等訐錢氏「把持黨局，遙執朝政。」乃下刑部逮訊。錢氏求助於太監曹化淳，獄解削籍歸。乃築室拂水之隈，建絳雲樓，其上積圖書萬卷。與名妓柳如是焚香渝名，校勘廣酬。天下，士林仰為泰山北斗。十七年，甲申變起。史可法等議立君江寧。錢氏陰戴潞王與馬士英等議不合。遂官禮部尚書。乃力擁閹黨。阮大鋮得為兵部侍郎。乙酉五月，南都不守。其妾勸死之，錢氏謝不能。獨策馬走清營，先臣民上降表。清順治三年正月，官禮部侍

郎，管秘書院事，充修明史副總裁。六月以疾乞歸。五年，鳳陽巡撫陳之龍獲黃毓祺，錢氏坐與交通，遂逮訊之於江寧。尋毓祺病死獄中，首告者遂不赴實。錢氏得釋歸，越十年，死於家。錢氏學問淵博，浩無涯涘。其詩肩大宏肆，鯨鏗春麗。足以振衰起廢。有清一代詩家，要無能出其範圍。其文出入雅騷，縱橫儒釋。變化之妙，不可端倪。錢氏尤留心史事，以曾在史局，撰神宗實錄，身任一代文獻之重，常以撰明史為職責。晚歲絳雲樓火，諸書俱盡。乃歸心釋教，楗戶註佛經。禪林推為該博。錢氏著述極富，尤以詩文，風行海內，士林奉為規範云。然其後乃有禁燬事。

乾隆三十四年(1769)六月，詔燬錢氏所著初學有學二集。并諭各督撫等，將初學有學二集，於所屬書肆及藏書之家，諭令繳出，彙齊送京。至於村塾、鄉校、山陬、荒谷、等地，著廣為出示，明切曉諭。定限二年之內，盡行繳出。江南所存該書板心，及別省翻刻者，各督撫等即將全板盡數

查出，一併送京。勿留片籍。若有藏匿不繳者，是自取罪戾。督撫亦須負責。至於京城內，則由提督衙門五城順天府一體辦理。乾隆四十一年（1776）十一月，諭四庫館總裁等，將各省陸續送到之遺書，逐細查明。錢謙益著述，概行燬棄。至於各家選輯之詩文集之錢氏著作，皆須削去。十二月，諭軍機大臣，銷燬沈德潛選輯之國朝詩別裁集首列錢謙益也。又諭國史館，編列明季貳臣傳。以錢謙益等入之。乾隆四十三年（1778）二月，諭國史館，以明季貳臣傳分甲乙二編。以錢謙益等列入乙編。乾隆四十四年（1779）諭各督撫，將省志書及府州縣志書悉行查核，如有錢謙益等詩文，或載其邪言及叙述者，槩從芟削。高宗禁燬錢謙益著述，時正當纂修四庫全書故四庫館查辦違礙書籍條欵內規定：除錢氏自著書俱燬外，若各書內載入其議論，選及其詩詞者，皆應抽燬。其書前有錢謙益序文者，應剗除之。高宗對錢氏如此深惡痛絕，臣下更迎逢其意。於是，有因書內載題錢氏著作一詩而擬銷燬者。有因書內引錢氏之說，雖未註明，而仍擬撤燬者。統觀前述，可謂誅絕爬剔，無微不至矣。

錢氏爲明末淸初之傑出人物。其影響於當代政治文化者至深且鉅。然死後百年，其著述突遭禁燬。當時嚴冒厲下，屬然執行。除錢氏著述爲之絕跡外，其影響於他書者，不下

八十餘種。錢氏著述禁燬始末，旣如上述。今更分析以觀其隱微於后。

一：高宗對錢謙益深惡而痛絕之原因。乾隆三十四年六月諭曰：『錢謙益本一有才無行之人。在前明時，身躋鼎仕。及本朝定鼎之初，率先投順，洊陟列卿，大節有虧，實不足齒於人類。…今閱其所著初學集，荒誕背謬，其中詆謗本朝之處，不一而足。夫錢謙益果終爲明臣，守死不變，卽以筆墨騰謗，尚在情理之中。而伊旣爲本朝臣僕，豈得復以從前狂吠之語，列入集中。其意不過欲借此掩其失節之羞。尤爲可鄙可恥。錢謙益業已身死骨朽，姑免追究。但此等書籍，悖理犯義。豈可聽其流傳，必得早爲銷燬…』四十一年十二月諭曰：『…因思我朝開創之初，明末諸臣，望風歸附。…蓋開創大一統之規模，自不得不加之錄用。以靖人心，而明顯逆。今事後平情而論。皆以勝國臣僚，乃遭際時艱，不能爲其主臨危授命，輒復畏死倖生，靦顏降附。豈得復謂之完人。…及降附後，潛肆詆毀之錢謙益，蒙反側僉邪，更不足比於人類矣。』觀上二諭，高宗之意甚顯。

蓋高宗初因書而惡其人。其後因人而惡其書。當高宗未看其書時，只惡其大節有虧。旣看其書後，更惡其潛肆詆毀。對於錢氏本人，則列之於相合，遂致片詞支句，刪洗誅絕。

貳臣傳乙編，其所深惡而痛絕之意，可謂至矣。高宗曾有詩一首，詆錢氏。則更可知高宗之觀點也。今錄於右：

平生談節義，兩姓事君王。進退都無據，文章那有光。
真堪覈酒甕，屢見詠香囊。末路逃禪去，原爲孟八郎[36]。

此詩上節攻擊錢氏之詞，與諭旨略同。下節更攻擊錢氏之香奩詩及逃禪。蓋高宗以爲錢氏之思想與行爲，處處矛盾。萬不能爲後人之師表，而其人影響於後世者又至巨。故必須殿詞力斥，誅絕洗淨其勢力，而後已也。

二：錢謙益著述之詆毀淸室者何在。錢氏著述中，以初學有二集中，詆毀淸室者爲最多[37]。今試檢閱此二書，其中爲淸室所忌諱處，不一而足。錢氏詆詈攻擊淸室處，所在多有。前者如遼、建州、佟倭、胡、匈奴、夷、戎、羯、鞨、靺鞨、諸地理及人種之名稱是。後者如遼寇、逆虜、醜虜、東方小醜、佟奴、犬羊、雜種、凶醜、腥羶、奴孽、奴虜、敕勒、諸猺、佟奴、奴崽、逆奴、白山小奴、奴兒、東方小醜、佟奴、犬羊、雜種、凶醜、腥羶、奴孽、奴虜、等詈詞是。以上皆字面之觸途者也。至於詞意之間，詆毀處更夥。今先觀其述滿州起源。

爲言云『漢之匈奴，唐之囘紇吐蕃，皆與金元異。金元者，千古夷狄之變局也。今之逆奴，不獨異於漢唐，亦與蒙古異。惟宋之於金人，其局勢路似。……奴兒干都司，一小倉

長。王杲伏誅之後，孤豚腐鼠，爲甫遠家奴隸。一旦稱汗稱帝，儼然以南北朝待我。少不如意，借爲兵端。……』岳忠武王畫像記云『……佟奴以王杲餘孽，冒金源之後，敢強犯順[38]……』

跋葉侍郎文集云：『……萬曆間，崇相爲吏部郎。遼左全盛，建州夷方戒車入貢[40]。』潘僉事良辭云『……二百年養蠢夷，一旦稱國稱汗，指示南朝，妄引天命[41]……』以上所述淸室之起源，爲淸室所忌諱者一也。

孫君行狀云『……萬曆四十二年，建州會奴兒哈赤叛，襲撫順淸河。大兵分四路進討，我帥敗沒。開原鐵嶺並陷。西虜宰賚，滅北關，要結媛兔妙花諸部。脅服朝鮮……陷我瀋陽，遂陷遼陽。……奴兵已駛駛度三岔矣[42]。』此述淸初軍事行動，爲淸室所忌諱者二也。

以上三者，皆爲淸室所深諱。然更有爲淸室所痛惡者有二：一曰詆詈之詞，集中甚多。其尤甚者如：『奴狼也[43]』，『臊狗奴[44]』詆詈之詞，集中甚多。其尤甚者如：『奴狼也』，『臊狗奴』、『雜種小醜[45]』，『羯狗奴[46]』、『蛇豕[47]』等是。至如唐武林讓跋事云『……然則佟夷之死且亡，以俟之[48]。』宋穰勳哀辭云『……縳奴之醜類，磔爲脯醢，以享九廟，以獻天子，以祭告天下之忠臣烈士。我知其不遠

矣』[49]。祇質至是，亦可謂至矣。

錢氏自誓之詞，集中亦夥。如：『奴之游魂尚在，而我之國恥未雪[50]。』『問奴未滅可如何[51]。』等。至如孫紫治詩稿序云：『……以余之不肖，當吾師出鎭之日；不能襄輯荷父，從幽幷健兒，與奴酋接蹤而死。……能不媿哉[52]。』祭高陽公文云：『自首門生，未獲死所[53]。』『不負師門，庶其在此。』慷慨自誓，詞句凛然。至於詩集中，如：『懸頭少吐中華氣，黧面全褪羯虜魂[54]。』『此身不共奴酋死，忍死幽囚可奈何[55]。』『弓渡綵江驅濊貊，鞭投黑水駕天吳[56]。』其掃穴犂庭之志，皎然見於行間。今日讀之，尚覺其生氣凛然也。

三：高宗禁燬錢謙益著述之目的。高宗之世，正當淸朝全盛，然衰敝之徵，已肇端於此。蓋高宗未嘗不思前朝敗亡之因，而有所警戒。爲子孫萬世計，而有所設施。故一方防範漢人，一方警戒後之守國者。

防範漢人之途無他，卽恩威並用，統制思想而已。故一面厲畢特科，餌以高官厚祿。一面大興文字獄，禁燬遺書。錢氏著述之遭禁，卽其一途也。蓋此舉旣可提倡節義，又能消滅反淸思想。誠一舉而兩得。觀高宗之論：『爲千古立綱常名敎之大閑[57]。』『爲世道人心起見[58]。』再則曰：『蓋崇奬忠貞，卽所以風勵臣節[59]。』乾隆四十年閏十月諭曰：

『……其他各爲其主守節不屈，以致殞首捐軀者……雖開創之初，兵威迅掃，不得不行抗命之誅，寇爲無篡。而諸臣瑣尾間關，有死無貳。在人臣忠於所事之義，實爲無愧。迄今日久論定，朕方深嘉予，不欲令其湮沒無傳。……俾論史者，徵名核實，共知朕大中至正，無一毫偏倚之私。而裒徵闡幽，朕崇奬節義之意。……』四十一年十二月諭曰：『……自應於國史內，另立二臣傳一門，將諸臣仕明及仕本朝各事蹟，據實直書。使不能纖微隱飾。卽所謂雖孝子慈孫，百世不能改也。而其子若孫之生長本朝者，原在世臣之列，受恩無替，自當爲國宣力。昨歲已加勝國死事諸臣。其幽光旣爲闡發，卽以是示懲，不宜偏廢。』觀此二論，則高宗之意，了然可見。恩威並用，可謂備矣。及後又分二臣傳爲甲乙二編：『俾優者瑕瑜不掩，劣者咎鉞凛然。於以傳信簡編，而待天下後世之公論，庶有合於春秋之義焉[61]。』蓋高宗此擧爲臣子勵名敎而植綱常，卽所以防範漢人消滅其反淸思想者也。

至於警戒後之守國者，則俾其子孫兢兢業業，而以前事爲鑒。觀其論云：『……爲君者當念苞桑而保宗社。蓋此諸人，未嘗無有用之才。誠能明乎守成者，能愼持神器而弗失，則若而人者，皆足任心膂股肱。祖業於是延，人才於是

皆沉淪蟄伏，蕃遜於荒。其他調謝磨滅，墓木已拱。而文采非其臣之過，皆其君之過也。崇禎臨終之言，不亦舛乎。[62]弗彰，可勝道哉。先生獨鶴心捫淚，驚其筆吞。俾後觀此可知，高宗為後世子孫計，用心可謂深矣。蓋嚴懲錢氏舍垢忍恥，輒復苟活。既師契而匠心，不代斲以傷手。莫不耳目列之於貳臣傳乙編即所以昭後世人主之車鑒者也。之覽者，如登高臺，以望雲物。上乘車而撫戰塵。莫不耳目

四：錢謙益詆毀清室之動機。錢氏身為鼇魁，交游滿大張皇，心胸開拓。顧其時際滄桑，有難察言者。……河東子下。在政治上，則數致通顯。在社會上，則名重士林。然而有言：『每思報國，惟以文章。』此宗伯先生之志也。……亡後，其所自處之道，見責於後世。吾人今日群考其一生史然徒以詩文而論，凌鳳翔之言頗合。錢氏和東坡內台詩蹟，率多隱謎。而載籍不詳，無由知其究竟。即由其集中詆韻有句云：『可憐三十年來夢，長白山東遜水西。』[67]苦憶放毀清室而論，其可能約有二端：一為掩其失節之羞，二為傳翁家祭語，開彈老淚向春風。』皆可觀其志。至其高會堂詩佈反清思想。前者即高宗所持之理由。然亦不能證其為眞。集序云：『……頃者孤蘆故國，兵火殘生。哀晚重游，人民非

今試研其後者。昔。……常中逵而徙倚，或當饗而歔歎。……歌間妝勒，祇足增錢氏降清之舉，究為保性命取富貴乎？抑為廡與委蛇悲。天似穹廬，何妨醉倒。……口如銜轡，常思吐存，胸似礁乎？由其行動而言，則既待高官，子姪三人復列於目；似為春，難明上下。語同證謎，詞比俳優。傳云：『惟食忘憂。』[69]前者。然黃毓祺一案，告者謂黃曾宿其家，且錢氏許為助招又曰：「溺人必笑。」「我之懷矣，誰則知之？」』其詞抑兵。黃氏一案，已成千古疑獄，惟其中不無可疑之點。今假鬱悲涼，實有難言之隱痛者矣。

定錢氏降清，為廡與委蛇，或且連絡黃毓祺等，謀舉義師。近年錢氏《吾炙投筆二集》，刊行於世。二百餘年沈霾之及見天下事不可為，乃發為文章，以勵後世。然苦無事實，物，今始待公之於海內。吾炙集為錢氏采詩之作，遺民故以證其確。老，板蕩餘音，其中熱淚可掬。投筆乘據餘抗章氏×書別錄

凌鳳翔甘為錢氏辯云：『……夫當冀北龍去蒼梧之日，類云：『……鄭成功嘗從學。既而舉府帥入南京。皖南諸府皆反及江東駿游黃竹之年。石馬晨嘶，金鳧夜出。一二遺老，類正。謙益則和杜甫秋興詩，為凱歌。且言，新天子中興，已

當席慟待斃。當是時，謂留都光復，在俾倪間，方低队待歸命，而成功敗。後二年，與三桂狱末帝於雲南。謙益和秋興詩以告哀。凡前後所和，幾百章。編次為投筆集。……』是集字字血淚，悲歌慷慨。其愛國憤敵之切，隱然溢于言表。錢氏之志，可以大白矣。

统觀前述，錢氏之詩文，雖可證其忠於明，然其身事兩朝固事實也。若謂其詩文為沾名掩恥之舉，則此類大節有虧，豈文字所能為力。若謂其詩文為宜傳反清思想，以種因於後世，則二百餘年後，其著述猶能存於今日者，蓋其果也歟。

1 錢氏生於明萬曆十年，卒於清康熙三年，民十二燕京大學排印生年譜（閔爾昌碑傳集補卷四十四，見葛萬里牧翁先生年譜）。

2 按錢氏別號頗多，如牧翁、蒙叟、東澗老人，等具見文集中。

3 彭城退士錢牧齋先生年譜（牧齋晚年家乘文附錄涇軍統三年上海排印本）葉二下。

4 清史列傳卷七十九貳臣傳乙葉三十三下。

5 餘秋室氏×書別錄一則（投筆集附錄國學保存會鉛印本）。

6 彭城退士牧齋先生年譜葉三上。

7 鄭方坤東澗詩鈔小傳（碑傳集補卷四十四）葉一上。

8 清史列傳（民十七上海中華書局）卷七十九葉三十四上。

9 錢牧齋初學集卷八十七（民國十四年上海文明書局鉛印）葉二上。

10 清史列傳卷七十九葉三十四上。

11 東澗詩鈔小傳葉一下。

12 清史列傳卷七十九葉三十四上。

13 廬云美河東君傳（光緒丁未景印）〔葉三下〕。

14 清史列傳卷七十九葉一下。

15 東澗詩鈔小傳葉三十四下。

16 清史列傳卷七十九葉二上。

17 金匱山房主人訂定牧齋先生有學集興述（牧齋有學集民十七涵芬樓草印）。

18 初學集箋注序（日本東京樹梨堂列本）。

19 東澗詩鈔小傳葉一下。

20 清史稿卷六十六文苑一葉七上。

21 烽雲樓書目情叟識語（鈔本）。

22 請壺閣本文附錄。

23 程嘉燧序文（初學集）。

24 大清實錄卷八百三十六葉五下至七上。

25 前書卷一千二十一葉一下至五上。

26 前書卷一千二十二葉一下。

27 仝前葉二下至四下。

28 陳乃乾案引式的纂畫進像附錄（民二十一上海印本）葉十二。

29 前書卷一千五十一葉二十三下至二十五下。

30 辦理四庫全書檔案（民二十三北平圖書館鉛印）上冊葉六十上。

31 全前葉六五上。
32 前書下冊葉十一上。
33 前書卷七七葉二下至四上。
34 前書卷十二下葉二下。
35 前書卷十二葉二十七。
36 大清實錄卷八百三十六葉五下七上。
37 喩乃哎察引式的檗書總錄著錄：因錢氏而道拖燈者，八十七種。
38 御選語錄三集（清光緒五年印本）卷八十七葉六上按此詩下註云「禪宗以
不解眞空妙有者爲孟八郎」。
39 按清初投筆咨炙者二集未有列本，檗書目錄中亦未著錄。
40 初學集（民十四上海鉛印）卷二十四雜文四擧頁下葉二下至三上。
41 前書卷四十三葉九。
42 前書卷八十四葉五下。
43 前書卷七十八葉一。
44 前書卷四十七葉三下至四上。
45 前書卷四十四葉四下至五上。
46 初學集卷四十七葉六上。
47 前書卷五十葉二十一下。
48 有學集（民十七蚋芽樓景印）卷三葉十。
49 初學集卷二十七葉四上。
50 前書卷七十八葉九上。
51 前書卷三十葉一上。
52 前書卷二葉十一下。

52 前書卷三十一葉七上。
53 前書卷七十七葉二下至四上。
54 前書卷十二下葉二下。
55 前書卷十二葉二十七。
56 前書卷二十葉二上按錢氏作此詩時，沈中驌上統，鵑倒開府澄汲，以
睬水師。故詩云然。
57 大清實錄卷八三六葉五下至七上。
58 前書卷一千二十二葉二下至四下。
59 辦埕四庫全書儲索上屠葉三十八下。
60 大清實錄卷一千二十二葉二十三下至二十四下。
61 前書卷一千五十一葉二十三下至二十五下。
62 全前按崇禎端紛之盲朝：「朕凉德藐躬，上干天咎，然曾藉臣誤朕，
死無面目見祖宗。自去冠冕，以髪覆面，任賊分裂，無傷百姓一人。」
63 見明史（上海樂成圖書公司鉛印）卷二十四葉五。
64 清史列傳卷七十九葉三十四下。
65 大清實錄卷八三六葉五下至七上。
66 有學集序。
67 前書卷二葉八下。
68 前書卷十二葉九上。
69 前書卷七葉一。
70 投筆集附錄。

附錄 錢謙益著述表

凡低格書名皆複本。凡燕京大學圖書館所有者，以＊別之。

1. ＊《牧齋初學集》一百一十卷 明崇禎十六年，海虞瞿氏刊本。

   民國十七年上海涵芬樓景印崇禎十六年刊本（在四部叢刊內）。

   ＊《牧齋初學集詩註》二十卷。錢曾箋註。 日本東京擁書城聚珍板印本。

2. ＊《牧齋有學集》五十卷 清康熙二十四年，金匱山房重訂刊本。民國十七年上海涵芬樓景印原刊本。（在四部叢刊內）。

   ＊《牧齋有學集詩註》十四卷，錢曾箋註。 日本東京擁書城聚珍板印本。

3. ＊《投筆集》一卷 按投筆集之名不見於正集。僅見於箋註本之目中。在有學集第二十卷下。註『慎不敢鈔』四字。至翻鋟本，則以下二卷之東澗集，分為三卷。今有傳抄本，及國學保存會之鉛印本（在國粹叢書內）。

4. ＊《牧齋有學集佚稿》 南潯劉氏嘉業堂藏有無名氏精校本之有學集。係據牧齋手稿本校。遠在金匱山房本之

上。除多出投筆集外，又多出雜文十餘篇。黃孝紓輯錄之，載於衍鶴雜志。三卷九期至二十三期

＊《錢牧齋全集》一百六十三卷 民國十四年上海文明書局鉛印本再版。分四部：一、初學集百一十卷，二、有學集，五十卷。因原刊本與箋注本，詞句有出入，故以原本為主，箋注本異詞列注中。並附印錢曾箋注。三、有學集補遺二卷，據何義門舊藏抄本。四、投筆集，據抄本。補遺一卷，據何義門舊藏抄本。

5. ＊《牧齋晚年家乘文》一卷 清宣統三年上海國學扶輪社排印本。附牧齋年譜一卷彭城退士編。

   ＊《東山訓和集》二卷 虞山叢刻本。首列崇禎十五年沈璜序並孫永祚之東山訓和賦。按此集中所收牧齋諸詩，皆見初學集卷十八至二十。

   ＊《錢牧齋文鈔》 民國三年國學扶輪社印本。黃人編選。

6. ＊《牧齋詩鈔》三卷 民國二十六年商務印書館鉛印本（在萬有文庫，國學基本叢書內）。顧有孝，趙澐輯。

   ＊《錢牧齋先生尺牘》三卷 歸鍾尺牘本清康熙年刊，清康熙三十八年虞山顧氏如月樓刊本。明清十大家尺牘本不分卷，鉛印本。民國十五年上海商務印書館鉛印本補遺一

7 牧齋集外詩　弦南綴刻佚叢甲集本。

8 腳氣漫稿　見年譜。

9 錢謙益詩　見逸碑書目疑為選本。

10 黃山遊記一卷　抄本附投筆集後按是集疑與初學集卷四十六雷同。

11 紅豆山莊雜錄　丁氏八千卷樓鈔本。

12 牧齋性理鈔珍一作珍鈔　見禁書總目。原刊本。

13 大方語範　汲古閣刊本。

14 國初羣雄事略十二卷　據漢唐齋藏鈔本刊於適園叢書內。

15 開國功臣事略　清順治七年十月，絳雲樓火。此書被焚。

16 *列朝詩集小傳不分卷　清康熙三十七年黃氏刊本。汲古閣刊本。

17 *明史斷略　借月山房彙鈔本。傳抄本。原刊本。龔氏鐵琴銅劍樓鈔本、國粹學報本。

18 *杜工部集二十卷附錄一卷　錢謙益箋註。有清康熙六年靜思堂刊本。清宜統二年鉛印本。國粹學報印本。時中書局印本。

19 *讀杜合刻線謙益盧世㴶同撰　明崇禎刊本。

20 *唐詩鼓吹評注十卷　金元好問選。錢謙益評。有民國八年上海文明唐局石印本。

19 唐詩合選錢謙益註　見禁書總目。

20 列朝詩集八十一卷　汲古閣刊本。國學扶輪社鉛印本。

21 *吾炙集一卷　虞山叢刻本。弦南綴刻佚叢甲集本。

22 金剛經蒙抄　見年譜。

23 心經蒙鈔十卷　余同伯刊本。

24 心經略疏小鈔二卷　靈驗集本。

25 佛頂蒙鈔　即大佛頂如來密因修證了義諸菩薩萬行首楞嚴疏解蒙鈔之略名。或稱楞嚴蒙鈔。有鶴孟昉杭州報恩院本。蘇州馮瑞房刻本。楊州藏經院刻本。

26 華嚴經註　抄本。

27 *絳雲樓經注　錢謙益藏編，陳景雲註。有鈔本。粵雅堂叢書本。

28 *絳雲樓書目補遺一卷　有光緒二十八年葉氏觀古堂書目叢刻本。

是錄大體據馬太玄顧剛清代著述考（中山大學圖書館週刊第一卷第一期一九二八年三月）頁十二至十四。惟其中洪武錄辨證及憨山夢遊全集二種，前者見於初學集後者為錢氏所校，似不應列入。又頗為增補六書，即：牧齋有學集佚稿，牧齋晚年家乘文，讀杜合刻，唐詩鼓吹評註，唐詩合選，絳雲樓書目補遺。

燕京大學圖書館出版書目

萬曆三大征考	明茅瑞徵著	一冊	粉連紙一元
宋程純公年譜一卷明薛文清公年譜一卷	清儲希閔編	一冊	粉連紙一元
太平天國起義記（附韓山文英文原著）	簡又文譯	一冊	粉連紙一元五角
春覺齋論畫	林紓著	一冊	毛邊紙一元
知非集	清溥通著	一冊	粉連紙一元二角
不是集	清溥迅龍著	一冊	粉連紙一元
佳夢軒叢著	清奕賡著	一冊	粉連紙一元八角
鄉土志叢編第一集 陝西省	明庶其昌輯	八冊	粉連紙十二元五角
神廟留中奏疏彙要四十卷	鄧嗣禹編	十冊	毛邊紙十元
悔翁詩鈔十五卷補遺一卷	清汪士鐸著 上元吳氏重雕本館補刊本	十四冊	江南粉連二十元
悔翁詞鈔五卷	清汪士鐸著 上元吳氏重雕本館補刊本	二冊	毛邊紙四元
悔翁筆記六卷	清汪士鐸著 上元吳氏重雕本館補刊本	二冊	毛邊紙二元
章氏四當齋藏書目三卷附書名通檢一卷	顧廷龍撰	五冊	毛邊紙十元
翁文恭公軍機處日記	清翁同龢者	二冊	粉連紙七元
許鄭學廬存稿	清王紹蘭者	五冊	毛邊紙十元
夢陵堂文集	清黃永吉者	四冊	毛邊紙六元
鶴風堂詩仔	經笙孫著	一冊	報紙四角
保覺齋文錄	清趙坦者	一冊	毛邊紙二元
竹汀經史子答問分類輯	王伊同編	一冊	粉連綠印三元四角
蓬廬文鈔	清周廣業著	四冊	毛邊紙十元
袖海樓雜著	清黃汝成者	二冊	粉連景印七元五角
藝風藏書再續記	經笙孫者	一冊	毛邊紙二元
愚菴小集	清宋輻齡者	五冊	毛邊紙八元
簡松草堂文集十二卷附錄一卷	清張雲璈者		印刷中
四寸學六卷	清張雲璈者		印刷中

以上各書如有願以書籍交換者請函與北京隆福寺文奎堂書館接洽
定購書請逕北京燕京大學圖書館接洽

黃恩彤與鴉片戰後外交

陳 鏊

引言

黃恩彤之名，在鴉片戰爭後之外交文件中，雖不爲稀見，而歷來治史者殊鮮談及其人。良以黃氏一生未有獨當一面之行爲，吾人心目中但知其爲伊里布及耆英所差遣之屬員而已。年前于北平鬩齋館見有抄本道光年奏稿十册，薈名雖爲奏稿，實則奏議僅居十之二三，餘則什抄各種公牘而成，館中爲易名，實不倫也。中有黃石琴中丞撫夷論一篇，因覺其識見明達，殊非並時諸人所能及。石琴爲恩彤之字，愛誌留心其著作，得撫遠紀略一書，爲宜楸三年濟南國聞報館油印本，流傳甚少，中所記爲自道光二十二年至二十七年參預辦理和議之經過，一如西人迴憶錄之體。雖書成於同治四年，距其事已二十載，自謂「緊要節目粗能記憶」，然作者以局中人所自言，而自云據事直書，不加增飾，吾人經認其有案可稽者，至其細微曲折，千迴萬轉非追思所及」，然作者以

記憶失實及見解主觀之處，要之實爲明瞭當時交涉之絕好史料。由其書所記，則知黃氏在此和議中，實居重要地位，而交涉中之遵聞佚事，爲其他記載所未及者亦復不少。後又見其所著知止堂全集及《黃恩彤五種》，雖有刻本亦鮮流傳。于黃氏益有所知（集中未載撫夷論，度自删去以免時謗，撫遠紀略生前之未刻，或亦此故也）。鴉片之役，今值百年紀念，爰本黃氏之作，參以官私記載，述其經歷，以著其任中國外交史上之地位，而緯論當時撫夷派之外交政策及其所辦和約。

伊里布耆英爲當時撫夷派之代表人物，然實際從事與外人口談筆涉者多爲黃氏，若謂伊耆之于黃氏，幾于言聽計聽，和約中實行之外交家也。而伊耆之于黃氏，若謂伊耆爲政策之主動者，恩彤則多數交涉之地位，而其影響于當時外交者則甚大。自江寧條約，次爲虎門望廈諸約，始爲伊里布耆英及牛鑑合辦外交時期，次爲伊之獨自辦理，而耆繼之，雖人物不同，而政策則一脈相

承。三時期中，胥由黃氏承辦諸事。且當伊齡于位，者未至任之數月中，黃氏躬負其責，交涉稅則，舊至所事已得十九。黃氏之在伊眷心目中蓋為一種專家性質，伊者在當時即所謂撫夷專家，即同光時代之所謂洋務專家，而今日之所謂外交家，黃氏則又為其所用之專家也。

黃氏所參預之外交，為屈辱之外交，本無外交可言，伊氏于此貢獻良多。其口舌之磋商，睿札之辯駁，功尤不可沒。當時外人之與者黃接觸者，均膺服其才能之優越與性格之高超，諸人之失敗實非源於外交本領之不良，抑或喪心病狂，甘為敵用，良由昧于世界智識，于所不必爭者極力爭之，而于所必爭者反置不爭，且多自為得計也。且吾人今日認為所必爭者而未爭者，在當時反對派，亦未嘗以為不可也，於黃等又復何尤？

抑所深引為遺憾者，若黃氏與者英之識見，知己知彼，實出時人之上，深明空言非可禦敵，而言和乃為不得已之策，曾未能于創捕鉅深之餘，推勝敗之原，為圖強傚智之提倡，則固由其思慮所及，不出時代所範圍，而亦以身在局中，

已于時忌，設更力繩敵美，將益無所逃于衆論。故其目光所注，但在撫局之久延。其所成就，亦只為良好之外交家，而不足以語于大政治家之列。此外主戰者則惟以林則徐未獲與英人一決勝負為遺憾，而不信力之不敵。林氏本人固知有仿效外人長技之必要，而亦未敢昌言，又不得其位，難行其志。是以雖經戰敗之恥，主戰者但諉其咎于主撫之誤國，其自大也如故。主撫者得相當之覺悟，而未能有雪恥之遠謀，此役之教訓，十餘年後，乃不能不再歷之。

附黃氏生平略歷。

黃恩彤字石琴（1801-1881）山東甯陽人。道光六年進士。刑部主事，充提牢，以疏防越獄，降調。轉復職，充熱河理刑司員，卻翁牛特蒙古公賄，累遷郎中。道光二十年出為江蘇鹽法道，遷按察使，署江甯布政使，參與江甯和議。隨伊里布赴粵，調廣東按察使，升布政使。二十五年署巡撫，二十六年革職。二十七年以同知候選。二十九年告簽。咸豐中在籍辦團練，同治初禦捻有功，予三品封典。光緒七年鄉舉重逢，尋卒。

1 北平圖書館藏本；北平人文科學研究所有鈔本。
2 前者北平人文科學研究所有藏本，後者北平圖書館有。
3 蔣廷黻師近代中國外交史資料輯要卷上，頁120。
4 Chinese Repository, Sept. 1841, 亦見 H. B. Morse, The Inter-

一 江沽和議與黃恩彤

江沽和議為鴉片戰爭之結束，而為伊里布耆英撫綏政策之實現，此種政策之抬頭以及和議之成于江沽，斯有黃氏加入外交之集團，故未叙黃氏外交經歷之前，當一先言戰中撫綏政策之發展。

鴉片戰中主戰主和兩派勢力，實迭為消長。始則主從嚴禁煙者得勢，為林則徐當政時期。繼而林氏罷斥易以琦善，琦善辦理不善，宣宗嚇然震怒，決心開戰，其間轉變，悉系于朝廷之態度。及戰事失敗，撫議開始，乃為伊里布耆英之當政時期。

伊里布之現身于鴉片戰爭，始于道光二十年七月，英人第一次佔領定海時，伊奉命赴浙收復。伊到浙即奏言江浙水師之羸弱疏脫，與乎夷人船堅砲利，認為實難取勝，而琦善正在辦理交涉更不宜冒進以致相左。[2] 伊實負有軍事之責，而其主張則專重于外交（所謂羈縻）。據英人推測，伊前此曾任雲貴總督，地邇英屬，于大英帝國之威力，早有所知，斯為其主撫政策之由來。[3] 然此言殊乏佐證，吾人毋宁認為伊之主撫，實由其觀察之銳敏，及甘受琦善之影響，蓋伊曾與浙撫劉韻珂談及，前此固專意勸辦，曾經具摺密奏有必使該夷剿痛鉅深，方冀可以懾服之豪語，而奉命來浙，方知前言之不能自踐。可見伊之態度，乃經一番閱歷而改變，而琦善事之後，宜宗上諭并斥伊之順從琦善坐失機宜，而令伊琦兩人往書札，包封進呈，不許有一隱匿自取咎戾，足見伊琦兩人意見，實甚一致。伊雖未必盡為「順從」，而琦之與外人接觸在先，而主撫甚力，所告語于伊者，當不無影響也。琦善，伊里布，與耆英之政策，實自成統系，而當時穆彰阿當國，在朝中為之支柱，乃使其政策終達于實施。[6]

吾人于伊里布之章奏中，覺其可嘉之處，在於既知己弱而敵強，則自認勤攻之無把握，而請事覊縻，未若其他疆吏之故作大言，飾捷邀賞。伊之外交信念，一為琦善在粵必能「化頑便為馴柔」，一則英人亦能講信義以釋仔為邊地之條件。[8] 故上奏極言英人之悲順，而同時聲言防範之加意，宜宗方意琦善到粵必能了事，故亦深以伊之辦理為然。及琦善交

---

5. 據清史稿，卷 373 列傳卷 158 鄧廷楨傳附黃恩彤傳。史稿附黃傳于鄧傳後，實不當；擬不為黃立傳，亦宜附于耆英傳中。
6. 據知止堂集，續集，卷六，咸豐八年，黃氏呈講桂花兩大臣代奏，中有「現年五十八歲」之語，以中國計生年法推之，黃生于 1801，清史稿本傳，咸光緒七年卒，是卒于 1881。
7. 參看 G. Chen, Lin Tse-hsü, national Relations of the Chinese Empire, vol. I, p. 320 小注引.

沙失敗，乃遷怒並及于伊里布，責其未能及早收復定海，「伸天討而快人心」，「可謂腐儒之至」。乃革職逮京，並得逭戍之處分。

伊之撫綏政策，第一次乃未成功。當時清議對之，自甚抨擊，而首先與之爲難者則爲浙撫劉韻珂，深引爲疑，以爲與其所聞于事實者，大爲相反，其言甚婉而多諷。[9]吾人所堪注目者，則伊之再度起用，其所推薦，蓋戰爭旣起，英人勢如破竹，噉火器械之猛烈精巧，中國所爲不能敵，乃亦爲劉氏之老成謹愼，鎭靜深沉[11]，又使其傍徨無策。于是極力保薦伊之「心膽俱寒」，「通省士民之所愛戴，逆夷之所信服」[12]，而個人與之並無私交，純爲大局起見。[13]事勢所迫，伊乃重復起用。

是伊之獲再起與撫議之終底于成，以及黃恩彤之所以參與外交之事，均與劉之陳奏有關。[14]劉問與林則徐同調主戰者，其體陳定海不可通商八弊，爲常時同爲「持論甚正」[15]，而斯時忽變而請用伊里布主撫，且爲十可慮之說，「危言要挾」，時論多譏其巧于趨避。[16][17]然吾人可謂劉之爲人機警多智，故其見事甚明。始雖攻擊伊里布，繼而身歷其境，乃知伊之所言，並非盧誣，乃變更其論調也。

劉之機巧，上自宣宗，曾有朕不若爾勵勳輒邀奏于人之語。[19]遠之外人，亦謂其一遇糾紛，每能置身局外，誘責他人，于外人則從不正面衝突，而善用種種陰謀，以濟其欲。[20]時人尤謂劉見浙兵不可恃，以戰事委之裕謙奕經，已則專固省防。浙人德之。及事急，則再創調停之說，而又慮和議敗于浙省，爲天下詬，乃移禍于江蘇。及撫議成，則又致書于伊者論和約有弊之處，以明己之與撫局無與[21]。劉氏之力求免謗，情所誠有，然戰事之委于他人，固非劉之所能左右。而尤以移禍于江蘇，更非其力之所能及。蓋兵事之延及江省，乃英人之預定計劃，欲以封鎖運河，以迫中國之屈服[22]，而江蘇官吏乃請伊里布赴江也。

伊里布之起用，亦卽爲箐英受命之時，伊卽奉令交者差遣者。二人自京，一路同行[23]，吾人想像，由沿途談話之中，耆英早已接受伊之意見。耆素有滿洲才子之目，其才智不出伊里布下。故其于事態之認識，亦極明瞭。耆抵浙後所奏言「此時之患不在兵力之不厚，而患兵力之不精，不患議勦之不固，而患攻勦之不得其勢，制夷之法，必須先知其性與伊里布者出一轍。宜宗始則責其驚惶失措，辦理不善，所謂知己知彼，百戰百勝」[25]以及「再四熟商，請暫事羈縻」[26]，而英人已入長江，陷諸要邑，兩江總督牛鑑及蘇撫程矞采迭

請伊里布來江，乃對于伊耆之政策不能不加以許可。伊耆奉命入蘇，英人之勢則已更盛，伊耆牛三人乃楊言「寇勢方張，捄我要害，四肢之害漸及腹心，禍患更難救畢，且該夷船堅砲猛，狠突承奔，何所不至，倘從此南北阻遏，親上其船，目視夷船堅破，初倘待之僞開，及親上其船，目視夷船堅破，猛知非兵力所能制伏」[28]。耆氏于戰後，遊歷江浙殘破之區，深嘆死事諸人之死非其罪，謂戰非不力也，防非不嚴也，不覺卽自言其撫之不能已也[29]。蓋之外交政策更有一種信念，謂禦夷不外「勦」「撫」二字。「勦」必確有把握，「撫」則恃以至誠，「方勦未嘗不可用撫，旣撫則未便輕易言勦」[30]，囚不可不防其狡詐，尤不可不示以誠信，蓋亦如伊里布之深信英人可孚以誠信者，而更認旣撫之後，必無後患，英人嗜利，其意但在貿易，無土地之野心也[31]。

宜宗此時外交政策之改變，良由其見(一)英人船堅砲利非力所能敵[32]；(二)前此料其船不能入長江者，今乃知其能[33]；(三)長江旣路，則鹽漕無出，南北斷絕[34]，(四)英人將北上天津，危及京畿[35]；(五)前此料其只能水戰，今乃知其亦能陸戰[36]，(六)滿蒙將領，更無可用之人[37]；(七)國內情形，机隱不安，不了此局，內亂將起；(八)英人並無土地之野心，所求不過快復通商[39]；(九)防費浩鉅，不如以此款撫之[40]；(十)主戰派經

戰敗之後，亦已沮喪，不再喧嚷。于時穆彰阿每聞敗報，輒顧左右曰如何，蓋自謂其料事之明，在此情境之下，宜宗乃卒徇伊耆之請，明降諭旨，宜示和議[41]。

凡此節外所述，伊耆之觀點，劉韻珂之引薦伊里布，牛鑑之請伊來蘇，及宜宗之允許和議，所以說明撫絞政策之發展，及和議之所以卒成于金陵，而爲黃恩彤所以參與和議之由來，而可與下文所述黃氏之外交思想相爲參證者。

黃氏前此囚未嘗與外人一生關係，道光二十年戰爭發生時，黃奉命典試貴州，旋授江蘇鹽法道。二十一年三月，以前任此職之須以奧方隨伊貝布在邇，遂至晤見伊[42]。伊貝前此是否曾有關係則未可知，而此時伊一見黃卽留其襄助和議[43]，其心目中自認黃爲人才可用。黃辭以暫赴金陵本任[44]，盡鹽法道本爲優缺，而和議則任勢而任怨者。是年黃擬按察使，時奕經文蔚率兵赴浙，檄黃往上海代防務[45]，黃氏此時旣受主撫者之知，而又亦爲主戰者所軍。個人對之，則未定所適從，及至泅按視海塘，體察形勢，見所恃者，僅一線危塘，無險可拖，而弁兵駐防之兵，漸形懈弛，深感地位之危險。會牛鑑繼盜羅任兩江總督，牛爲黃之鄉試座主，黃乃將防守事宜，開摺密陳，卽代遼蘇州[46]，江常和議牛氏實爲首建之人，黃氏對之，則甚爲推許，謂非牛能周知情僞，斷敢據信上

陳[48]，足見其師生之間沆瀣一氣，與黃氏後來之見用，不無有關者也。

黃氏旋擢藩篆，道光二十二年奕經又調黃隨營襄事，蓋前此黃官刑部，以會讞詔獄爲奕所知，故力招之。會布政使成世瑄開缺，黃乃未往軍營[49]，是黃之卒置身于和議，而未効命于疆場，其中似亦有天，和局之竟底于成，黃深引以爲始願所不及[50]，黃固未嘗自願爲外交家也。曾謂當供職兩曹提調律館以纂律例爲職，嘗力讙加重煙禁之罪名，幾番者即者離，不意身入其中，無以自脫[51]。集中詠落花詩云：「舒卷邊如雲出岫，行藏都付絮沾泥」于參與撫局之擧，更慨乎自傷之衷[52]。觀黃氏雖于撫夷派諸人極致欽崇之意，謂伊里布深沈多大略，尤能酌利害于度外[53]，思慮周密，悉情僞[54]，而辦理和議爲「活人百萬有天知[55]」，並贊二人之「洞悉機宜，勸中肯綮[56]」，而于禁煙主戰之林則徐則亦深加聲佩，憫惜其遇而望其再起[57]，固非處于對立之地位也。

者伊抵金陵時，英人疑中國將調兵，無講和誠意，即換紅旗，列大砲欲攻城。諸大臣會商，官兵新經挫衂，士氣不揚，未敢恃以爲用，彙之江南民氣柔弱，一聞此信，即有男婦數百人，赴各衙門籲請救命。于是連夜備文，允其所請。令塔芬布等持往英船。惟英人以塔等爲微末員弁，不足取信，更請大員出城。此稱責任本爲首府所應負，而時江諸太守樊心明口訥于言，諸大臣恐其未足了事，乃商令黃恩彤與咸齡同往[58]，是黃氏本亦無與英人交涉之必要，特以其才其見長，爲伊件等所習知，故急以爲用（咸齡爲隨奕英來之四等侍衞），爲命令後，謂時往見英人之擧，有如身入虎口，黃氏自記，得命令後，咸齡曰事急矣，敢辭難乎，良自負其膽略。設使吾人而在當日，當亦不以此言爲可笑。

二人于初九日聯騎至儀鳳門靜海寺，見英副使麻恭(Major Malcolm)及馬禮遜(J. N. Morrison)，黃氏告以通商之利，用兵之害，于其各款，逐加辯詰，而知英人各款，自乾隆以來覬覦已久，志在必得，難折以空言，且先時牛鑑回文，均加允許，更非所能爭[60]。黃氏此行，自認並無成績，然在諸大臣之心目中，咸黃二人，「當英人恃其槍砲，方欲逞氣相凌，而能冒險出城，不動聲色明白開導，折以大義，示以無欺，卒能議定通商，罷兵息仗，繼籌商條約[61]，屢至夷船，往來濤浪之中，折衝于兵戈之際，夷情得以帖服」，實爲希有之才。其奏請懋敘之語，並非同于尋常襃揚屬吏者，實有心折之意焉。

此時黃氏居藩司之職，負有地方之責，乃令城內行保甲

之法，凡居民舖戶對以五十家立一棚，給以牌冊責啓夜閉，以防城中奸民乘亂刼掠，其法甚善。而當時正在議和時期，故黃氏出示乃不能不謂，「夷人爲乞撫而來，非求戰也」，以安民心。自黃氏親往訂盟，日與英人來往，又有傳其一日在城外夷船夜飲一宵未歸者。又以一日英人在南門執中國婦女之手，爲居民捽殿，英人將執兵往鬥，黃亟登舟往謝，而以翌日枷鎖軍犯數名以示歉，旋出示曉諭軍民謂外夷重女輕男，執手爲其本俗，其言所本，則爲定海俘英人時，得英國朝儀圖，圖中有國內大臣謁女主屈一膝以手執女主之手而吻之之像也。江甯遂傳以爲口實。[62]

江甯和約于七月二十四日訂定，據諸大臣之章奏則黃之力爲多，[63]條約內容爲人所共知，毋庸贅述，黃氏對之之意見，雖未明言，然自序撫遠紀略曾云：「前後五年，辦理撫局，剛柔迭用，操縱互用，雖有時俯順其情實，未敢稍失國體」，[64]固拄此約而言，初未嘗以約中各款引以爲憾也。以當時主戰者之多，吾人想像，簽訂此約時，朝中言路定有一番騷動，大肆抨擊，而乃于官實中竟未一見及此類章奏，殊爲可怪，蓋自時事中變，識時務者不復談兵，[65]而兩遇忘雷尤爲國人之積習，[66]其時偶有一二疏，如兵科給事中，董宗遠之力爭款議者亦

留中不獲見于世也。[67]朝中大臣如祁寯藻亦甘持正力爭，[68]外省疆吏如劉韻珂則進十不可慮之書于伊者，[69]中國人所最不滿者爲下列數點：[70]（一）開口岸等于割地奪夷，開門揖盜，（二）賠款等于輸歲幣，（三）銷國寶等於簽貨身商欠與官無分，廣州已賠雅片價，（四）官吏平等，體制攸關，（五）不提禁煙，漏銀無盡，（六）夷人挈眷居住，毫無中外界限，（七）釋放漢奸，亂民生心，（八）他國起而效尤。

實則（一）（三）（四）（六）數點，在今日觀之，事極尋常，（二）賠款則爲戰敗之唯一屈辱，中除軍費之外，英人方面，認爲中國固可禁煙，然沒收鴉片不以其道。而前此行商專利，旣爲官吏所把持，行商本已權負欠款亦爲官吏所剝削，故政府須負商欠之責。（五）則禁煙本爲中國內政問題，英人認爲不能干涉中國內政，但亦不能與中國合作禁煙。英人且不認鴉片戰爭乃爲鴉片而起，故約中自不之及，國人則不知禁煙之權固操之在我也。（七）則當時中國還吏有一巧妙辦法以補救，卽漢奸雖可釋放，而前此其人曾犯他罪者，其原罪則不能隨而赦宥。故官吏戰後，于澳奸則多方故繩以法，而使英人無從實隊。

江甯條約雖爲城下之盟，而並非不平等條約之起源，

黃恩彤于是役辦理交涉，初次呈現其外交天才，而于條約本身，則爲無功無過。

1 桑普將廷戰：琦善與鴉片戰爭，清華學報第六卷第三期頁二，論鴉片戰爭之分爲三時期。
2 籌辦夷務始末，道光朝，卷十二，頁一，卷十三，頁十至十一（以下簡稱始末）。
3 J. F. Davis, China during the war & after the peace (London, 1852). vol. I, p. 53.
4 始末，道光朝卷三十六，劉韻。
5 全上，卷二十五，頁八。
6 書英自曾吾爲琦善之友，而所爲乃過之，見始末，卷四十八，頁四十．四于程影啊，曾力贊伊里布爲該夷所信服，見 Davis 全書 vol 1, p. 307. 伊里布琦善諸人權倒無這啊，陳康祺郎潛紀聞有「穆相當國，書英伊里布琦善諸人權倒無這啊．］江上蹇叟（夏燮）中西紀事，卷六，頁二十二，關方琦相之批粵鎮撫也，穆相與有力焉，以凡軍國大事，皆穆相主之．軍機入直內廷，其在上前多追除眷，故穆相之主持撫事，中外莫得共詳．」有士人賦詩云：海外方求戰，朝端竟議和，將軍伊里布，宰相穆彰阿．

7 始末，道光朝，卷十七，頁四十．
8 始末，全上，卷十六，頁二十六至二十九．
9 全上，卷三十五，頁五．
10 Davis, 同書，卷一，頁六十二．
11 全上，頁六．
12 全上，卷三十六，頁十八．
13 全上，卷四十四，頁三十五．
14 Davis 全書，vol. I, PP. 253-254. 王鼎恒在鄧遷信，卷十八，頁十三，有記劉林國保之密切事．
15 中西紀事，卷七，頁五．
16 始末，卷四十四，頁二十九．中西紀事，卷七，頁十六．
17 清史稿卷 378 本傳．
18 全上．
19 始末，全上，卷六十五，頁五十六．
20 Davis 同書 vol. I, P. 65. 又 vol. II, P. 21.
21 Davis 全志，vol. 4. 中西紀事卷二十二，頁七．
22 Lord Ellenborough to Queen Victoria, Oct. 2nd, 1841. Letters, I, P. 336.
23 始末，全上，卷四十七，頁二十二．
24 王之春啟毛題作，卷七，頁十一．
25 全上，卷四十八，頁二十三至二十四．
26 全上，卷四十八，頁七．
27 全上，卷二十三，又頁四十．
28 全上，卷五十九，頁三十三．
29 見史料旬刊書奏．
30 始末，全上，卷六十三，頁三十四．
31 始末，全上．

32 伊書牛劉等奏，及所懇奏「臣統兵數十年，未見敵如此之強者，今猶昔比」（始末，卷五十六，頁二三）。
33 散見始末中各奏。
34 始末，卷五十三，頁二十七，劉奏。
35 全上，卷五十三，頁八，牛奏。
36 全上，卷三十一，頁三十七，上諭。
37 塔齊布奕山奕經，非死即敗。
38 官私紀載皆當時社會情形，作偽者不勝枚舉。
39 全上，卷五十三，頁五。
40 始末，卷八，頁五。
41 見軟塵私誌，是書紛林文忠公長曾孫，林漢烱姻丈所藏，上書子方，序郵，鴉山，仙嶼述，其人無可考，蓋皆為文忠友人，自京中致否，中所述京中情形，極迤紀略，極可貴史事之參考。
42 實慰形，迤遠紀略：頁五。（以下簡稱紀略）。
43 全上。
44 全上。
45 全上，頁六。
46 全上。
47 全上，序頁一。
48 全上，後序頁一。
49 全上，頁六一七。
50 全上，序頁一。

51 全上，後序頁一。
52 知止堂全集，正集卷六，詩，七言律，頁十一。
53 紀略，頁十五。
54 全上，頁十八。
55 知止堂全集，全上，頁八，道光丙午二月三日為著者介春蕭相周甲生員江南士大夫于抄相拜公靈像遙祝書竝并繪圖聯球郵寄辛城，因緘四律之一。
56 紀略後序，頁一。
57 知止堂全集，全上，闕林少穆西藏成知虎畫生方伯作云：「小說聞中十萬兵，莘城歷歷作長城，漢家便欲誅發創，泰垍好須用正明，戎裝練燼愴倚劍，玉門風氣冷沾纓，天恩指日乃還臆，莫詞弄恐不平。」
58 始末，卷六十一，頁二十。
59 全上，頁十一。
60 全上，頁十二。
61 紀略，頁十一。
62 中西紀事。
63 仝61。
64 略紀序頁一。
65 夢情集（鈔本），卷二，徐繼畬致林樹梅書，見二十五年五月五日大途。
66 軟慶私錄。
67 鴉廷情狀氣開紀（南著），卷四，頁八十七，今見北平圖書鈔本，據沂

68 中西紀事，卷九，頁八．
69 全上，卷九，頁十．
70 蒙疏，劉苔，及中西紀事所述．

二 黃恩彤與中英虎門條約

江寧條約，于通商細則未加詳議，清廷乃授伊里布為欽差大臣廣州將軍赴粵，專辦一切章程，者英留于江省會辦三省通商事宜[1]。當時清廷未有專辦外交之機關，此後欽差大臣兼兩廣總督之地位等于外交總長，而兩江，閩浙總督又不甚次長[2]，而其他中外大臣非派令兼辦外交事務，則無外交之義[3]。伊里布之赴粵也，以咸齡黃恩彤兩月以來「駕馭夷會，勷中樞要，該夷極力信服，此時前赴廣東多有與該夷面商之處」，必須二人「始終其事，方可得免差池[4]」，故特奏請名往。英人時以祇伊赴粵而者不與，疑而致問，請伊劉代奏，上諭以間耆英，者奏言英人蓋不知臣之仍與撫事，且不知黃恩彤咸齡亦已赴粵故有此請[5]。咸黃此時遂成為和議中所不可缺少之人物。

黃氏以交卸藩篆，故到粵時後于伊里布者一月[6]。黃氏到粵後之所為，乃盡見其才具。前此黃之地位次于咸齡，及後咸齡調往江蘇以道員用，黃則滯升至巡撫，自由于伊者之逐

漸器重黃過于咸也。此時中英所交涉者通商章程，其中最重要者厥為稅則，伊者于和約中最大之成就在此，而幾完全為黃恩彤之貢獻。其交涉詳情，當詳述之。

黃氏既受事，即取粵海關監督文豐所造之稅課定額，隨規實數，並詳商抽提行用之報冊，逐款鈎稽者數日，因得其要領，思得交涉之主要原則，商之咸齡而貢獻其意見于伊里布[7]。

今欲改定稅則，辦法有二：撤退洋商將抽提行用及海關各項陋規，一併裁正歸公，則歲入可三倍，一也。酌留洋商，將出入口大宗貨物，如茶葉湖絲，棉花洋布之類，逐件增加，冷俳洋商參洋毅之類，逐件議減，則所增之數百倍于所減之數，二也。

伊里布沈思久之，決定採取第二項辦法，但恐的留洋商，英人不從，黃謂欲去洋商，乃洋商嗾使，非其本意，在金陵無所聞，到粵始知之，且彼商與內地洋商交涉已久，未必即肯舍轉趨新也，今姑將裁商與彼不便之處，剴切具文行知粵使看其有無轉機，再籌辦法可耳。蓋中國官吏，深以行商制度為莫大方便，官吏可諉卸不少責任，而不知英人久已極威行商獨占之痛苦，非取銷之不可。今人言行商制度著眼知戰後之廢除獨占，而不知此時尚有一番交涉，幾有死灰

復燃之勢，是可加以注意者也。

伊照會樸鼎查(Sir Henry Pottinger)略云：「中國之洋商，一如英國之擔保會，一切貿易章程，均惟洋商是問，事有賣成，若另投不知何有之商，萬一有匯徒誆騙逃去，必致無從繳追，一可慮也。既無寬大棧房，可以居積，又乏殷實保家，勢付價值，而洋貨數多，非若中國散商小販，可以隨時出售，必致應滯不銷，有誤轉運，二可慮也。貿易既興緝私倍難，稅餉易滋偷漏，且英國用洋銀，而納稅用紋銀，多一傾銷，添一折耗，估色較平，勤致爭論，三可慮也。不如仍留行商，但不存官行，任憑英商自投。」樸鼎查以成約不能輕改為覆。據黃氏所聞則樸接待前文，集商會議僉以為然，但恐一留行商，仍蹈宿弊，壓議不決，釋伯聃曰：「衆商先謀去公司，公司去而貿易不如有公司時，今又謀去洋行，既去矣恐異日求復設而不可得，璞使意已轉，因馬禮遜沮之而止。

行商之保留，既不得英人之同意，黃氏乃專致意于稅則之磋商。時伊里布于二月中旣于位，耆英繼其任，當耆未至之時，黃氏商于咸齡曰：「耆公到粵需時，我兩人株守無益，不如迤赴香港，示以不疑，即在此將加減稅則逐款詳議，一月之間可以十得八九，耆公一至，即可核明決定，事

緩則變，時不可失」。咸以為然。適樸使遣李太國(H. N. Lay)來唔，黃以此告意之，遂與英人訂期，並原告耆英，着以入奏。此事可見黃氏之善于臨機，勤于治事，及勇于負責之處，而稅則之議定，則幾全出其一手也。

黃咸二人在港二十餘日，稅則略定，其交涉手腕頗為狡獪，一日，黃語羅伯聃曰：「舊稅最重者洋參每斤徵至百兩，而鐘表洋緞，或以四計，或以件計，稅亦甚重，今洋參分別上下，減去十分之九，餘亦遞減大半，所議加茶葉每担不過七錢，棉花每担不過一錢五分，可謂減多加少矣。」羅伯聃答以此言是也，而實非也，洋參等貨，舊稅雖重，但遍口本居無多，又精細易于懷挾，故百年來徒有重稅之名，實無一納稅之貨，今大減其額，商人憚于走私，必有報關驗稅者，是昔無而今有也。至茶葉棉花，均保大宗貨物，尤重難于夾帶，但成每擔加餉四錢，積徵成鉅歲增百萬矣。」

及耆英至時，黃已調廣東按察使，而陳一切辦法，耆深許其能，謂所事已得八九，所爭者茶葉棉花耳，餘可不較，舊賣蓋均探避輕就重之法，苟茶葉可以加稅，其他則可不其較，以為不予夷以小利，恐啓爭論。先是茶葉每擔稅銀一兩三錢，棉花每担一錢五分，而行用隨規浮于此數，中國官吏所資固在後者。黃氏先與羅伯聃議茶葉增至二兩，棉花每担增至

三錢，復多方探訪，得知英商運茶回國，每擔稅洋錢二十五元，較中國多至數倍，乃以二兩之稅額爲不足，復求增加。羅伯聃推以俟耆大臣自向公使言之，璞使以商力不給爲辭，黃謂今之商猶昔之商也，昔也正稅之外行用陋規，孰非取之于商，今第以正稅輸官，而行用裁革，何不利焉？何難以昔之行用陋規併作正稅完納乎？其言甚正，璞無以應。卒議定茶葉每擔增至二兩五錢，棉花每擔增至四錢，其餘增減有差。

此項交涉之成功爲黃最得意之事，而實與國家有利。當時茶葉出口每年四十五萬擔，棉花進口五十萬擔，入，每年二百餘萬兩。道光二十五年粵海關奏言關稅未定章以前，歲入約在一百三十萬兩上下，最旺之年亦不過一百六十萬兩，尚有及一百萬兩不等，自更定新章，連年征收多至二百餘萬兩，及二百三十餘萬兩不等，溢收幾及百萬。[16]當時所定稅則（他物大概百分之五），于中國有利而于英人亦然，前此英人根本不知何者爲中國之稅則，正稅之外担負尤多于此。最不利者乃于廣東之地方官吏，以條約所規定不能如前此肆行中飽矣。

中英虎門條約成立于十月八日，載稅則于約章之中，是爲協定關稅之起源，恐莫甚焉。然耆英及穆彰阿等則認「夷

性多疑，事旣得有頭緒，亟應堅其所約，以免再有反覆」，蓋以此爲得計。約中有領事叅預中國海關行政，擔保其商納稅，約束英國水手，領事裁判權，以及片面最惠國條款之拘束，亦爲主權之重大損失，然耆等對于前二者誤爲乃便易之辦法，而後者則表示中國公平之態度，皆由于智識不足，實爲可憫。黃氏於擬議稅則固聰明過人，惟于此等條款，則亦並無異議。于最惠國條款則瞽瞽之告美使顧盛（Caleb Cushing），謂新定英吉利貿易章程，凡一切有益遠商之事，不俟各國請求，卽通行一體照辦，此卽中國待各國一無所偏之明證。[17]中國常時任何人心目中絕未夢想將來有赴各國通商之事也。此種觀念，直俟同治年間與日本訂約時方有改變。當時者英所訂之通商章程，在反對派眼光中，蓋亦無不可，主戰者最所痛心之處，仍惟爲賠款及開五口通商。於此等喪權之處，亦未嘗以之答議和者。

稅則旣定，英人提及鴉片開禁問題，黃氏此段交涉之方法，甚爲巧妙，而爲歷來談禁煙歷史者所未及。英人方面，見中國事事之有名無實，禁煙亦然，璞鼎查乃證爲證遞來言，謂一鴉片爲人害，中國禁之是也，然名禁而實不禁也。今禁之不爲不殷，而吸食與販者如故也，中國無如不良之民何也。英國亦不如不良之商何也。且禁之則不准進口，彼得

于海中交易，名為禁煙實則免稅，為今之計，與其禁之不如稅之。耆大臣若以此意入告，增稅必多。」並具有稅帖一紙。黃以此告耆英，耆英恐英人將堅持此種要求節外生枝，為和議障礙，無以應之。黃謂彼所言其名非也，其實是也，今若據決據理，正言拒絕，彼轉有辭，不若殺為實稅以難之。乃謂馬禮遜曰：『耆公非不知名然不如實稅也，但中國煙禁甚嚴吸食者罪至死，今據情弛禁，大皇帝斷不依允，中外大臣亦必力爭，耆公即冒罪奏請，恐亦無濟。且奸民與奸商走私漁利，由來已久，一旦弛禁能必其進口報關。誰任其咎？公使稅乎？誠恐徒有納稅之名，仍無納稅之實。公使如必欲耆公奏請，莫若先納稅銀五百萬兩，作為一年定額，即由公使彙交，以明各商先之走私，並非得已，今之納稅實出至誠，以後按年照額完納，統歸公使保交或邀恩允准亦未可知。』馬禮遜答謂販煙獲利誠厚，亦安能先納五百萬之稅乎？黃曰『林大臣昔年燬煙二萬箱，常時必不能如數先繳三百萬，足見鴉片之成本重而餘利多，今中國弛禁每年只索稅銀五百萬，未為過也，況一時不能如數先繳三百萬，于半年內分兩限完納，或于此中劃抵中國之銀亦似甚便，其議遂寢。[18]耆英曾以此事入奏，謂凡事常先消其源，獨禁煙，應先截其流，

而利之所在，雖白刃當前，奸民亦個而不顧，徒務禁之名，而任其陽奉陰違，不獨貽笑外夷，即內地奸民亦將掛面生玩，常此夷務初定之時，弛張均無把握，操縱實出兩難。[19]蓋隱寓贊成開禁之意，而宜宗對于煙禁實所深惡，此時雖無奈外人何，而上諭則仍申禁煙從嚴之意。[20]耆英自不敢明請嚴禁，其對付英人惟有用黃氏此法，及告外人以自己地位之為難。[21]故鴉片戰爭本為禁煙而爆發，而戰後禁煙問題，乃以不了了之。[22]耆訂約後，旋返兩江總督之任，黃氏則于八月中擢布政使，以其議和之功也。

1 始末，全上，卷六十二，頁四十．
2 始末，全上，卷七十二，頁十四．蔣廷黻中國與近代世界大變局，清華學報第玖卷，第四期，頁八百二十，但未言及兩廣總督之重要，為欽差大臣之故，亦未數及閩浙總督．
3 始末，道光朝卷一，頁十二．
4 全上．道光朝卷六十一，頁二十四．
5 全上．卷六十二，頁四十八．
6 紀略，頁十五．
7 全上，頁十六．
8 全上，頁十六．
9 全上，頁十六．
10 全上，頁十七．
11 全上，全上，卷六十六，頁二．

據 Davis 同書所記，耆英曾向之提議留行商，經其拒絕．

12 紀略，頁十八。
13 紀略，全上。
14 紀略，全上，卷六十七，頁二至四。
15 始末，全上，卷六十七，頁二至四。
16 紀略，頁十八至十九。
17 全上，頁十九。
18 全上，頁二十八。
19 全上，頁十九至二十。
20 始末，全上，卷七十，頁八。
21 Davis 全書，並記 1844 時書英曾致照會，提議鴉片貿易雙方默許。
22 紀略，頁二十一。

三　黃氏與美法之交涉

中英訂約之時，美法各派公使，接踵而至，當時中國既以與英訂約為下策，故于美法之繼請，殊覺為難。伊里布與耆英對此則認為中國既許英人，若阻他國，恐又生枝節，而西洋船隻衣服既難分別，若附于英國，潛行貿易亦無從覺察，廣東通商情形，本屬百弊叢生，洋商苦殊不堪，英人發難各國本坐觀成敗，暗與英人交通，今英得所欲，他國向隅，心必不平，一英國已足為害，況合各國使一耶？故如各國欲新開馬頭則不可許，英國欲據馬頭為獨有，則聽其爭，

最上之策，則「因勢利導，一視同仁」。
美使顧盛之來廣州，攜總統國書，聲言必須進京覲見。廣州官吏，乃大感恐慌，倉皇入奏，予時，耆英已回金陵，朝命仍佩欽差大臣關防，回署粵督與之交涉。耆英未至之時，乃由黃恩彤出面，對之極力開導，阻其北上，黃認為美人此來，名為觀光上國，實則誇耀英夷，同時法國亦有人在此伺，若美使北上之請，可以中止，則不至為法祌口效尤，故急探詢美使所要求之條約內容，顧盛但云被在國書露，惟表示美國不效英國所為，決不加兵他國，占據他國土地。黃氏料定美人另索馬頭軍費邊釁之處，常無可慮，惟因其十萬里重來中國，既勞且費，若全不允其所請，未必過肯回帆，乃虛與委蛇，以俟耆英之來。

耆英到後，顧盛出條約四十七款，其中耆英認為必不能行，而又堅持甚为有者有十事：（一）有事可逕赴都察院申訴。（二）洋樓焚燒，官為賠修。（三）洋貨三年不銷，發還稅欵。（四）官設棧房，代為貯貨。（五）中國的敵國及與國，均許美國住來貿易。（六）商船進口，不歸領事約束，請中國統轄管理，他國若有凌害，中國代為報復。（七）貨船遇有敵兵追襲，難各國護助攻擊。（八）兵船一到港口，與礮台互相放礮，以將敬意。（九）京中內閣或部院衙門，收受其國文書。（十）兩國欲新開馬頭則不可許，

用兵，仍須准予商人搬回，免遭殃害。十者或窒礙難行，或踏多流弊，此外瑣屑悠謬，貪利取巧，尤不一而足。此中各欵之以後數條，在今日觀之，毫無不可許之故，或為中國主權所在，求之不得者，而當時則以天朝制度攸關，視為非同小可，而成為交涉之難題。

耆英接見顧使，仍由黃氏隨往，外有候選主事趙長齡及候選道潘仕成，黃氏此時地位為廣東地方官，而非耆英之隨員，然交涉事務則非黃不可。黃氏即本耆英之意偕趙潘二人，與美使辯論，相持二十餘日不決，黃氏乃發現中外交涉，語言不通，輾轉傳譯，甚難傳達意見，為交涉之礙，乃商于耆英謂不如以不能行之故，叙入一書，彼得實可以播弄成文，文義雖不能盡悉，尚可十得七八，較之口舌為功相倍。耆英以為然，其書即由黃氏代撰，以制度為言，對美使但談原則而不及細節[7]。

中國與台衆國及英吉利各國，一東一西相去遼遠，其所以通好往來，實由各國利在通商，不辭險遠，航海而來，各國有求于中國，非中國有求于各國也。各國之來粵通商大小不一，而旣至中國，應以中國為主。此亦如中國商人赴各國貿易，所到之處即以其國為主，乃一定之理一定之勢也。中國之待各國，不容有所偏……至

各國商人之來中國，則應遵舉新章，交易輸稅，方能彼此相安，有合乎客從主人之義。倘此國之章程繁亂，而各國亦彼國商人，又欲行彼例，則中國之章程繁亂，而各國亦靡所適從，通商大局，因之敗壞，不惟非中國之利亦非各國之利也。且中國與各國交涉者，僅貿易一端而已，其餘一切制度，則迥不相同，中國有中國之制度，各國亦有各國之制度。中國不能因與各國和好即改制度而就各國，亦如各國不能因與中國和好，即改制度而就中國也。即如中國英國構兵連年，已成仇敵，迨經媾和之後，所定通商善後章程，仍不能違中國制度，書冊俱在可考而知。至兵者不祥之器，不得已而後用之，合衆國與中國旣無釁隙，且遠隔十萬里重洋、言語不通，風俗各別，得其地不能守，得其民不能治，兩國均不之明于料事，豈有無端用兵之理。夫用兵與通商不能並行，用兵則有礙通商，通商則不宜用兵，尤理之至近而易見者也。

黃氏蓋認為顧使之所以有無理要求，乃基于其不諳中國制度與西洋各國迥殊，而深訝和約本為好而生，其中忽提及用兵時之問題，何其不倫？因擬美國之意常以中國獻兵懾戰，故將用兵列入條欵，所以書中于此反覆言之[8]。黃氏對于

此舉，甚為自負，謂顧盛之隨員伯駕（Dr. Peter Parker）來云，耆大臣心如明鏡無所不照，乃為美人見此舉而心折之表示，而顧使得意，遂亦刪除所妄求各款也。

黃氏既代耆英致書顧盛，討論交涉之原則，而私又作書與美副使威伯士德，辯論條欵中之兩點：一、官賠貨價，黃謂情有弗願，勢有弗便，力有弗給，蓋貿易非中國所招，乃外人之自願，中國收稅不及百分之一，何能為外人保險，且關部本無捕盜之責，何得枉受賠賊之咎？中國于自己商民之受意外損失，向無代賠之說，安得獨厚于外人？且官中又安得此開欵哉？關于洋樓賠修，棧房存貨，謂此皆洋行之習制，今洋行既撤，則不能賣之于官，若謂復設洋行，則洋樓棧房可以仍照舊規辦理，洋行不設，官不與聞。此事遂亦成能論。

七月二日，中美條約簽訂于澳废，據耆英所奏，奴才督同黃恩彤及各委員，逐款指駁，不敢稍為遷就，往復辯論，多者十餘次，少者亦五六次，該夷理屈詞窮，始肯照依妥除，所得結果，則為現定貿易章程與上年新符合者，計居十分之八[12]。顧盛此來，固自認所抱宗旨為訂一公平及光榮于雙方之條約[13]。然以耆英及黃恩彤當日所處之地位，所以應付之者已不勝吾敵唇焦矣。黃氏于此年乃蒙恩旨賞戴花翎，隨帶加二級，并有「辦事認真不辭勞瘁」之褒[14]。

方中美訂約時，法使剌萼尼（Théodose M.M.J. de Lagrené）亦到，剌所負之使命為商業而兼宗教心與努力，則尤幾全為後者。其為人也，好大喜功，挾兵威而至，隱有示威之意。耆英與之接見，所攜者仍為黃恩彤及潘適二人。剌氏既以天主教弛禁為主旨，交涉之初，則先提若干題外要求，以使對方迷炫。

剌先述來意，以助攻英人為辭，而提[ ]到常遣使臣進京觀見，即留往于京城，中國亦遣使赴法，應彼此消息常通，可以互相扶助，耆英以定例拒之[16]。中國遣使赴法之事，當舊剌交涉之前，射布斗（Cécille）甘提議于耆英，恩彤以為須作答書曾告以中國士大夫不慣風濤，若航海七萬里，恐不能達，商賈游客，又多不曉事之人，往亦無濟，減以重洋所限天水蒼茫，中國之人望而興欲，非若泰西之人不憚遠涉也[17]，其言旣足表示中國當時之惰性。剌氏見此項交涉不通，亦不堅執，越數日又提議中國不准使臣進京，宜仿大西洋故事，習法國明天文之人送京常差。黃氏則答以今日中國人文毀出，推步精詳，無須法人襄事，再加婉謝。其法肯創自法國，中國頭文輕武，講求水戰是以英人得遜。若遣使往法國內，講求船礮水戰之

法，以中國人之聰明，不出三年可盡其妙。英人若再生事，破之何難？黃氏應以中國年來倣造夾板船，鑄鐵鑄砲，均與西洋工巧無異，公使應早有所聞，至水戰之法惟在因地制宜，宜于西洋者不必宜于中國，況臨敵決勝移步換形，登可執一，亦非法國所能教也。黃之答詞，誠善于外交之詞令，而吾人之感想，則深覺其于法使此言並無所動，實于戰爭之失敗，並未有重大之覺悟也。

黃氏固為有心之人。觀其初至廣東，抵臬司任時，曾周歷水濱，閱視砲台，復詣軍功廠查騎新造大戰船及購自外洋之夾船[19]，在香港與機帶會議稅則時，則與羅伯聃談論砲台之法，極為注意非記其語為千癸問答[20]，以資考核。于其他西洋智識，亦託留心，後此為巡撫時，曾與蒗環志略之徐繼畬致許論魏源海國圖志之得失，識其于外國輿圖之所依據。于英人郭實拉（Gützlatt）所撰西洋地理志，亦評其很什，不及瑪禮士從舊之明晰，然文煩事增，亦足供外史之探[21]。其于西學良有研究，宜若于西人之長技，有倣效之決心，然其主張則粵東破台宜少而不宜多，戰船尤宜小而不宜大，以台多則兵分，敵人可以全力攻一台，小台不守，大台動搖，一台失利，各台瓦解，至于大船則夷人番卒，以海為家，非一代習之，一人成之，我之水師弁兵，欲加訓練，非

旦夕可就，大船但為防夷，一時之事，小船則平日防盜所必需，故已佔各船均應停造，將來但增十數大船，以偏防夷，而須多造師船以捕盜[22]。而此時之對法使，更表示中國無舉習西洋水師之必要，殊城惜其有見于近，無見于遠，樂新知而難除舊習，與西之亦嘗深識英人軍事實力，亦嘗購買洋鎗砲，而于美使所贈之鎗砲戰術之書，則婉辭却之，並無提倡新式戰術之舉動為同病也。吾人解釋黃此種見解，雖由于所見未遠，亦由其所抱宗旨，中外交涉，苟得其法，以通商為羈縻，而不為意見之爭，自可消弭戰禍于無形（此此將詳言之于下）。倣效西洋，究有成效與否，尚不可知。此時則力所不及，事或無需，而何必昌言以招敵忌引人言哉？故其講究西洋智識，實以為外交之參考，而並無意于文化有所影響成就，亦只限于外交方面，而未嘗于文化有所影響。

刺使數種提議，既均不受同意，越數日，黃氏往見，乃又提英人近往香港，將來難免泄授，法願以船數隻停泊虎門洋面，代中國防守，即在近岸建樓，以便官兵棲止，一切兵費工費，法自行籌備，英人斷不能越虎門而窺廣州。黃氏后之曰：「公使之意良厚，而言則過矣。香港乃海中孤島，孤立無援，非戰守之地，是以准予英人建屋寄居。虎門乃省河第一要津，水師提督戰守重地，斷不能容留他國，且砲台林

立，駐有頭兵，今非昔比，敵船斷不能飛渡，不必藉客兵之力。且英人在港建屋，一切費皆取于商，法人貿易不及什一，在中國覓地營居，勞費無益，乃失策之大。」刺使無語。[24]法人欲借虎門之事，亦非眞有其意，然此種提議，自屬嚴重問題，黃氏于是又自致加略利一書，謂法欲與英人爭勝乎？適足爲英人笑也。欲與中國爲難乎？是務虛名而受實累也。足下曾云人有屋一所被賊占蹤一間，不能逐去，而借居，則斬而勿予，不安則謂屋被賊占，爲朋友者惟有助主禽賊，以屋還主，方爲良友耳，若亦欲乘勢占屋一間，是幸主之危，援賊爲例，大非君子之道也。[25]

法國之屢次進言願助中國抗英，當時議者均希望其實能如此，一般人觀念于英人深所痛恨，認爲英爲禍首，而美法素與不睦，苟資二國之力，即可以制英人，[26]所謂以夷制夷之策也。主戰者如林則徐即希望英禍可由他國干涉，以各國貿易均爲英國所阻，慎憤不平，故欲由該國派來兵船與之講理。[27]主和者如伊里布亦嘗論若優待美夷免其貨稅，又將英夷貿易，移給美夷，則美夷感荷天恩必力與英夷相抗。英夷敗多自海外各國租貸襲脅而來，若美夷爲我用，各國開知，無敢不瓦解，兵法中本有代交之說，而以夷制夷之法漢唐以來載于史册者不一而足，仿而行之未爲失體。[28]此種觀念，實不因

主勸主撫而異也。黃氏則獨有透闢之見解，故于法使之甘言，無動于中。黃每告人，三國外若水火，而內實狼狽，任西洋則不無礬觸之爭，在中國則隱有輔車之勢，必不肯自戕同類。[29]且無論夷情叵測，其離合難以遙揣，自吉中國之于外夷，必力能制之，而後可以收之以爲用，未有不能制，而可借此夷之力，以制彼夷也。西洋諸國，惟法爲大，美次之，然其地遠隔重洋，非中國控制所能及。若資其兵力，勝負未可預必，而兵費即應籌及，不勝則英夷由此結怨，邊登益開。即使能勝，而彼自恃有功必不免無厭之求，更難駕馭，殊非計之上者。[30]其言實不易之至理，百年來，能道此者有幾人哉？

法使之以甘言嘗試，虛聲恫愒，黃氏自稱我不爲動，但亦料彼求無一獲，難保不別滋事端。[31]越數日之沉靜，刺芳尼乃以所來之主旨天主教弛禁爲言，其態度則任所必待，非著前此事畢遵就矣。黃氏交涉，既感棘手，乃禁中國之人，假天主教之名，公行不法，並未嘗禁天主教之一切也。中國自崇儒教，西洋自重天主教，兩不相妨，亦各不相謀也。今欲強西加略利一書，敘述中國之禁天主教，乃禁中國之人，假天主教之名，公行不法，並未嘗禁天主教之一切也。中國自崇儒教，西洋自重天主教，兩不相妨，亦各不相謀也。今欲強西洋士愛慕儒教，如足下者，國之君相，未嘗禁之也。但足下

藉行教之名，犯本國之法，恐亦不能曲宥之也。中國于習天主教之人，何以異是？[32]加氏乃出康熙三十二年禮部議准天主教與僧道喇嘛一體弛禁揭碑文呈驗，以為口實，乃非空言所能折服之者[33]。駁詰愈嚴，請示愈堅，交涉幾成僵局。法國之所要求者為傳教自由，中國之所慮者為教民藉教逞英，耆氏由此點之認識乃生一折衷辦法，而貢獻其意見于耆英，謂天主教弛禁，因與定例有違，但洋人性情固執，不得不曲示羈縻，不如姑准所請。必先與之約者有二端：一、外國人不准赴內地傳教，一。內地習天主教者，而雖弛猶禁也。若有藉教為非及另犯別項罪名，仍照本例治罪，如雖弛教猶禁，法使，亦無異言[35]。于是雙方得以圓滿解決，中法黃埔條約，乃于十月二十四日成立。

1 始末、道光朝、卷六十四、頁三七、伊爰。全上，頁四十四至四十五，耆奏。
2 全上，卷七十一，頁六至九，程鷸采奏。
3 知止堂全集，正集卷九，復劉玉坡督部論來意情書。
4 始末，全上，卷七十二，頁十五至十七。
5 紀略，頁二十七。
6 全上，頁二十八。
7 紀略，頁二十七。
8 知止堂全集外集，文四，頁二一四，致亮仲書（代曹閬部）。
9 紀略，頁二十九。

10 全上。
11 知止堂全集外集，卷六，文三頁六至七，與咪夷副使喇咈吐喂論官職食俸不復。
12 全上，頁七一八，與喇咈吐喂論洋樓棧房官不過問。
13 始末，全上，卷七十二，頁十五至十八。
14 紀略，頁二十九。
15 Chin. Rep., Dec., 1845.
16 H.M. Cole, Origins of French Protectrate over Catholic Missions in China，見 American Journal of International Law，論劉氏動機甚詳。
17 紀略，頁三十一。
18 知止堂全集，全上，頁一，與喀咭哩哂喲曾治中國不能遣使赴咩喇啮咈（代曹閬部）。
19 紀略，頁三十二。
20 知止堂全集，正集卷七，文二，頁一，上曹閬部公論粵東敵台戰船務。
21 全上，外集卷六頁九至十二，壬癸間答。
22 知止堂集，正集卷九，文二，頁十九至六，與徐松龕中丞給西洋諸夷書。
23 全注 29。
24 始末，全上。
25 知止堂全集，頁三十二。
26 紀略、後序，頁一，當英人占鼓浪嶼時，有英艦遠颸，官吏報告即閩英

英將起衝突，見 Davis 全書 vol. I, p. 163.

27 林文忠公政書，附廣奏稿卷四，頁十七。
28 始末，卷二十一，頁二十一至二十二。
29 紀略，後序，頁一。
30 始末，卷七十五，頁三十八至三十九，耆英黃恩彤合奏。以紀略所記考之，可信為黃之主稿居多也。
31 紀略，頁三十二。
32 知止堂全集，外集，文三，頁六。
33 紀略，頁三十四。
34 始末，卷七十三，頁四，耆英奏。
35 紀略，全上。

四　和約以後之黃恩彤與外交（上）

廣東巡撫時之黃恩彤

由上所述，歷次和約之交涉，黃恩彤之功獨多，耆英帆次奏摺均叙及黃氏之「多方設法，辯論再三」，「一手樞理，恩信相孚」。推譽之者備至，伊者因未嘗擾黃氏之功，以為己功也。此時宜宗政策，方信任撫夷派之說，力冀和平無事，故于耆英所奏情形，均甚嘉許。耆自述其辦理和約，有連日以來，心力交勞之語，雖為實情，亦本奏摺之常語，而特加讚語，囑其隨時珍重，務保康彊[1]，足見置督優隆，亦見撫局之一日不可無耆英也。此時為耆英之黃金時代，亦見黃之最光榮之時期。道光二十五年黃乃擾巡撫，黃由藩司升任，初非異數，然其簡在帝心，實代表撫夷派之常政時期也。

當道光二十四年，樸鼎查歸國，代表為德庇士（J. F. Davis），在黃者之眼光，德氏甚狡而悍，耆英仍設法籠絡，任杜賣以成約，每有細故輒生事端，較之樸使難于對付。是年夏，德氏提議先交還鼓浪嶼，俟中國還清賠款後，約時議定英人仍行佔領定海及鼓浪嶼，同時交還。而是時期限未到，忽有此議，閩浙總督怡良閩河莫測其意，咨商于粵。黃氏聞之，乃謀于耆曰：「德使事事欲見其長，以彰樸使之短，而採訪英商輿論，為云樸使為中國大臣所愚，以致稅額加增，定例加嚴，反不如未用兵前，得以自便。此番之意，定為欲改成約，而又無辭可藉，故以先交鼓浪嶼嘗我，以為藉口途約之端，不可不防。」當即函致韻河，囑其安撫居民，一面行文德庇士，申明定約歸鼓浪嶼先還原自無妨，但成約具在，鼓浪嶼可以先還則定海亦可遲交，是以未便接受。德使回文申明亦必如期交約，于是鼓浪嶼先行收復。[2] 實則黃氏此番之觀察，乃其神經過敏，于是英人之

欲先還鼓浪嶼，以其地不宜衞生，與駐兵健康有碍，而中國已無發端，樂得歸還，非有他意[3]。然黃氏之辦外交，先事提防，不輕貽人以口實，吾人殊不能不佩其思慮之縝密焉。

黃氏為廣東巡撫時所遭遇之外交問題，為英人入城問題，而為鴉片戰後至英法聯軍時期之最困難問題。按江寧條約，並無入城之規定。江寧初訂約後，英人亦並未主張入城，惟廣州英僑人多，而居留之地小，遂提出入城問題。粵民對于英人，既痛惡而深鄙，則堅力反對[5]，而英人引以為辱，要求之心益盛，而此時又屢有民夷之衝突。

黃氏為廣東巡撫時，「辦理稍有未協，即啟釁端」，所處地位甚為困難。當黃恩彤初到廣東時，亦即發現此點，嘗告伊里布謂：「粵思未已」，不在外而在內也。苟外人到粵，即知民夷兩不可侮，而均無善策，此地議撫，難於金陵十倍[6]。」二人均有見乎此，即出告示，勸告人民，謂本部堂穩知粵省民心甚固，民氣甚強，即使愚忠愚孝，亦屬可嘉可喜，而其中假公濟私，見財忘命者，正不乏人。今既統制是邦，力須勸懲並用，教戒兼施。又一示云：「內撫儻衆，外接各國，其中觀疎厚薄，有一定之差等，即有不易之權衡。本部堂若將應厚者薄，應薄者厚，則是倒行逆施，斷無此情理，不獨上

無以對君父，下亦何顏以對士庶[7]。」舊既未敢開聲于英人，而亦不敢公然拂粵民之意，兩姑之間難以為婦，委婉陳辭，苦心勸導，固未知粵民對之並未深諒。

懷鼎查在南京時，嘗請進城拜謁，諸大臣初甚驚恐，結果則為「盡歡而散」。馬禮遜于栖則定議後，應請入城，未幾廣州領事山李太國允任，馬回香港旋病故，進城之議遂緩。時上海寧波外人均進城勿禁，而地非省會，在粵外人無從藉口，會福州省城，有洋人古路烏石山之事，其人即李太國。黃氏一開此訊，即謂南海令吳廷獻曰：「福州亦省會也，此間洋員必有效尤者行卽至矣。」未幾英美領事果以人城之事為言[8]。

黃氏應付之法，則勸告外人進城實為不必要之事，黃自記檄諭之語有云：

據稱粵東薄待外國人，由於不准進城，是大不然。中國官員衙署，多在城內，而分設城外者亦不少。巨紳城內有之，城外亦有之，非城內為貴，城外為賤也。富貴之人，散處于關廂市鎮，終歲不進城，而人不以為輕，貧賤之人，肩挑背負，日日進城，而人不以為重，並非進城為榮，不進城為辱也。外國人來粵，專為貿易，而馬頭行棧，俱在城外，不在城內。領事與地

方官公文往來，不因城外而有阻，即有面商事件，地方官儘可出城相就，並非進城有益而不進城有損也。以免無關貴、賤、榮、辱、益之事，而條約既不准行，民情又不以為可，所常翻然改圖，方為曉事。當時卽暫中止，蓋由于英人已暫事忍耐。是年京察黃氏交部議敍，並奉殊諭有「協力等維，共成粒定」之襃[10]，為其最後之光榮，此後則不幸事件，相繼而起。

英人之求入城也甚力，而粵民之拒之則彌堅，黃居督撫之位，既不能峻拒外人，乃思于粵民之加勸導，遂大受民間之不滿。是年歲暮（一八四六年一月十三日）者黃合出告示，勸告百姓，覺朗「廣為自來未有外人入城之擧，近年英官屢欲議定入城，但均因體諒民意，迄未准行，今又重提此事，因即布令紳士，使告居民，而選引福州為例，巴告知英官，而選引福州為例，故望紳民人等務念二國業已和平，皇上予以外人民，一視同仁，且除廈門無城垣外，福州，上海，寧波各口英人皆已入城，並無事故發生，紳民人等宜勿再反對」。此示貼于洋行之前，即為人民撕毀，另貼告示，大賣英人之罪惡，及此擧之欺壓官吏，並謂苟英人進城者，則滅其種，燼其盧，以洩公憤。城中亦有紳民告示，大意略同。府署門前則為另一布告，謂凡外人入城，義

民將擁官而誅之[12]。

其辭乃及于廣州知府劉潯之身，劉因偶犯道者，望民謂其為媚夷而凌民，噪集入署，毀其冠服[13]。若英黃恩彤乃念出告示，謂地方官首要在得民心，知府因等人民速即遣散，人民而人民聚衆燈署，亦屬過當，為此布告人民速即遣散，人民如我子女，必不棄之不顧，亦無恐外人之加害，而將劉氏去職，以平民怒。繼又出一示，謂本督撫治粵已歷年數，愛民盡職之心，可質天日。近年與外國訂約，無非欲安我我人民。英人又堅持進城之說，本督撫前出告示，欲諭詢民意，今知民人義憤，特再示告，以釋華疑，前次之告示，非卽允許英人入城，民心不欲，本督撫絶不逆民意以順外人也[14]。所以將順民意者，亦無微不至矣。

人民之怨怒未平，外人之要求又起。道光二十六年，為收復定海之期，德庇士乃以不准進城，卽不能如約交還定海為要挾[15]。若英屢與申明成約，又復折以情理，勤以利害，德均遲遲不復，卽有回文，亦語多難解。黃氏知據理難有關進城爭，乃將實在情形，坦白以告德使。其私人致德使審有關進城不便之原因：第一，百姓不願者有二端：（一）人民數百年，從未見外國商民進城，積怨于中，一聞進城，則必以為

（二）用兵以來遭英人蹂躪，積怨于中，諭言四起。

心懷惡意，迫聞其急于進城，則懷疑益甚，羣起拒絕。第二，紳士所不欲者亦有二端：（一）英人進城，其中賢愚不等，易生滋擾，各國接至，中外什處，閭巷難安，一時即可無事，日久必有他虞。（二）福州有領事占踞烏石山之事，恐英人援以爲例，或建屋豎旗，瞰人家室，更爲不便。第三，官之所慮當不在此，亦有二端：（一）官不但不遵，且從而撕毁之，若勢太衆，官若出示曉諭，百姓不但不遵，且從而撕毁之，若脅以威，激成衆怒，必生事端。（二）官准英人入城，而百姓聚衆拒之，官不能禁，則無辭以對英人。強欲禁之，又無術以制百姓。英人中道退出，則示弱以怯，若恃強猛進，必成械鬪，兩國失和，將自此始，所關尤大。英人得書後，時以禁待政訓府令，不必操之太急，故德氏並未堅持。四月中與耆英又訂協定于虎門。雙方同意進城之舉暫緩，惟並非取銷。英人雖未即進城，中國官吏則甚恐其藉此不肯交還定海，黃民意見，以爲彼以定海爲奇貨，若索之愈急，則持之意愈堅，不若姑秘之，計彼留兵定海，所費不貲，省取諸商，日久商力不給，必且轉而就我，以此意進言于耆英，至七月中果收復定海。

此時廣東之屢次民夷衝突，若英黃恩彤心力交瘁，而一般主勦夷之士大夫聞之，則興高采烈。戰爭之結果，主戰者

亦深知官兵之窳敗，夷勢之猖獗，及見粵民暴動，英人竟無如之何，則以爲夷所憚者在此，足資以抗之矣。此種論調亦不自此時始，當林則徐在粵時，即極力訓練壯丁水勇，以爲戰畚，戰事期中，朝中言官之倡言練水勇，辦團練，招墾梟，足以彼敵者不一而足。然所謂粵東之民心民氣者，則如王庭蘭所言，皆以兵不如民，民心可用。奕山降文亦有同樣之奏言。外人許之，私販之莠民亦怨之，故常逆夷蠢動之時，羣相附和，反恐逆夷不勝，鴉片不行。奕山陵文亦有同樣之奏言。此謂粵東之民心民氣，自林氏禁煙過嚴，兵怨之，夷怨之，私販之莠民亦怨之，故常逆夷蠢動之時，羣相附和，反恐逆夷不勝，鴉片不行。奕山陵文亦有同樣之奏言。此時英人在粵雖屢遭憤遇，而中國朝中言官則躍躍欲試，而深慨耆黃故事態未增嚴重，而政府當局，方持愼重隱忍之策，以爲「一味恇怯，任意欺矇」，有不滿之辭。

四月中，湖廣道監察御史曹履泰上奏，極言粵中官吏措置之不當，民心之不可失，略謂粵東官民上下相爲冰炭，臣二十三年春，曾赴粵東，博采輿論，而知粵民與英夷爲仇讎，即與地方官爲仇讎，粵民督不准英夷入城，且深知英夷之不足畏。若仍必迫以開館之事，誠恐變生肘腋，而禍不可言。故斷不可強民之所不欲，以從夷人之欲，粵東安則海疆均可妥然矣。上諭，著該督撫悉心體察一面愼重安辨，一面

據實奏聞[27]。

者英黃恩彤于五月乃合上一奏,加以辯覆,先言廣東暴動之事業已處置平帖,屈民就夷,萬萬無此辦法。英夷雖已就撫,實則仇譽。此乃官民之不約同心者。但官則馭之以術,民則直行其意。若謂以仇夷之故因而仇官,則全出情理之外。英夷求進粵城,不過游覽都市,拜謁官長,以為光榮,並無立夷館之說。繼又申論粵民之性情剽悍,難與爭鋒亦難與持久,必因三元里之事,遽信夷不足畏,民足禦夷,究亦未可深恃[28]。宜宗硃批,于其答覆認為民心之足禦夷,矚其相機妥辦。而時論于此疏之言竟公然不信民心之足禦夷,益大不滿,黃氏因被參劾[29][30]。黃自記更言「粵民見利忘義,剽悍輕浮,必不可倚以為用」,奏中所言,蓋已為委婉矣。而深嘆平日一為此言,及以夷制夷之不可,聞者胥心非而目笑之,意詎不十年,竟不幸而言中哉[31]?

黃氏蓋認為苟欲禁止英人入城,自有良好辦法,絕不必出之暴舉妄為,其致江翊雲給諫書云[32]:

粵民如果與夷為仇,制之甚易。夷之來中國,為貿易計耳,一切皆仰給于內民,如果衆心堅一,但能不與交易,而通事買辦,麻占,沙文,艇戶,拕夫,及販賣食物之細民,一皆絕夷,而勿與通,不出三日,不

煩一兵,而夷已出困矣。今貪其利者如蟻附膻,甚且為之腹心耳目,夷之憑恃甚堅。今合其利者如蟻附膻,甚且為之腹心耳目,夷之憑恃甚堅。而一二粗通文墨之人,徒欲假忠義之名,自快一時之筆墨,今日標紅單,明日標白帖,刊刻張貼,欲以空言懾點虜之心,不知區區伎倆,早被他族窺破。詎謂之則雄兵百萬,按之則實烏有先生,何益之有哉?嘗謂粵東民夷猶冰炭也。無冰則炭不登于爐,無炭則冰不結于池,而及其相遇,則爆怒而不相入。粵之所以賦甲諸省者,為通商也,實通洋也,即通夷也。此數十百萬之衆,懷攘而來,不過為此疑綫時之歡百怪物有寶可探耳。今勿論我閉關絕市,即使彼忽欲舶而去,羊城無業者之若千百人,從何安頓哉?此亦不可相無之二物,而偶有交涉,動輒相爭而不相下,與氷炭何異哉?通商一事,乃黃氏所認唯一制夷之道,因作撫夷論一篇,以闡明其全部外交之立場,論中首駁時人言戰守者之閉戶造車,無裨于實際,謂:

…均未與該夷接仗,不能悉其伎倆,而但參考成法,以為可以施之今日,甚或誤信稗史,以周郎江上之火,郭王湖中之草,乃水戰之秘訣。而不知該夷之船堅炮烈,…往往倍之累歲,敗之崇朝。夷船在海中浪瀕如山,

束薪爐時之小舟，豈能攏近？即近矣，而但隨帶三板多隻，不難即時撲滅。至以草網之法，或可施之小小輪船，若近日內河所造之水輪船耳，夷人以十餘丈之火輪船，大船水激輪飛，……大牌大鍊，且不能遏，而欲以益尺經寸，蟄弱幹柔之廝草，投諸汪洋巨浸之中，將以縛其輪而膠之，此真夢囈之談，不值一噱者也。蓋以戰爭之中，主勦夷者，多以火攻一策，為制勝之要術，一若夷不足破者[34]。

而言善後者，明知無制彼之術，而不能不敷衍完局，除造船鑄砲數者之外，更有何法？其實以船而論，勿論同安梭船，僅足入海捕盜不足禦夷，即潘觀察所造之船堅厚長大，裝礮亦多，窮中國物力工力，不能復加於此，而以當夷船，恐亦難言制勝。至大礮來自西洋，名曰紅衣，實紅夷也。彼乃造礮之祖也。我未得其製造之秘，而火藥不及，彈力不及，破手更萬萬不及，遽欲與之爭能，勿亦不揣本而齊末乎[35]？

黃氏認為若以武力相拼，固不如英人之敵，然夷亦並非無術以制之者。

夷之不能制者，大約有五：舟如堅城，礮嵌鐵壁，航水純熟，觀馭如飛，一也。一切砲火猛烈，機法靈巧，

連環轟擊，竟日不休，二也。彼居舟中我立岸上，以逸待勞，反主為客，三也。孤軍深入有進無退，我備其七，彼頓成瓦解，四也。朝東暮西，瞬息千里，我備其七，彼攻其一，五也。夷之不足慮者亦有五：七萬里重洋，徵調不及，一也。水土不服易生疾病，不能固守，二也。負船為穴，不敢深入，三也。得地旋棄，不能固守，四也。性貪安逸，夫制于婦，五也。而中國所以控制而羈縻之者，惟在通商。夷居西北極邊，地冷人僻，而無田賦，其國中一切經費，全資商稅，疊添設馬頭，如鳴喇吧，新嘉坡等多至二十餘處，而尤以廣州為第一，其所以呈獻鴉片者，非畏法也，盧絕其通商也。其所以兵反順者非謀道也，圖復其通商也。其所以游擾他省，而不肯跡踞粵省者，非畏粵民，燒燬洋樓，搶奪夷商，而懼查不報復者也。上年與百姓，恐結怨愈深，則通商撤兵之後，將有猝不及防者也。其廈門上海均為邊而不留，寧波雖久據，而以假仁假義要結民心，亦係為將來設立馬頭起見，不肯戰破其地，而戕賊其民。不求護稅，而甘心納稅者，無稅則則我得禁止華商不與交易，故邊例輸將，以壓我之乙，而平我之氣也。然則馭夷之法，歆可知已。指揮前轍，示之寬大，

裁減陋規，明定稅則。無事則撫以恩，有事則折以信。彼既灼然知用兵之害，通商之外，自當伏首帖耳，歌詠皇仁，不復有盜弄潢池之罪矣。

此中所論于當時情勢，雖不免有隔膜之處，然其指出英人最大目的在于通商，戰爭為通商而起，非為反順，更非有所怯，其不在與作戰，並非有所懼于粵，于粵民之暴動，其見解實超越于其時代多多矣。求發展其商業，其見解實超越于其時代多多矣。

1 始末，道光朝，卷六七，頁五.
2 紀略，頁二一.
3 Davis 全書，卷二，p. 121.
4 江寧條約第二款六：「大皇帝恩准英國人民帶同所屬家眷，寄居沿海之廣州福州廈門寧波上海等五處港口，貿易通商無礙。」中文所謂港口實奧英文之 citis 或 towns 意義稍殊。參看本報第二卷第五期，頁 265，陸欽墀，英法聯軍占據廣州始末.
5
6 紀略，頁十五.
7 道光年奏稿，此亦原文極為稀見，幸存于此.
8 紀略，頁二十二.
9 仝上，頁二十二—二十三.
10 仝上.

11 Chin. Rep., 1840, pp. 46-47. 原示未見，據意譯.
12 仝上，P. 51.
13 王之春，國朝柔遠記，卷十二，頁九.
14 Chin. Rep., 1846, pp. 53-55.
15 紀略，頁二十一．Davis, p. 151.
16 紀略，仝上.
17 知止堂全集，外集，文六，奧德底士論遠城不便害.
18 Lord Aberdeen to Sir J. F. Davis, April 17, 1846.
19 H. B. Morse, op. cit., 379-387.
20 紀略，頁二十二.
21 如始末，卷二十九頁三，高人鑑募練水勇；卷五十八，頁五十八，鱗廣森招鹽梟；呂賢基奏團結人心：卷五十五，頁十六，呂文節公奏稿，頁五，請用鹽梟：陳广懿禮經堂集卷二頁二，用團練之法等.
22 王致曾望顏杳，中西紀事，防海紀略，夷氛記聞均載之.
23 始末，卷二十七，頁三十二—三十三.
24 Davis 全書 vol. I, P. 34 及 47.
25 始末，咸豐朝卷八，曾殷泰奏，雖其冒在後，足表示其時觀念.
26 Davis 全書 vol. II, P. 250.
27 始末仝上卷七十五，頁三十四—三十九，曹筱合奏。清史稿載此奏于廣恩彤傳中.
28 清史稿 158 黄氏本傳.

29 紀略、後序，頁一至二.

30 全上。

31 知止堂集正集卷九，文二，頁二十二—二十三，論粵東民夷書。

32 道光年奏稿，黃石琴中丞撫夷論，未載著作年月，按其有言「上年燒燬洋樓」之語，此為道光二十二年事，故當作于此時。

33 全上。

34 見始末，卷二十六朱成烈奏，卷四十一金應麟奏，卷五十一杜受田奏，而尤為詳賅其監者為抄本道光二十年英夷叛考之勦逆說。（是書為人文科學研究所藏，題福秋擊館抄藏。按福秋擊館為丁紹儀之號，丁無錫人，儒居福建，道咸時人。是篇下記江南刻本，度其說當時舊流行也。）

35 撫夷論。

五 和約以後之黃恩彤與外交（下）

黃恩彤之罷斥與歸隱

道光二十六年廣東秋闈，黃氏以巡撫為文武監臨。有年老武生符成梅弓馬可觀，黃奏請賞給千把總虛銜。此原小事，而十二月竟奉旨草職，1黃氏草職之原因，初不在此，即為上年民夷衝突，燒燬府署，2為兼論所集，而所覆曹燧秦之疏，又反對粵東民心之可禦夷，益為官路所不滿也。3黃氏之罷斥，實非僅為尋常官吏之遷降，乃代表朝中外交政策之大變遷。蓋戰爭已歷數年，創痛已淡，主撫者之功績已不能再有著見，主勦者之論調又藉民心之說而加強。宣宗于煙禍永為痛心，于恥辱更難懷然。雖于者英之眷遇，倘未盡衰，者英之咎卸，于黃氏則不稍容恕，正或以亦知黃為者英之左右手，者之政策多本于黃之建議，懲黃即所以儆者也。黃氏所遣之缺初由者英彙署，繼而以徐廣縉代之，者英知登終不免，乃力奏「慎恨衰老，支持竭蹶」，請帝默簡才能預為儲備，一年後，終遂所請，如釋重負。而宜宗乃由「洞察廣東官夷，夷畏民，民畏官之情形，特擢徐廣縉為廣督，4大反者黃徐葉等乃實行林則徐所傳授「民心可用」之政策，5之所為，民夷問題日益糾紛，卒至有英法聯軍戰爭之爆發。

黃氏雖革去巡撫之職，而並未脫離外交之任務，仍奉留粵差遣之命。者英遇有洋務，仍虛衷諮訪，而囊其事者為趙長齡，黃旋蒙六品頂帶。二十七年三月，又有佛山毆英美人之事。 時英內閣業更迭，外相又為鴉片戰時之巴麥斯澄 (Lord Palmerston, John Henry Temple) 素主強硬對華者。調令德庇士于中國民眾虐待英人之事，不可含糊了結。四月中，德庇士乃帶兵艇，進虎門，泊省河，占十三行求見者英，者英遣弁詢其來意，云，英人半年以來，屢受粵人欺侮，地方官不為約束，亦不懲辦，是以帶兵前來，向粵民理論，非敢

干犯官長，倘能將滋事民人枷號示衆，即可退兵，不然定與粵人決戰，以爭勝負。耆英乃偕黃氏出城，接見德使告以粵人欺侮英人，總因用兵後，風嫌未消。且英人亦曾毆斃粵人二命，至今未抵，豈能專責粵民生事？且並無主名，地方官從何懲辦？今欲以兵決戰，無論衆寡不敵，且亦斷無不擇人而戰之理，此事必須從緩查辦，不可過急。

德氏乃謂渠因粵民不願，卽約束英人不許進城，未免示弱，今旣欺侮難堪，非進城不可。黃氏答以以禮進城，地方官尚可曉諭紳民，酌量安辦，若以兵進城，更有何說。但和議從此決裂，貿易從此禁斷，不知何人負其責？黃氏偕耆英必俟十二年後，方可更易。其交涉根據，良爲合理。然以德庇士之態度堅決，卒與耆英定二年後入城之約而去。[10]

是年又有黃竹歧之民夷衝突，德庇士意欲再度示威。耆英知「決裂卽在頃刻，事關大局，未便因此重開邊釁」，即懲兇並建議保護英人，事乃得息。[11]

德氏乃謂渠因粵民不願，卽約束英人不許進城，未免示弱，今旣欺侮難堪，非進城不可。黃氏答以以禮進城，地方官尚可曉諭紳民，酌量安辦，若以兵進城，更有何說。但和議從此決裂，貿易從此禁斷，不知何人負其責？黃氏偕耆英議從此決裂，德復派員請再議，耆英命趙長齡接見，德使意以此時不便進城固也。黃氏乃建議于十二年後，德庇士之態度堅決，卒與耆英定二年後入城之約而去。

其數年之勞，亦以粵事將另取別法也。于是擢徐廣縉爲粵督帶欽差大臣關防。而黃恩彤則再奉留粵差遣之命，上諭謂其「辦理撫夷，倘能圓通」，故交徐廣縉差遣，遇事新發指揮，以收指臂之力，以後如果舊勉出力，披瀝血誠，該督撫自能據實保奏，候朕施恩，新詞推卸，難掩衆人耳目，即著隨時參奏。試問黃恩彤能當此重咎否？[12]蓋宣宗雖不滿黃氏之政策，而認爲其辦事手腕，尚屬難得。此時方加諡其知其心中必有不平，故思仍用其長而特殿之！蓋宣宗之意徐廣縉雖政策不同，而遇有交涉時，黃氏倘不失爲良佐，然徐廣縉旣專主利用民心，于英人探絕不敷衍辦法，黃氏于洋務，從此遂不與聞。[13]

黃氏此時誠有進退維谷，啼笑皆非之感。然其對于外交及內政，態度並不十分消極，雖無權無位，而仍時常貢獻其意見，而切望其言之能行。

當前年黃爲巡撫時，德庇士甘偏文鈔送一書，係內地奸民，剃夷人同謀叛逆，德自明其拒而不許，黃氏曾履行文，令其指出送舊人籍貫姓名，則置而不問。[14]是年夏，黃已卸職，忽有林某請有機密面禀，黃以已無位諭其若有機密可告藩臬陳之。時布政使爲李璋煜，按察使爲趙長齡也，以後乃知所陳爲外匯勾結土匪，已遣僞軍師林姓潘至花縣欲招會

匪為影。李趙委員帶同眼線，緝獲林姓等七人。有黃緞偽詔，因以上年與外人之一段交涉告之，謂所獲偽詔必此人所為。必須設法研究，務得首惡，庶免釀成大禍。李趙深以為然，而黃氏不久離粵竟不知此案下落。黃自注其事云，洪秀全雖在廣西起事，實廣東花縣人也，林姓潛在花縣，顯係洪秀全幻結，使當時破案，及與外人關係。黃氏若久任粵撫，蓋有關于太平天國之起事，當稍有影響，非若其後鄭祖琛之照煦為仁，養寇成患者矣。[17]

徐廣縉飢無所用于黃恩彤，而黃氏之獲罪經時漸久，乃以同知起用，赴都候選，自此遂與外交生涯告別。然黃于外交之事，蓋已深感趣味。而其政策之自信，亦不因失職而差減。故當其離粵之後，猶孳孳致書于粵中官吏，論英夷進城不難阻止，以是時二年之約期瞬屆也。黃氏之作此書，亦猶跛者不忘履眇者不忘視者歟？

齎中所言，仍本其素昔主張以通商為羈縻之手段，自謂「此事籌之已熟，知其萬不能出我彀中」，故為言之：

英夷之於貿易，不齊性命，數年兵端之開，由于絕市，而就撫之局定于通商。今進城與否，與貿易無增損也，直蛇足耳。萬一屆期，夷性難馴，紛紜莫決，但當

密諭，城外各華商，一律閉廛罷市。仍間語英商曰，我輩所以與爾交易者，以彼此有利也，爾等渡七萬里重洋，運貨求售，殊甚勞苦，我粵亦多外省之人，沙江湖、越嶺嶠，攜重貲，身家性命，均攸繫焉。豈敢輕于一擲而不知愛惜哉？今爾之公使，專欲進城，一開，市廛大受擾，貿易于膜外，粵民強悍，必啓爭端，聲陝一開，市廛大受擾，損貨虧本，所喪實多，爾等禍由自取，無可悔恨，我輩何為坐受連累？惟有捆載一切，各歸故土，另作他圖，不欲偶旅此邦，于璧上觀門。一面，徧語各國夷商曰，我輩所以不敢交易，慮受英商之累也，低避英商，不能不併爾各國之商，一概謝絕，統俟事平，再申前好，此時惟有付之浩歎。又密遣沙文，語密英商及各國夷商，以華夷情不轉者，伊等無可經營，現擬散去，如此鼓動此間，而商罷市。計此時夷酋必鳴之于官曰，進城自進城，通商自通商，華商因進城，而逗約也。官應之曰，昔之洋行官商也，今得而鈐束之，今之華商民商，官不得而調遣之，前于萬年和約中載明棄撤官行，聽英商與華商任便交易，官不過問，交易既須任便，則不交易亦須任便，官何從過問乎，非違約也。

至此而夷關于邊境之說，必中止矣。

黃氏經此挫變，宦味闌珊，赴部投供後，以親老丐罷，告同籍終養。[19] 咸豐初安徽巡撫蔣文慶薨，關奏亦未獲詔准[20]，良以文宗政策，方更積極對外，穆彰阿耆英均已罷斥，黃氏之不獲起用，固意中事也。

及咸豐八年英法聯軍至天津，京中震動，以耆英為熟悉夷務，重加起用，派其赴津襄辦夷務，又有諭旨令黃恩彤馳往天津，聽候耆英差遣。[21] 冀此等撫夷專家，可收救急之效。

黃氏以父服未闋，母病方深，呈請桂花兩大臣代奏終制終養。[22] 而致書于耆英左右之趙長齡，謂不畏勞，不避難，人臣之節固應如是，無如事處兩難，身不由己，俟母病稍可放心，即當星速馳往。[23] 黃氏之推辭不出，雖由于孝思不匱，亦以今昔殊時，好景難再，況亦無成竹在胸也。其後黃至津，則和議已成，耆英則先以與英人交涉，怒其報告匿詞，不再信任。耆視覘無聊，未得旨同京，爲商顧爲媒孽，竟已賜死，黃氏未與共事，未始非其個人之幸也。

黃氏長于外交之才略，既未獲展，在籍之時，則寶擁之于辦理團練以防盜匪，集中所著籌社刊護諸篇，可以見之。而以此功同治中得三品封典，堂名知此之時，同首前塵，固未嘗不勝其忾悒之慨也。錄其五十初度詩四首之二，以作終篇。

知命須安命，休官勝服官。年華颯去忽，意與登閣珊。戀闕仍傾葵，循陔正采蘭。朝來愁對鏡，鬚兒駐頹丹。

節鉞甘遺領，非才合避賢。邊防慚上策，世事感中年。騎虎愁迴轡，閒鷗懶著鞭。不埌懷炎海，跕跕墜飛鳶。

二十九年歲盡，寫于靈境寓廬。

1 清史稿本傳，紀略頁二十三．
2 清史稿本傳．
3 清史稿，國朝柔遠記，卷十二頁十．
4 清史稿，列傳卷百五十七本傳，始末，卷七十六頁二十九．
5 始末，同治朝，卷七十八頁十八，王家襲奏．
6 仝上．
7 紀略，頁二十三．
8 Lord Palmerston to Sir J. F. Davis, 1847, 12/3.
9 紀略，仝上．

10 仝上，頁二十四。

11 始末，道光朝卷七十八，頁三十一—三十二。Costin, pp.132—3.

12 始末，仝上，頁三十六。

13 紀略，頁二十四。

14 仝上，頁二十六。

15 仝上，頁二十至二十七。

16 仝上，眉注。

17 耆英在粵即以嚴于捕獲著名。

18 知止堂全集止集卷九，文二，頁二十三—二十六，與許汝瀛觀察論英夷逆城不難阻止者。

19 知止堂集續集卷五，復福中丞書。

20 仝上，又復福中丞書。

21 知止堂全集續集卷六頁十九，上前閩部耆公請暫緩啟程者。

22 仝上，頁二十一至二十二。

23 清史稿本傳。

24 知止堂全集，續集，卷五頁七—十一。以後曾字之箋多不出于是，與本文無涉；不詳論。

25

燕京大學圖書館出版

許鄭學廬存稿 八卷卷首一卷

清王紹蘭撰紹蘭字南陔蕭山人乾隆癸丑成進士官至福建巡撫罷職歸一意著述於儀禮說文致力尤深以許慎鄭康成爲宗故名其室曰許鄭學廬或稱所著不下二十餘種經清史稿藝文志著錄者有周人經說四卷王氏經說六卷說文段注訂補十四卷爲世所重此稿文體具備週諡潭雅沈博絕麗蓋胚胎於經史文選而學古深造者洵足爲士林之圭臬已於清道光二十九年授梓爲三十年湯金釗爲之序惟流傳未廣學者往往以不易獲睹爲憾茲訪得張鴻來先生藏有一部承慨借影印三百部以廣其傳爲世之研究文學者一助每部定價十元

文殿閣書莊

Wen-Tien-Ke Bookstore
147 Lung-Fu-Ssu Street
Peking, China

敝店開設北京隆福寺街東口內路南一四七號。專售中國四部書籍，凡宋元明清各種精刻舊抄批校之本，收集甚夥。又各圖書館各私家所刻各種新書，及影印漢學諸書敝店均有代售。近且有專人在外力事收求，所獲頗多善本，倘蒙海內外各圖書館及各藏書家惠顧，定價自當從廉以資流通。

函雅堂書店

本書店開設於北京琉璃廠一百八十八號。專門經售中國新舊圖書雜誌，《史學年報》，亦由本店代售。舉凡國學用書，本店無不齊備。善本珍籍，亦可代為搜求。版本精良，定價克己。中外馳名，學林共賞。最近又由上海運到大批舊書，頗多精槧。嗜書之士，請惠臨選購。

夏先生穗卿傳略

受業夏循垍撰稿

先生諱曾佑字穗卿號碎佛浙江杭縣人生於前清同治癸亥年十月艾紫笙名覺翔精算學著有致曲圖解少廣縋鑿萬象一元南北方程時稿等書清同光時與同邑李壬叔善蘭戴諤士煦並稱爲杭州算學三大家也先生生而敏慧早失怙承母教求學深思疊時出游見戤介物取而集之察其形構動作以爲樂雖刺毒勿顧也偶於敎會見談天一書愛不釋手敎士某英人謂之曰童子亦解甚乎曰解菜因以贈之光緒丙子年十四入泮廿六舉於鄉廿八春闈以第一人中式成進士入詞林旋改禮部主事末第時習擧業恒不措意所作制藝文於明清兩代諸大家外自成一派時人爭論之作文不起草每得一題端坐沈吟移時而屢易錄易戏戏客在亦不爲闊少時讀書旣以數十巨册置案頭一二日讀竟或一日中可讀二三部及掩卷語人而書中要情已能一一備述以故博綜羣書變無學不窺矣突已甲午之際言新學者漸起自南海康有爲師徒出而講公羊學自居也乙未在上海同邑汪康年鑒設時務報先生所持之論旣報中時資取之是年改官知縣丙中受異自珍者而先生不以公羊學家自居也乙未在上海同邑汪康年鑒設時務報先生所持之論旣報中時資取之是年改官知縣丙中丁酉居天津候選同邑孫寳琦時作官在津立育才館以造士中西學並授延先生爲師因材施教歷有三年所成者不乏人同時與長官嚴幾道復鎮海王幸生恪友善王嚴在津創設國聞報先生恒參與其事最後晚年治譯學擱篤於先生其所譯原富天演論皆與先生反覆商榷而後成篇先生於古今中外學術宗敎文藝之洞源派別窺其微奧得其會通尤邃於佛典時內典由日本東渡如寶基喑嘛嘉祥三論光寶俱舍曾中土久佚之書與嘉興沈子培曾植同邑張孟劬謝田談佛昕夕不倦敌自號碎佛畢生講學無門戶別之凡所評論郡爲昔人所未道王修植書爾个人之讀書者多矣讀書而不爲古人所惑者當惟夏氏耳平素家曹西文未厭歐美之地而各邦之政治興衰與其學術變遷咸溯其本原歷久舉於地圖者亦歸而閉其耕論亦以爲未嘗閱學焉蓋先生大性起

道常西方科學哲學未大輸入以前能以意知其治學之法綜合與分析兼而有之嘗語人曰吾壯歲讀書但事涉獵以觀大畧中年而後者。中之章節殆不潛心細釋卽一字一句未敢忽諸洵實錄也平居不事撰著綜其所作惟詩文數十篇然畢生學術可得於篇中覘見一二庚子後選授安徽祁門知縣自舉團肇鉌和護告成而後沿江各省民教訴訟紛繁地方官吏憚於外人干涉恆措施無方先生莅祁遇教七則從容接晤以度其情及有非難則據理剖晰以釋其惑由是紛爭立解成歸折服終其任期未聞有一教案焉上官叙其調和民教之續保送引見任三年政簡刑淸祁民頗曰數十年無此好官及行也變留者如潮湧旣引見調湖州知州用旋以丁母艱歸服闋有五大臣赴東西各國考察憲政之擧先生隨其手訂國保知府兩江總督委爲北上代表會議官制民國成立選居上海繼復出任教育部社會司長凡四年遷調北平圖書館長平生不喜應附作官無所干求升沉聽之自契友王嚴沈諸人相繼逝世尤落落寡合晉居北平杜門以詩酒自遣有請益者莫不殷殷誘導無倦容遺文若干篇待梓曾撰有中學歷史教科書刊行於世改革後以體裁不同未續印民國十三年四月卒於北平歸葬於杭州西湖之韜光。

燕京大學圖書館出版書据

前松草堂文集十二卷附錄一卷現在印刷中

四寸學六卷現在印刷中

二靑錢塘張雲璈著雲璈字仲雅一字簡松乾隆庚寅擧人甘肅湖南安福湘潭等縣有聲於時其學問文章尤爲世所稱

歎著靑滿家已刻未刻者約十餘種惟傳本絕少學者每以不易獲讀爲憾茲從其玄孫孟劬先生處借得家藏簡松草堂

文集刻本及四寸學稿本付之手民以公同好不日可以出版欲讀此二靑者幸勿遲誤

新元史蒙兀兒史記愛薛傳訂誤

翁獨健

一

愛薛（1227-1308），西域拂林人[1]，景教徒，工星曆醫藥，通西域諸部語[2]。年二十（1246）入事元定宗[3]，直言敢諫，元世祖在潛邸時即深重之，及即位，大加擢用，為左右親信之一。嘗敵使絕域，累官廣惠司、祕書監、崇福使、翰林學士承旨蒙修國史，遙授平章政事，封秦國公，卒，追封拂林王。子孫皆顯貴，終元之世，簪纓不絕焉。其事蹟詳於元史本傳及拂林忠獻王神道碑[5]，散見於元典章、通制條格[7]、元祕書監志及元史本紀；西方戚籍如瓦薩甫書、拉施特之史集[10]、波斯宗王阿魯渾致教廷書[11]，亦各有所紀載。柯劭忞（約1850-1933）[12]、屠敬山（約1856-1921）[14]二先生端生之力治元史，成新元史及蒙兀兒史記二書，於愛薛傳各有所增益，惜曾不無紕繆。兹爲條舉，略加辨證，以爲注意愛薛事蹟及讀柯屠二先生舊著之參考焉。

二

新元史愛薛傳見卷一百九十九，列傳第九十六。其所根據之史料爲元史愛薛傳及拂林忠獻王神道碑，間亦參用西方紀載[16]。其可議處有下列諸端：

（一）「愛薛通拂箖語。」（頁八下行六）[17]按元史本傳作「通西域諸部語」，神道碑作「於西域諸國語：無不研習」。此作「通拂箖語」，非是。考本傳與神道碑之所以書愛薛之通西域諸部語者，以其與愛薛在元廷之地位有特別關係也。愛薛在元世祖左右常任通譯工作，故元祕書監志所收詔書中稱「愛薛做怯里馬赤」或「怯里馬赤愛薛」者凡五見[18]，拉施特史集稱愛薛爲 Isa Kälämči[19]，阿魯渾致教廷書中稱 Ise Terchiman。怯里馬赤爲蒙古語 Kälämči[21] 之音譯，Terchiman 爲亞拉伯語，義皆爲「通事」或「譯人」。若愛薛祇通其故鄉之拂箖語，則奚足以當怯里馬赤哉。

(二)「從幸上都涼亭，大宴，諸王羣臣競起行酒。…」（頁九上行五）據此，「從幸上都，新涼亭成，大宴，諸王百官競起行酒」者所以慶祝新涼亭之成也，柯氏所改與原意不合。

(三)「[至元]八年(1271)，以愛薛副孛羅使於西北諸王，沒為賊所邀截，遂用耶阿魯渾所留，後合赞與孛羅相失，貝杜，耶其諸王傳。」（頁九上行八至九下行三）按阿魯渾在位為至元二十年·柯氏副字羅徑出使西北諸王為癸未誤癸未為辛未，故作八年。考孛羅之出使在至元八年，時阿魯渾尚未登位，安得為其所留，是亦不考之甚者矣。又按「貝杜遺字羅使於合贊」，貝杜遣字羅使於合贊之誤22又九下行四）按神道碑愛薛拜秘齊監在丁亥年(至元二十四年，1287)，元翰書暨志卷九題名有「海薛（按即愛薛之異譯）」，與神道碑合。柯氏誤丁亥為乙亥，故作十二年。

(四)「[至元]十二年(1275)[愛薛]拜秘齊監。」(頁

(五)「[至元]十四年(1277)領崇福院使，十九年(1282)擢僉樞密士承旨兼修國史。」（頁九下下行五至六）按神

道碑云：「己丑(至元二十六年·1289)領崇福院使，甲午(至元三十一年，1294)加翰林學士承旨兼修國史。」柯氏誤己丑甲午為丁丑壬午，故作十四年與十九年。考元史百官志·崇福司至元二十六年置，延祐二年(1315)改為院，是至元十四年非但無崇福院，且無崇福司也。

三

蒙元兒史記愛薛傳見卷一百十七，列傳第九十九。其所根據之史料大抵與新元史同，而其誤謬則有更甚者焉。玆分述之：

(一)「忽必烈汗在潛邸，即深器之；及即位，以為奉御。」（頁一上行七）「[至元]十二年(1275)，丞相伯顏伐宋，已渡江下健康，啟勢日盛，欲移南宋，之師討之，遣愛薛奉使軍前，齎旨(原注伯顏傳)召伯顏赴闕。事具伯顏傳。」（頁一下行四至六）按奉御者元時天子左右服勞侍從執事之人之稱謂也，愛薛為世祖親信之一，其服役左右勵可能之事，然所謂「及即位以為奉御」者，元史本傳及神道碑皆無明文紀載。以言蓋由信元史伯顏傳25之奉御愛薛先言畢果即愛薛乎？考元時譯名多無定字，愛薛之名有譯作海

辭及也辭者[26]，由其所記之事蹟推之，其爲愛辭之異譯蓋無疑義，而伯顏傳之愛先於耶蹟方面則毫無佐證，所可據者祇「愛」字之相同耳。元史有愛先不花阿先不花及也先不花[27]之名，其所指是否爲一人姑不具論，而其爲同名[28]（Äsän-Bura）之異譯則無可致疑。愛薛海辭也辭，「阿先」，「海」、「也」可通而「辭」「也」字不變；「愛先」「阿先」，「愛」「愛」古人姓普通之名字也先（Äsän）之異譯歟？元史世祖紀，至元二十四年（1287）五月己亥，「遣也先傳旨，諭北京等處宣慰司，凡銀乃顏所部者，禁其往來毋令乘馬持弓矢[30]。」此先也者周伯顏傳之愛先也。新元史伯顏傳[31]改奉御愛先爲愛辭，其見解與屠氏同。

（二）「中統三年（1262）春，詔二月八日［原注］所謂浴佛日也］都城大作佛事，集敎坊伎樂，壁飾儀仗法駕，迎導白繖出遊（［原注］白繖卽指傳最見）。」（頁一七卷九）按元史本紀云：「詔都城大作佛事，集敎坊妓樂及儀仗以迎導。」

神道碑云：「初詔都城大延佛事，集敎坊妓樂，飾以迎衛結五采彩袱蘇檀機帳，集敎坊白伎以法駕迎導，鳴白繖蓋出遊」之紀載。考元史釋老志六有「世祖至元七年（1270），以帝師八思巴之言，於大明殿御座上置白傘蓋一

卽白繖蓋）一頂，用素段泥金畵梵字於其上，謂鎮伏邪魔，護安國刹。自後每歲二月十五日於大殿啟建白傘蓋佛事，用諸色儀仗社直迎引繖蓋周遊皇城內外，云與衆生祓除不祥導迎福祉[32]。」是白傘蓋之迎遊始於至元七年，中統三年尙無其事也。

（三）「從幸上都涼亭，大宴，諸王羣臣競起行酒，愛薛進曰：『此可飲乎？』上悟，抱公膝上，捽其項，左手挽其須，以酒飮之，顧謂皇太子曰：『有臣如此，朕復何愛！』」（頁上行十四至一下行二）按神道碑云：『從幸上都，新涼亭成，大宴，諸王百官競起行酒，公進曰：『此可飲乎？』上悟，抱公膝上，捽其項，左手挽公鬚，飲以酒，顧謂皇太子曰：『有臣如此，朕何憂耶！』』居氏此段除改「捽其項」爲「捽其項」外，字句與新元史全同，頗疑居氏寫此傳時甘因襲柯氏之文亟。柯氏之誤爲以口親其頂意，在諸辭屠氏之誤。按神道碑之「捽其項」其意爲以口親其頂也，蓋世祖聞愛辭之忠諫，一時感悟，情不自禁，乃抱之置膝上，以口親其頂，著改作「捽其項」，則顧義全失矣。

（四）「[至元]二十八年（1291），[愛薛]調爲可保赤掌於宗王[阿魯渾]所，遠爲驗所疑豪（［原注］在海西也），與寬叔相失，凡二載，始達京師（［原注］至三十年至京），召見

以宗王乞合都所賚賚帶進（原註）馬可事至波斯時，阿魯渾已薨，乞合都在位，故此帶為乞合都所賚），汗開之。時馬可保祿留而不返，汗問左右曰：『保祿生吾土（原註）馬可至中國年才二十四，故云絕），食吾穀，而安於彼；愛薛生於彼，而忠於我；何相去之遠耶！』拜平章政事，固辭。

十三）按關於愛薛之出使波斯，元史本傳祇云：「尋奉詔使西北宗王阿魯渾所，既還，拜平章政事，固辭。」神道碑所敘則較詳細，碑云：「癸未（至元二十年，1283）夏四月，擇可使西北諸王所者，以公賞敕使絕域，介丞相孛羅以行，還遇亂，使介相失，公冒矢石，出死地，兩歲始達京師。以阿魯渾王所賚裝束帶進見，令陳往復狀，上大悅，顧謂廷臣嗟曰：『孛羅生吾土，食吾穀，而安於彼；愛薛生於彼，家於彼，而忠於我；相去何遠耶！』拜平章政事，固辭。」據此，知愛薛之奉詔西行在至元二十年；又據拉施特史集之紀載，知其與丞相孛羅之歸於一二八五年（至元二十二年）已達波斯王廷。至其東歸之年月雖史無明文，然由其歸途遇亂兩歲始達京師，及至元二十四年六月拜祕書監推之，則其離波斯王廷當在至元二十二年，達京師當在至元二十四年六月以前。屠氏以丞相孛羅為可保祿（Marco Polo），乃不惜遷就年月，曲解耶實以強合之，此其錯誤之尤甚者也。

四

新元史蒙兀兒史記以外，漢籍中涉及愛薛者，尚有元史類編[35]，廿二史考異[36]，元史新編[37]，元書[38]，及近年陳援庵[39]張亮塵[40]二教授之著述。國外學者注意愛薛之事蹟者尤多，自十九世紀初年 Abel-Rémusat[41] 以後，若 Archimandrite Palladius[42], E. Bretschneider[43], M. G. Devéria[44], W. Bartholdt[45], P. Pelliot[46], A.J.H. Charignon[47], A. C. Moule[48] 及佐伯好郎（P. Y. Saeki）諸人均各有所研究。然綜合中西史料，參稽各家見解，對於愛薛事蹟作一有系統之整理者，尚未之見也。

1 據程鉅夫拂林忠獻王神道碑（雪樓集），此碑十四年影刊明洪武乙亥本，卷五頁三上至五下），愛薛卒於武宗至大元年（一三○八），年八十二（頁四下）．

2 按拂林問題主為複雜，歷來學者聚訟紛紜，此處不能具論，惟元時之拂林，所指者乃今日近東敘利亞一帶，始無疑義；愛薛之諸名不同，里父名不詳廁失，皆亞拉伯人名（據神道碑）．

3 神道碑，列邊阿荅（Rabban-ata）與愛薛於定宗，憲宗之世（P. Pelliot，敕授之考訂，富在一二四六年八月（Les Mongols et la Papauté, p. 134），是時愛薛年二十．

4 元史（百衲本影印洪武本）卷一百三十四列傳第二十一頁七上至八上．

5. 參看註1。又郋園藏書（前引書）卷四有追封愛薛拂林王及追封其妻懿劉氏拂林王夫人二制（頁三下至四上）。

6. 光緒章（光緒戊申，一九○八，此刻本）卷二十七下三十部十三，至元二十年「行運轉說經事」條（頁一上）。

7. 通制條格（民國十九年國立北平圖書館影印本）卷二十九附道門，商稅地稅，元貞元年七月二十二日詔志四（頁十下至十一上）。

8. 元藏齋監志（元上士點商企精選，學術叢書本，民國五年靜容堂書刊本）內敎見之愛薛家族甚多，茲不具擧。

9. 元藏書監志（前引書）頁五○五至五○六。

10. 拉施特（Rashid-al-Dyn）史集（Jami al-Tawarikh）E. Blochet本頁五二一至五二二，又頁六一三至六一七。

11. 參看 J. B. Chabot, Histoire de Mar Jabalaha III (Paris, 1895), pp. 185-194; A. C. Moule, Christians in China before the Year '550 (London, 1930), pp. 105-107.

12. 德藉羅馬清故學部左氏阿拉等鍾路（史學年報第三卷第一期）及王藝松近代二十家抨傳（民國二十三年北平合家書馆出版）阿勁廷先生評傳（頁五三至六八）。

13. 補修重藏記，鄭之藻撰，民國廿二年再原本）卷三屏寄條（頁十一下至十二上），屠氏卒於民國十年，年六十六。

14. 新元史二百五十七卷有鉛印小字本，初刻本等；連所謂者爲庚午（民國十九年）本，發音有「此編因氏重期改定之本故制期間有參之庚午通新藏記」之謝記。

15. 蒙兀兒史記有通行本（八册）增補本（十册）覆刻本（十四册）等；庶所謂者爲民國二十三年其氏來刻定本（二十八册）。

16. 按新元史考證（何勁廷撰，國立北京大學研究院文史部出版）未注明愛薛等所依據之史料，傳中提及承相各經在波斯之活動皆本多發書。

17. 按此據庚午定本，鉛字本及初刻本作「達西城諸」。

18. 元藏書監志（前引書）卷一頁十四上，頁十五下，卷三頁六上，頁十九下；卷四頁二下。

19. 參看註 10。

20. 參看註 11。

21. 參看白鳥庫吉東胡民族考，史學雜誌第二十二編頁一二九至一二九；漢譯本（高承均譯，民國二十五年商務出版）下册，頁一六第四章，頁四四至四五。

22. D'Ohsson, Histoire des Mongols (4 vols, 1834), vol. IV, pp. 127-129.

23. 元藏書監志（前引書）卷八十九頁五下。

24. 元史（前引書）卷八十九，志第三十九，頁三十四上至下。

25. 元史（前引書）卷一二七頁九上。

26. 海岸見元藏書監志（前引書）卷九頁五下；地醉見同書卷三頁十九下。

27. 元史（前引書）卷八頁八上。

28. 同上卷八頁十九上。

29. 同上卷八頁十二下。

30. 同上卷十四頁十六上。

31. 新元史（前引書）卷一五九頁七上。

32 元史（前引書）卷七十七，志第二十七下，頁十八上。

33 儀徵（四部叢刊本）鄭欽酒禮第四有「啤酒」，鄭氏注「啤亦酱也」（卷四頁四上）。

34 參看註10.

35 元史類編（邵遠平撰，掃葉山房本）卷四十一有愛薛傳（頁三十上至下）。

36 元史考異（錢大昕撰，廣雅本）卷九十五頁九下至十上。

37 元史新編（魏源撰，光緒乙巳慎微堂列本）卷三十二有愛薛傳（頁十九下至二十上）。

38 廿二史考異（錢大昕撰，廣雅本）卷九十五頁九下至十上。

39 元也里可溫考（陳垣撰，東方文庫本，民國十二年商務店版）頁二十三。

40 中西交通史料彙編（張星烺撰，民國十九年輔仁大學出版）第二册頁六十至六二，又中國人種中印度日耳曼種分子（輔仁學誌第一卷第二期）頁十四至十五。

41 Abel-Rémusat, Recherches sur les Langues Tartares, (Paris 1820) tome I, p. 198.

42 Palladius 之東方論文集（蔵版，第二冊，一八七七年聖彼得堡版）

43 頁三十五至三十七。

44 E. Bretschneider, Medioeval Researches from Eastern Asiatic Sources, (London 1910, 2 vol's), vol. I, p. 14.

45 M. G. Devéria, "Notes d'Epigraphie Mongole-Chinoise," Journal Asiatique, 1896, pp. 40-411.

46 W. Barthold 氏關於愛薛之研究見載於東方雜誌列（IRWAO）第三十二卷（1913-1914），一九一五年，頁一六〇至一七二。

47 P. Pelliot, "Chrétiens d'Asie Centrale et d'Extrême Orient," Toung Pao, vol. XV, 1914, pp. 648-611; Les Mongols et la Papauté, 1923-1931, pp. 32-33, 14.

48 A. J. H. Charignon, Le Livre de Marco Polo (Pekin, 1924-1929, 3 tomes), tome II, pp. 32-33.

49 A. C. Moule, Christians in China before the Year 1550, (London, 1930), pp. 228-231.

50 P. Y. Saeki, The Nestorian Documents and Relics in China, (Tokyo, 1937), pp. 568-510. 又傳氏據（郭氏）愛薛之傳（日本東洋學報第十七卷，一九二八，一八六一〇頁）頁四十二至四十五，又同卷第九、十兩期合訂本，頁二三七。

書評

中國通史

金兆梓著，上海中華書局出版，民國二十六年一月印行。
定價國幣四角。

聶崇岐

中國史尚在整理之途，欲決問題甚多，殊非易事。又編製方法，仁智所見互異，是此完善之通史，殊非易準。又編製方法，仁智所見互異，是此非彼，尤屬不常。是以本文僅及評中謬誤與過於背時之勁，至若體裁是否合宜，取材是否精當，皆避而不談焉。

按：全書八百八十二頁，都約五十萬言，共分十卷：一卷一為政治史，始三皇五帝，迄民國紀元，總十九章；卷二為地理沿革，總十章；卷三為經濟制度，總二十章；卷四為官制沿革，總十一章；卷五為刑法，總十章；卷六為兵制，總十三章；卷七為選舉選拔，總八章；卷八為外交，總十章；卷九為文字文學，總八章；卷十為學術宗教，總二十二章；共一百三十二章；不可謂非一部鉅製。惟舛誤訛說，不一而

足，一二要過，稍緩頁碑，今依其性質，分為八類，類各舉一二例以明之。

一，事實不符 第三十七頁，「〔匈〕奴數寇邊功臣，諫諭跟布鹵縫錘面走險，皆以反誅。」按：盧綰亡入匈奴，死於塞下，未嘗身作奢奢，此與事實顯有出入。又第二百三十四頁，「宋與義十六州之地遂永論異域矣。」按：宋太宗太平興國四年平北漢，又十年，即雍熙三年，年又復謀復燕雲十六州，周顯德六年已復國關，所謂三十六州永論異域者，非確論也。

二、敘述遊譯 第三十六頁，「王同…死，諸弟相聚，固下豎有弟子或納子或姪等字，方合事實。又第八十五頁，「所內時制，設三省，經官的濟合中書合待中監奪

相實權，後又有同中書門下及同平章事之職。」按：「同中書門下」下應有「三品」二字。所謂同中書門下三品者，謂職位同中書省三品官之中書令，門下省三品官之侍中。後中書令侍中皆升正二品，故又有「同中書門下二品」之稱。「同中書門下」非官稱也。

三 注釋訛誤 第十九頁「燕都薊河北薊縣」，第三十八頁「劉秀至薊河北薊縣」。按：春秋戰國以及兩漢之薊皆在今北平市及河北大興界，非河北薊縣。第一百八十二頁，「無終今河北玉田縣卽山戎無終子國」。按：無終本為河北薊縣。玉田之稱無終乃以後事。又無終子國是否居秦漢以來之無終縣地，尚為疑問也。

四 叙述不淸 第三十二頁「趙佗…自立爲南粵武王…〔文〕帝乃賜佗書，令去帝號。」按：文中未言趙佗稱帝，驟云賜書令去帝號，首尾殊嫌不明。又第二百四十頁，「高宗南渡，…韓岳諸將，僇力恢復。乃秦檜爲金人奸細，和議未脫於口，而金已分道入犯，出師建康，據我北岸。賴曉允文成功於采石，…而江左無恙。」按：宋金自紹興十一年和議後，相安者幾二十年，方有完顏亮入寇之事。載文中推敲，一似方和即敗盟者，詞句過

五 體例不純 文中對人有時稱名有時稱號，漫無一定。如第八十六頁「劉知幾作史通，…顏師古注漢書，韓昌黎作順宗實錄」，又第七百三十五頁，「宋興，李兩蘇周耆皆知名家，…小來傳其家法，王經寫以薦之卽之」，又第六百十二頁，「契丹女眞人名多用漢代改字，而其名皆有不使人開悟也。」

六 昧於實況輕下論議 第八十九頁，「石敬瑭…以明宗愛壻，手握利器於河東，…而倚兵契丹。卒以亡典。可不思制…十六州卽大失中國控扼之險乎？又不思向於虜廷屈膝為異日中國之隱忠乎？縱不得帝，難不失為帝者郎舅，奈何…為犬羊臣子而不自恥乎？」按：石敬瑭此舉固多可非漢，但纔陳已成，徒令事後，日暮途窮，故例時屈好乎？卽所謂別者又為賁子乎？作史固不妨發議論於郎別？烟所謂別者又為賁子乎？作史固不妨發議論究以少費為是也。

欠清晰也。

七 譌信災異變於人事 第四十頁，「鄭后…隨朝縣制，

櫬不釋手，故論者以災變屢生，爲女主當陽之故。后既死，而山崩地震，水災日食，甘不少減，宜可以惕然矣，乃外戚…宦者…高官降秩，黑白渾殽。」又第一百二十一頁，「順帝…朝綱蜩亂，國勢尨崩，蝗旱游蟓，汁梁雨血，京師地震，太白經天、災異薦臻，危象畢與矣。」夫「災」與人事，有時或不無關係（如水旱等可預防而不預防），至「異」則與人事實風馬牛之不相及。時在今日，科學昌明已至相當程度，通儒居然尚有迷信昔日陰陽五行之說，且妄引之入史者，豈非一大「異」哉！

八　前後重複　宋與遼夏金之交涉，卷一卷八皆略述及，徒佔篇幅，似應酌予刪削也。

聞此會在南中頗風行一時。蒸飢者易爲食，渴者易爲飲，在今日大學中國通史課本缺乏之時，因無怪佘氏之作能不脛而走矣。

中國基督教史綱

陳增輝

王治心著，《青年叢書》第二章第六種，民國二十九年上海青年協會書局出版，定價一元五角。

溯自景教徒阿羅本於唐太宗貞觀九年（635）入中國傳教，至元之也里可溫，明之天主教，清之耶穌教，已千三百餘年矣。基督教在中國之流變，傳佈，及其在中國文化上之影響如何，吾人不可不知。唐元無論矣。明季耶穌會士，如利瑪竇，熊三拔之介紹西學，湯若望，南懷仁之治曆（J. Bouvet）等之測繪製圖。清季耶穌教傳入後，首先介紹西洋實學，辦理新教育，即以光緒初年而論，有傅蘭雅（John Fryer）之譯述聲光化電良磺之學，繼以李提摩太之介紹西洋新政，謝衛樓（D. Z. Sheffield），狄考文（C. W. Mateer）之於高等教育；至於閔遜之譯報，影響國人道德精神生活，殆無法估計，而其影響至深且鉅，固不言而喻也。

道光二十二年（1842）中英南京條約簽定之後，傳教士與兩商得進通商口岸之權，咸豐八年（1858）中英天津條約及中法天津條約許教士入內地傳教，於是因傳教引起教案之糾紛。如天津教案，山東教案，庚子拳亂，其影響我國外交內政之大者，莫此爲甚。推而至之，基督教之於中西交通，亦頗有關。以上所舉史實，我國人當歟載於胸中，是中國基督教史之著述，實刻不容緩者也。

百餘年來外人著述中國天主教史，當首舉例克氏（Évariste Régis Huc）之中國基督教史（Le Christianisme en Chine, en Tartarie et au Thibet; Paris, 1857-58）全書四卷，

於一八五七至五八年間，敘述至一八五八年天津條約為止。惜其書第四卷為羅馬教堂所禁，不易搜求，該卷亦無英譯本，於是刻克氏之書僅及一七一六年。關後以羅奈氏(Adrien Launay)之外方傳教會通史(Histoire générale de la Société des Missions-Étrangères, 3 vols., Paris, 1894)，氏又詳記該會在廣西，貴州，廣東，四川之工作，成書五卷，一九〇三至一九一〇年出版。史氏儀氏(J. de la Servière)著有江南傳教史(Histoire de la mission du Kiangnan, Jésuits de la Province de France (Paris), (1840-1899), 2 vols., Shanghai [1914]) 敘述一八四〇至一八七八江南傳教過。以上乃一天主教傳教史。近鹽履賢氏(Paschal M. D'Elia)著中國會，一方之記載耳。近鹽履賢氏(Paschal M. D'Elia)著中國天主教傳教史(Les Missions Catholiques en Chine, Shanghai, 1934)，有中英文本，皆商務出版。惜其書簡短，未能詳盡。

至若西人關于中國耶穌教會史之著作，當推米憐氏(William Milne)之耶穌教會來華十年之回顧(A Retrospect of the First Ten Years of the Protestant Mission to China, The Anglo-Chinese Press, Malacca, 1820) 一書為先驅。繼之，麥都恩氏(W. H. Medhurst) 有中國之現狀與展望(China: its State and Prospects, with special reference to Spread of the Gospel, London, 1842)之作，敘至一八三七年為止。衛三畏

(S. Wells Williams)之中國總論(The Middle Kingdom) 一書，號稱鉅著，一八四八年出版，內中所述耶穌教育部分，其為梗概，但一八八三年之增訂本，增敘一八四八年以後之一部，顧欠中肯耳。厥後教務日形發達，宗派繁多，「總紀」之作，不可得見，各會有史之作，湧然而生。一八八四年企擡斯女士(M. Geraldine Guinness)[Mrs. F. Howard Taylor] 有中國內地會史(The Story of the China Inland Mission, 2 vols.) 一八九九年斯托克氏(Eugene Stock)有英行教會史(The History of the Church Missionary Society) 三卷，(第四卷一九一六年出版)與拉特氏(Richard Lovett) 之會教會史(The History of the London Missionary Society)，一九一二至一九二四年，芬德和何克禾氏(G. G. Findlay and W. W. Hoskworth) 二氏有循道衛斯理會史(The History of the Wesleyan Methodist Missionary Society) 相繼出書。此外近史料叢刊，報告書之類，一八九六年出版之中英宣教手冊(The China Mission Handbook)，一九〇七年麥懇寧氏(D. MacGillivray) 所中國之新教在華百週年紀念冊(A Century of Protestant Mission in China (1807-1907), being the Century Conference Historical Volume)與蒲氏(Marshall Broomhall)之中華歸主書皆為通

總覽（*The Chinese Empire: A General and Missionary Survey*），以上祇言其略也。

國人之於天主教史之著述，以吾所知，有蕭靜山氏之天主教傳行中國考，爲哲八卷，民國十二年出版。二十七年，徐宗澤氏之中國天主教傳教史概論，出齊問世。是齊取材頗精，堪稱佳構，惟文筆稍欠流暢。耶穌教史之作，當以謝洪賚氏之中國耶穌教會小史爲先導，是齊於光緒三十四年出版。書僅一小册，共一百〇七頁，然結構謹嚴，敍述扼要，堪稱中國百年教會史之佳作矣。民國七年，陳金鏞氏著有中國佈道近史一書，十三至十四年間，王治心氏主編金陵神學誌時，出二册專號，題爲中華基督教歷史上下集，大抵叙各派之史實及其工作是矣。餘可從略。

綜觀以上所舉中外人士之著述，俱及天主教或耶穌教及其所屬各派別之活動，中國基督教全史之作，尚有待也。一九二七年，洪煨蓮教授著一文題爲西國教會之貢獻（The Contribution of the Western Church），經斯脫弗氏（Milton Stauffer）牧人其所主編之中國之解釋者（*China Her Own Interpreter*, London, 1928）。洪氏以歷史論文體裁出之，文長約五千四百餘言，起自唐之景教，下迄清之耶穌教，叙述梗概扼要，見解析頴，殆爲國人用英文寫作中國基督教史第

一篇實要作品。翌年，德國利希脫教授（Julius Richter）之中國教會發展史（*Das Werden der Christlichen Kirche in China*, [*Allgemeine Evangelische Missionsgeschichte*, Band IV] Gütersloh, 1928）一書出現。又一年，美國拉忒烈脫教授（K.S. Latourette）之中國基督教史（*A History of Christian Missions in China*, New York, 1929）巨著出世。剛氏之書，早有定評，故弗及焉。以上之兩者，仍以兩文出之，中文未有也。

民國二十四年，王治心氏所撰訂大學叢書目錄，列有中國基督教史，或因無人擔任編纂，至今未見出書。而看日，編纂基督教史，有二難：一史料散佚，蒐羅理之頗難一也。文字困難二也。綠明代耶穌會士所用語文有拉丁，意，德，法等。國人能兼通以上語文，又靜謹編著者，實不多觀。於是有志編史者，兩力不述，乃知難而退。基此之故，中國基督敎史，乃未成書耳。近王治心氏著中國基督敎史綱一書，乃國人第一著作矣，其創始之功不可沒矣。

著者甘主編金陵神學誌，史訊月刊，基督中國與文化觀，及中國宗敎思想史大綱等書，歷任金陵神學教授，現任上海滬江大學國文學系主任，在基督敎文

上，夙負盛名，無庸多贅。其書分導言，中國的宗教背景，基督教始人中國的傳佈，元代基督教的傳佈，明代基督教的輸入中國的預備時期，基督教輸入中國的事工等二十二章，三百六十一頁。出版以後，備受教會獻迎，經中華全國基督教協進會選書委員會選為「本月之書」之一，由該會延請專家為長文介紹於國人（文見真理與生命十三卷五期），自是以後，教會雜誌爭相介紹，率為不列之作。總觀本書條目尚清醒，表格類齊整，行文亦流暢，此書之佳也。

但是實不無可議之處，茲分別論之：

材料　本書大半取諸次料編成，原料未充分利用，如第四章基督教始人中國的傳疑，據德禮賢氏之中國天主教傳教史第一章編成；第六章元代基督教的傳佈乃撮譯拉葩葢脫氏之中國基督教史第五章而成，且逸譯題多課誤；第十二章後半錄自徐宗澤氏之中國天主教傳教史概論第九章，十三章更正教輸入中國的預備時期之後半，敘述各會在1807-1842左右之工作，係根據該會領袖處探動而來，「但却有些模糊影響體或為子之誤」，連傳教士的名氏也與不出來」（王氏書一六一頁）；十五章道光以後天主教的復興所輯材料，極形簡陋；十六章道光以後更正教各宗派的活動，祇亦根據調查而來，

外人姓氏之下，全無原文，亦屬未當。著者既知此項材料，僅有「模糊影子」，不宜著之於書。須知此類材料，隨手可拾，近人早已編輯成書，無須調查或探訪。季氏之耶穌教在華百週年紀念册有之，拉氏之中國基督教史亦載之，此二書皆在著者參考書目之內，何未參閱。十六章亦可利用二書之材料。其他重要著作，如羽克氏之英譯本 Christianity in China, Tartary, and Thibet 模勒氏 (A. C. Moule) 之 Christian in China before the Year 1550，餘書已見前，外人著述中，不重擧，西文雜誌如 Annales de la propagation de la foi, 1825 年創刋，"The Chinese Recorder, 1867 年創刋，中文如八十年來之江南傳教史 (1840-1922)，史式徽著，余文祺譯，此書可補本書十五章之缺陷。中文雜誌，如聖教雜誌，聖心報，敎育雜誌著者未嘗參用。其他如敎士之書信，日記之類史無論矣。此取材之可議一也。

體裁　本書體裁有三缺陷：（一）材料分配及取舍之失當。史之體例，貴乎詳略適當，取舍特宜，史綱尤然。顧王氏之書，未計及此。彼於第九章南京教難，敘述甚詳，且列為專章，而於雍正、乾隆、嘉慶，道光四朝之教難，著者以敎言了之，爲敎難不及自牛。須知雍正元年（1723）有穌安教難，乾隆十二年（1747）有桑主教（Sanz）之死，同年福建四

神父被害，繼以各省教難蜂起，十九年（1754）南京五神父被統計為：工作地點計三十二處，散布直隸、湖北、河南、江
四，三十四年（1769）有穀城之變，四十九年（1784）教難最蘇、蒙古各地，學生數五百人，受洗者約五千餘人。至咸之
烈，爲前此所未有。嘉慶十年（1805）重申教禁，教難又大書，於教養（個人主義個人思想）及一切中國之善
作，二十年（1815）有四川教難，徐德新（Dufresse）主教及教展，如耶穌教譯名「上帝」，中（其詞意）之爭執，著教會
友三十餘人致命之事，道光二十年（1840）有董神父（Per-史一大公案，著者未加敘述。外國教士如狄考文之於文會
boyre）英然之死，其中可歌可泣之事。又如第十章天主教在文化上的貢獻，著者以教言館，中國名牧如朱少塵，陸鄭電，顏永京，亦是提賢名。此
了結，殊爲未當。又如第十章天主教在文化上的貢獻，著者以教言分配取名之來當焉。（二）次序素混乱，爲例一人九行
利瑪竇至陸安德等二十八人著作目錄，佔書七百，似乎不叙及一六八五年廣州李教區文通各廣州遇襲及圖書教授寶傳
宜。著者既名其書爲史綱，其對象必爲一般讀者，若供專家參考，禮門窖湖吳曆等三人之事。後此乃有二十六章等禁內之爭
目爲專家之作。一般讀者閱之，索然乏味，著列現有教會醫入道光以後天主教的復興一章內。又如十六章福湿煙室廣以
院名字及所在達二百六十所，佔五句之名，亦闊多餘。此更正敘述家族内活動，著者家己明其叙述湖國，許論緬研究
表者既據一九三六年第十三期某督教年鑑編成，倘可用敘意，其叙述遠以一八四三至一九○○年爲止，四十七八章爲
言叙剛現有教會醫院之數目及其關會大概情形，欲知其詳，咸子的歌讚與咸子後義和教内的新形勢，咸子以後之事宜不見
請閱年鑑已足，似無表列之必要。希臘教會康熙二十四年於記章。例二、章述家、電影機構會一九三九年，舉英編足
（1685）始人北京，先時從事培傾傳譯八！、康四八年（1859）明聯助總賓會堂一等（頁三○三）。此分期之末頗有意
冲俄天津條約簽定之後，時勢一變，俄教士乃江意傳教工本仗教的部工如福道、文字、教育、醫學講。各以附期叙述
作，翻譯新約。如Piotre Ivanovitch Katarol其人，任事達二十爲實。黎顯之處，如一六一一日曆因使徒派歌主義工
五年之久，其漢學之湖博，傳教士中甚無出其右者。咸子之作及其轉道。二○七行又行實述，以上資文待意見，再箭之
役，希臘教抱失頑狀。自是以後，力行擴充。一九一○年其警意。（三）不註出處，史綱之作，將金註出處，缺不可能，

但表格之腳，數字常易錯誤，不許出處，讀者不能覆按，如頁一二五大主教一六六四年全國教務情形表，頁二一五更正教傳道區統表，此其失也。此體裁之可議二也。

錯誤　書中錯誤甚多，以下僅舉此關者，分為十二類，每類舉二例，以概其餘，可炎。

（一）事實之誤　頁一四五云：「一七九八年有一個馬斯蘭（William Moseley [Moseley]）牧師，他在英國聯絡幾個同志把聖經譯為中文，將已經譯成的新約，保存在博物院裏。」馬氏未嘗從事譯經，婦孺皆知。原文為：「In 1798 William Moseley, a non-conformist clergyman in England, issued a circular pleading for the translation and circulation of the Scripture in Chinese and calling attention to the existence in the British Museum of a manuscript containing a translation into that language of part of the New Testament. (See K. S. Latourette, A History of Christian Missions in China, p. 210) 當譯作「一位非國教的牧師馬斯利，於一七九八年任英國會出通函，請求把聖經譯為中文，並廣為傳佈，同時使人注意到英國博物院內所藏一新稿本，中有業已譯為中文新約的一部分。」馬氏既未從事譯經工作，何來將譯成之新約藏放於大英博物院內？頁一八五通英法聯軍議和條云：「……陸〔續〕

王達使任為全權欽差大臣，遂得簽訂十二條和約，茲舉十二條之中，有幾條是關于傳教問題的，臚舉如下：

「大主教原以勸人行善為本，凡奉教之人，皆將保民善法，及會同別人……遵照法律，以彰國憲。」

凡按照人間心所大主教，知規矩者，毋論是教之人，或地方官民等人均不得欺侮。

凡有禁止入教各碑文示論，無論何處，概行罷黜。」

（按一八六○年成豐十年九月十二日，中國與法國所訂之北京條約第十款之內，保載在一八五八年六月二十七日所訂中法天津條約第十三款中法大津條約的第十三款之內，兹將天津條約的第十三款錄如下：

「天主教原以勸人行善為本，凡奉教之人，皆將保民善法，凡按其教規禮拜誦經者，毋論是教中人，或是教外人，地方官務必嚴行禁止其不得妄入教堂擾亂，毀壞物件，或無故侵害教中人。至於所有禁止入教之示諭及各書文字，無論何人，概行罷黜。」

（二）引證之不當　頁八八頁八九，著者引義和之不信宗教說：「中國式之革命，無論之於大教之中，儒佛道之革命必為大事，絕對之非可大敵。」

（此係從英譯本之中，又一人意思之譯文）…… 馬氏批評云：

「但是通此攻擊，還不過是議事上的欲望，不足以影響到執行教的勢行。信仰或宗教同是行教的，固然不容其他人……憲法同等寬容道於其他之舉生……

敵銅爲。一字由爲。依此說。保留同的少一。因為一等等方，體且

詩，與趙懷玉之遊天主堂即懷此事為逐難教士之道懷云：「不過從反對而見之於行動的，要算一六一六年的南京仇教案。」按不忍不言成于一六三五年，破邪集成于一六三九年，罪言雜集著年月，亦成于沈潅發難之後，誅求諸路等皆成于南京教難之後，錢路加偽為鴻苞之詩文，評者未及見，未考其著作年月姑不論，錢路加偽為鴻苞之門人，為教中人，故名路加，稱揚其師，不足為奇，且其詩大的作于一六五五年，趙懷玉之詩作于一七九七年，去南京教難（一六一七）一百八十餘年矣，實則趙詩已含有輕蔑之意，其詩云：「⋯所惜昧禮祥，但解推餉說，或云利瑪竇，姑由騰國到，登知真觀間，早有大秦號，胎源出跂踔，不外六科妄，從爭象教末，正析理義奧。」是知著者所引反對，稱譽諸詩文皆成于南京教難之後，禮之不當也。自一○六云：「辨學遺牘一卷、一六○九年刻於北京，有李之藻跋，因騎人士篇、引起杭州僧人機因[按當作袾宏，即蓮大師，字佛慈，號蓮池，著書三十二種（見佛學大辭典）六五十四行]作論以攻天主教，利氏作說闢之，而成此書。」按袾宏道牒菲利瑪竇所著，裴懷弟子徐奏辯隨已辨之，是為袾宏著牒大說而作。大說成于萬曆四十三年乙卯之春，而利氏已於萬曆三十八年庚戌物化，相去五歲，安能會未出，助辨先作矣。（參徐昌治：聖朝破邪集 7/31a 羅坡先生

（三）翻譯之錯誤 頁五二行十四云：「⋯引起了羅馬教徒傳教東方的熱忱，便在中亞細亞設立了傳道總機關。」原文為 "to establish Roman Catholic outposts along the coasts of Western Asia"，意為「羅馬教在西亞細亞沿岸設立了傳教的分所」，頁五三行一「聖方濟各⋯他曾經傳道給埃及人」原文為 "he had preached to the Moslems in Egypt"，意為「他曾經傳道給住在埃及的同教徒。」同頁行三「教皇依諾增爵四世（Innocent (Innocent) IV）派遣專使赴蒙古講和⋯」原文為 "Pope Innocent IV,...sent friars to gain more definite information about them to ask them to refrain from shedding Christian blood"（以上原文見 Latourette, A History of Cristian Missions in China: p.66）意為「教皇派遣托鉢團員赴蒙古探訪蒙軍的實情，並請求蒙軍勿加害聖徒，免聖徒流血。」教皇既與蒙人無爭，何遣使講和之有？頁一五八行十四云：「一八三○年從美國派遣來南位教士，即雅俾理與裨治文。雅氏是代表美國的「漁人交友會」，原文為 "American Seaman's Friend Society"，當作「美國船員友誼會」。同頁行十五「他們都得着美國商人奧利芬（D. W. C. Olyphant）的幫助，能翻

安全而自由地到達中國。」原文作 'They were given free passage and other assistance by an American merchant engaged in the China trade, Olyphant' 原意為「他們得到美國商人的允許，免費坐船，及其他援助。」「自由地到達中國。」原文作 'He soon had a small school for Chinese boys and began literary work 辦了一個學校，從文學研究方面進行，」原文作「文字工作」，不可譯為「文學研究」。

（以上參見 Latourette. op. cit. P. 217-219）

（四）誤解研究人名。頁一二五行十四云：「又一二八二年。由賽馬羅勃（Symolober）教堂派出的教士羅維斯（Envoys）到了北京…」此段幾全誤。envoys 當作使者，不是人名。賽馬羅勃教堂亦誤，當為 Syrian Church in Malabar，意為在馬拉巴的敘利亞教會，著者竟混 Syrian, Malabar 二字為一地名，曰：「賽馬羅勃。」又如頁二十九行五云：「蘭伯氏（M. Labbe）在某督教中國傳道史（Christianity in China History）」，「Labbe 為僧侶抗戒方丈，非人名。著者名為刺克（Huc）。其書名為：Christianity in China, Tartary, and Thibet（英譯名，原書為法文，已見前）。History 譯為 Tartary 之誤也。

（五）年月之誤 頁六八行四，范爾安一五六二年在羅馬加人耶穌會，當作一五六六年。又如頁一五九行五，一三五年伯駕（Peter Parker）醫生來到中國，當作一八三四年。

（六）數字之誤 頁一○九行四，「儀像〔象〕志四卷，當作十四卷。頁一二八行六，「各省解京神父，共計三十一人」，當作三十八。頁一○九行六「方濟各會二人」，當作一人。

（七）漢名錯誤 頁八八行十二「幾宏的天說」，當作錄宏的天說。頁一○三行六「英斂之」，當作英歛之。

（八）譯名不統一 頁一四六行二，錫蘭浦（Serampore）而在頁一二八行十二又譯作舒蘭坡。又如頁一四六行三 Marshman 譯作「麥兩門」，頁一四七（應為一頁）行七又寫作「馬許孟（J. Marshman），在頁一二八行十二又變為「麻實」，實則一人。其名為 Joshua Marshman（無漢譯作馬士曼）父名 John Marshman，馬氏首將聖經完全譯成中文，因而得名。

（九）擅改人名齊名 頁五八行一耶穌會修士古伯察（Complet）當作古伯理，氏甘肅大學，沖庸、論語為法文云。頁一○六行六出傷索解，擅改作傷像索解。頁一五五行十謝仁里呵（Tracy）擔認一本小書，名叫新加坡慈機會敬告。

中國務農之人」，原名當作新嘉坡栽種會告訴中國做產之人（參〔Alexander Wylie〕, Memorials of Protestant Missionaries to the Chinese, Shanghai, 1867. p. 89.）。

（十）外人中文姓名之錯誤　頁一三五行二二「福建主教名叫滿格老（Maigrot,〔Charles〕）」，當作嚴家樂，氏於禮儀辯論中，反對耶穌會士之對于上帝之稱謂及孔子之崇拜最力，見逐於康熙帝。頁一六〇行十一「在一八三〇年有一位傳教士叫郭士立，」當作郭實獵（K. Gützlaff），又如頁一四七行六譯耶穌教之中國開山皇祖之名馬禮遜爲「勞勃脫馬禮遜（Robert Morrison）」此畫蛇添足之作也。馬禮遜之爲馬禮遜，婦孺皆知，勞勃脫三字去之可也。全書馬禮遜皆作馬禮遜，當一律改作馬禮遜。

（十一）印刷之錯誤　本書印刷之誤錯頗多，西文爲甚，外人姓名錯誤佔最多數，如頁二十七行五 Arnobius 誤作 Arnobus，同頁行十一 Trigault 誤作 Trigaute。頁一〇八行五苦雖爲文，誤作苦雖禍天，行六周歲督言，誤作同歲佯言，行七十五緯裴，誤作五緯衰。

（十二）本書卷首書　現代著作，凡舉書目，必詳其卷數，版本，出版處，本書卷首，只舉書名與著者，亦失之簡略之失。甚有作者書名，而遺其著者，如華岡記爲序秋所

中西交通史料彙編爲張星烺所輯，作爲張烺，或誤歟？書名之中亦有誤者，如康熙與教皇上諭一書，或爲陳垣所輯之康熙與羅馬使節關係文書影印本歟？英文書名亦有少數錯誤之處，惟一望而知，可從略焉。上述，其可議三也。

總之，本書可議之處固多，要以創始之作，吾何能求於著者一人乎？甚望本書再版時，能詳細與以刊正，以利讀者可也。

中國商業史

秦佩珩

王孝通著，中國文化史叢書第一輯，民國二十五年十二月初版，商務印書館發行，定價國幣二元四角。

中國商業史的出版，據我所見到的有鄭行巽的中國商業史，陳燦的中國商業史，王孝通的中國商業小史，再就是本文所要論到的王氏的這本中國商業史了。

本書除緒論以外共分三編。第一編略述上古商業，起自黃帝止於秦之統一。第二編論中古商業，起自兩漢止於明亡。第三編論近世商業及現代商業，起於清代而於民國尤詳。

在材料的整理方面，本書著者往往不能利用較新的方

法：一部商業史的著者，應該注意到如格拉斯（Gras）所提出來的「工作的效能」（Force at work），「資本的流通」（The Flow of Capital）等等問題。至於工人組合的消長，新商業交通工具的應用，以及信用票據等之流通，也是治商業史者所應留意的地方。著者不注意這些，而僅僅引證那些它無商業史意義的「鹽公好語，鈎亦有讓位」（頁三二衛之商業）一類的材料，未免被主觀的見解所蒙蔽而影響到材料的去取了。

漢代雖然重農抑商，但商人的勢力始終其大。卓氏等皆以工商業起家。著者在本書第二編第一章第四節中談到漢代之重要都會時說：

漢代都會最重要者爲關中及巴蜀。……三河之外最著之都會凡八：一曰郢，潁河之間一都會也，北通鞏洛，南有鄢衡；二曰燕，勃碣之間一都會也，南通齊趙，東北邊胡；三曰臨淄，海岱間一都會也，其俗寬緩闊達而足智，頗有桑麻之業，而無林澤之饒；四曰陶，山川之綠，以北一都會也，其俗多君子，好稼穡，雖無深以東芒碭之國，龍蠹衣食，致其蓄藏；五曰宛，南陽一都會也，有海鹽之饒，章山之銅，三江五湖之利；六曰壽春，南楚之都會也，皮革鮑木，輪會合肥。而爲膚取給

其實漢代的商業都市，楚越區域如江陵陳留一帶亦爲漢代的商業苍本極流通之地帶。

均輸與平準之法，表面上看來，似乎有倡業的意義，實如略加探討，則殊不盡然。蓋均輸平準之目的在於便民，而商業之目的則在於謀利。且由主持者而言，均輸與平準多由官方主辦，用均輸之方藉以調濟物價，蓋以利農，非因此取利於民。著者不注意此點，而竟將此與王莽之限制民田等等問題一齊拉入其內，似屬捨本逐末了。

關於著者在引用材料方面，住往對於各種史料的變舉極少。茲舉一例，以見一班。著者在一八一頁論述明代中外互市時，談及南洋各地之市易，甘言：「明代歐人東來之時，吾國閩學人之商於南洋者正夥，苟其時朝廷知拓疆殖民之法，宋始不可杜歐人之覬覦，而大張吾國之海權也。」後乃臚舉明代海外通商地點，計有呂宋等十五地。然依照著

瑪；八曰番禺，揭越一都會也，珠璣犀玳瑁果布之湊，中國往商賈者，多取富焉。八都會之外，如陳在楚夏之交，通魚鹽之貨，其居民多賈，亦有足稱。至於楚越之地廣人稀飯稻羹魚，或火耕而水耨，果蓏蠃蛤，不待貢而足，地勢饒食無饑饉之患，以故呰窳偸生無積聚而多貧……。

人所知，即《瀛涯勝覽》《西洋朝貢典錄》所載，即有二十三地，其中確有不無問題者，究之其數不僅此，恐猶必然。且據張燮《東西洋考》所示，則知除著者所舉以外，尚有許多地方，未經提及。茲列表於左略作比較：

	中國商業史	東西洋考
1	呂宋	呂宋 大港、南莊、玳瑁、中邦、呂蓬、磨老央、以寧、屋蕩、朔霧
2	合貓里（即貓里務）	貓里務 貓老
3	美洛居	美洛居
4	沙瑤池	沙瑤吶嗶嘽 噠吧
5	吉里地（即文萊）	堅驢
6	貢驪（即東埔寨）	宋埔寨
7	暹羅	暹邏 六坤
8	爪哇（阿蘇家龍又名下港）	下港 加留吧
9	三佛齊（即舊港）	舊港 占卑
10	浮泥（即大泥）	大泥 吉蘭丹
11	滿剌加（即麻六甲）	麻六甲
12	蘇門答臘（即亞齊）	啞齊
13	黎伐	黎代 高奢
14	柔佛	柔佛
15	丁機宜	丁機宜
16		交趾 清華、順化、新州、提夷、廣南
17		占城
18		彭亨
19		思吉港（即吉里地悶）
20		文郎馬神
21		池悶（即吉里地悶）
22		雙龍淡水

此外如在第十三章第十二節中作者談及萬曆中病商之政時說：

明代弊政無過萬曆之時，自神宗二十四年礦稅建置不貲始開礦府稅，而天津店租，廣東珠榷，川淮餘鹽，京口侯關，浙江市舶，成都鹽茶，重慶名木，湖口長江船稅，荊州店稅，寶坻魚葦及門攤稅課，沿邊全陝，角被行李，束被搜索。……包攬卵南中紀聞曰：「宗室紈袴市廛者甚多，圖龍貿易，與市民無異，通衢嶺南舖店，俱保宗室，

有人購貨至彼開舖者，亦必借王府名色，則非王府人不得開舖可知矣。」夫開舖必借王府名色為前朝所不及。借就神宗時之情形言，拿河南田一萬一千餘頃給福王作為莊田，而在山東各地合計所得已有四千四百八十五頃，不足之數於湖廣補足。故吳梅村詩中有「我朝家法踰前制」之句，將欲不為不隆。然有一問題，我們必須注意，即將欲雖隆而無仕進，故王府人經商者甚多。而非王府之人欲在經商方面求得庇護，乃亦假借王府名色。著者言「則非王府人不得開舖可知矣」，不知何所據而云然？

其次談到明代南京之商業，著者不去引用題起元客座贅語中的舖行南京水陸諸路諸篇，而去引用那些毫無經濟意義的「南都浮惰者多，劬勤者少，衣綺縞者多，布服菲屨者少」一類的材料，不無失當之處。

其他如材料之出處皆未標明，和內容分配之失之過詳或失之過簡等等，以限於篇幅，衹好從略不提。總之本書雖是一種現在需要的書，但起著者沒有盡量應用所有的材料，總算是一種遺憾。

1 見本書。
2 補遺夏之東西洋考，明海外之交通與有日本及紅島等二地。又本叢第四

款沙瑤吶嗶嘽應是兩地，張氏此書卷五集十亦云：「沙瑤吶嗶嘽其地相連，吶嗶嘽在海畔，沙瑤稍紆入山隈，皆呂宋一帶。」茲為便於比較故併附舉。

吳廟公讀史論世卷十三云：「景泰時秦鹿人尚炫（愍王子）男女皆未婚，以布政使奏韶使婚配，時其長女年四十，子年三十八矣。嗚呼！士者之政民無怨讟，況帝冑乎！去開國末百年，太祖之曾孫血至此乎！」所以然者，國朝之待宗室有爵祿而無仕進；嚴法制而薄恩情，法制殷則究恤少，恩情漠則曠隔多……

舖行一文敘述明代之行會情形較為抱豐，其文曰：「舖行之役，不獨平民但買物則當行。大者如科舉之供應，國學之祭祀，戶部之草料，奧接王還妃之頮，無不供役焉。初令行之物，如光祿之供應，國學之祭祀，戶部之草料，奧接王還妃之頮，無不供役焉。初令行自以物輸於官，而官給其直，未遽為厲也。第一八衙門，則苛徒使稅為奇貨，撙抑需求，無所不有。又或價不時給，或給有斷折之苦，又有奔走之勞。於是人始以市物為官屬，而其薰還相報告，當之物，又有奔走之勞。於是人始以市物為官屬，而其薰還相報告，當行者紛紛矣。爾縣思以應上司之急，乃諉其人於官以備呼喚，於是有當行之舉。每行列名，以次輪流承應，而其害終不可弭。」（見本書卷二）

張江陵年譜

林樹惠

張德編，中國史學叢書，民國二十七年，長沙商務印書館出版，定價四角。

張居正為明代隆慶萬曆間名臣，其一生事業思想，影響

當世朝政者，至深且鉅。故明代史籍及其他私人著述，有關江陵之生平治績者，不勝枚舉。唯年譜之作，據予所知，實姑是矣。其所據之史料，大抵採自張文忠公全集及明史明紀等書，計一二六目，前有江陵遺像、遺墨，後有附錄。組織取材間或失當，而年月批評，亦所不免，因擇陳之。

年譜：「嘉靖三十四年，是年先生歸里，讀書學農。」按行實及先考觀瀾公行略所載，繫譜甲寅（嘉靖三十三年）以病謝歸。而揚君自稱據行實，誤一矣。年譜又云：「嘉靖四十二年，先生以右春坊右諭德，兼本之棘邸講讀」，謝本之本傳，實無其事，是揚君辭此誤。總實云：「甲子（嘉靖四十三年），顧餘與都志成，進右諭德，為裕邸日講官。」是年譜經妄無待辭費：誤二矣。

年譜謂行實，萬曆元年，先生以六年考績及山陵行成，進左柱國兼中極殿大學士，官一子尚寶司丞，又有同異。行實謝：「神宗初即位：以『山陵禮成，用胡贊功，進左柱國，兼中極殿大學士，官一子尚寶司丞，累疏辭免，上不許。…太師辭益力，上不得已，許之。…萬曆元年…十一月，以六年考績，進中極殿大學士。此繁簡失常，疏漏可議者，亦有之焉。

「詔疏甚奏劾殿澈及北廣人逼等事，擇要而書，足有老編。」說一為一：誤三矣。此繁簡失常，疏漏可議者，亦

本書雖大都取材全集，然梳抓未盡，宜酌增添。文集種蓮子戊午稿序：「往甲寅（嘉靖三十三年），不佞以病謝歸，僻在林里，議鵲之侶，履絕於戶，獨遼殿下，好名重士，時以文翰相與鳴聾之侶，遂忘其閣聾焉。」又云：「丁巳（嘉靖三十六年）不佞再添朝列。」是知江陵三十六年赴都，至三十八年再往，其間謝病返里。揚君既撰年譜，似未可略，此其一。行實：「庚辰（萬曆八年）春，季父居讓計至，哭泣哀思，再上書請告，疏入，不報可，然後出。」「二十年前，曾有一宏願，願以其身為犧牲，上，遭溯垢懷之，吾無間焉：有欲取吾耳鼻者，吾亦欣喜施與。」江陵詩，如題尚仙口號（十三歲時作），題竹（十三歲試作）慶試作於馮王孫園亭二首，及壬戌（嘉靖四十一年）七月望夕初幼

皮鹿門沈寐叟二年譜　齊思和

皮鹿門年譜

皮名錫瑞，《中國史學叢書》，民國二十八年，長沙商務印書館出版，定價六角。

沈寐叟年譜

王蘧常編，《中國史學叢書》，民國二十七年，長沙商務印書館出版，定價四角五分。

皮沈二老爲晚近學術界兩大師。雖共爲學，一則專究甲部，一則精研邊陲史地，考究四裔輿地；取捨不同，淦徑互異；實則殊途同歸，皆晚淸學術界之重要代表。今二公之年譜旣出，關於晚淸學術，又多兩種重要參考資料矣。

皮沈二老俱生於淸道光三十年（西一八五〇）適爲同歲。其後皮氏卒於光緖三十四年，享年僅五十有九。沈氏則卒於民國十一年，享年七十有三。皮氏困於場屋，年三十三始舉於鄕；後以屢躓於禮闈，三應公車，未獲一第。以後遂絕意仕進，潛心講學著書，以經學勵後進。先主桂陽龍潭書院，南昌經訓書院，作育多士。其後維新運動起，戊戌湘人倡江南學會，梁先生爲會長，主講學派一科，先生則賃穿漢宋，融合中西，講求救亡之策。及變法事敗，六君子殉國於京師，先生亦以布衣罹黨禁，革翠而，三年始獲開復，以後歷任善化小學堂監督，湖南高等學堂監督，及師範館，中路師範，長沙府中學堂講席，三湘人才，多出其門。故先生實爲淸季一重要敎育鉅子也。沈氏毛頭駿發，頭角早露。二十四歲卽中順天鄕試，三十一歲成進士；以後卽欽用刑部主事，總理衙門俄國股章京，南洋公學監督，江西廣信府知府，督糧道，安徽提學使，布政使等職，徵撫于恩銘遇刺後，復護理安徽巡撫，辭宣統二年。先生知時事不可爲，遂乞退，已而義師功成，淸帝遜位。先生遂避地海上，隱居不出，以至於終。綜公之生平，似較皮氏爲顯達，然其所創辦者亦以新政爲多。且與康梁等通聲氣，爲康有爲所推服，斯先生亦與維新之謀也。故二公雖隆顯不同，要皆爲晚淸之主要維新人物也。

至於二公之學術，則異曲同工，皆爲淸季新學術之大師，亦各爲其學之結束人物。皮氏上承莊劉龔魏之緖，治經宗今文家言，先治今文尙書，專爲伏氏一家之學，故以師伏

命此堂。成尚書大傳疏證，今文尚書考證，古文尚書冤辭平議等書。繼而究心三禮，撰今古文禮制之異同，又有王制箋、尊禮瑞給義疏證，鄭志疏證，六藝論疏證等書。至晚年則遍究九經，貫穿羣說，成經學通論，經學歷史，九經淺說等書。深入淺出，詔示初學。其遺著之列於師伏堂叢書者凡十八種，都八十四卷；其已刊而未列於師伏堂叢書者，又有三十餘卷，其未刊各書稿藏於家或已佚亡者，又有數十卷。嗚呼，博矣！清湘儒著述，類皆卷帙浩繁。近者如王闓運，王先謙其遺著皆盈箱滿架。然先生早年躓頓於場屋。又僅得中壽，而其著述之博亦足以媲美其鄉先輩。則其勤苦卓絕，徒足欽敬矣。

先生之治經，墨守今文家言，然猶篤守乾嘉老師家法，斤斤於調詁名物，典章制度，往往一字之訓，徵及萬卷，在清儒今文惟陳氏彷彿似之，其他迻實蹈虛，尊以大義微言文其疏陋者，不足以望其背項也。其持論雖仍召於今文家之偏見，然如以左傳為史書，以周官為六國人所作，猶不若同時之廖康梁崔等之廣悍譎妄。蓋先生純為經生，而非政客也。論其對於當時思想界之影響，自不如康梁之大。若論其學術上之地位，則先生實清代今文家集大成之人物。其著作之精者，可與日月長存，非康梁之所能比擬矣。而梁氏撰清代學術概論，論及晚清今文運動，於康氏譚氏甚至其個人之思想，盛自標榜，而於同時最精博之皮鹿門，則雙字未及，未免輕蔑過甚矣。

沈氏於於著述，又案牘勞形，銷蝕其一部份精力，其著述之成者遠不如皮氏之多。然論其淹博精深，則固難為軒輊。先生少歲治學循乾嘉途徑。後則承徐張之緒治西北南史地，旁及四裔輿地，又與洪李諸大家相討論。其蒙古源流箋證八卷，已由其友人張孟劬先生整理成書，以見其精深之一斑。此外其蠻書斠補，亦由孟劬先生整理成書，則其關於西南邊疆地理之研究也。其島夷志略廣證二卷，則關於南洋史地之研究也。以上兩書，但未刊行，余僅由孟劬先生處聆其梗概。以理度之，當先生研治是學之時，史料猶未盡出；榛莽初闢，自不能卽謂之盡美盡善。然篳路襤縷，先生實為是學之開山也。梁氏清代學術概論中，無先生之名。按當梁氏著書之時，先生諸書固尚未刊，而名著海內，毅為是學大師，梁氏不容不知，而片辭未及，亦關闕漏。

至於此二年譜之作者，皆為極合宜之人選。皮名振先生乃鹿門先生之文孫。雖其生較晚，未得多知先生之緒論行事，然其得自家庭調查者，當亦不少。況又有先生之日記足資採破之人物。此著作之精者，可與日月長存，非康梁之所能比

馬相伯先生年譜

趙豐田

張若谷編，中國史學叢書，民國二十八年十二月商務印書館出版，定價一元四角。

本書編者張若谷君，據自序為馬相伯先生門下。自云嘗相老遺照手蹟及政府褒嘉令六幅，次為張元濟于斌徐宗澤及嗣以先生逝歸道山，不及呈正，始付商務出版焉。青前首附期，就見聞所及，並參以時人著述，編為此譜，為先生壽。待經側，親炙敎誨有年。故於民國二十八年相老百齡大壽之相老遺照手蹟及政府褒嘉令六幅，次為張元濟于斌徐宗澤及編者序文四篇，序後並附年譜參攷資料要目。書末附編者自跋及附錄五篇。全書格式，大致仍仿年譜通例，先以紀年，次譜主事蹟，次事蹟。事蹟下，首書標題，次詳經過。譜主事蹟之史料，十九出自日本人口述。故其信實程度較諸他

清代學術概論之闕漏也。

二年譜，對於皮沈二老之生平，已供給不少材料，足補梁氏於其早年行事，猶多闕略，此則限於材料無可如何者。總之亦足勝任愉快。惜王氏事蹟褻過晚，而沈氏著述又多散失，致童焉。王遽落氏則褻褻之親炙弟子也，為其師作年譜，獨。故所譜顧為詳盡，於先生為學之大旨及其與學經過，尤

人所記述者為高。而相老之言談文章，讀來尤覺生動有趣。此點實本書之最大特色。其次，編者頗能顧到譜主之時代與環境。凡本時期之國家大事及重要人物，編者背能旁參他書，詳為記述。本書可稱許者，大抵如此而已。反之，若就年譜通例而論，則其可議之處甚多。茲舉數端如下，以供參考。

一、引用譜主自述之言，殊少選擇，致多重複。相老自述言論，據本書參攷資料要目所載，有六種之多，其散見於報章雜誌者不計焉。故於同一事件，時有兩種以上相似之口述。而編者兼收並蓄，一字無遺，致多重複之處。既徒勞手民，復耗讀者目力，頗不經濟。此類處甚多，無需舉例。

二、記載國家大事及歷史人物，失之太詳。年譜中記國家大事及歷史人物，宜以與譜主有直接或間接關係者為標準。其關係直接者，記述可以稍詳，其關係間接者，當從簡略。其無關者從省。乃編者不然。其記國家大事，詳盡處無異在作中國近代史。其記同時人物，詳盡處無異任為他人作本傳文全部收入。如頁五十一至五十四之記張훍，頁七十一至七十四之記康有為。兩人皆足以記，然似不必如彼其詳也。尤有其者，其於譜主全無關係，簡直無類採入本書者，編者亦不輕割愛，詳

為敘述，如頁六十至六十二之記廣東亞羅船事件，頁三十四至三十五之記愛迪生生。總之，編者竟似忘記其工作乃在寫馬相伯先生作年譜也。

三、記述國家大事與同時人物所引之書，多有問題。記述與譜主關係間接之事與人，引用書籍，亦應加以選擇。否則原著者有誤，編者亦將因之而誤，遺人以笑柄矣。如本書所引中國近代史，中英外交史，外交大辭典諸書，省編供一般人參考之作，似不宜引用於年譜中。即如光緒三十四年記清德宗與慈禧太后崩逝事，本書引晴隱居士自訂年譜，謂德宗崩於十月十九日，慈禧崩於同月二十一日。吾人試一查光緒朝東華續錄，乃在二十一日與二十二日。則引書沒無選擇之過也。

四、記譜主事蹟，所引用之史料猶多不足處。譜主當以本人所述記者為最重要。但為完備計，編者仍須盡量蒐集他人之記載，則不獨可補本人述作之不足，且有時能正本人記憶之誤。即以本書記光緒三十三年相老東渡辦理留日學生風潮事為例。相老宅未言及此行與梁任公所創政聞社之關係。據政聞社刊行之政論第三號所記，則相老此行乃為就該社總務員之職而往。其究竟尊為一事而往，抑兼為兩事而往，還俟待考，然以政論記載之確鑿，政聞社歡迎之熱烈，

及當時革命派之反對妒忌觀之，其東渡與政聞社有關，為毫無問題。但相老旣無一言及此，編者亦未旁參他書，致使此段史事付之缺如也。

以上所舉，特其犖犖大者。此外如引書不具著者姓名及出版年月等，皆非現代著書之體。夫年譜之作，其最要之目的在詳述譜主之生平言行思想及其活動。譜主而為政治家，當特詳其政治方面；譜主而為教育家，當特詳其教育方面；譜主而為學者，當特詳其學術方面，餘此類推。如譜主所兼方面甚多，則記述之者，亦應兼顧，但仍須分別輕重，庶使詳略得宜也。然凡茲所論，僅編作年譜之少數基本問題而已，猶非其全，甚炎著述之不易也。至觀相老之生平，以其人之德之才之學，誠我國近代史上一重要人物。惜為時代環境所限，始終未獲大用，則國家社會之莫大損失也。

廣東書院制度沿革

許夢瀛

劉伯驥者，民國二十八年，上海商務印書館出版，定價二元四角。

現有出版的中國教育史著作，大小冊子不到二十種，其中屬於通史性質者又佔多數。其實要想認真整理中國教育史，萬不能求速效。譬如要寫一部中國教育思想發展史，應

該先徹底整理某思想家或某學派的教育理論之內容淵源影響等各方面。再將如要成一部中國教育史，先須分別研究中國小學教育發達史，中國小學課程編制史，中國小學課本演變史等。這類精細的研究愈普徧，中國教育史上的新發現愈多，中國教育通史的材料也就愈豐富。總之，我們目前最需要的還是狹而深的探微式的專題研究。劉氏這本廣東書院制度沿革，正屬於這一類作品，所以很值得我們注意。

因為書院本是以大儒名師為中心，而此等大儒名師又往往講學於仕進，故其事蹟之傳聞與記載，院志以外，最重要的是地方志。根據院志再參考地方志，大概書院制度的材料所選無幾了。所以這種分省整理書院史料的辦法很可推廣。也許在其他省份能發現更豐富更重要的材料。譬如本書關於有清一代書院的材料比較詳備，明朝次之，宋元則特感貧乏，這當然是著者受了地域的限制。

劉氏這本書大致算是很成熟的作品。書內所列章節及敍述方法都很緊湊。以全省作着眼點，將各縣書院材料治於一爐，分項論列，這樣既可隨時利用各地方的材料，來說明某一件事實或意義，同時又使讀者容易把握要點，得一有系統的概念。尤以第三章用圖形表示歷代書院制度在廣東省之時間

的和地理的分佈情形，使讀者一目了然於六百多年的演變經過，最稱便利，亦正足顯出本研究的着重點——「沿革」。可惜第五章論書院行政及組織，未免又多少失掉這一個中心點。譬如第一節關於書院的設立，不論官私，本來都要經過一番手續，特別是私立書院的籌備情形的設立與書院的真精神和地方人民的文化程度很有關係，更不可忽略。而私立時代愈早，私立的書院愈多，究竟牠們成立的動力如何在，實在很值得追尋。即令過種書院籌設的手續簡單，還是很重要。本書只引證道光三年某書院籌辦時用的呈文批語和光緒十五年張之洞奏請廣雅書院立案一摺以概其餘，當然是不夠的。再者舊時書院的「學規」「學約」或「院規」本不是一個單純的東西。大概時代愈早，內容愈含渾，裏面往往包括教學方法，教育目標，課程綱要，以及學級編制等各方面，最好能夠加以提鍊歸類。按本書的性質，至少須說明牠們的歷代變遷。本書只將嘉慶十四年以後，同治光緒間五個書院的章程列出，亦未加解釋，何從看出演變的趨勢？

本書有一個顯而易見的特色，就是能盡量利用圖表作數鹽的說明。用簡單具體的形式，表示繁雜抽象的事實和意義，本來是圖示法的好處。本書共計四七五面，圖與表即佔去二九二面，對於舊日雜亂繁複的材料給以明白有系統的表

自序裏面說：「我個人的觀點是如此，很想把政教合一來解釋中國教育史，因時間尚未許可，以廣東自南宋至清末這七百年中的書院制度，足以代表當時政教合一的精神，故先有這方面研究。」用政教合一的觀點研究書院制度，確是很有道理很重要的看法；治中國全部教育史，也不可忽略這一點。不過還有一個基本問題——甚麼是政教合一，須先弄清。「政教合一」原是一個極含渾的名詞，綜合起來最少有三種可能的解釋：第一，政治與教育的各項事業及活動皆趨同一目標，在整個中央政府安排之下，互為連鎖，相輔而行，這可以說是政教合計劃的合一。第二，以政治的工作為教育的工作，以教育的工作為政治，即政即教，此謂政教工作的合一。第三，政治的權力和向上求進步的教育精神合而為一，可以說是政教精神的合一，換言之，即教育的感化力超過政治的強制力。對於書院制度的政教合一，以應用最後一種的解釋比較合適。本書著者的看法似乎不是這樣。譬如本書緒論上說：「中國過去社會為小農業的生產，政治為封建的形態，這時統治階級所特別注意的則為統治問題，根據統治問題的出發點，政治與教育便雙管齊下，政與教互相調協地官師合一，仕學合一，調教合一的施行其政教合一的作用。」其實從前的政府並不能常常積極地有計劃地來利

示，使讀者節省許多時間。所以本書在研究方法上很有貢獻。不過圖表的用途也有限制。圖表決不所根據的材料，常是大量的事實或一般的現象。所以圖表可以解決量的問題，而很難解決質的問題；可以表示一般的事實，而不能表示特殊的價值。譬如本書第三章論書院的分佈，謂宋元時代的書院以人為中心，所以是屬於歷史性的分佈，明清時代的書院以環境為中心，所以是屬於地理性的分佈，圖上可以很清楚地表示各代分佈的大勢。但是在各個時期當中，究竟那一個書院辦得最好最合乎理想，或者最有特別表現，這就不是這種辦法所能解答的了。又譬如第七章第一二三面用表解法列敘清代書院山長的姓名、籍貫、學歷、掌學年代、任期年限、著述等項，當然沒有問題。可是對於各山長的「學行」一項，也用三兩何斷語如「敎品賴學使士風不變」了之，則有不安。究竟這個山長對於某個書院有無特殊貢獻似不可於一個山長的「學行」，必須根據他對於學生或社會所作出的事站總能說明。尤其對於「鶴立雞羣」的名儒山長，不可僅用這種幾能千篇一律的考語路過。其實很可使用個案研究法，就每一時期各選出若干代表的書院，詳加分析，闡發其特殊精神之所在。這樣對於我們造一步瞭解書院制度大有幫助。

著者寫這本書有一個基本信念，也很值得討論。著者化

用教育推行其國家公民訓練的政策。所謂「官師合一」「仕學合一」原是儒家的一套社會秩序理想，實際的影響是有的，不過遭太零碎無系統。特別是淵源於儒家思想的書院制度，自始就走上一種認真講究生活修養的理學家埋頭苦幹的辦法。這種下層工作有時甚至反抗政府的措置。所以書院制政教合一的意義，是牠在某一個社會上的地位，是牠對於一般民眾生活的影響。（這本是政教合一最基本的表徵。也就是學校和社會發生有關的聯絡。學校就接受社會的需要，又能領導社會的進步。現今的學校倘未足以語此。）本書也曾提到書院有「樹立社會清議」的功用。可惜敍述過於簡略，不夠充分表現書院制政教合一的真諦。譬如本書在第十二面上說：「清季各地鄉約式的書院真是麼是鄉約式的書院？是怎樣的一種辦法，有無可考？又在第四三七面上說：「鄉邑的鄉約式書院還能象基層的政教合一之功，對於地方自治有相當效力。」究竟這種效力怎樣表現？僅僅引證某一篇書院記上的幾句話，如「養人材，厚風俗」，排難息爭，敦好睦鄰，蒐名教禮儀之防，不僅用以講詞章」，似乎是不夠的，這些都是結論，書內尚缺乏有關係的實際材料。

本書著者對於書院制度的另一特色——人格教育，也認

識得很清楚。本書在結論一章第一項就提出書院首師頂道的精神：「書院山長與生徒共處生活，山長學旨和德操，常為生徒所景習，於是在形式上，生徒要有執見之儀，要有門下之稱，在精神上生徒要孔步亦步，孔趨亦趨。師生共同生活，共同敬愛，所謂『桃李不言，自成蹊徑』就完全由於精神枕照的結果。」這確切是事實，也真值得後人的景仰。可惜我們今日所處的時代不同。要想在現的教育制度之下恢復這種精神，有絕大的困難。我們先看本書著者對這個問題持如何的態度。他在自序上說：「……從前書院山長如果道學不足表率，學子擇師薈嚴，清議紛紛，教壇冷落；書院生徒，如果平素學行失檢，山長不許收容。因此師生大家都要親切認真，實際做修身治學工夫。這一點，我認為值得提供於研究人格教育者的注意。」又在結論上說：「根據近來國內教育界所斤斤指摘的，不幸皆爲站在書院制度之反面，像所謂『師生隔膜』……『工廠式被動教育』，『訓教分離』等問題，因此常常主張導師制……注重訓育問題，這無非是補救過去張冠李戴的內洋式搬來教育之缺點，而這幾種補救方法，又爲目前教育界認爲重要之點，恰巧卻與過去書院制度的特點相脗合。」本書著者似乎也把問題看得太簡單了。從前書院制度下的人格教育有軸成功的許多條件：如梅

安靜與絕少變化的農村社會生活，蒙固的一致的道德信仰戒人生哲學，極端的人才主義教育制度等。試問這些條件那一項合乎今日的情況？現在的教育當然不能超脫現在的社會。現在社會的特徵是組織，是大規模的機器工業生產，所以教育也不能不講組織，不能不講大量製造。因此當日師生間腕攀親切的個人影響反居於很不重要的地位。在今日幾乎不容學生擇師。況且整個教育已不限於學校以內。個人的道德訓練受社會的他種影響正多。決不可祗斤斤於以道德家個人為中心的舊時書院的理想。

對於本書的批評暫止於此。以上自信是持着建設的態度立論，不是在消極地吹毛求疵。很希望本書著者或讀者不容指正，以便作進一步的討論。

教案史料編目

趙豐田

吳盛德、陳增煇合編，燕京大學宗教學院叢書第五種，民國三十一月燕京大學宗教學院出版，定價道林紙本四元五角新聞紙本三元。

是書為吳盛德陳增煇兩君合編。吳君初稿成於民國二十一年夏間，陳君附補完成於去歲秋間。計前後編作，歷時三年有餘。引用書報達一百餘種。用力之勤，蒐集之廣，可謂至矣。書前有編者序文兩篇，叙例一篇，及引用書報表與總目，人名索引。

全書本編分四部：一、道咸年間教案，二、同治年間教案，三、光緒庚子前教案，以上按時代先後分，四、光緒庚子及庚子後教案，以省區分。本編後為補遺，增補教案一百三十八件。總計全書所載教案共四百餘條，可謂集清季教案文字之大成矣。大抵其書草創初編之功，在吳君盛德，整理增訂使成完善之書，則在陳君增煇。而陳君旁搜博採，攻攷校對，使本書有如今日之備，其精神尤有足多者。

綜觀全書，優點甚多，除蒐採完備，分配允當外，尚有以下數點殊值特別提出者。一、文件內容之考訂。如第四十頁第二十行廿國瀚寺會參查辦大津滋事大概情形摺。甘氏原摺有「五疑」字樣，而夷務始末及他書皆無之，經陳君考訂，謂為內閣刪去。又如第一七一頁第一行總理衙門與各國大臣商辦傳教章程八條，各書均未言明原件來源。而陳君參考林樂知著中西關係略論，定為自英文藍皮書譯出，非華文原稿。凡此可見編者考訂之勤。二、文件年月日之考訂。如第一七七頁第十七行請申明約章限制教堂買地摺。原摺作光緒二十年，經陳君考訂當寫二十一年。又如第三十頁第五至七

行，郵件皆繫年月，經陳君考訂，皆予註明，並爲慎重起見，均加疑問號於後。凡此之類，固皆是。頗與讀者以極大便利。三、文件內容異同之註明。凡同一文件見於數種書籍而其內容有異同者，編者皆特予註明。如第五十八頁第一行於沈文肅公政書者爲一件，其各書所引均將末節刪去，編者並於此註明之。又如第九十六頁第十七行總署奏議結曹州敎案並商辦膠澳租界事宜摺，淸季外交史料所載附有照會二件，爲他書所無，編者亦分別註明於後。四、引用書籍板本之考訂。一種書籍往往有兩種以上之板本，板本不同，內容亦當因之而異，此引書人所當注意者也。敎務輯要一書有兩種板本，而皆列於光緒二十四年，此最易忽視其有異同者也。然編者獨能養愼辨別，考訂其第二種爲以後增訂本而註明之，可見其治學之謹愼。五、附錄二庚子案書目之價值。庚子案書目，前此雖亦有人爲之，殊未完備。今陳君乃多方搜羅，裒爲此目，以便學者參考，頗爲本書生色。凡此所舉，皆本書特色之大者，其他優點仍甚多，讀者閱後，自易見及，不能爲此書譾陋之處殊少。其編配方面，若能將補遺厠入本編之內，則當更便於用矣。其紀年月，於夏曆之日，皆用甲子，似不如查出果爲何日而註明之，庶使一

律，且便於用也。此外附錄二庚子案書目，編者用力甚勤，價値亦極大。惟此類書籍，散漫各處，一時難求完備，即如跋兌之庚辛史籍要錄一文（故民國二十三年圖書季刊第十一卷第三期），編者即未及見。跋錄類有數種爲本書貓未收入者。凡玆數端，不過求全責備，聊供一得，固不足以影響本書之大體及其價値也。

年來國內治中國近世史者，風起雲湧，頗極一時之盛。然而史料繁多，蒐輯需時，範圍廣大，端賴分工。若僅懸一人之力，抄撮選輯，倉卒成書，如今日肆流行之數種課本者，爲爭取一時之名利則可，殊不足以入著述之林也。大抵今後有志治中國近世史者，有兩種工作爲之先焉。第一須首先編作書目爲最切要，以其爲用於人於已皆足供進一步研究之便利也。本書之作，其目的大抵不外於此。以其搜羅之完備，考訂之精詳，則今後治中國近世史，近代外交史，文化史及敎會史者，皆不能不資取於是書矣。則其供獻於學術界者，豈淺鮮哉。

鴉片戰爭中文書目解題

陳 鑾

Chao Feng-tien, *An Annotated Bibliography of Chinese works* on the First Anglo-Chinese War. Yenching Journal of Social Studies, vol. III, No. I, pp. 61-103. October, 1940. Yenching University.

學術研究之進步，有賴於精良工具為之先河，夫固盡人而知之矣。鴉片戰役，於今百年，十餘年來，重要史料，所出極多，合中西之載籍，專史之成，殆已可期。惟以斯役為初次中西文化之大衝突，所予國人之刺激，既深且鉅，故當時有關之紀載，亦為量弘富，去今未遠，所在而是，每有零篇斷簡，頗足以補闕史遺聞，舍少數官書及著述，為學者所易見習聞之外，留心史事者，每有搜檢恐遺之歎。况若以外籍人士，訪求中土文獻，以若非素享工具優良之便，下中國史料之零星散處，非能于目錄索引之類猝能覓得者，加以文字之隔閡，披索之不易，其難更見倍徙。此蕭君田君所以草為是目，附以英語解題，臚列有關是役之文獻，議論其史料之價值，以裨中外之人士，意至菁也。內列史料為五類：（一）上諭奏疏及他補官書，（二）條約，（三）時人紀載，（四）方志，（五）傳紀，（六）近人著作，（七）什誌論文。評者閱讀之後，深似蕭君竟集之勤，聞見之廣，而尤以所附按語，簡而要，明而允，此目有益于一般治近代史者，誠非淺鮮也。年來國人于國史之期領萬殷，中國歷代各專史若均有此類之書目出現，則利便于研究工作不知多少，惟以斯役年代未遠，即所存之紀載繁多，而中國書籍內容又多隱僻，以一人之力所易周知，評者閱讀一過，覺其中如有之史料實共一人之所易知，略一省察，非欲以垢病蕭君授曾可以補充之處者，良欲所知，此并一時可以得見者此比皆是也。抑吾人意料之中，謂于各種史料，國內尚家所收藏之善籍，稿本，函札，日記，為向來所未著者，亦未知如有若干，國人向之公開之餘，誠願海內博雅君子，聞蕭君作此者目之集，各以所知，慮其發表，起思繁學，多謀明言，則評者所以告於之意而不勝其企盼者也。

（二）版目所未列而評者意應可列者，初第一類上諭奏疏及官書中如北平圖書館所藏生光元年舊海本，中薩美華參稿，館中舊定此名，而不少官時之奏稿，及蒨紫禮本等，又有資國形之指集曲，實甚之告未未，均為甚好史料。威宗觀大宗伯蔽稿中有油防字各稿，出實署奏文鞱公素等中之演用頗仔稿中有油防字各稿，有見于對務始末者，有個見者。續實考議官似有之。遁雀書時之起稿，京師等今尚有作者（此中國國營舍存之），個如知（抑中時人紀載，如徵厚私議（抄），白耳創君所特見，他知

令搭粵東市舶論，言通商情事頗詳，商務印書館所影印道咸同光名人手札中有林文忠公兩札與目中所載家書性質相同，此類似亦可增。而目中既引有毗定簽文集中送林公序，則其他詩文集中之存有材料者似亦宜援例登載，此類持文集當不勝其多，即如陳广鏞籀經堂類稿中之議疏（傳記類會舉之）鈔本移情集（二十五，五月五日大公報史地週刊引）之徐繼畬致林樹梅書，黃恩彤知止堂全集中之紀載交涉材料，翁心存知止齋集中之關于定海紀載，華光煜冉涇草堂詩鈔中之開論等，比比皆是也。目中既有海國圖志，瀛寰志略一類當時講西學之書，則如雙振鱗鐵樓關說，汪仲洋銃礮說，鄧復光火輪船圖說，丁家存用地需法說，黃冕炸礮飛氣輕礮說，地需圖說等書亦有多種似亦可備案。目中首列入未知無列本之書，如林昌彝平夷十六策，鄧廷忱之類，則為陳广鎬籀經堂類稿中所述之同安蘇廷玉沐實文鈔中華夷剿撫夷患缺兵擬善後自強議諸篇及謝章鋌賭棋山莊全集中所遠觀勞仁有喁喁錄一書專記當時時事者，雖亦均未見其列本，亦可補入存目中。清人筆記中關于是役之記載更復不少，然如陳其元庸閒齋筆記中記與林閒除論不可和之言論，性賢亦與毅定會文集之送林序相似，援之同例，則亦宜備載。餘如梁章鉅之歸田瑣記浪跡叢談，陳棐麒郎潸紀聞。毛鈞竽金壺七墨，

（二）目中所加按語有可補充者：如第一類之欽差大臣伊里布遣浙江參辦收路學宜欽差大臣伊里布廣東軍務信檔三種其所本會見敘本遠異內容，按是三者性質相似與向嚴總督奏檔似均出一人之手。中多偶見夷楊姑未之彙編，開存二三點會見姑本所未收權而

爭與中國軍隊等文，或均有其他點。鴉片戰爭前後中國對外之態度，近代漢奸幾與鴉片戰事同時發生，以及中朝之道光朝籌辦夷務始末運動，有關于謀神之作為，民族什之中國與近代世界大變局（此處原字體刊一）雖非專自點作也。第七類什珍論文通經作，亦有數種，近此頗齊初非歷史著作，然目中所列他作已有方面有同等需要，若求其舉中國近代社會史解剖一類之作，其偵，然製片戰役，非唯關係于外交做府，化社會經濟文化外史，李岳瑞作冰渚野乘等類之筆記因類牧業，此類等類之篇供生涯菜，王爆楨生野遺言，敖漲岸見開新滕，顰箬篇有薛福成庸貪筆記等中有關紀載多為人所習知，其他四十之

末所收各奏均較京中收到時之月日，而無當地拜發之月日，此三書所載適得其反，可借考證時日之助者也。黃沙司寇奏稿，目中載爲稿本由販書偶記聞其名而未見。今按是書北平圖書館藏有鈔本二十卷，（孫衣言所撰行狀第三十卷，與此不同，此二十卷首尾舉其）中有關于禁煙同于始末。外有徐郎憩海赴閩建巡視海口及論閩浙煙禁海彊戰守策略等政也。第三類中道光撫夷紀略一書目中載爲稿本，但知其目于販賣什記，今則是書有宣統三年國開報刊本，內容則爲回憶錄之體，黃氏自叙參與交涉之經過者也。

要之、趙君之目實甚予學者以利便，所望再能增訂一番後完備，而以單行本之式流通，則更善矣。

考古學上より見たる遼之文化・圖譜

何懷德

日本鳥居龍藏氏著者，一九三六年，東方文化學院東京研究所出版，四巨册。

鳥居龍藏博士爲日本考古學界及人類學界之泰斗，其所著諸書如蒙古旅行，滿蒙の探查，滿蒙を再び探る，滿蒙古蹟考，梅凍民族，苗族調查報告，及人類學上より見たる西南支那等，久爲學者所推重。茲篇爲博士數年承實地調查經

代遼陵岡舊部分之細第，計圖三百三十八幅，分裝四巨册，此圖舊首繪有緒論一篇，略敍內容之性質，每圖後附有用具法三種文字之說明，搜羅宏富，印刷精美，或爲研究遼代圖化史者所必參考之書也。茲將其內容加紹如左

第一冊計圖八十六幅，所收者皆係遼上京及其附近之遺跡。圖一至三爲內拉木倫河（Shira Muren）及諸水合流通之地。內拉木倫河爲契丹民族之發祥地，滿水恰與南族交通之孔道，與遼代之歷史有極密切之關係圖四至二十二之上京城垣之圖址，城堡、石燈、佛像、石象、及建築物之殘跡等。圖二十三至四十六爲城內木倫河畔之名顯寺陀羅尼之碎作片。圖二十四至三十六爲遼代上城中所存值之大寺時代方圖二十七至三十九爲遼上京城之陵上之碑塔。圖六十至六十五爲四十九爲細今及岩洞前所彫刻之像塔、遊塔之影關有影於岩六十五爲達代之金剛舍利及陀羅尼石柱。蒙州城上還遭有石碑山九爲哈巴喻廟中之陀羅尼石柱，及岩貫王經六字大明陀羅尼及佛過大寶無垢清淨光大陀羅尼，群岩於上之陀羅尼拓片。圖六十七至八十二爲尼拓日阿郎金殿及建於岩石上之陀羅尼之拓片。圖八十一至八十六爲佛頂陀羅尼石柱所在之臺地及其殘餘拓片。

第二册計圖七十一幅。圖八十七至九十一示位於孟恭克山麓之城址（西檔址），及山上遼太祖陵所在地，並有多羅門式之石室。圖九十二至九十五為阿嚕科爾沁土城所在地。圖九十六至一四五為遼代之慶州城（今日之白塔子）及城內之遺蹟遺物。圖一四六至一四九為鹿山，山岩上有鹿形之彫刻。圖一五〇為鹿山山嶺所殘留之石屋。圖一五一至一五六為鹿山以西所見之遼代墳墓殘跡，及石人，石羊，石虎等遺物。圖一五七至一六〇為千體佛碑諸拓片。圖一六一至一六八為巴林長城遺跡，該城自外蒙古車臣汗部直至黑龍江省，本圖所示僅為沿巴林蒙古之一部耳。

第三册計圖八十四幀，所收者為巴林蒙古右旗子之北，遼代聖宗興宗道宗三陵所在地之遺跡。圖一六九示三陵之位置。圖一七〇至二二七示東陵內外部及陵內殘餘之遺物。圖二二八至二三三示中陵殘跡，其構造及瞭貴多與東陵同。圖二三四至二五〇為中陵前丘陵上所存之遺蹟。圖二三四及二三五為望仙殿遺址。二三六以下則為殿旁殘留之遺物。

第四册共圖八十四幀。圖二五四至二六一繪前朝示遼道宗陵（即西陵）之漳景。圖二六四至二六八為道宗陵內之遺物。圖二六九至二七二為宣懿皇后之漢文契丹文哀册及哀册篆蓋，並有漢文契丹文對譯各二頁。圖二

六二至二六三為西陵內人門處旁發現之本製人。圖二七四至二七七為西陵前發掘之三眺發行。圖二七八為山下卜旋处之城址。圖二七八至二八一為遼聖宗皇后之漢文銘册發掘地。圖二八三至二九一為仁德皇后（道宗家之皇后）陵發掘中后（宣懿皇后）石速皇后。圖二九二至三〇一示東陵中陵內陵內外之陶器，或皮筆遺物，九為各右學上雕珍貴之資料。圖三〇二至三〇七示遼宗中京城狀况，圖三〇八至三一九為中京城內外殘留之石人，石獅子，石碑等。

夫今費之治遼史者，每苦史料之闕佚，方遼代文化無能窺其崖朴，其於文字記載以外無有當代實物為之佐證，此種遺憾可以期朝糖補矣。馬氏博士所有研究報告未行問世，吾人其期其早日發表以餉士林也。

西洋中古史

鄧子章

History of the Middle Ages, 500-1500, by J. W. Thompson (W. W. Norton & Company, Inc., 1931) 民國二十九年三月商務印書館出版，二册，定價國幣二五元。

吾國內洋史書過去頗貧乏，而關於中世紀者尤覺缺。縱有

松炳先生以羅賓生(J. H. Robinson)教授之西部歐洲史(An Introduction to the History of Western Europe)及羅賓生與畢爾德(C.A. Beard)合著之歐洲史大綱(Outline of European History)二書為藍本，編成中古歐洲史六卷，纖略陳備，不足為大學教本之用。故歷來任大學歐洲中古史課程者咸恸威中文參考書之欠缺。陳梁二先生有鑒於此，爰有是譯，其功誠不可沒也。

著者湯姆生氏，生於一八六九年，為美國史學界之前輩。自一九一三年起即任支加哥大學中古史教授，其後於一九三二年改任加利佛尼亞大學歐洲史講座，直至一九三九年始退休。氏學識淵博，著述宏富，其所著封建時期之德國(Feudal Germany)，法國之宗教戰爭(The War of Religion in France)，中古經濟社會史(An Economic and Social History of the Middle Ages, 300-1300)，後期中古經濟社會史(Economic and Social History of the Later Middle Ages)，及最近出版之中古圖書館(The Mediaeval Library)等，皆為治歐洲中古史者所必參考之書。一九三一年，氏出中世紀(The Middle Ages)二巨册；同時復編訂為History of the Middle Ages 1册，以備大學教本之用。今陳梁二氏所譯者即其縮寫本也。

全書共分三十一章。一至四章述日耳曼民族侵略羅馬帝國之過程。五至八章逑比贊庭帝國及回教與斯威丁威之對立，九章至十七章叙北方民族之發展及法德意英諸國新自成立之經過，間穿插羅馬教皇及其繼續之糾紛(十三章)。復嗚帝國(十四章)，與十字軍等(十五至二十章)。十八至二十四章專論中古之教會，封建制度，農民與城市，教育與哲學，科學與文學，及藝術等。二十五至二十六兩章述教皇與皇帝之衝突及教會大分裂與改革會議。二十七至二十九敍黑死法德在中世紀末期之地位及其彼此之關係。末一章叙文藝復興及中古之結束。此書敘事地廣，體制分明，見其少，然能不参他人臆見，不將他說異解，以現代史學家之客觀態度介各家研究結果而寫述之。若本書面不作一般論斷，復未之參考書目，偶機々大事年表及舊系表，以及所附地圖等，於本書價值，允有增益。

譯本文字忠實流暢，所定譯例(見例言)，如專名譯名不得中作，音本世譯名對照長，凡羅馬皇國事創一新例。此竹其長處也。閒或不無微疵，如氏逑查理之國名，W. 為 I. W.(頁二二二)，帝國人民應當國人(頁二二四)，接柏特王朝(Capetian Dynasty)嬗變成朝十朝(頁二六五)，此或係校勘粗疏，譯者即其縮寫本也。

不足以損譯本之價值。惟原書曾經約翰生（Edgar Nathaniel Johnson）與原著者共同修訂，改名歐洲中古史概論（An Introduction to Medieval Europe, 300-1500），一九三七年由同書店出版，內容改良處頗多，惜吾書未能參用，乃遺憾也。

燕京大學圖書館出版

愚葊小集十五卷

吳江朱鶴齡撰鶴齡字長孺明諸生鼎革後屏居著述晨夕一編行不逾迕路步不知家著人或師之農達自號愚葊初焉以章之學繼則研思經義於漢唐注疏多所抉摘獨出心裁經其生平著述泰半翊贊經傳闡明理學有功儒先不僅以文章出於世然而先生之詞章與雅醇實義理精悃多與經史相發明足以迫一時割鴉掌擬之行為尤難得而可貴眷其所作詩文傳本絕少學者每以不易獲讀為憾本館访行廣匹十年序到本號以付梓借東力文化事業經委員會圖書館藏本詩為校訂附補遺二卷以廣流傳世之為詞章學者當亦有先覩為快每部定價八元

翁文恭公軍機處日記二册

翁文恭公同龢官至戶部尚書協辨大學士兼機務兩次入軍機一在光緒八年十一月至十年二月一在光緒二十年十月至二十四年四月此日記為第一次在軍機處所手記也自光緒九年二月初一日起至十年二月十一日止逐日摘記事實政務時關法越事起上承諭旨下寄批劄載尤為簡明可作一部政治實錄讀也且字蹟峙彷一闓共見時即淘為抡本本館特為影印以廣流傳以公同好每部定價七元

史學界消息 一九三九年十二月至一九四〇年十二月

程明洲輯

蓋稿類錄史學界動態。站分本校國內及西洋三章，所本不同，繁簡赤難畫壹。軍興以來，南北陽阻，本國消息，尤難兼賅。掛一漏萬，在所難免也。

一 本校

（一）歷史學系消息

（１）史學教授研究院文科研究所主任洪煨蓮先生以哈佛燕京學社公務於今秋九月初旬離平渡美，決於明年二月中返校。（２）歷史學系主任齊致中先生所著 "Contemporary Western History: Outlines and Documents" 修正版已於今年十二月出版，凡十七章五九五頁，各章分大綱選讀書目三節，徵引廣博，條理分明，極便教學研究之用。（３）歷史學系一九四〇—四一年度新聘表文中翁獨健晶崇岐侯仁之王鍾翰諸先生任教席，分授史前考古學，蒙古史，遼東史，宋史，中外地理，清代政治史等課。並續敦請史，附唐五代史，上古史，蒙古史，日本史，西洋史等研究班，由鄧文如發孟鄰會恩和翁獨健齊致中王克私鞠清遠先生任導師。（４）歷史學系史前考古物陳列館經義文中先生累月之籌備，已於一九四〇年十二月四日正式成立。館中牧歷史前古物標本頗式宏富，其中大部份為裴文中先生歷年在周口店發掘所得者，於史前考古學上九州至重要之價值。

（二）一九四〇年度歷史學系畢業論文題

學士論文題目

勞同霖：唐武德三年至八年州縣沿革表
陳 徐：宋會史記錄月時
徐素英：清德宗傳初稿
劉淑珍：殷員塗先生（佩綸）年譜

羅秀貞：太醫院沿革

湯瑞琳：清季詩史初稿

陳絜：紀昀之史學

林樹惠：明之北邊備禦

侯仁之：續天下郡國利病書山東之部

摘要

顧炎武天下郡國利病書原非定稿，而世所傳鈔以及坊間流行諸本，又多舛亂。民國二十五年上海商務印書館影印原稿出版，然殘闕遺誤，間亦有之。續為此編，試發為三編十四目，更一一審其所當因革、所當增改，併為上下兩編。上編敘運河黃河小清河膠萊河，暨及鹽產山鑛，各為一節，略於清而詳於今。下編則詳於近三百年來地方水利興廢之跡，首以自然地理之位置，說明山東河流之分佈狀況，的對分為八區；復廣牧志乘，採其有關地方水利文獻，依地而列，備作綜合之研究。更別撰總論一章，載於編首，根據纂輯所見，闡明山東內地交通之演變，對於地方經濟發展之影響，則尤注意未來水道之開發。

王鳳翰：清代則例與政法關係之研究

摘要

清初入關，一切沿制，繼與未備，行遺之事，每可為例。其初變者，則為新例，上下遵行唯謹。迨後大清會典既已頒行，乾隆朝乃彙發例意為行典與其大端，而細微曲折之節，則奉則例以斟之，故行典與則例者如今草程外之有細則：此各部書則例之所由繁也。此各部書則例既已大備，於是會典之大端，反以奧釋召晦；而嘉慶光緒朝乃采各部書則例附于會典之後，名之曰事例；故續會典而以朝乃為一代行政之專則也。

其範圍意延意廣，意廣意雜：不僅有例所不及跋，而有典亦延及者，意無以知之。要於則例與則例之區別：類存之，則例曰例：分列言之，則例例之區別有二：例是以其變者，會典無以知之。要于則例與則例之區別；類言之，則例曰例：分列言之，則例例之區別有二：一代政治變遷之迹，會典無以知之。要于則例與則例之區別：類存之，則例曰例：分列言之，則例例之區別有二：一代政治變遷之迹，則例有無易。故刑例既國家有刑名，而刑例亦為刑名，唯國于官名之處分則；而此則無相出入之處亦其多也。

晚清條例大家如薛允升沈家本等，所善有或例存疑戴善條欽附案，皆只賞刑部條例之因襲損益，獨以專門之學，未從各部書則例中以考究一代政治之機械及其行政之教率

也。近人知於舊檔案矣，而不知例乃檔案中之擇要彙存者；日來遠檔案照例焚燬者，余則例更無以取徵。是則例之研究，實不容或緩已。錐翰無似，竊欲採擷故實，以存一代之制；故區區之作，在發明有清一代則例實為典制之源。然事屬初舉，敢云多有創穫；惟實事求是，猶恐不無疏漏；海內通人，幸以教之！

（三）歷史學會消息

歷史學會本年度舉行系統演講，請校內外學者任講員。已講者有（1）翁獨健先生「史學之性質」，（2）張廕麟先生「中國過去之史學界」，（3）姚從吾先生「中國史學之新發展」，（4）德日進(Tailhard de Chardin)先生"Discovery of Past"，（5）張東蓀先生「對於歷史的五種可能看法」，（6）魏敦瑞(Franz Weidenreich)先生 "Facts and Theories Decent of Man"，（7）郭文如先生「中國正史研究法」，將要行者有（8）蕭正頤先生「日本學者對於漢學之貢獻」，(9)齊致中先生「西洋現代史學及史學方法」，(10)漢煥庸先生「西洋學者對於漢學之貢獻」，(11)「中國新史學運動」等。

（四）歷史學會本年度會員名錄

（以姓名筆畫多寡為序）

于芷蘅	文彬如	王之鈞	王毓銓
王叔岷	王克敏	王樹楷	王錫禧
田肇瀛	朱華武	何佩瑜	吳宗澄
李青泰	李學方	李榮芳	杜 治	汪宗文
汪金丹	貝盧聖	柯 可	林樹惠	祁 暋
侯仁之	姚從吾	姚瀚清	段門瑞	姚泰岳
郝文樞	容庚齋	袁文中	翁獨健	高景庵
馬健閻	馬壽周	畢鴻蘭	馬格非	崔建華
陸懋德	陳 禾	陳世驤	陳懋治	張奎武
陳源鈞	陳受頤	夏一鳴	陳夢家	高勳林
康 範	范文瀾	資先舉	謝澤宏	侯希傲
傅斯年	齊思和	邵子銓	郭子雄	程奇鎮
齊思柏	柯令梓	郭之誠	賀昌群	馮家昇
董 通	劉國民	曾壽修	智壽儒	楊家駱
蕭一山	蕭世鈞	鄒令詮	鄧柱宏
蕭朋社	尾崎弘	劉厚仁	趙貫義	鄧嗣禹

（五）引得編纂處十年概況

引得即索引，英文 index 之音譯兼義譯也。引得工作，在歐美頗為發達，上自古代經典，下至近世雜誌，除小說戲曲等書外，不附引得者蓋寡。我國昔日讀書，專尚背誦，引得需要不甚迫切，故僅有少數類似引得之書（如北倚顧祖禹史姓韻編）以受西方潮流之激盪，逐漸發展。惟專事此之引得編纂者，今則時遷勢異，凡百事物，再難故步自封，於是引得工作，多。而稍著成績者，似應推哈佛燕京與此之引得編纂處。

引得編纂處創辦於民國十九年九月，迄今年九月，已有十年。初、民國十七年秋，燕京大學歷史系教授洪煨蓮先生應美國哈佛大學之請，前往講學，威我國古書，浩如煙海，翻檢甚難，因有編纂引得，用便研究探討之意，該於民國十八年秋，草擬計畫提交於民國十九年春季之哈佛燕京學社年會，當獲通過，迨北年九月洪先生還自新陸，引得編纂處遂告成立。今就所知，略述該處十年來工作實況如下：

甲 組織：引得編纂處初成立時，有主任一人，經理一人，助理二人，審來往書札，及一切雜務；齊記五人，掌編纂引得稿件。中經一度更改，至今除主任外，有副主任一人，佐主任處理日常事務及總負編纂之責；編輯兼校印所主任一人，專理引得校印所事務，編輯一人，經理一人，助理二人，審記八人，共十五人。

乙 工作程序 引得工作，自編纂至成件，約經過十步驟，即：

1. 選書 選應引得之書。
2. 擇本 選擇應引得之書之板本。
3. 標點 編輯擔任之書加以標點。
4. 鈔片 齊記鈔已經校之書鈔引得所需要之辭句於白片上。（片寬見此例表示）
5. 校鈔片 助理將書記鈔定之片與原書對校，再者正之，助理校畢，再由編輯複校。
6. 排片 齊記排校畢之鈔片，依中國字殘頭法分排。（中國字殘頭法於引得編纂處印之特字法一書之四內詳述）
7. 校排片 助理將排定之鈔片，逐一校正後，編纂成一本，陳正氏以外，其字句間關問多疑此而成。
8. 送用 將校畢製定之片付校印所摆版。（民國前年於民國二十二年秋，本印所購於此校以後又於內部成立，新印經由上海甚敬於此成之，自印刷以成立，即屋

9. 校印樣　校印所排版完畢，即將樣張送校。先由編輯審查格式然後齎記作第一校，助理作第二校，編輯作第三校。

10. 發印　排印樣三校無訛後，由編輯批「付印」二字於校樣上。發於校印所，上版刷印，然後裝訂成册。

按引得工作，似易而實不易。煮於標鈎時，何者應取，何者應捨，不易有絕對標準。「運用之妙在乎一心」，岳武穆論兵法之言亦可適用於述引得之編纂也。

丙　出品　引得編纂處十年來共印正刊三十六種，特刊十四種，共五十種，其目列下：

正刊
1. 說苑引得
2. 白虎通引得
3. 考古質疑引得
4. 歷代同姓名錄引得
5. 淮東墾海引得
6. 儀禮引得附鄭注引書及賈疏引書引得
7. 四庫全書總目及未收書目引得
8. 全上古三代秦漢三國六朝文作者引得
9. 三十三種清代傳記綜合引得
10. 藝文志二十種綜合引得
11. 佛藏子目引得
12. 世說新語引得附列注引書引得
13. 容齋隨筆五集綜合引得
14. 蘇氏演義引得
15. 太平廣記引得
16. 新唐書宰相世系表引得
17. 水經注引得
18. 唐詩紀事著者引得
19. 宋詩紀事著者引得
20. 元詩紀事著者引得
21. 清代書畫家字號引得
22. 考洁刊誤引得
23. 太平御覽引得
24. 八十九種明代傳記綜合引得
25. 道藏子目引得
26. 文選注引書引得
27. 禮記注疏引書引得
28. 藝薈記事詩引得
29. 春秋經傳注疏引書引得
30. 禮記注疏引書引得
31. 毛詩注疏引書引得
32. 食貨志十五種綜合引得
33. 三國志及裴注綜合引得
34. 四十七種宋代傳記綜合引得三十種綜合引得
35. 遼金元傳記三十綜合引得
36. 漢書及補注綜合引得。

特刊
1. 讀史年表附引得
2. 諸史然疑校訂附引得
3. 明代勑撰齌考附引得
4. 引得說
5. 引園圖錄考
6. 日本期刊三十八種中東方學論文篇目附引得
7. 封氏聞見記校證
8. 清廣傳輯佚三種
9. 毛詩引得
10. 周易引得
11. 春秋經傳引得
12. 隋唐集刪存附引三
13. 一百七十五種日本期刊中東方學論文篇目附引得
14. 杜詩引得

五十種總計：引得之部共一萬三千三百七十六頁，附屬之部如序，叙例，檢字，辭經經文等共三千五百九十二頁，合爲一萬六千九百六十八頁。引得一萬三千三百七十六頁中，每頁兩欄者七千四百八十三頁，三欄者四千七百八十七頁，四欄者九百一十七頁，五欄者一百八十九頁，共三

萬三千九百四十欄。每欄引得四十條，計有引得一百三十五萬七千六百條。若以字數計，恐須超過兩千萬也。

據聞，引得編纂處所刊各期引得，行銷於外國者甚多，而西方漢學家對之，尤為重視。以故洪煨蓮教授，對於民國二十六年因主辦引得事務獲得法蘭西銘文學院(Ocademie des Inscriptions et Belles-Lettres)之一九三七年度茹理安獎金(Prix Stanisces Julien)云。

二 國內

（一）史學界消息

國史館成立 客歲舉行五中全會及六中全會時，先後通過建置檔案總庫，籌設國史館案，由張繼朱希祖等主其事。今年二月，設籌委會於頌慶歐樂山。擬先草長編，以為異日作削之資。長編略分三期：一自辛亥至國府成立，次至七七，七七後為第三期。鼎革前史料，別為一編。

教育部史地教育委員會成立 教育部鑒於史地教育之重要，爰於今年四月上旬成立史地教育委員會，由吳俊升張西堂黎東方為專任委員，陳東原任秘書，吳俊升顧樹森陳禮江張廷休等七人為當然委員，吳稚暉張其昀廢廷黻顧頡剛發殷

陳寅恪黎東方傅斯年胡煥庸徐炳昶雷海宗等十九人為聘任委員。於五月十四日舉行第一次全體會議，通過編纂中國史學叢書，編纂中國通史大學教本，改進大學史地教育，改進中學史地教材及教學法，編纂一般史地讀物，設置歷史研究所……等十八議案，均擬於一二年內分別實現。

蒐集戰事史料 國立北平圖書館辦事處兩年來與西南聯大合組中日戰事史料徵輯所，聘者負責採訪，後者負責整理，入藏史料達二萬餘種，由該會將已整理部份分別列入戰事史料集刊及叢刊，陸續出版。此外西北聯大，及胡適之社會遼部輯齊諸氏，亦正從事此項工作。

中央研究院歷史語言研究所近況 該所自港滇垣後，工作範圍側重於邊疆史地，中亞歷史，蒙古史，西藏歷史及其語言，西南各種語言，西南民俗，體質測量等。其出版事業，則仍與商務印書館合作，分列專書及集刊。已出專書有李光濤等編明清史料丁編十冊，彙作資料殷虛文字甲編等十餘種。又中央研究院第一期評議會第五次年會於三月廿二日在渝舉行，出席會員翁文灝王世杰朱家驊秉志胡先驌葉企孫竺可楨等廿九人，列席者居正陳立夫，會中選出第二期評議員，史學為胡適陳寅恪陳垣，考古學為李濟。

北平研究院史學研究所近況 該所近來除整理陝西寶雞

門雞台發掘資料，準備出版外；並從事雲南邊陲民族史料之搜集與考證。本年四月，該所與北平國民明辦事處訂立臨時合作辦法，以利研究。

中央博物院工作近況　客歲由吳金鼎氏主持雲南大理史前文化之發掘，計古墓十七座，古代遺址十二處。研究結果，知大理史前文化包括五期，每期石器殊鮮變異，陶器則各具特點：第一期為紅砂質陶，面有壓紋；第二期花紋較繁複；第三期為黑砂質陶，或有花紋者；第四期復為紅砂質陶，惟爾有紅衣，磨琢光瑩；第五期為拍製繩文陶。以大理史前文化與仰韶龍山二文化互參，可知石器中之等鑿銼三類無。陶器之形式製法，皆極似；惟大理所出半月形石刀為華北所及長方形之石刀，皆極似；與仰韶陶器亦殊類；惟有所謂壓紋之陶片，華北僅甘肅有出土者。此次發掘結果，頗足佐證我國古代南北文化之關係。

齊魯大學國學研究所恢復　齊魯大學今秋在北碚北京大學集中國民族史料，中國學術史料，中國宗教史料，及邊疆史科，歲事後即各出專集。

國學季刊復刊　北京大學國學季刊於七七前已出六卷二號，南遷後停刊三秋，今秋復刊。復刊號尚有孟森存記考實，

唐蘭王令傳考等文。

清華學報及社會科學復刊　清華大學出版之清華學報及社會科學亦因戰事中輟，現已決定復刊，因民國三十年四月二十九日為清華成立三十週年，所以紀念也。

（二）史學新著介紹

年來殺青之中國通史有三普，(一)周谷城著中國通史（二十八年上海開明書店版，兩冊，二元八角）(二)陳恭祿著中國史（二十九年商務版，三元五角。僅出第一冊）(三)呂思勉著中國通史（二十九年開明版，二元四角）周氏持唯物史觀，以探國史之大原，又修談趨勢，書四千年史跡為五期，曰游徒部族定居時代，私有田制生成時代，封建勢力結成時代，封建勢力結晶時代，資本主義萌芽時代，代各為篇，間有創獲。惟分期擬標目，難免可議。考據引證，亦有舛誤。陳氏中國史擬分四冊，第一冊已於一月出版，起上古以迄戰國，愚屢訪不得，故不敢妄讚一辭。呂氏雖以中國通史名其著作，內容則全重文化，「通史」之義，有未合處！書分婚姻，族制，政體，階級，財產，官制，選舉，賦稅，兵制，刑法，實業，貨幣，衣食，住行，教育，語文，學術，宗教十八章，銓配旣失當，

體例尤可病。

（四）歷史研究法（楊鴻烈著，二十八年商務版，一元五角）內分十章：一、歷史研究法的意義，二、歷史研究法的重要，三、初步工作——研究題目的選擇，四、史料的認識，五、六、史料的種類，七、史料的搜集，八、史料的偽誤，九、史料的審訂，十、史料的整理和批判。

（五）正史概論（梁立志著，二十八年商務版，八角）此書分論二十五史之修纂經過與各史得失，頗稱簡要。

（六）史學通論（楊鴻烈著，二十八年商務版，大學叢書本，二元）內分七章，曰「導言」，「史學的『科學性質』的鑒定」，「史學的今與昔」，「論歷史的分類」，「論歷史的正當目的」，「論與歷史有關的種種科學」，「史學的功用」，劉史前史寫舊石器，新石器，金石併用，青銅器，鐵器諸時代，亞志里安，繁徵博引，具見用力之勤，亦頗能折衷諸說。惟于我國史學以今衡古，識訶過甚。評清史稿，尤偏激。

（七）史前史概論（岑家梧著，二十九年商務版，一元三角）全書凡九章三十一節，劉史前史寫舊石器，新石器，金石併用，青銅器，鐵器諸時代，亞志里安，入門之作也。

（八）閩故談薈（鄧斯樂著，二十八年商務版，一元八角）此爲程氏讀書札記，凡六卷八十條，第一卷論經，第二卷論史，第三卷考古，第四卷泛論諸子百家，第五卷政治律例，第六卷

中國法系。其論學考制，頗多灼見。惟引上古史事，宏信臆說；論中國家族，主納妾多妻，殊爲白璧之玷。

（九）長沙古物聞見記（商承祚著，二十八年成都列本，五元）民廿六，商氏旅次長沙，歷訪諸家窖藏，攝影著錄，復壹意考釋，成長沙古器物圖錄，漆器專集，因滬地印刷艱難，姑以聞見記付剞劂，剞工成都楊洋，寫鐫精美，差足稱者。

（十）宋四大書考（郭伯恭著，二十九年商務版，七角）四大書爲郭氏輯四庫全書纂修考，永樂大典考後之新作，頗能考其爲太平御覽，太平廣記，文苑英華，冊府元龜之剞也。此民國歷年官修志乘，於年代，版刻，增補，抄配，改裝，缺卷，靡不註明。

（十一）國立中央研究院歷史語言研究所與齊室方志目（張政烺選集，二十八年民明出版）此目盡錄該所所藏自天水朝迄

（十二）張文襄公年譜（胡鈞纂編，二十八年北平天華印書館印本，三元二角）許同莘氏所編張文襄公年譜，原非定本，然取材則頗則備。胡氏因襲許著，益以所略資料，以成此作，似仍有待於訂證補闕也。

（十三）湘軍新志（羅爾綱著，二十八年商務版，國立中央研究院

社會科學研究所叢刊第十二種，一元八角)此書全論湘軍營制，並衡其得失，固未能與二王之作等量齊觀也。

三 西洋

(一)史學界消息

美國歷史學會第五十四次年會紀要 是會於去年歲終在華盛頓五月華飯店 (Mayflower Hotel) 舉行，會期自十二月二十八日至三十日，與會者一千七百七十二人，盛況空前。小組會議凡四十六次，分在五月華飯店，國會圖書館，國立檔案保管處，泛美協會及美國聖教大學舉行。學術講演及宣讀論文計七十六，問題討論計六十四。主要問題為歷史教育之改進，史學與社會，與夫歷來為美國歷史學會所忽略之題材，若近東史，商業循環說與歷史學進之關係，勞工與社會主義，美洲黑人…等。講員多非治史學者，頗可注意。中國史學組由德效騫 (Homer H. Dubs) 講「中國近代史學」。魏氏以為考據之學實為中國近代史學最大之成就，於中國之國際地位與史學期望尤深。遠東史組特請中國駐美大使胡適演講，講題為「中國與日本之維新——文化衝突之比較研究」，謂日本七十年來之維新為統治階級之維新，未能澈底；中國之自覺，係中西文化自由接觸之結果，故社會政治文化與宗教生活均有革新之轉變。並列舉事實佐證。會務會議於二十九日舉行，討論改訂會章，通過由負責改組及會務方針之十人委員會提出之案：(一)取消秘書處，該處職務統歸執行幹事兼理(第四條第一項)(二)任執行幹事及美國史學評論總編輯為學會職員及評議會當然會員(第四條第一項，第五條第一項。按年通信向話意任評議員，歷任會員及連任評議員，故無定額)(三)(四)執行幹事，助理幹事兼會計，評論總編輯及福編輯執行幹事任期以三年為限，惟得無限制聯任(第四條第五項)(四)評議會執行委員資格之限制(第五條第三項)(五)此後修正會章必須任大會會期前二十日向全體會員提出修正案並申述理由(第八條第一項)。當場選出 Max Farrand 為正會長，James Westfall Thompson 為第一副會長，Arthur M. Schlesinger 為第二副會長（按 Schlesinger 已被選為一九四一年度正會長）Conyers Read 為執行幹事，Solon J. Buck 為司庫，Patry W. Washington 為助理幹事兼會計，Robert Livingston Schuyler 為美國史學評論總編輯，Eleanor D. Smith 為助理編輯（史女士於六月與美國海軍學校教授 Dr. Thomas Walker Moore 結婚，並於九月三十日辭去此職。遺缺由喬羅比此

美國歷史學會近況 該會常務，一仍其舊。又依去年成例，擬列美國及加拿大各大學史學博士待位生名錄，除著其姓名出身等項外，並及其論文題目範圍及研究期限。費舍（H. A. L. Fisher）近世 英國名史學家牛津新學院院長費舍氏於今年四月十七日以覆車發於倫敦，享年七十有六。羅耗遽傳，士林震悼。費氏以一八六五年三月二十一日生於倫敦，早年受教於伊律溫漱斯特學院及新學院，復游學德法，歸國後任戰發校，授近代史。一九一二年被選為歐福大學（Sheffield University）副校長。一九一六年投身國會，並任路易喬治內閣教育大臣，在任建樹頗多，其一九一七年八月十七日提出之教育法案尤為有功。一九二〇年代表英國出席國聯大會。一九二五年正月復被選為新學院院長，遂絕意於政治活動，於翌春退出國會，壹志督課講學，更枱其餘暇，查理大英會院，英國廣播公司及大英博物館事。費氏著

作等身，傳世者有 The Medieval Empire (1898), Studies in Napoleonic Statesmanship (1903), A History of England, 1485-1547 (1906, 按此為 Hunt 與 Poole 主編 Political History of England 之第五卷，自字利第七發訖於伊利薩第八卷。) Bonapartism (1908), Life of F. W. Maitland (1910), The Republican Tradition in Europe (1911), Political Union (1911), Napoleon Bonaparte (1913), The Common Weal (1924), Life of Lord Bryce and Our New Religion (1927), History of Europe (1935, 3 vols.), Pages from the Past (1939), 費氏思想深受十世紀英國自由主義之影響，輕就會科學，故不免泥古之議；然所修史傳，文辭典雅，可為楷模。

馬里安（Marcel Marion）逝世 法國名史學家馬里安以今年三月二十五日病卒，享壽八十有三。馬氏畢業於法國師範大學，歷主伯鄒大學（Bordeaux University），法國大學（College de France）社會史經濟講座，於經濟史財政史著述尤深，其六巨冊之 Histoire financière de la France depuis 1715 (1914-31) 辭徵博引，斯調尤嚴，實竟為氏以畢生精力，心瀝血之作。此外尚有 La Bretagne et le duc d'Aiguillon 98, Veux des biens nationaux sous la Révolution 08, L'impôt sur le revenu au XVIII-e siècle, La garde des Sceaux Lamoignon et la réform judiciaire de 1788, Les impôts directs sous l'ancien Régime, principalement sous

碩士 Florence Miller 繼任。按此女士任助理編輯已七年有半，米女士亦會中服務三年之久。Arthur E. R. Boak, William L. Langer, Nellie Neilson, Dexter Perkins, J. G. Randall, Preserved Smith 為編輯，評議員凡二十九名，其執行委員會則為 Laurence B. Packard（主席）Merle E. Curti, William Scott Ferguson, Allan Nevins, Solon J. Buck（專任）Conyers Read（專任。）其餘委員尚多，不贅。

XVIIIe siècle, Dictionaire des institutions de la France aux XVIIe et XVIIIe siècles. 諸作。

杜德（William E. Dodd）逝世 美國名史學家杜德於今年二月九日以肺炎歿於故里，享年七十歲。杜氏以一八六九年十月二十一日生，先後攻讀於 Virginia Polytechnic Institute 及 Leipzig University, 1900年至08年授史學於 Randolph Macon Woman's College, 1900年至一九三三年被委為駐德大使，杜氏夙慷納粹若仇讎，故在柏林任中兩不相能，一九三七年杜氏解職歸國時，德方嘗嘖嘖不以為禮祖送，而杜氏返美，猶攻訐希特勒政權不休，德方曾一再夸致覺會抗議，美國則以民主國家人民有言論自由拒之。杜氏治美國史雅負時譽，其治南北戰爭時代史，極力表佛南方觀點，一洗專門攻詆南軍之舊習，供獻極大。所著有 Jefferson's Blackheby zur Politik, The Riverside History of United States, (主編) Woodrow Wilson and his work, The Coston Kingdom: A Chronicle of the Old South, Jefferson Davis, Statesman of the Old South, Lincoln or Lee. 供事歿文亞，傳編一時。

馬爾施（Frank Burr Marsh）逝世 美籍古史專家馬爾施以今年五月三十一日卒，計其棲棲石為伍凡年餘，終不起，卜葬索其根者故里。民生於一八八〇年三月四日，得年六十。蒙歲受教於密其根大學及巴黎大學，獲博士位。先後執教於密其根世校及台克薩斯州立大學，幾四十年。為英國皇家歷史學會會員，亦為美國歷史學會及美國語言學會會員。畢生究心羅馬史，殊多創獲。傳世之作有 English Rule in Gascony (1199-1259), 1912; The Founding of the Roman Empire, 1922; The Reign of Tiberius, 1931; A History of the Roman World (146-30 B.C.), 1935 (按此書為 M. Cary 連編, Macmillan 公司出版之希臘羅馬史大系之一部, 論者以為羅馬史部分之精, 遠超希臘部分, 其功唯馬氏可當之。) 而馬氏與李昂 (H. J. Leon) 所輯之 Tacitus: Selection from his work 尤為有志羅馬古史者必備之書。

哈佛大學漢學研究近況 哈佛大學暑期學校今年與哈佛燕京學社及美國學術團體協會合辦一短期之遠東學院，自七月一日起至八月十日，其課程有中國文明史，日本文明文，中日藝術史等，分別由 D. Bodde, J. K. Fairbank, C. B. Faha, A. G. Wenley 諸氏擔任。

哥倫比亞大學漢學研究近況 該校中日語文學系最近正致力於中國穢新史料之蒐集與編著，並翻譯自唐迄明之日人旅華記載。而 Dr. Wietfogel 則利用該校圖書館，從事於中國此會經濟史之翻考。

廣奈爾大學漢學研究近況 Knight Biggerstaff 現在該校

授中國文明史新論及現代中西政治經濟文化關係史二課，並擬另設經濟史一課及現代中國史研究班。學生圖(Wason Library)幹事 Miss G. Gaskill 亦擬授一關於中國史學及目錄學之課。

此外，該校已與美國學術團體協會協議擬講，定於年翌夏設暑期班，以八星期為期，專授初高中日文，中文由耶魯大學之 Dr. George A. Kennedy 擔任，日文則由哈佛大學之 Dr. Edwin O. Reischauer 擔任。

夏威夷大學漢學研究近況 該校東方學院在 G. M. Sinclair 主持下，正由陳受頤韓卓垣編著漢學研究導言，李紹昌編中國史，陳觀勝編中西古史所見古代地名辭典，陳受頤譯天工開物…等。

捷克東方學院漢學研究近況 捷京布拉格東方學院 (Oriental Institute in Prague) 之漢學研究近由 Dr. Jaroslav Prusek 主持，該氏專力中國小說，故該院所學亦藉免偏實。

(二) 史學新著介紹

(1) Carl Sandburg, *Abraham Lincoln: The War Years*, 4 vols. New York: Harcourt, Bruce and Co., 1939, $20.00. 此為獲得本年度普利哲歷史獎之作 (按普利哲文學獎金分小說歷史戲劇詩歌五類，並獎廣播員與體育之傳記不在授獎之列，以示鼓勵。) 論者僉

關其信雅實端不朽。作者桑氏為美國名詩人，以一八七八年生於林肯故里鳥萊斯堡 (Galesburg, Illinois)，幼失怙，為人操瞬役以為生，嘗為送牛乳夫，薙髮店關者，手帕夫，製罐廠工人…美西戰爭時曾從軍，其後入鄉伯大學 (Lombard University) 畢工作暴，人生卒苦，唯唱略盡。畢業後人之加不日報社，始為特，其時恆形式，忽沾粒，行自一二字至數十字不等，並以俚字俗語入詩，其才氣情灑，因不可範以常軌也。行世者有芝加洋洋詩集 (Chicago Poems)，煙磁集 (Smoke and Steel)，玉蜀黍人 (Corn Huskers)，內容多為歌勞動生活者，哈其詩見其人矣。桑氏風萘忌修林肯傳。前部草原時期 (Prairie Years) 敘林肯一八六一年前事蹟。於一九二六年發行，孟肯 (H. L. Mencken) 譽為「美國最佳傳記」，絡時當過譽，不免文飾，且朵採用林肯與 (Herndon) 手稿，赴何城耳-內戰時期通」家考結觀明。凡一、二一七、五〇〇言，公私藏起，與夫艾老傳記，競羅殆盡，且多采原文，所以存真，其精蕃與毅力，唯合人咋舌。而已一第若凡有徵引，鮮具注腳，誰小疵不掩大醇，仍望桑氏再版時增入。桑氏行文饒熱情，寫意力，筆下人物，合林肯外，若 Wade, Stevens, Sumner, Andrew Johnson, Greeley, Dana, Bennett…不均刑刑如生，使閱者受不釋手。該圖四百

(11) *Dictionary of American History*, 5 vols, Index vol., New York: Charles Scribner's Sons. $60.00. 此辭典由 James Truslow Adams 總裁〔董理〕一切，R. V. Coleman 總編，Thomas Robson Hay, Ralph Frote Weld 助編，國立檔案保管處出版組主任 Solon J. Buck，普林斯頓大學圖書館主任 Julian P. Boyd，普林斯頓大學教授 Wm. Starr Myer，哥倫比亞大學教授 Allan Nevins 等任顧問，均美國史學界知名人士；預其役者逾千人，歷四年始成稿。編排概以字母為序，自 "A. B. Plot" 至 "Zwaanendael Colony"，凡六千四百二十五條，俱原原本本，各成專篇，每條均附研究書目。另引得一冊，尤便尋檢。蓋治美國史必備之工具書也。

(3) *The Cambridge Ancient History*, vol XII, *The Imperial Crisis and Recovery, A. D. 193-324*. Edited by S. A. Cook, F. E. Adcock, M. P. Charlesworth, N. H. Baynes. *Volume of Plates*, V. Prepared by C. T. Seltman. Cambridge: University Press, New York: Macmillan Co. 1939. $10.00. 4.00. 此卷體例一依前條各卷，既問世，而後劍橋上古史始告終。

(四) C. V. Wedgwood, *The Thirty Years' War*, New Haven: Yale University Press, 1939. $4.50. 一九〇八年，故雷德 (Mona Ritter) 教授方以其新著問世，論者發許為研究三十年戰爭者之完作；而今魏女士之著既殺青，當亦不免相形見絀也。魏女士熱於十七世紀百年間實故，約法章內得瑞典與德國文獻均睽若指掌，梅博收約取之功。舉凡關繫該戰事諸問題，歷來視為疑難者，若國體之爭，一六一七與兩同盟，反宗教改革主義與哈卜斯堡王朝之水乳，和議進行之後，尤其卓見，皆有明確之解釋。而論戰局中心人物非德國第二，尤其卓見，皆有明確之解釋，而論戰局中心人物非德國第二，尤其卓見，皆有明確 (若 Maximilian of Bavaria, John George of Saxony, Wallenstein, Gustavus Adolphus, Richelieu, Renard of Weimar) 之匀心鬥角，則夫講襲人關案文章者也。

(五) Wilbur Cortez Abbott, *The Writings and Speeches of Oliver Cromwell, with an Introduction, Notes, and an [...] Life*, Vol. II, *The Commonwealth, 1649 1653*, Cambridge, Harvard University Press, 1939. $5.00. 此為艾教授克林威爾傳〔...〕叙自查理第一受刑至「長期國會」之解散間事，次叙其...梅自作者用力之勤 (Miss Catherine D. Crane 助夜其蒐理亦...亦不可沒。) 而其方法之精、求真之切，更足為後來升式。艾氏自序云：「余之方法...盡首染一切與此題有關之文獻，彼年月序為長編，反復思慮，必識悟其與史實之關係而後止。」

其法與司馬通鑑蓋有暗契處。

（六）David Lloyd George, *Memoirs of the Peace Conference*, 2 vols., New Haven: Yale University Press, 1939, $10.00. 此為 "The Truth about the Treaties" (London, 1938) 之美國版，標名似較允洽。此回憶錄實一變相之辯護狀，與史實相悖處敷見不鮮，尤以上冊為甚。如否認對威爾遜與德國之約言，關國際聯盟與國際勞動協會之組成全為彼個人之功績，似均有愧於其故友威爾遜也。下冊雖較為實錄，顧仍不免成見與感情用事。綜之，路易喬治仍申言和約至公至當，其過不在簽訂者，在執行者也。錄中採用戰時內閣檔案，極可貴。此書宜與國會圖所珍藏之威爾遜手稿，與 Ray Stannard Baker 之 *Woodrow Wilson: Life and Letters*, Vol. VII, *Armistice, March 1—November 11, 1918* (New York: Doubleday, Doran and co. 1939) 同觀，以測其際。

（七）*Papers relating to the Foreign Relations of the United States. The Lansing Papers, 1914—1920*. 2 vols. Washington: Government Printing Office, 1939, 1940, $1.50, 1.25. 此集選錄藍辛於上次大戰時之文件，編者為美國國務院研究出版組主任白達（U. S. Beddie）博士，其編裁去取，頗見用心之銳。此集之出版，不僅可充實美國外交史料，可藉訂一九三五出版之藍辛大戰回憶錄（藍辛同襟弟不免妙手自喜，並竟自負）可補其辛所著 *The Big Four and Others of the Peace Conference*, *The Peace Negotiations: A Personal Narrative* 二書之疏漏，且可刻明 *Secret Papers of Colonel House*, *Woodrow Wilson: Life and Letters*, *Memoirs of the Peace Conference*, *Life and Letters of Walter Hines Page*，美國上院常委會調查委員會「報告」，以及其他公私記事。然關繫重要藍辛之日記現仍秘藏於國會圖書館，因合同關係，須一九五二年始得公開，是殊覺乏心美國大戰外交史者，猶有待也。

（八）Ronald Syme, *The Roman Revolution*. New York: Oxford University Press, 1939, $7.00. 著者為牛津三一學院講師，治上古史有年，尤精於羅馬前漢之年。此書所論客實，其和至君主之轉變時期，謂「羅馬史，無論寫其共和者，帝治者階級之歷史也。」所敘當時貴族門第、社會習慣、生動，而黨氏筆下之奧古斯都，頗朱李安（Julian）所變擅，蠖蛇（Chameleon）者也。或謂此作足與吉朋氏（Rostovtzeff）上古史相頡頏，侶弄虛譽。

（九）Kenneth Scott Latourette, *A History of the Expansion of Christianity*, Vol. III, *Three Centuries of Advance, A. D. 1500—*

A. D. 1800. New York: Harper and Bros. 1940. $3.50. 此為拉教授繼 Vol. II. Thousand Years of Uncertainty 之作，舉凡三百年開幕基督教之影響於政治，社會改革，思想，國際關係，繪畫，文學，建築，音樂，戲劇者，腑不廣羅佐證，以明幕督教與近代人類社會之關係。作者於宗教史之博大精通，實為空前。

（十）Bernard Pares, The Fall of the Russian Monarchy: A Study of the Evidence. New York: Alfred A. Knopf. 1939. $5.00. 伯納爾士於尼古拉第二執政時，嘗旅寓俄國凡十五年，與當時帝俄上流社會頗多往還，蓋自命為知帝俄傾覆之隱情者也。作者以為帝俄亡因在上不在下，故傾其全力橫論帝俄貴族之陋，以及爭位之陰謀，而末嘗稍論革命黨人（克倫斯基除外，）此或英國紳紳先生之見歟？

（十一）Luigi Salvatorelli, A Concise History of Italy from Prehistoric Times to our own Day, Translated by Bernard Miall. New York: Oxford University Press. 1940. $5.00. 作者曾任意大利高級官吏，後從事新聞事業，並任奈波斯大學 (University of Naples) 歷史教授。此書為四十年來最佳之意大利通史，譯筆亦清新可喜。

（十二）Carl Wittke, We Who built America: The Saga of the Immigrant, New York: Prentice-Hall, 1939. $5.00. 此為威的林大學文學院提舉史學教授威第幕氏精心之作，讀此書可知美國歷史之動力蓋潛於殖民潮中。

（十三）M. G. Mason, Western Concepts of China and Chinese, 1840-1876. New York: The Seeman Printery, Inc., Durham, N. C. 1939. $2.00. 馬氏此書以兩次中英戰爭為斷限，頗見其義，蓋此四十年實中國近代史及中西關係之一大轉捩也。所論尚能持平，第二章述西人關於中國之記載，頗可取。

（十四）Langer, W. L., Ed., An Epitome of Ancient, Mediaeval, and Modern History, Boston: Houghton Mifflin Company, 1940. $5.00. 此書為 Ploetz 氏之英譯本 An Epitome of Ancient, Mediaeval, and Modern History 之最新改訂本，由哈佛大學史學系教授 W. L. Langer 氏任總編輯，其他史學家十五人任編輯。內容計分為史前，古代，中古，近世，十九世紀，及世界大戰與戰後六期，每期以年代為經，地域為緯，敘述簡要，條理分明，誠史學不可多得之工具書也。書中所附地圖世系表及各種附錄甚多，尤便於用。

文奎堂書莊

地址　北京隆福寺街潤西路南
電話　北局六六五
自動　(四)○六六五

（一）本莊代售各書

燕京大學圖書館出版書籍

燕大引得編纂處出版書籍

哈佛燕京學社出版書籍

史學年報　燕京大學歷史學會出版

文學年報　燕京大學國文學會出版

容希白先生所著各書

西夏書事　吳廣成　影印　白紙八本　十元

彙纂元譜南曲九宮正始　徐子室　鈕少雅
朱墨色影印　白紙十本　二十元

陶氏著書四種　陶樑　木刊　白紙十本　十元
　紅豆樹館書畫記　詩稿　逸稿　詞
頤鉢羅室書畫過目考　李玉棻　木刊　白紙四本　四元
王奉常書畫題跋　王時敏　木刊　白紙二本
　甲三元　乙二元
登是紀始　魏嵇　木刊　竹紙六本　三元五角
武經七書彙解　朱墉　木刊　白紙十本　十二元
燕京歲時記　富察敦崇　木刊　白紙一本　一元
都市叢談　　　　　影印　白紙一本　二元
周易盧氏學　盧薩時　仿宋排印　白紙六本
　二十元
彙刻書目　朱氏增訂　木刊　白紙二十本　六元
西域三種　徐松　木刊　白紙八本　八元
　西域水道記　新疆賦　漢書西域傳補注

（二）本莊出版各書

史學年報 第三卷第一期（總號十一期）目錄

- 唐代府兵考 .... 杜　洽
- 清代東三省疆理志 .... 譚其驤
- 補魏志何夔傳 .... 王伊同
- 贛州楊氏遺聞六記 .... 孟崇岐
- 文史通義版本考 .... 張述祖
- 明史列傳稿翻錄 .... 侯仁之
- 清故學部左丞柯君墓誌銘 .... 張爾田
- 清故朝議大夫湖南優貢知縣汪君墓誌銘 ... 張爾田

書評

- 中國原始社會之探究（甘松友著）............ 曹詩成
- 中國古代氏姓制度研究（寞繼裕著）........ 曹詩成
- 李斯傳（Derk Bodde）............................... 王伊同
- 蒙古史(C. d' Ohsson著，馮承鈞譯).......... 杜　洽
- 佔木兒帝國(L. Bouvat著，馮承鈞譯)....... 杜　洽
- 經學通論者（甘鵬雲者）............................ 齊思和
- 中國海軍史國枋（王吉氏、伍述德合，陳孔賢者）... 羅芳貞
- 中國地理學史（王庸著）............................ 葛綏成
- 中國鐵路商路地圖(Abert Herrmann著)... 葛綏成
- 中國水利史（鄭肇經著）............................ 萬哲先
- 中國河渠水利工程卷目（茅乃文編）......... 侯仁之
- 番元秘史版 .... 姚從吾
- 沈曾植遺稿 .... 王鏡翰輯

史學消息

- （一）「歷代地理通釋」行將脫編
- （二）下花園北魏石佛寺之發掘
- （三）荊部古蹟古物調查
- （四）本系歷屆畢業論文題目類
- （五）近五年來中國史學新著類目

中華民國二十九年十二月出版

史學年報 第三卷第二期（總數第十二期）

每册定價　道林紙二元　新聞紙一元四角

國內郵費，每册另加一角，掛號費在外。

編輯者　　燕京大學歷史學會
出版者兼
發行者　　燕京大學歷史學會
印刷者　　平西成府喜華胡同一號　引得校印所
總售處　　燕京大學歷史學系

HISTORICAL ANNUAL

VOL. III, NO. 2. DECEMBER, 1940

CONTENTS

		Page
Important Discoveries in the Prehistory of China	P'ei Wên-chung	1
A Biography of Fan Yeh	Chang Shu-tsu	7
Chinese Military System during the Early T'ang Dynasty	Tu Ch'ia	29
The Age of Yin Shu	Nieh Ch'ung-ch'i	73
The Defence of the Northern Frontier in the Ming Dynasty	Lin Shu-hui	75
A Study of the Suppression of Ch'ien Ch'ien-yi's works	Hsü Hsü-tien	101
Huang En-T'ung and Chinese Diplomacy after the Opium War	Ch'en Ch'iu	111
A Biography of Hsia Tseng-yu	Hsia Hsün-chi	143
Notes on the Biography of Ai-hsieh in the *Hsin yüan shih* and the *Mêng wu erh shih chi*	Wêng Tu-chien	145
Book Reviews:		
Chin, *A General History of China*	Nieh Ch'ung-ch'i	151
Wang, *History of Christianity in China*	Ch'en Tseng-hui	153
Wang, *A Commercial History of China*	Ch'in P'ei-hang	161
Yang, *A Biography of Chang Chü-chêng*	Lin Shu-hui	164
P'i, *A Biography of P'i Hsi-jui*, and Wang, *A Biography of Shen Tseng-chih*	Ch'i Ssu-ho	166
Chang, *A Biography of Ma Liang*	Chao Fêng-t'ien	168
Liu, *A History of the Shu-yüan System in Kwangtung Province*	Hsü Mêng-ying	169
Wu and Ch'en, *A Bibliography of Chinese Source Materials Dealing with Local or International Cases Involving Christian Missions*	Chao Fêng-t'ien	173
Chao, *Chinese works on the First Anglo-Chinese War*	Ch'en Ch'iu	174
Torii, *The Culture of the Liao Dynasty, an Archaeological Study*	Ho Huai-te	177
Ch'en and Liang, tr., Thompson's *History of the Middle Ages*	K'uang P'ing-chang	178
News		181

PUBLISHED BY THE HISTORY SOCIETY
OF YENCHING UNIVERSITY

Price: special ed. $1.60; general d. $1.30
(U. S. Currency, Postage included)